Psychosomatik, Psychotherapie und Gehirn

Neuronale Plastizität als Grundlage einer biopsychosozialen Medizin

J. Caspar Rüegg

Mit einem Geleitwort von G. Rudolf

2., aktualisierte und erweiterte Auflage

Schattauer Stuttgart New York

Prof. Dr. med. Johann Caspar Rüegg, Ph. D.
Haagackerweg 10
69493 Hirschberg

Die Deutsche Bibliothek – CIP-Einheitsaufnahme

Ein Titeldatensatz für diese Publikation ist bei Der Deutschen Bibliothek erhältlich

2., aktualisierte und erweiterte Auflage, 2003

E-Mail: info@schattauer.de
Internet: http://www.schattauer.de
Printed in Germany

Lektorat: Volker Drüke, Essen
Umschlaggestaltung: Bernd Burkart
Satz: Schreibbüro Ilchmann, Albstr. 30, 72649 Wolfschlugen
Druck und Einband: Gulde Druck GmbH, Hechinger Str. 264, 72072 Tübingen
Gedruckt auf chlor- und säurefrei gebleichtem Papier.

ISBN 3-7945-2150-1

Zum Coverbild:
Patienten mit zwangsneurotischen Störungen tendieren zu einer Hyperaktivität im Kopf des Nucleus caudatus. Diese Hyperaktivität kann über zwei verschiedene therapeutische Ansätze reduziert werden: durch selektive Serotonin-Reuptake-Inhibitoren (medikamentöse Therapie, oben; links vor, rechts nach der Therapie) oder durch eine kognitive Therapie (Psychotherapie, unten; links vor, rechts nach der Therapie).
Aus: Kandel ER, Schwartz JH, Jessell TM (eds). Principles of Neural Science. 4th ed. © 2000. New York: McGraw-Hill Companies, Inc.; p. 1224, Fig. 61.10.
Mit freundlicher Genehmigung von McGraw-Hill Companies

Geleitwort

Die Grundfrage der Psychosomatik, die sich darauf richtet, wie Körper und Seele aufeinander einwirken, hat im Laufe der Geschichte viele Forscher und Denker beschäftigt. So entwarf René Descartes 1649 in seinem Buch „Traité des passions de l'âme" ein Modell des Körpers als „La machine du corps" mit sich regelnden Funktionskreisen, ein gewissermaßen frühes kybernetisches Modell der Körpervorgänge. Die körperlichen Systeme werden in diesem Modell vom Gehirn aus durch feine Nervenfasern angeregt, die zu allen Körperorganen laufen. Descartes beschreibt zum einen die vielfältigen Zusammenhänge zwischen den von außen kommenden Sinneswahrnehmungen und den von innen kommenden Gedanken und Erinnerungen, zum anderen die dadurch ausgelösten Emotionen und ihre körperlichen Auswirkungen. Der Entwurf ähnelt demjenigen des heute modernen Stress-Modells, wobei Descartes die Emotionen in den Mittelpunkt seiner Beschreibung seelisch-körperlichen Zusammenwirkens stellt. Es wird sogar die Tatsache erwähnt, dass lebensgeschichtlich frühe emotionale Belastungserfahrungen und solche der eigenen Mutter dem Menschen für seine gesamte Lebenszeit gleichsam ins Gehirn eingegraben bleiben und aversive Verhaltensmuster begründen können.

Die Grenzen der Möglichkeiten des Denkens im 17. Jahrhundert lagen freilich in dem begrenzten naturwissenschaftlichen Grundlagenwissen dieser Zeit, d.h. in der eingeschränkten Kenntnis der anatomischen Feinstrukturen und ihrer physiologischen Abläufe. Da muss das, was sich empirisch noch nicht erfassen lässt, bildhaft metaphorisch ergänzt werden. So erfolgt nach Descartes die Erregungsleitung vom Gehirn zu den Organen durch die „Lebensgeister", eine Substanz, die so feinstofflich vorgestellt ist, dass sie durch die Poren des Gehirns und der Organe dringen und dort ihre Wirksamkeit entfalten kann.

In seinem psychosomatischen Entwurf der „Traité des passions de l'âme" hatte Descartes nicht umhingekonnt, „aus diesem Anlass über die Natur des Menschen im Ganzen" zu reflektieren und dabei viele philosophische und speziell ethische Aspekte einfließen zu lassen. Alle psychosomatischen Konzepte, auch die späterer Epochen, beinhalten notwendigerweise Modelle vom Menschen. Viktor von Weizsäckers Entwurf läuft auf eine medizinische Anthropologie hinaus, d.h. auf eine allgemeine Theorie vom Menschen, seiner Natur, seinen Lebensbedingungen und seinen Krankheiten. Die psychoanalytisch orientierte Psychosomatik Mitscherlichs fügte deren Konzepte von der unausweichlichen Konflikthaftigkeit des menschlichen Lebens in ihr Krankheitsmodell ein und näherte sich dem oft unverstehbaren psychosomatischen Körpergeschehen mit einem konfliktdynamisch verstehenden Ansatz. Dieser hat den großen Vorteil, dass er das psychosomatische Geschehen nicht nur sinnhaft erklärt, sondern auch die Grundlage für therapeutische Ansätze bereitstellt.

So fand die Psychosomatik ihren theoretischen Rahmen schon von jeher in den jeweiligen philosophischen, anthropologischen, psychologischen oder psychoanalytischen Modellen vom Menschen; darüber hinausgehend hat sich ihre therapeutische Praxis vor allem in den letzten Jahrzehnten schrittweise solide entwickelt. Was bisher am ehesten fehlte und was gewiss schon Descartes gerne besessen hätte, ist eine fundierte Kenntnis der physiologischen Abläufe im einzelnen Körperorgan – speziell im Zentralnervensystem.

Dieser Aspekt des Biologischen im psychosomatischen Gefüge des Biopsychosozialen hat nun in den letzten Jahrzehnten eine ganz außerordentliche Erweiterung erfahren. Noch vor zwei Jahrzehnten waren die Ergebnisse der Psychophysiologie wenig anschaulich und schwer integrierbar, sodass dieses Grundlagengebiet nur eine randständige Existenz führte. Inzwischen aber konvergieren die Ergebnisse der Biochemie, der Neurophysiologie, der Immunologie und der Cognitive Sciences in zunehmendem Maße, und ihre Befunde werden mehr und mehr zu einem soliden Fundament, auf welches sich die Psycho- und Sozio-Aspekte des biopsychosozialen Geschehens stützen können. Scheinbar unauffällig begann sich die Lücke zwischen den beiden Hälften der Welt zu schließen, die, wiederum unter Berufung auf Descartes, als eine materielle und eine geistige einander gegenübergestellt wurden. Die neuen konnektionistischen Modelle betonen, dass die Art, wie gefühlt, gedacht oder erinnert wird, sich in der zellulären Gehirnmorphologie niederschlägt, sodass Gestalt und Funktion, Somatisches und Psychisches ineinander übergehen. Die traditionsreiche philosophische Diskussion um das Verhältnis von Geist und Materie, Seele und Leib befasste sich, wie wir mehr und mehr verstehen können, zumindest im psychosomatischen Bereich mit einem Scheinproblem.

Allerdings ist die Situation keineswegs so, dass nun die verhüllende Decke weggezogen wäre und die biologischen Zusammenhänge offen vor uns lägen. Jedes der neuen Teilergebnisse stellt frühere Überzeugungen infrage, erfordert Revisionen bisheriger Modellvorstellungen, benötigt neue Interpretationen und führt zu zahllosen neuen Fragen. Angesichts der inzwischen vorliegenden, verwirrenden Vielfalt von Befunden muss immer wieder bilanziert werden, welche der aktuellen empirisch fundierten Fakten wofür bedeutsam sind und in welche Modellvorstellungen sie sich integrieren lassen. Hier entsteht die Notwendigkeit, eine Psychosomatik von ihren biologischen Voraussetzungen her zu formulieren und von dort aus die psychologischen Fakten zu verstehen.

Wer wäre qualifiziert, aus dieser Flut von Befunden die wichtigsten Fakten herauszugreifen, die notwendige Übersicht zu schaffen und vorsichtige Modellbildungen zu riskieren? Ein Autor wie Caspar Rüegg verfügt als emeritierter Ordinarius für Physiologie über den in lebenslanger Forschungsarbeit trainierten kritischen Blick für die wichtigen Fakten in der internationalen Literatur des eigenen Fachgebietes und der angrenzenden Disziplinen. Er hat in seiner Abschiedsvorlesung den historischen Begriff der *Machina carnis*, der Muskelmaschine aufgegriffen und anhand eigener und anderer Studien nachvollzogen, wie das Verständnis der Muskulatur und ihrer Leistungsfähigkeit von einfachen frühen Maschinenmodellen bis zu den heutigen molekularbiologisch unterlegten dynamischen Modellvorstellungen fortentwickelt wurde. In dem hier vorgelegten Text einer biologisch fundierten Psychosomatik versucht er etwas Vergleichbares. Dabei nähert er sich dem Thema mit wissenschaftlicher Begeisterung, aber auch mit der gebotenen Vorsicht gegenüber dem noch Unfertigen. Zugleich macht er sich die Mühe, die häufig schwer verständliche Wissenschaftssprache so zu übersetzen, dass die Zusammenhänge auch für solche Leser nachvollziehbar werden, die nicht primär in

den Naturwissenschaften oder der Medizin ausgebildet sind.
Die Psychosomatiker-Generationen vor der unsrigen, z.B. von Weizsäcker oder Mitscherlich, haben für das Verständnis des Biopsychosozialen ihre wohl wichtigsten Beiträge im Bereich des Interface zwischen dem Sozialen und dem Psychologischen geleistet. In unserer Generation wurde das Verständnis des Psychologischen in seinen interaktionellen und emotionalen Aspekten und bezüglich seiner psychotherapeutischen Konsequenzen vertieft. Die kommende Generation der Psychosomatik wird in sehr viel stärkerem Maße die biologisch-grundlagenwissenschaftlichen Aspekte des Körperlichen in ihr Verständnis einbinden können und müssen. Die gleichberechtigte Verknüpfung der drei Elemente des Soziokulturellen, des Psychologischen und des Biologisch-Körperlichen bietet eine Garantie dafür, dass Psychosomatik nicht in einen schieren Biologismus abgleitet, sondern sich weiterhin damit beschäftigt, Krankheit und Gesundheit aus jenem Spannungsverhältnis heraus zu verstehen, das sich zwischen der biologischen Natur des körperlichen Menschen und seiner geistigen Natur aufbaut. Letztere umfasst die Fähigkeit, Vergangenes zu erinnern, Zukunft zu entwerfen, die gegenwärtige Welt nicht nur handelnd zu gestalten, sondern auch im Denken zu reflektieren und in Sprache zu fassen. In diesem Sinne enthält auch Rüeggs Buch nicht nur eine Sammlung von Evidenz-basierten wissenschaftlichen Fakten, sondern zugleich eine Reflexion über deren Bedeutung für das menschliche Selbstverständnis. Möge das Buch die zahlreichen Leser finden, die es verdient.

Gerd Rudolf

Vorwort zur zweiten Auflage

Seit dem Erscheinen der ersten Auflage dieses Buches ist noch deutlicher geworden, wie sehr psychosomatische Erkrankungen – insbesondere Schmerzkrankheiten, Depressionen und Posttraumatische Belastungsstörungen – mit Veränderungen des Gehirns verbunden sind. Und wir verstehen jetzt auch immer besser, wie psychotherapeutisches Handeln seinerseits das Gehirn verändern kann und wie Gehirn und Psyche wiederum die Gesundheit des übrigen Körpers beeinflussen – kurzum: *wie* komplex Geist und Körper aufeinander einwirken. Um den aktuellen Erkenntnissen Rechnung zu tragen, wurde das Kapitel über neuronale Plastizität und „sprechende Medizin" neu verfasst. Auch wurden die Anmerkungen und der Fließtext aller anderen Kapitel überarbeitet und ergänzt.

Die gründliche Durchsicht und Aktualisierung dieses Buches erforderte die Mithilfe vieler: Ungenannten Leserinnen und Lesern danke ich für hilfreiche Hinweise und Kommentare. Gabriele Froelich-Nagel zeichnete die neuen Abbildungen, und Annelie Ebling korrigierte das Manuskript, erstellte aber auch das Literaturverzeichnis sowie den Index, wofür ich ihr sehr verbunden bin. Meinem Kollegen Wolfgang Linke bin ich für die kritische Durchsicht des Textes und dem Fonds für Chemie für die hilfreiche Unterstützung dankbar. Vor allem aber gilt mein Dank Wulf Bertram und seinem Team vom Schattauer Verlag, insbesondere Petra Mülker und Volker Drüke, für die hervorragende Zusammenarbeit – und wie immer ist mir bei all meiner Arbeit der Rückhalt in der Familie wichtig, den ich Elvi verdanke. Ihr ist dieses Buch gewidmet.

Hirschberg, im Herbst 2002
Johann Caspar Rüegg

Vorwort zur ersten Auflage

Traditionell gehört die Psychosomatische Medizin – mit so berühmten Vertretern wie Viktor von Weizsäcker, Alexander Mitscherlich und Thure von Uexküll – zu den hermeneutisch orientierten Wissenschaften, etwa, wenn es um das Verständnis dessen geht, wie seelische Konflikte bei psychosomatischen Erkrankungen in die „Sprache der Organe" übersetzt werden. Begriffe wie Psychoimmunologie, Psychoonkologie und Psychoendokrinologie, aber auch die moderne Stressforschung machen jedoch deutlich, wie sehr die Psychosomatik mittlerweile zu einer Disziplin geworden ist, die auch naturwissenschaftlichen Kriterien genügen muss. Das vorliegende Buch über die biologischen Grundlagen der Psychosomatik will dem Rechnung tragen und darlegen, wie Emotionen und unser „Geist" die Gesundheit des Körpers beeinflussen können und umgekehrt. Dabei geht es um die Vermittlung von Prinzipien. Die Idee, auf die es ankommt, ist die psychosomatische Transformation, die Vorstellung, dass unser Geist (engl: „mind") und unsere Psyche – Worte und Gedanken – die neuralen Netzwerke unseres Gehirns umstrukturieren können, weil sie plastische Eigenschaften haben (neuronale Plastizität). Nicht anders hatte es vermutlich Karl Popper gemeint, als er postulierte: Das Ich prägt sein Gehirn (Popper u. Eccles 1990), und so ähnlich verstanden es wohl auch Vertreter psychoanalytischer Schulen, wenn – in den Worten von Gerd Rudolf – im Verlauf einer Psychotherapie „pathogene (psychische) Strukturen (...) im Feuer der Übertragung umgeschmolzen werden" (Rudolf 1998).

Der folgende Text setzt – außer biologischen Grundkenntnissen – kein spezielles Wissen voraus, insbesondere keine detaillierten Vorkenntnisse in Anatomie, Biochemie und Physiologie. Schwierige Themenkomplexe und spezielle Informationen für den medizinisch Vorgebildeten finden sich in den Exkursen und in den Anmerkungen mit zahlreichen Hinweisen auf die neueste Fachliteratur. So wendet sich das Buch an einen breiten Leserkreis, aber nicht zuletzt an Psychologie- und Medizinstudenten, die sich für eine Biologische Psychosomatik interessieren. Und welcher Leser möchte nicht gerne erfahren, was es – aus der biologischen Perspektive – mit der in der anglo-amerikanischen Welt so genannten „Mind body medicine" auf sich hat?

Mehr als jedes andere Organ unseres Körpers reflektiert unser Herz den Einfluss des Psychischen auf das Somatische. So wurde das Herz in vielen Kulturen zum Symbol für die Seele, was sich, wie wir alle wissen, auch in manchen Redewendungen zeigt – und dies nicht nur, wenn wir „jemandem aus dem Herzen sprechen" (vgl. Nager 1993). Den Hinweis auf die besondere symbolische Bedeutung des Herzens – auch und gerade in der Psychosomatischen Medizin – verdanke ich Walter Siegenthaler, dem emeritierten Züricher Kliniker und Pathophysiologen. Auch mir war die Verbindung der Psychosomatik mit der Physiologie seit langem ein Anliegen; sie war auch das Thema eines Vortrags, den ich auf Einladung meines Kollegen Gerd Rudolf 1996 in der Psychosomatischen Klinik der Universität Heidelberg hielt, der im Übrigen auch den Anstoß zu diesem Buch gab. Gerd Rudolf hat mich dazu ermuntert und seitdem den Fortgang meiner Bemühungen mit Interesse verfolgt, und er hat mir so manchen guten Rat und viele Hilfestellungen gegeben, wofür ich ihm herzlich danke. Die Annäherung von Physiologie und Psychosomatik war außerdem das Thema eines interdisziplinären Kolloquiums, welches der Heidelberger „Arbeitskreis Wissenschaftlichkeit in der Medizin“ im Sommersemester 1997 ausrichtete. Meinen Kollegen im Arbeitskreis, Axel Bauer, Wolfgang Eich, Reinhold Haux, Wolfgang Herzog und Jürgen Windeler, möchte ich für viele anregende Gespräche zu diesem Thema danken sowie dem Fonds für Chemie für die hilfreiche Unterstützung.

Meine ganz besondere Anerkennung und ein spezieller Dank gebühren meinem Heidelberger Kollegen Wolfgang Linke, der sich die Mühe machte, jedes Buchkapitel im Hinblick auf seine Verständlichkeit zu überprüfen und Vorschläge zur sprachlichen oder didaktischen Verbesserung zu machen. Der gerade für den eiligen Leser so wichtigen Fazits hat sich in dankenswerter Weise Klaus Bohnenkamp, ehemals Redakteur der Zeitschrift „B.I.F. Futura“, angenommen und sie stellenweise gekürzt und überarbeitet. Dem Heidelberger Schmerzforscher Jürgen Sandkühler danke ich für Anregungen und die kritische Durchsicht des Kapitels über die Physiologie und Psychosomatik des Schmerzes. Wolfgang Herzog, Gabriele Pfitzer und Heiner Schirmer haben gleichfalls Teile des Buches gelesen und mir kritische und nützliche Hinweise gegeben. Gabriele Froelich-Nagel zeichnete die Abbildungen, und Annelie Ebling korrigierte in ihrer kompetenten Art das Manuskript und erstellte das Literaturverzeichnis, wofür ich ihr sehr verbunden bin. Vor allem danke ich auch Wulf Bertram und seinem Team vom Schattauer Verlag – insbesondere Volker Drüke und Petra Mülker – für die ausgezeichnete Zusammenarbeit.

Die hiermit dem Leser vorgelegten sieben Essays über eine „Biologische Psychosomatik“ entstanden größtenteils nach meiner Emeritierung – daheim, in der vertrauten und herzlichen häuslichen Atmosphäre, die ich Elvi danke. Ihr widme ich dieses Buch.

Hirschberg, im Sommer 2001
Johann Caspar Rüegg

Inhalt

1

Einführung – neuro-psychophysiologische Grundlagen

Black-out! So mancher Student kennt dieses Gefühl aus einer mündlichen Prüfung: Plötzlich versagt das Gedächtnis, das gespeicherte Wissen kann nicht abgerufen werden. Warum sich Menschen in Stress-Situationen – etwa als Zeugen vor Gericht oder im Vorstellungsgespräch – auf einmal nicht mehr richtig erinnern können, hat der Züricher Forscher Dominique de Quervain mit seinen Mitarbeitern untersucht, und er ist dabei den zellbiologischen Ursachen des Phänomens auf die Spur gekommen (1). Schuld hat offenbar ein Hormon namens Kortisol, das in einer Stress-Situation vermehrt von den Drüsenzellen der Nebennieren ins Blut abgegeben wird und so auch ins Gehirn gelangt.

Die Züricher Psychologen untersuchten 36 Frauen und Männer mittleren Alters, denen sie auf einem Computerbildschirm 60 verschiedene deutsche Substantive präsentierten – mit der Aufforderung, sich möglichst viele davon zu merken. Am folgenden Tag wurden die Versuchspersonen getestet. Eine Stunde vor dem Test erhielt die Hälfte der Teilnehmer eine Tablette Kortison, welches im Körper umgehend in Kortisol (Hydrokortison) umgewandelt wird. Die Testergebnisse waren viel schlechter als in der Kontrollgruppe, die anstelle von Kortison ein Plazebo erhielt.

Zwei Wochen später wurden die Rollen vertauscht. Diesmal bekamen diejenigen Personen Kortison, die zuvor das Plazebo erhalten hatten. Auch sie erinnerten sich im Test an deutlich weniger Wörter als die Kontrollgruppe, und ihre im Speichel gemessenen Kortisolwerte waren so stark erhöht wie ansonsten nur in Stress-Situationen.

Stress blockiert offenbar mittels des Stresshormons Kortisol das Abrufen von Wissen aus dem so genannten „deklarativen" Gedächtnis, in dem semantisches (verbal kodiertes) Wissen, aber auch vergangene Episoden, Erinnerungen an erlebte Ereignisse, gespeichert sind.

Hingegen werden das Kurzzeitgedächtnis und der eigentliche Lernvorgang, die Abspeicherung des Gelernten im Langzeitgedächtnis, durch Kortisol nicht gehemmt. Dies zeigten sinnreiche Kontrollversuche, in denen die Kortisontablette den Probanden eine Stunde vor dem Lernen der Wörter verabreicht wurde.

Das Versagen der Gedächtnisfunktion kann, gerade bei älteren Arbeitnehmern mit einem altersbedingt erhöhten Kortisolblutspiegel, verheerende Folgen haben, die zu einem Teufelskreis führen, bei dem oft nicht klar ist, wo er seinen Ausgang nimmt, was also Ursache und was Folge ist. Diese Menschen fühlen sich infolge ihrer Gedächtnisschwäche unter Termindruck „gestresst" und der beruflichen Belastung nicht mehr richtig gewachsen; aber gerade dadurch wird nun noch mehr Kortisol in den Blutkreislauf ausgestoßen und das Erinnerungsvermögen abermals geschwächt. So vergessen sie Termine und Namen, machen Fehler und bekommen da-

her Angst, „es nicht mehr zu schaffen". Der chronische, „psychosomatisch" krank machende Stress ist dann vorprogrammiert.
Der Einfluss von Stress und Kortisol auf unser Erinnerungsvermögen ist ein gutes Beispiel dafür, wie eng das Mentale (engl.: „mind") und das Biologische, also körperliche Prozesse, etwa der Hormonausstoß aus den Nebennieren, miteinander zusammenhängen und sich wechselseitig bedingen. Leib-seelische Zusammenhänge dieser Art sind aber nicht nur aus der Hormonlehre (Psychoendokrinologie), sondern auch aus der Stressforschung und Immunologie bekannt; sie sind sowohl psychosomatischer als auch somatopsychischer Art. Man denke z.B. an das relativ neue Gebiet der Psychoneuroimmunologie. Wie sehr können aber – und das ist bekanntlich ein Gemeinplatz – auch körperliche Schmerzen, die Funktion des Herzens, die Atmung und unsere Verdauung von unserer seelischen Befindlichkeit abhängen (2).
Da sich Körper und Psyche gegenseitig beeinflussen, verhalten sich biologische und psychosoziale Betrachtungsweisen komplementär. Sowohl die biologische als auch die personale bzw. soziopsychologische Ebene sind gleichermaßen wichtig für das Verständnis der Leib-Seele-Beziehung. Während ausschließlich psychoanalytisch bzw. hermeneutisch orientierte Psychosomatiker der älteren Generation wenig Verständnis für die biologische Blickrichtung hatten – da dabei der Mensch auf eine „seelenlose Maschine" reduziert werde (3) –, hat die heutige Psychosomatik einer eher interdisziplinären Sichtweise Platz gemacht: „Kein klinischer Psychosomatiker kann die biologisch-naturwissenschaftliche Ebene ausgrenzen, sie bildet stets einen wichtigen Teil seines Denkens und Handelns", schreibt der Heidelberger Psychosomatiker Gerd Rudolf in der Einführung zu seinem Lehrbuch „Psychotherapeutische Medizin und Psychosomatik" (4). In den folgenden Kapiteln möchte ich nun – von der Physiologie her kommend – verständlich machen, wie die „körpereigene Chemie" mittels Hormonen und Neurotransmittern auf die Psyche einwirken kann und wie unser Gehirn, aber auch unsere mentalen Glaubensstrukturen („belief structures") die Gesundheit des übrigen Körpers beeinflussen können.

Neurochemie des Gehirns: Gene, Neurotransmitter und Verhalten

Die in der Einleitung beschriebene Wirkung des Stresshormons Kortisol auf unser Erinnerungsvermögen ist ein eindrückliches Beispiel dafür, wie sehr körpereigene chemische Stoffe, also Hormone, aber auch Botenstoffe des Immunsystems und des Nervensystems (Neurotransmitter) auf kognitive Funktionen des Gehirns und damit auch auf unser Verhalten Einfluss nehmen können. In der folgenden, stark vereinfachenden Darstellung werde ich mich auf die Neurotransmitter beschränken. Einer kurzen Darstellung der Anatomie des Gehirns folgt eine kursorische Besprechung der Angriffspunkte und der Rollen einiger Neurotransmitter des Zentralnervensystems bei der Kontrolle von Hirnfunktion und menschlichem Verhalten.

- Im Verlauf der Evolution der Hominiden zum Homo sapiens hat sich das Gewicht des Gehirns innerhalb von „nur" etwa 2–3 Mio. Jahren fast verdreifacht.
- Betroffen von diesem enormen Wachstum ist vor allem die Neokortex genannte gefurchte Hirnrinde der beiden Hemisphären des Großhirns, die sich dem phylogenetisch älteren limbischen System – unserem „emotionalen Gehirn" – und den in der Tiefe (im so genannten Marklager) gelegenen Basalganglien quasi wie ein Helm überstülpt (5).

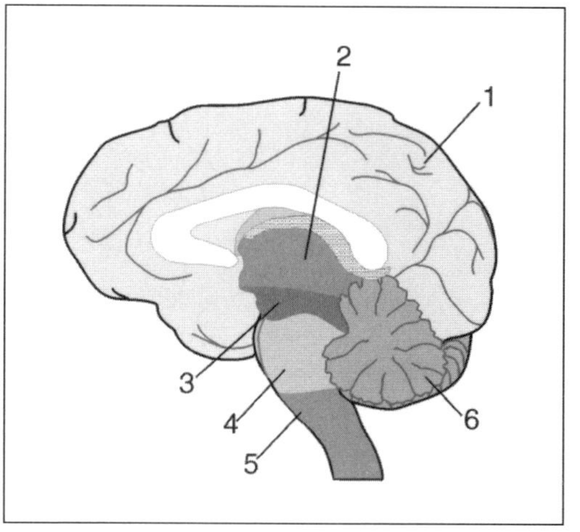

Abb. 1.1 Gliederung des Gehirns in seine Hauptabschnitte: 1. Telenzephalon (Vorderhirn oder Großhirn); 2. Dienzephalon (Zwischenhirn mit Thalamuskernen und Hypothalamus); 3. Mesenzephalon (Mittelhirn); 4. Pons (Brücke); 5. Medulla oblongata (verlängertes Rückenmark); 6. Zerebellum (Kleinhirn). Die linke und die rechte Hirnhemisphäre des Großhirns (hellgrau) sind durch den Balken (weiß) miteinander verbunden; sie werden außen von den Hirnhäuten umhüllt, in ihrem Inneren enthalten sie die mit Liquor gefüllte rechte und linke Hirnkammer (6) (nach Trepel 1995).

- Das limbische System (von lat.: limbus, der Saum) umsäumt u.a. den Balken, der die beiden Hemisphären miteinander verbindet und sich über das Zwischenhirn und den darunter gelegenen Hirnstamm legt, der das Gehirn mit dem Rückenmark verbindet (s. Abb. 1.1).

Zum Hirnstamm, einer entwicklungsgeschichtlich ganz ursprünglichen, vom Hirnforscher Paul McLean daher „Reptiliengehirn“ genannten Hirnregion, gehören das Mittelhirn, das Rautenhirn mit der „Brücke“ (Pons) zum Kleinhirn (Zerebellum) sowie das verlängerte Rückenmark (Medulla oblongata), das viele unserer vegetativen Funktionen reguliert, beispielsweise die Atmung und den Blutdruck.

Am Großhirn erkennt man vier Lappen, nämlich Stirn-, Scheitel-, Schläfen- und Hinterhauptlappen (Frontal-, Parietal-, Temporal- und Okzipitallappen), sowie zahlreiche Furchen (s. Abb. 1.2). Die Furchen unterteilen die Hirnoberfläche in Windungen (Gyri), z.B. in den vor der Zentralfurche gelegenen Gyrus praecentralis, der unsere Motorik beherrscht, oder den Gyrus cinguli (zinguläre Hirnrinde), der zusammen mit dem Mandelkern (Amygdala) zum limbischen System zählt.

In der grauen Substanz der nur wenige Millimeter dicken, gefurchten Hirnrinde (Cortex cerebri) befinden sich Milliarden von Nervenzellen, so genannte Neurone, die in mehreren Schichten übereinander liegen. Von jeder dieser Zellen sprießen zahlreiche Fortsätze (Dendriten), die – den Fangarmen eines winzigen Tintenfisches vergleichbar – unzählige Kontakte mit den Dendriten anderer Neurone knüpfen, bis zu 100000 an der Zahl, und auf diese Weise Nervengeflechte, so genannte neurale Netzwerke bilden (7). An den Synapsen genannten Verknüpfungspunkten in den Nervengeflechten berühren sich die Fortsätze der Neuronen nur leicht; sie bleiben dabei nämlich immer noch durch eine submikroskopisch enge Kluft, den synaptischen Spalt, voneinander getrennt. Über diesen Spalt hinweg tauschen die Nervenzellen an den Synapsen mithilfe von Neurotransmittern Informationen aus. Sie „sprechen“ miteinander, indem jede Nervenzelle über die unzähligen Synapsen ihrer Neurite an Tausende von Nervenzellen Nachrichten sendet und umgekehrt selbst wieder solche Signale empfängt, von denen sie entweder erregt oder in ihrer Aktivität gehemmt wird. Letztlich entscheidet dann die algebraische Summe aller empfangenen hemmenden bzw. erregenden Signale

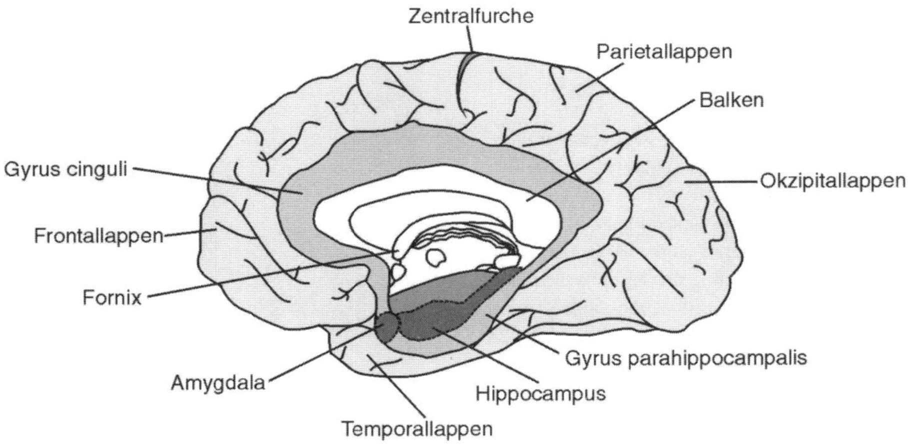

Abb. 1.2 Schematische Ansicht des Großhirns samt limbischem System. Das Großhirn gliedert sich in vier Lappen, nämlich Frontal-, Parietal-, Temporal- und Okzipitallappen. Der Fornix umsäumt das Zwischenhirn und verbindet den Hippocampus mit den Septumkernen und dem Hypothalamus, der untersten Partie des Zwischenhirns (hier verdeckt). Zum limbischen System rechnet man z.B. den zingulären Kortex (Gyrus cinguli), einen phylogenetisch alten Teil des Großhirns, sowie den Mandelkernkomplex (Amygdala) in der Tiefe des Temporallappens und den Gyrus parahippocampalis. Der Mandelkern ist reziprok mit dem orbitofrontalen Kortex im Frontallappen verschaltet, seiner wichtigsten Kontrollinstanz (nach Nieuwenhuys et al. 1988).

darüber, ob ein Neuron zum „Schweigen" gebracht wird oder nicht. Auf diese Weise wird die Aktivität unseres Gehirns von den zahllosen Neurotransmittern bestimmt, welche die Billionen von erregenden oder hemmenden Synapsen der grauen Substanz durchfließen. Ein Übermaß, aber auch ein Mangel an einem ganz bestimmten Transmitter kann mithin zu mehr oder weniger schweren Störungen der Gehirnfunktion und des Verhaltens führen.

Mit zunehmendem Alter wird man vergesslicher, was u.a. an einer verminderten Freisetzung des zerebralen Neurotransmitters Acetylcholin liegen könnte. Drastischer sind die Symptome der Parkinson-Krankheit (Paralysis agitans), die durch einen dramatischen Abfall des Gehaltes an Dopamin in den Basalganglien des Großhirns verursacht wird, oder beim so genannten „Parkinsonismus" im Gefolge der epidemischen europäischen Schlafkrankheit (Encephalitis lethargica), die nach dem Ersten Weltkrieg jahrelang in ganz Europa grassierte.

Die nach ihrem Entdecker, dem Arzt James Parkinson (1755–1824) benannte Krankheit wird volkstümlich Schüttellähmung genannt, weil die Hände der Erkrankten ständig zittern. Die Kranken sind lethargisch, sie haben Mühe, eine Bewegung in Gang zu bringen, so als müssten sie gegen einen inneren Widerstand ankämpfen. Im fortgeschrittenen Stadium der Krankheit fehlt sogar jeder innere Antrieb zur Bewegung. Schließlich kommt es zur völligen Demenz. Als in den frühen 60er Jahren Mediziner und Neurowissenschaftler zum ersten Mal bei verstorbenen Kranken ein Defizit des Neurotransmitters Dopamin in den Basalganglien entdecken konnten, kamen sie auf die Idee, den Patienten das fehlende Dopamin zu ersetzen. Ihr Versuch schlug jedoch fehl, weil das verabreichte Dopamin zwar ins Blut gelangte, aber die Blut-Hirn-Schranke nicht passieren konnte. Daraufhin verabreichten die Ärzte das Medikament L-Dopa, welches über die Blutbahn bis ins Gehirn gelangt und dort mithilfe eines körpereigenen Biokatalysators – einem bestimmten Enzym namens Decarboxylase – unter Abspaltung von Kohlendioxid rasch in den Neurotransmitter Dopamin umgewandelt wird. Der Erfolg war schlagend; der Vorgang brachte den Patienten eine – leider meist nur temporäre – Erleichterung ihrer Beschwerden. In bewegenden Worten schildert Oliver Sacks in seinem Buch „Awakenings" (1989) das Erwachen einer postenzephalitischen Patientin aus ihrer jahrzehntelangen Lethargie:

„Etwa eine halbe Stunde nach Einnahme der morgendlichen Dosis (ein g [L-Dopa]) sprang Mrs. Y. plötzlich auf und schritt vor den ungläubig dreinblickenden Mitpatientinnen den Flur der Station ab. (...) Mit der rechten Hand, die pötzlich aus ihrer jahrelangen Erstarrung befreit war, machte Mrs. Y. die ersten Eintragungen in ein Notizbuch. (...) Da ist nicht länger das Gefühl von ‚ça ne marche pas' und innerer Sperre".

Aber nicht nur der Überlebende der europäischen Schlafkrankheit, sondern auch beinahe jeder „echte" Parkinson-Kranke zeigt, wenn er das „Wundermittel" L-Dopa erhält, eine Art von „Erwachen", folgert der Neuropsychologe Sacks aus seinen Studien an über 200 Parkinson-Patienten. Parkinson-ähnliche Symptome können auch durch gewisse Pharmaka und andere Drogen hervorgerufen werden, welche den Dopamingehalt in den Basalganglien herabsetzen (z.B. synthetische Heroinderivate), oder durch Stoffe, die den zellulären Angriffspunkt von Dopamin blockieren (wie die zur Bekämpfung der Schizophrenie eingesetzten Neuroleptika).

Die Entdeckung der Ursache der Symptomatik der Parkinson-Krankheit war ein Meilenstein in der Geschichte der Hirnforschung. Denn damit waren zum ersten Mal eine Gehirnerkrankung und Verhaltensstörung gefunden worden, deren Symptome durch ein Defizit eines Neurotransmitters verursacht werden – ein früher Triumph der Neurochemie. Erst viel später entdeckten die Neurowissenschaftler, dass auch andere Erkrankungen des Gehirns und der Psyche, wie z.B. die Schizophrenie oder die endogene Depression, durch eine Störung im Stoffwechsel von Neurotransmittern mit verursacht sind – vor allem von Aminosäurenabkömmlingen wie Dopamin, Noradrenalin und Serotonin (8). All diese Transmitter werden von „Projektionsneuronen" gebildet, die ihren Urprung im Hirnstamm haben, aber mit ihren langen Axonen in andere Hirngebiete, etwa in die Basalganglien oder in den Frontallappen des Großhirns, projizieren, Botenstoffe freisetzen und dadurch die Befindlichkeit und das Verhalten beeinflussen – manchmal auch krank machend.

Bereits in den 70er Jahren wurde vermutet, eine überschießende Verfügbarkeit von Dopamin könne Symptome der Schizophrenie auslösen. Denn Substanzen wie L-Dopa, welche die Bildung und Ausschüttung von Dopamin erhöhen und daher zur Bekämpfung der Parkinson-Erkrankung eingesetzt wurden, hatten nicht selten beängstigende Nebenwirkungen: Sie begünstigten die Entwicklung von Wahnvorstellungen, Halluzinationen und anderer schizophrener Symptome. Doch andererseits verschwanden bei Schizophrenen eben diese Symptome, wenn sie mit so genannten Neuroleptika behandelt wurden, mit Medikamenten also, die Dopamin von seinen zellulären Angriffspunkten verdrängen. Eine solche „ruhig stellende" Dopamin-Blockade ist jedoch nicht unbedenklich, denn der Neurotransmitter entfaltet im Gehirn vielfältige physiologische Wirkungen – insbesondere auf die kognitiven Prozesse und die Motivation. Wir werden darauf noch zurückkommen.

Nach einer verbreiteten Lehrmeinung sind depressive Zustände auf einen Mangel an

Serotonin im limbischen System zurückzuführen. Für die serotinerge Signalübermittlung im Gehirn ist zum einen die Freisetzung, zum anderen aber auch der Stoffwechsel dieses Neurotransmitters von großer Bedeutung. Denn die für die Neurotransmission durch Serotonin maßgebende Neurotransmitter-Konzentration im synaptischen Spalt hängt auch davon ab, wie effektiv das an den Nervenendigungen in die Synapsen freigesetzte Serotonin durch molekulare Serotoninpumpen (Eiweißmoleküle, so genannte Serotonin-Transporter) vom Ort des Wirkens entfernt und wieder in die Nervenendigungen „zurückgepumpt" wird. Eine pharmakologische Hemmung von Serotonin-Transportermolekülen in den Synapsen sollte deshalb eine erhöhte lokale Serotoninkonzentration und somit eine verbesserte Signaltransmission in serotinergen Synapsen verursachen. Pharmakologische Hemmer der Serotoninpumpen (Reuptake-Hemmer), die zur Therapie von Depressionen eingesetzt werden, haben jedoch eine gefürchtete Nebenwirkung: Sie können Angstzustände auslösen, und zwar offenbar deshalb, weil sich zu viel Serotonin in den Synapsen anhäuft. Ganz besonders schwer können die Nachwirkungen der Partydroge „Ecstasy" sein, welche geradezu eine „Serotoninüberschwemmung" des Gehirns verursacht (9).

Nun geht ein Übermaß an Serotonin nicht nur auf den Gebrauch bestimmter Medikamente zurück – in einigen Fällen ist es auch erblich bedingt, dass dieser Neurotransmitter in zu großen Mengen im Gehirn vorhanden ist, etwa bei Neurasthenikern, bei denen infolge eines genetischen Defekts womöglich nicht genügend Serotonintransporterprotein gebildet wird. Nach den Untersuchungen von Lesch und Mitarbeitern (1996) besteht der fragliche vererbte molekulare Defekt in einer Veränderung des Gens, welches die Synthese der Transportermoleküle anleitet. Die DNS dieses Gens ist nämlich an einer entscheidenden Stelle (der so genannten Promoterregion) um 44 „Buchstaben" (Basenpaare) der genetischen Schrift verkürzt und deshalb weniger wirksam, was dann eine verminderte Syntheserate des vom Gen programmierten Proteins zur Folge hat. Lesch und Mitarbeiter konnten an einem Kollektiv von über 500 Patienten den Nachweis erbringen, dass Träger des verkürzten Gens signifikant häufiger an Angstneurosen leiden als Menschen, bei denen das Gen nicht mutiert ist. Ängstlichkeit, die Prädisposition zur Angst und „Neurasthenie" könnten demnach auch durch einen molekularen Defekt mit bedingt sein, der eine Störung im Stoffwechsel eines Neurotransmitters verursacht.

Genetisch bedingte Defekte im Stoffwechsel von Verhaltensstörungen verursachenden zerebralen Neurotransmittern sind nicht selten. So wurde, um noch ein weiteres Beispiel anzuführen, eine Mutation auf dem X-Chromosom entdeckt, die bei den Trägern des genetischen Defekts zu äußerst aggressiven Wutausbrüchen führt (s. Brunner et al. 1993). Der Grund ist offenbar der durch den Gendefekt bedingte Mangel an einem bestimmten Enzym, der so genannten Monoaminoxidase, welche – durch einen oxidativen Prozess – normalerweise den Neurotransmitter Noradrenalin unschädlich macht, der im Gehirn in einem zu hohen Maß gebildet wird. Fehlt aber das Enzym, so reichert sich das Monoamin Noradrenalin an; schon der geringste Stress kann deshalb nicht nur Adrenalinstöße, sondern geradezu ein zerebrales „Adrenalingewitter" auslösen, das – nicht überraschend – dann die aggressiven Wutanfälle bewirkt. (Dass Kampfgeist und Aggressivität vererbt sein können, wusste man allerdings schon lange – beispielsweise in Andalusien, wo seit Jahrhunderten frei lebende Stiere für den Kampf in den spanischen Arenen herangezüchtet werden.)

Versuchen wir nun, das Gesagte auf den Punkt zu bringen: Ein Übermaß, aber auch ein Mangel an gewissen Neurotransmittern des Gehirns kann dramatische Störungen im menschlichen Verhalten und in der Befindlichkeit verursachen. Häufig werden diese biochemischen Veränderungen im Zentralnervensystem durch die Fehlfunktion eines ganz bestimmten Eiweißkörpers ausgelöst, dessen richtige Herstellung durch ein einziges mutiertes, krank machendes Gen verhindert wird – ganz so, wie es das OGOD-Prinzip der Molekularen Medizin beschreibt (OGOD = One Gene, One Disease). Die Entdeckung dieses Prinzips geht auf den berühmten Chemiker und Nobelpreisträger Linus Pauling zurück, der 1949 auch den Begriff „Molekulare Krankheit" prägte. Dennoch: Die großen Erfolge einer solchermaßen reduktionistischen Molekularen Medizin müssen relativiert werden und sollten uns Folgendes nicht vergessen lassen:

- Die Durchschlagskraft (Penetranz) eines krank machenden Gens ist ganz selten hundertprozentig – im Falle von Schizophrenie und bipolarer Depression beträgt sie sogar „nur" etwa 50% –, weil sie meist von modulierenden Genen und so genannten „epigenetischen" Faktoren mit beeinflusst wird.
- Bei allen molekularen Krankheiten ist immer auch der ganze Mensch in seinem Verhalten und in seiner Befindlichkeit betroffen, und wie dies mit dem molekularen Defekt zusammenhängt, weiß man in den allermeisten Fällen leider noch immer nicht.

Wieso sind beispielsweise Kinder mit einem Gendefekt, der ein ganz bestimmtes Enzym des Purinstoffwechsels betrifft, geistig retardiert, und warum haben diese jungen Menschen, die am so genannten Lesch-Nyhan-Syndrom leiden, die unbezwingbare Neigung, sich selbst zu verstümmeln? Um sich solchen Problemen zu nähern, müssen auch neurophysiologische, neuroanatomische und verhaltensbezogene Fragen formuliert werden, die letztlich nur durch Untersuchungen am ganzen Menschen experimentell angegangen werden können (10). Das Wissen um die molekulargenetischen und biochemischen Vorgänge ist zwar hilfreich und notwendig, aber meist bei weitem nicht ausreichend für das Verständnis der Pathogenese und der Krankheitssymptome – insbesondere, wenn es um psychosomatische Erkrankungen geht, die ja bekanntermaßen auch stark durch die Umwelt beeinflusst werden.

Hirnströme und Hirnaktivität

Der Neurotransmitter Dopamin wird, wie oben beschrieben, im Großhirn von Projektionsneuronen abgesondert, die ihren Ursprung im Hirnstamm haben. Wenn diese Nervenzellen erregt sind, generieren sie schwache Stromimpulse, so genannte Aktionspotenziale, die entlang der Nervenfasern fortgeleitet werden und in den Nervenenden in den Basalganglien den Überträgerstoff freisetzen. Die Dopamin absondernden Neurone erleichtern die willkürlichen Muskelbewegungen, indem sie die hemmende Wirkung der Basalganglien auf die motorischen Impulse der Großhirnrinde aufheben (11). Bei den unter Dopaminmangel leidenden Parkinson-Kranken bleibt diese Wirkung jedoch aus. Dies brachte Neurochirurgen auf die Idee, bei Parkinson-Kranken einen Teil der Basalganglien operativ zu entfernen. Tatsächlich erreicht aber heute ein Erkrankter auch oftmals ohne diese Operation eine Besserung seiner Beschwerden – dank eines implantierten „Schrittmachers", der, im Prinzip genau wie ein Herzschrittmacher, permanent elektrische Stromimpulse generiert und die Wirkung der Dopamin freisetzenden Neurone funktionell imitiert. Damit könnte der Kranke auch auf das Medikament L-Dopa – mit seinen oft unangenehmen Nebenwirkungen (z.B. Bewegungsstörungen wie bei der Chorea-Huntington-Krankheit) – verzichten (12).

Dopaminmangel in ganz bestimmten Hirnregionen verursacht aber nicht nur die Symptome der Parkinson-Erkrankung, sondern offensichtlich auch Unlustgefühle, ja sogar Depressionen. Wie so oft in der Wissenschaftsgeschichte geht diese Erkenntnis letztlich auf eine ganz zufällige Entdeckung zurück. Peter Milner und sein Post-Doktorand James Olds wollten im Jahre 1953 die Wirkung einer elektrischen Reizung des Mittelhirns auf das Lernverhalten der Ratte untersuchen. Als aber bei einem Experiment eine der Reizelektroden das angepeilte Ziel verfehlte und – wie sich später herausstellte – im so genannten Septum, einem nahe dem Hypothalamus und dem limbischen System gelegenen Hirnbezirk, „landete", verhielt sich das Tier ganz merkwürdig. Wie sich Olds später erinnerte, hatte er die Ratte immer dann gereizt, wenn sie sich zufällig in einer bestimmten Ecke des Käfigs befand. Diese Reizung sei für das Tier aber offenbar nicht unangenehm gewesen; im Gegenteil, es habe später immer wieder diese Ecke des Käfigs aufgesucht. Schon nach der dritten Reizung sei ihm, Olds, dann klargeworden, dass die Ratte zweifellos noch mehr Stimulation wollte und offenbar schnell lernte, wo ihr Angenehmes widerfuhr. Hatten also Olds und Milner (1954) mit ihren Experimenten – wie sie meinten – zufällig ein Zentrum der Lust und Freude entdeckt oder, anders gesagt, ein zerebrales Motivations- und Belohnungssystem? Jedenfalls waren die Wissenschaftler verblüfft, dass die Ratte alles daran setzte, die Stimulation aufrechtzuerhalten, später übrigens auch in Experimenten, in denen sich das Versuchstier – durch Drücken eines Hebels – selbst elektrisch stimulieren konnte. Die Ratte wurde geradezu reizsüchtig, denn der Reiz wirkte auf sie wie eine überaus stark motivierende Belohnung, wie eine Droge. Infolgedessen drückte sie wieder und wieder auf den Schalter des Reizgerätes, und zwar umso öfter, je stärker der applizierte – belohnende – Stromimpuls war.

Warum aber die elektrische Reizung bei den Versuchstieren eine Art Glücksgefühl hervorrief, blieb zunächst eine offene Frage. Erst Jahre später fanden Zarevics und Setler (1979) die Antwort, als sie entdeckten, dass die Frequenz des Hebeldrückens nicht nur von der Intensität des Reizstromes abhing, sondern auch durch Pharmaka beeinflusst werden konnte, insbesondere durch solche, welche die zellulären Angriffspunkte von Dopamin blockierten. Beispielsweise reduzierte das Pharmakon Chlorpromazin die Reizfrequenz der Selbststimulation – warum war das so? Senkte dieser bekannte Dopaminblocker etwa die Motivation zum Hebeldrücken, weil er das durch intrakranielle elektrische Reizung hervorgerufene – und offenbar durch Dopamin vermittelte – Lustgefühl hemmte? Bewirkt also Dopaminmangel an bestimmten Stellen des Gehirns Demotivation und Unlust? Genau dies vermuteten Zarevics und Setler (1979), als sie die motivations- bzw. lustfördernde Wirkung des Neurotransmitters Dopamin postulierten (13).

Wie dem auch sei, die beschriebenen Experimente machten ganz offenkundig, wie sehr unsere Motivationen und Befindlichkeiten von der (elektrischen) Aktivität gewisser Neuronenpopulationen des Gehirns abhängen können. Wenn man beispielsweise eine süße Nachspeise genießt, wird die den Genuss begleitende Empfindung („süß") vor allem von der Anzahl der Aktionspotenziale bestimmt, die in jeder Sekunde von den Chemosensoren in den Geschmacksknospen der Zunge über afferente Fasern eines Hirnnerven zu gewissen sensorischen Hirnarealen fortgeleitet werden.

Die Erkenntnis eines prinzipiellen Zusammenhanges von Hirnströmen (d.h. elektrophysiologisch erfassbarer Hirnaktivität), Verhalten, Gefühlen und Befindlichkeit gehört heute zum Allgemeinwissen. Wir verdanken sie nicht zuletzt der vom Psychiater Hans Berger (1873–1941) entwickelten Methode der Elektroenzephalographie (EEG), mit welcher die Hirnströme und die von ihnen an der Schädeloberfläche verursachten elektrischen Potenzialschwankungen aufgezeichnet werden können. Beim ruhigen, völlig entspannten gesunden Erwachsenen lassen sich bei geschlossenen Augen oberhalb der Hirnrinde von der gesamten Kopfhaut regelmäßige Potenzialwellen mit einer Amplitude von meist weniger als ein zehntausendstel Volt und einer Frequenz von etwa 8–13 pro Sekunde ableiten. Man bezeichnet diese Schwankungen als α-Wellen. Bei gespannter Aufmerksamkeit oder mentalem Stress – hervorgerufen durch schnelles Kopfrechnen beispielsweise –, aber auch beim Öffnen der Augen verändert sich jedoch das Bild des EEG dramatisch; jetzt werden die Hirnstromwellen kleiner und unregelmäßiger, ihre Frequenz steigt und erreicht schließlich Werte von über 20–30 pro Sekunde. Man spricht dann von β-Wellen.

Mithilfe des EEG ließe sich also im Prinzip sehr wohl überprüfen, ob man tatsächlich entspannt und gelassen ist. Der Psychologe Joe Kamiya machte sich dies zunutze und kam auf die Idee, angespannte, gestresste Menschen dahingehend zu trainieren, den α-Rhythmus selbst „willentlich" herbeizuführen, indem sie versuchten, sich zu entspannen und an nichts mehr zu denken (14). Immer wenn dies gelang, gab das EEG-Gerät den Probanden mittels eines Summtons ein „Feedback", sodass sie schnell lernten, bei sich selbst den vom α-Rhythmus dominierten Gehirnzustand zu erkennen und möglichst lange beizubehalten. Schon nach etwa 10–15 Anwendungen dieser Biofeedbackmethode – so wurde das neue Verhaltenstraining genannt – waren die gestressten Probanden imstande, sich aus eigener Kraft mental regelrecht zu entspannen und so die schnellen β-Wellen in langsame α-Wellen umzuwandeln. Noch langsamer als im α-Zustand werden die Hirnstromwellen nur im Tiefschlaf und vermutlich in einem besonderen Bewusstseinszustand, den man Trance nennt.

Wie verhält es sich nun mit der Beziehung zwischen einem „Willensimpuls" und den bioelektrischen Vorgängen im Gehirn? Schon kurz vor einem Willensakt, einer willkürlichen Bewegung unserer Hand beispielsweise, kommt es zu einer mit EEG-Methoden erkennbaren Erregung der Hirnrinde, dem so genannten Bereitschaftspotenzial (Kornhuber u. Deecke 1965). Es handelt sich um eine elektrische Potenzialschwankung, die auf der Kopfhaut über dem Stirnhirn registriert werden kann. Sie beginnt bereits eine Sekunde vor der Erregung des eigentlichen motorischen Zentrums, welches – via Rückenmark – die Muskeln aktiviert. Das ist nicht überraschend; erstaunlich ist jedoch der Befund, dass der Zeitpunkt des Bewusstwerdens des Willensaktes erst etwa eine halbe Sekunde *nach* dem Beginn des Bereitschaftspotenzials eintritt (vgl. Libet 1985). Libet vermutete deshalb, dass eine „freie" Willenshandlung bereits unbewusst eingeleitet wird und das bewusste Ich erst nachträglich darüber informiert wird. Ist also der freie Wille eine Illusion? Wird die Entscheidung zum Willensakt unbewusst – gewissermaßen „aus dem Bauch heraus" – getroffen, auch wenn man meint, selbst frei entschieden zu haben? Oder treffen unbewusste Vorgänge die „motivierenden" Vorbereitungen einer Handlung, die dann aber erst durch den (bewussten) Willensakt – gewissermaßen in letzter Sekunde – vom Zensor Ich „erlaubt" bzw. in Gang gesetzt wird? Der Züricher Hirnforscher Konrad Akert ist in seiner berühmten Rektoratsrede (1987) auf dieses Problem eingegangen. Er folgerte, „dass die ‚unbewusste' Anfangsphase des Bereitschaftspotenzials sehr wohl mit den neuronalen Prozessen der Motivation zu tun hat, welche für die Willensbildung je nach Umständen von entscheidender Bedeutung sein können". Jedenfalls – so Akert – sei die Frage der Kausalitätsbeziehungen zwischen Wille und Hirntätigkeit auch weiterhin offen. Wie wichtig letztlich die (durch Dopamin vermittelte) Motivati-

on durch subkortikale Strukturen für das Eintreten motorischer Handlungen ist, haben uns ja gerade die Experimente von Zarevics und Setler (1979) an Ratten gezeigt, die sich durch Betätigen eines elektrischen Schalthebels selbst stimulieren konnten und dadurch motivierten, den Schalter immer wieder von neuem zu drücken.
Welche Rolle spielen nun die Hirnströme beim Denken? Durch Ableitung von Gehirnströmen ist es möglich, Störungen in Denkprozessen, wie sie z.B. bei Schizophrenen vorkommen, zu erkennen und zu analysieren. Normalerweise merkt ein geistig gesunder Mensch im Bruchteil einer Sekunde, wenn Teile eines Wortpaares Gegensätzliches ausdrücken und dementsprechend sinngemäß zusammengehören, etwa „weiß" und „schwarz" oder „süß" und „sauer". Wenn aber auf das Adjektiv „süß" anstelle von „sauer" das Wort „Zitrone" folgt oder auf „schwarz" das Substantiv „Kreide", so besteht kein *direkter* semantischer Zusammenhang. Das Gehirn signalisiert dann nach etwa 400 Millisekunden eine „Fehlermeldung", erkennbar an einer etwa über der Mitte des Kopfes ableitbaren elektrischen Potenzialschwankung, einer Zacke im EEG-Muster, die man als N-400 bezeichnet (vgl. Kutas u. Hillyard 1980). Nicht so bei denkgestörten Schizophrenen: Bei ihnen käme es im eben aufgeführten Fallbeispiel nicht zur Fehlermeldung bzw. nicht zum Aufreten der N-400-Zacke im ereigniskorrelierten Potenzial (vgl. Spitzer 1996). Dies ist offenbar als Anzeichen dafür zu werten, dass bei Schizophrenen semantisches Denken und Assoziationen gestört sind, wofür es auch noch viele andere Hinweise gibt. Ursächlich für diese Denkstörung („undiszipliniertes" Denken) dürfte ein lokaler Mangel an Dopamin im Stirnhirn sein, zumal ein Dopaminmangel in diesem Hirnteil – im Tierversuch – die kognitiven Fähigkeiten stark beeinträchtigt (vgl. Brozoski et al. 1979). Jedenfalls moduliert die Verabreichung des Dopamin-Agonisten L-Dopa neuronale Netzwerke des Denkapparates im Sinne einer „Disziplinierung" und schützt so vor „wilden" bzw. indirekten semantischen Assoziationen, wie von Manfred Spitzer und seinen Mitarbeitern gezeigt werden konnte (s. Kischka et al. 1996). Diese Befunde, aber auch die anderen oben angeführten Beispiele lassen erkennen, wie eng bioelektrische Aktivität und Hirnfunktion miteinander verbunden sind.
Hört die bioelektrische Aktivität auf (Null-Linien-EEG), so lautet die Diagnose „Gehirntod". Nur vitale Hirnzellen sind bioelektrisch aktiv, nur sie können Hirnströme erzeugen. Die „Batterie" für die Hirnströme und für die elektrischen Nervenimpulse befindet sich in den Zellmembranen unzähliger Nervenzellen (15). Hirnströme entstehen ebenso wie Aktionspotenziale bei der Erregung von Neuronen aufgrund von Ionenströmen, die – auf zellulärer Ebene – letztlich dadurch zustandekommen, dass positiv geladene Natrium- und Kaliumatome (Na^+- und K^+-Ionen) durch Poren (Ionenkanäle) in den Zellmembranen erregter Neuronen strömen. Hierfür sind jedoch zelluläre Konzentrationsgradienten der betreffenden Ionen erforderlich, die hauptsächlich durch molekulare Ionen-Pumpen geschaffen werden – ein sehr energieaufwändiger Prozess, der dafür sorgt, dass das Zellinnere mehr K^+, dafür aber (etwa 10-mal) weniger Na^+ enthält als die kochsalzreichen Zwischenzellräume und das Blutplasma. Neurale Erregungsvorgänge „konsumieren" deshalb sehr viel Energie.

Exkurs über Gehirnstoffwechsel und Homöostase

Obwohl das Gehirn nur etwa zwei Prozent des Körpergewichts ausmacht, beträgt sein Anteil am Energieumsatz des menschlichen Organismus über 20%. Traubenzucker (Glukose), ein Kohlenhydrat, ist der ausschließliche Energielieferant des Gehirns. Deshalb kann ein plötzlicher Abfall des Blutzuckerspiegels unter den Normwert unmittelbar zum Versagen kognitiver Hirnfunktionen, ja sogar zum hypoglykämischen Koma führen, etwa bei einem Diabetiker, der sich versehentlich zu viel Insulin spritzt. Beim Gesunden sorgt ein ausgeklügeltes System hormoneller Regulationsmechanismen dafür, dass der Blutzuckerspiegel (die Glukosekonzentration im Blutplasma) auf ihrem optimalen Wert gehalten wird: Sobald der Blutspiegel über einen bestimmten Grenzwert steigt, greift ein insulinvermittelter Regelmechanismus, welcher die Glukosekonzentration im Blut und im Gewebe wieder auf den „Sollwert“ absenkt und umgekehrt. Dieses Regelsystem steht somit im Dienste der so genannten Homöostase, der Wahrung des vom französischen Physiologen Claude Bernard (1813–1878) so genannten „Milieu intérieur“, welches im Inneren eines Organismus alle Körperzellen umgibt.

Im Sinne der Homöostase (möglichst) konstant gehalten wird jedoch nicht nur der Blutzuckerspiegel, sondern auch die Körpertemperatur sowie die Konzentration von Natriumchlorid und anderen Salzen im Blut und in den übrigen Körperflüssigkeiten, der pH-Wert (ca. 7,4) und, ganz wichtig, der Gasdruck (Partialdruck) von Kohlendioxid und Sauerstoff, der eine ausreichende Sauerstoffversorgung der Gewebe garantiert (16). Sobald beispielsweise der Partialdruck von Kohlendioxid (pCO_2) zu hoch oder der von Sauerstoff (pO_2) zu tief ist, sprechen die so genannten Chemosensoren an, die in der Medulla oblongata bzw. in der Gabelung der Halsschlagader gelegen sind. Sie sind Teil eines Regelkreises, der in diesem Fall ohne Zutun unseres Willens die Atmung verstärkt – im Prinzip durchaus vergleichbar dem Regler eines Thermostaten, der automatisch die Heizung einschaltet, wenn der „set point“ unterschritten wird: Durch die erregten Chemosensoren wird das „Atemzentrum“ in der Medulla oblongata verstärkt aktiviert. Infolgedessen wird die Atmung stimuliert und dadurch mehr Sauerstoff eingeatmet und vermehrt Kohlensäure (CO_2) abgeatmet: Der pCO_2 des Blutes sinkt, und der pO_2 steigt. Die Homöostase ist gewahrt, und wie wir sehen werden, ist dies essenziell für die normale Funktion des Gehirns.

Da die Nervenzellen ihre Energie durch Verwertung – „Verbrennung“ – von Glukose gewinnen, reagiert das Gehirn äußerst empfindlich auf Sauerstoffmangel, etwa bei einer Störung der Hirndurchblutung oder bei einem plötzlichen Abfall des Kabinendruckes bzw. des pO_2 während eines Langstreckenfluges: Die kognitiven Fähigkeiten lassen bei Sauerstoffmangel rasch nach; selbst einfaches Zählen gelingt nicht mehr fehlerfrei, es wird einem „schummerig“ und schließlich versagt das Bewusstsein – es sei denn, man greift rechtzeitig zur Sauerstoffmaske, um wieder genügend Sauerstoff zu bekommen. Genau diesem Zweck dient auch die verstärkte Atmung (Hyperventilation) eines Bergsteigers in der verdünnten Luft auf dem Gipfel eines Viertausenders, die durch das Atemzentrum in der Medulla oblongata optimal reguliert wird. Dabei wird allerdings auch vermehrt Kohlensäure abgeatmet, wodurch der pCO_2 sinkt (Hypokapnie) und das Blut etwas alkalischer wird. Eine solche Störung des Säuren-Basen-Haushaltes (eine so genannte respiratorische Alkalose) ist übrigens auch bei der psychogenen Hyperventilation zu beobachten, auf die wir später noch zu sprechen kommen (s. S. 26).

Mit bildgebenden Methoden dem Gehirn beim Denken zuschauen

Da die Neurone ihre Energie und damit den Glukosestoffwechsel vor allem für ihre bioelektrische Aktivität benötigen, verwundert es nicht, dass bioelektrisch aktive Nervenzellen mehr Glukose verbrauchen als ruhende Neurone. Dieser „Brennstoff" muss, ebenso wie der benötigte Sauerstoff, auf dem Blutweg herangeschafft werden. Deshalb erhöht sich nicht nur der Glukoseumsatz, sondern auch die Durchblutung in den bioelektrisch aktiven Hirnpartien, und genau diese Veränderungen können nun mit einer bildgebenden Methode namens PET (Positronenemissionstomographie, s.u.) nachgewiesen werden. Umgekehrt lässt sich natürlich von einem gesteigerten Glukoseverbrauch oder einer gesteigerten Hirndurchblutung auf einen erhöhten Energieumsatz und eine verstärkte neuronale Aktivität schließen. Folglich können Hirnforscher mithilfe bildgebender Verfahren beispielsweise feststellen, welche Gehirnteile bei bestimmten Denkleistungen (kognitiven Prozessen) gerade aktiv sind und welche nicht.

Bereits Anfang der 80er Jahre hatten Forscher entdeckt, dass die direkt unter dem Scheitel gelegene so genannte motorische Hirnrinde schon kurz vor der Ausführung einer willkürlichen Bewegung stärker durchblutet, also offensichtlich bioelektrisch besonders aktiv war. Dieser Befund war allerdings nicht überraschend. Was wirklich erstaunte, war etwas ganz anderes: In einem ganz eng benachbarten Hirnbezirk schnellte die Durchblutung schon beim Gedanken an eine Willkürbewegung in die Höhe und dies selbst dann, wenn die beabsichtigte Muskeltätigkeit gar nicht ausgeführt wurde (Roland 1985). Allein die intensive Vorstellung von Bewegungen genügte offenbar, um die Hirndurchblutung zu steigern. Ganz offensichtlich können Gedanken den Energieumsatz und die neuronale Aktivität beteiligter Hirnpartien erhöhen, wofür sich noch viele andere Beispiele anführen lassen. So wird die neuronale Aktivität einer bestimmten Partie des Stirnhirns auch dann erhöht, wenn man sich etwa die Aufgabe stellt, zu bestimmten Themen möglichst schnell ganz viele passende Wörter zu produzieren, Namen von Säugetieren beispielsweise. Bei denkgestörten Schizophrenen bleibt diese Aktivierung des Stirnhirns allerdings aus, wie Dolan und Mitarbeiter (1995) herausfanden. Vermutlich liegt es an einem Mangel an Dopamin; denn die Verabreichung eines Dopamin-Agonisten namens Apomorphin erhöht die neuronale Aktivität des Frontalhirns, verbessert aber auch die Denkleistung – genau wie das oben erwähnte L-Dopa (vgl. Kischka et al. 1996). Wie Kupferberg und Heckers (2000) ausführen, sind es solche ganz elementaren kognitiven Funktionen, die bei denkgestörten Schizophrenen versagen, aber dann letztlich auch die charakteristischen psychopathologischen Symptome der Schizophrenie hervorrufen, nämlich unorganisierte Sprache und gestörtes Sozialverhalten sowie Wahnvorstellungen und Halluzinationen. Bei Letzteren sind außer dem Stirnhirn noch andere Hirnregionen involviert, etwa das limbische System und das Zwischenhirn, wie Silbersweig und Mitarbeiter (1995) herausfanden. Die englische Forschergruppe konnte mittels PET sogar direkt beobachten, wie bei einem Schizophrenen ganz bestimmte Regionen visueller Gehirnzentren plötzlich aktiv wurden, während er schreckliche Visionen und Halluzinationen von enthaupteten Köpfen hatte, die ihm Befehle zuriefen. Psychische Krankheiten sind also auf rätselhafte Weise untrennbar mit einer abnormen Aktivität in den neuronalen Netzwerken des Gehirns verbunden; das ist die Botschaft solcher PET-Studien (vgl. Coverbild).

Exkurs: Funktionsweise von PET

Um in bestimmten Hirnbezirken eine Steigerung neuronaler Aktivität durch kognitive Prozesse festzustellen, muss die Hirndurchblutung selbstverständlich sowohl vor als auch während einer Beschäftigung mit einer Denkaufgabe kartiert werden. Sodann werden durch den Computer die jeweiligen Durchblutungswerte der verschiedenen Hirnregionen voneinander subtrahiert. Mithilfe von PET lässt sich die Änderung der Hirndurchblutung sichtbar machen. Hierzu wird radioaktiv markiertes Wasser in die Venen der Versuchsperson injiziert; es gelangt dann mit dem Blutstrom sehr schnell ins Gehirn, und zwar vor allem dahin, wo die Durchblutung am besten ist, und strahlt dann sehr kurzwellige „Röntgenstrahlen", so genannte Gammastrahlen ab. Die Standorte aktiver Nervenzellen lassen sich orten, wenn man das Gehirn mittels eines Scanners (PET-Scan) auf Gammastrahlen abtastet, die von der in der aktiven Hirnregion angereicherten radioaktiven Gewebeflüssigkeit abgestrahlt werden. Bei genauerem Hinsehen erscheint das Verfahren allerdings etwas komplizierter, weil die Gammastrahlen ja gar nicht *direkt* durch den radioaktiven Zerfall entstehen: Die ins Blut gespritzte wässrige Lösung verdankt ihre Radioaktivität nämlich sehr kurzlebigen Sauerstoffisotopen (^{15}O) in den Wassermolekülen, die außerodentlich schnell zerfallen und dabei positiv geladene Antiteilchen von Elektronen, so genannte Positronen abstrahlen. Jedes emittierte Positron kollidiert nun aber augenblicklich mit seinem Antiteilchen, und dabei zerstrahlt es zu zwei Gammateilchen, die dann geradeaus in jeweils entgegengesetzter Richtung davonfliegen. Diese Teilchen können von Dutzenden von ringförmig um den Kopf angeordneten Gammadetektoren abgefangen werden. Aber nur dann, wenn zwei Detektoren von zwei in genau entgegengesetzter Richtung davonfliegenden Gammateilchen *gleichzeitig* getroffen werden, wird das Signal überhaupt gewertet und daraus der Ursprung der beiden Gammaquanten in der Umgebung eines aktiven Neurons geortet: Er müsste (theoretisch) ungefähr in der Mitte der gedachten Verbindungsgeraden zwischen den zwei gleichzeitig getroffenen Detektoren liegen. Die Orte erhöhter Aktivität können auf diese Weise (computertomographisch) erfasst, kartiert und unter Verwendung einer Farbskalierung bildlich dargestellt werden. Die Standorte stoffwechselaktiver Nervenzellen lassen sich jedoch auch dadurch herausfinden, dass man einer Versuchsperson ein Positronen emittierendes Glukosederivat (^{18}F-markierte Deoxyglukose) in die Venen spritzt und dann das Gehirn mit dem PET-Scanner auf Gammastrahlen abtastet, die vom aktiven Hirngewebe während des zerebralen Stoffwechselprozesses abgestrahlt werden. Dabei beträgt die räumliche Auflösung etwa drei Millimeter, die zeitliche Auflösung bestenfalls vier Minuten.

Die funktionelle Kernspintomographie (fMRI)

Beim PET-Verfahren werden Versuchspersonen oder Patienten radioaktiv belastet. Eine neuere Methode namens funktionelle Kernspintomographie bzw. funktionelles „Magnetic Resonance Imaging" (fMRI) hat diesen Nachteil nicht, die Probanden werden jedoch in einer Röhre einem starken Magnetfeld ausgesetzt. Mit diesem Verfahren können die Hirnforscher das Bild einer gewünschten Schnittebene des Gehirns, aber gleichzeitig auch die farbkodierte Kartierung der momentanen Hirndurchblutung in der jeweiligen Schnittebene erhalten. Die Durchblutungsmessung beruht auf dem Prinzip, dass stärker durchblutete, bioelektrisch aktive Hirnbezirke besser mit Sauerstoff versorgt werden als die schlechter durchbluteten Abschnitte. Der durch den vermehrten Zufluss von sauerstoffhaltigem Blut bedingte Anstieg der lokalen Sauerstoffkonzentration im Gewebe spiegelt sich natürlich auch in einer stärkeren Sauerstoffbeladung des Blutfarbstoffes Hämoglobin im venösen, aus dem Gewebe abfließenden Blut, was offenbar die magnetischen Eigenschaften des Blutfarbstoffes verändert. Dies wird nun mit der Kernspintomographie erfasst und computertomographisch geortet. Die fast millimetergenaue räumliche Auflösung ist dabei sogar noch um vieles besser als bei PET, und darüber hinaus kann die Geschwindigkeit der Durchblutungs- bzw. Aktivitätsänderung mit relativ hoher zeitlicher Auflösung (etwa vier Sekunden) in Echtzeit dargestellt werden. Der Bremer Hirnforscher Gerhard Roth berichtet begeistert über die Anwendung der neuen Methode bei der neurobiologischen Untersuchung unterschiedlicher kognitiver Leistungen, die bislang nur mit psychologischen Tests erfasst werden konnten, wie etwa Glauben und Wissen:

„Wir setzen eine Versuchsperson in einen Kernspintomographen und zeigen ihr schnell eine Serie von Gesichtern. Anschließend führen wir ihr eine weitere Serie von Gesichtern vor, bei denen einige aus der (bereits gezeigten) ersten Serie stammen, andere aber neu sind. Die Versuchsperson muss entscheiden, ob sie ein Gesicht bereits gesehen hat oder nicht." (17)

Die Antwort des Kernspintomographen überraschte Roth: Wenn der Prüfling – es könnte auch ein Zeuge vor Gericht sein – *glaubt*, das gezeigte Gesicht zu kennen, löst dies ganz andere Gehirnzustände aus, als wenn er es *weiß* und dabei auch ganz sicher ist.

Doch nicht nur kognitive Vorgänge, auch Gefühlszustände lassen sich durch die fMRI-Methode im Gehirn lokalisieren. Bekommt etwa ein Proband aufgrund einer emotionalen Erregung feuchte Hände, so wird nicht nur ein bestimmter Teil des Stirnhirns (Frontallappen), sondern auch der so genannte Inselkortex in der Tiefe des Schläfenlappens, von dem man annimmt, dass er über das vegetative Nervensystem emotionale Reaktionen des Körpers hervorruft, verstärkt aktiviert und durchblutet. Dies zeigten neueste fMRI-Studien von Critchley und Mitarbeitern (2000a).

Nachweis der Rezeptoren von Neurotransmittern mittels Liganden-PET

Mit bildgebenden Verfahren ergeben sich auch ganz neue Möglichkeiten für die Erforschung von psychiatrischen Erkrankungen, bei denen Verteilung und Stoffwechsel von Transmittern gestört sind. Insbesondere lässt sich durch PET-Scanning der Wirkungsort von radioaktiv markierten Neurotransmittern und Pharmaka feststellen, die Positronen abstrahlen. Wird z.B. ein mit dem Kohlenstoff-Isotop ^{11}C markierter Agonist von Dopamin in die Venen gespritzt, so gelangt er sofort ins Gehirn, wo er sich an den ansonsten für Dopamin reservierten molekularen Bindungsplätzen anreichert und sich dort durch radioaktive Strahlung verrät. Nicht überraschend reichert er sich vor allem in den Basalganglien an, weil diese besonders reich an Bindungsplätzen, so genannten Dopaminrezeptoren sind. (Rezeptoren sind Proteinmoleküle der Zelloberfläche, die für „ihren" Liganden eine hohe Affinität haben, weil der Ligand so genau in die Struktur des Proteinmoleküls hineinpasst wie – bildlich gesprochen – ein Schlüssel ins Schloss.) PET-Untersuchungen zeigten nun, dass die Rezeptorendichte sehr unterschiedlich und bei einigen psychischen Erkrankungen sogar drastisch verändert sein kann. Beispielsweise wird bei der oben bereits erwähnten Verhaltensstörung namens Lesch-Nyhan-Syndrom weniger Dopamin-Agonist in den Basalganglien gebunden. Daraus schlossen nun Wong und Mitarbeiter (1996), dass offenbar die Anzahl Dopamin-bindender Proteine in den Basalganglien reduziert ist, was wiederum eine verminderte Dopaminwirkung in den Basalganglien zur Folge haben dürfte. Umgekehrt könnte bei Schizophrenen eine (möglicherweise kompensatorische) Erhöhung der Dopaminrezeptorendichte vorliegen (Gjedde et al. 1996). Es ist nun leicht vorstellbar, dass solche Veränderungen der Rezeptoren von Neurotransmittern das Verhalten von Zellen und Geweben umfunktionieren könnten, was nun wiederum zu psychopathologischen Störungen führen könnte. Denn man bedenke: Neurone sind in wohl abgewogener Weise mit Rezeptoren aller Art bestückt, die wie die Tasten einer Tastatur in der Zellmembran verankert sind, und ihre Aktivierung durch Neurotransmitter bringt im Inneren der Nervenzellen komplizierte Programme zum Laufen – auch solche, die den Stoffwechsel oder die Ionendurchlässigkeit der Zellmembran und damit die bioelektrischen Eigenschaften der Neuronen verändern. Aus diesem Grund kann jede Änderung der Rezeptorendichte drastische Auswirkungen haben.

Ziehen wir eine Zwischenbilanz: Bildgebende Verfahren wie das PET-Scanning und die fMRI-Methode haben es zum ersten Mal möglich gemacht, dem Gehirn beim Denken gewissermaßen „zuzuschauen", also festzustellen, welche Teile der Hirnrinde bei bestimmten kognitiven Prozessen aktiv sind. Dabei zeigte sich, dass Kognition und neuronale Aktivität untrennbar miteinander verbunden sind – auch bei Störungen des Denkvermögens. Letztere sind besonders drastisch bei Schizophrenen. Die für die abnormen mentalen Vorgänge bei dieser psychischen Störung zuständigen Regionen liegen im vorderen Rindenfeld des Frontallappens (präfrontaler Kortex), in einem Bereich also, von dem man vermutet, dass er andere Gehirnteile kontrolliert. Seine Fehlfunktion stört wahrscheinlich die Integration von Informationen und das richtige Assoziieren von Begriffen, wie dies auch die beschriebenen PET-Studien gezeigt haben. Diese kognitiven Funktionsstörungen sind offenbar durch ein Dopamindefizit in neuronalen Netzwerken des Frontalhirns bedingt und nicht etwa durch überschießende Verfügbarkeit des Transmitters wie im Falle von schizophrenen Halluzinationen und Visionen, bei denen das zerebrale visuelle System erregt ist.

Kognitive Prozesse: Sehen und Erkennen

Wir „sehen" mehr mit dem Gehirn als mit den Augen. Das menschliche Gehirn ist mit seinen fast 100 Milliarden Nervenzellen und weit mehr als tausendmal so vielen synaptischen Verknüpfungen das komplexeste Organ überhaupt. Mehr als ein Drittel der Hirnrinde wird von den Neuronen des visuellen Systems beansprucht, welche die elektrischen Impulse (Aktionspotenziale) verarbeiten, die beim Sehvorgang von über einer Million Nervenfasern aus der Netzhaut über das Zwischenhirn zum Großhirn fortgeleitet werden. Auf welche Weise analysiert und verrechnet das Gehirn all diese Daten und Signale? Wie sieht z.B. ein Maler seine Umwelt? Im Kunstmuseum Bern hängt eine Zeichnung von Paul Klee, eine Skizze des Münchener Hauptbahnhofs (s. Abb. 1.3). Dieses Bild ist alles andere als ein fotografisches Abbild der Wirklichkeit; denn der Anblick der Hallen, Gleise und Züge ist durch Klees scheinbar kindlichen symbolischen Zeichenstil gleichsam auf ein Sammelsurium einfacher Konturen und „Strichelungen" reduziert worden – Kinder zeichnen auch so, meinte Klee, der sich selbst intensiv mit der Psychologie der visuellen Wahrnehmung beschäftigt hatte und offenbar intuitiv erfasste, wie Menschen mit ihrem Sehsinn die Dinge wahrnehmen.

Aufgrund der klassischen Untersuchungen von Hubel und Wiesel (1962) ist heute wissenschaftlich erwiesen, dass die visuellen Informationen, die unseren Sehraum definieren, vom Gehirn zunächst nach verschiedenen Kategorien sortiert werden, etwa nach Farben und Strukturen, wobei Letztere, un-

Abb. 1.3 Paul Klee (1879–1940): München Hauptbahnhof II, 1911, 25
Feder auf Papier auf Karton; 9,1 x 19,6 cm
Paul-Klee-Stiftung, Kunstmuseum Bern, Inv. Nr. Z. 166, Ref. Nr. 620
© by VG Bild-Kunst, Bonn

voreingenommen betrachtet, eigentlich nur aus Kanten, Konturen und Linien zu bestehen scheinen (Pöppel 1995). Das primäre Sehzentrum des Gehirns reagiert nämlich nicht auf einzelne Punkte, sondern nur auf Konturen. Denn der primäre visuelle Kortex im Hinterhaupt (Area V1) enthält keine neuronalen Detektoren für Punkte (bzw. Pixels), sondern nur solche für vertikale und horizontale Linien, aber auch für schräg orientierte Konturen. Es handelt sich dabei um so genannte Orientierungssäulen, komplexe Neurone, die offenbar nur dann ansprechen, wenn sie von einer Reihe vieler nebeneinander liegender, schräg, vertikal oder horizontal angeordneter Sehzellen (Stäbchen und Zapfen) der Netzhaut gleichzeitig erregt werden. Allerdings enthält das visuelle System des Menschen auf hierarchisch höherer Ebene auch noch hyperkomplexe Neuronen, welche aus den von den primären Detektoren gelieferten Einzelinformationen ein Zeichen synthetisieren bzw. „erkennen“, das aus schrägen, vertikalen oder horizontalen Linien zusammengesetzt ist – etwa ein L oder ein X, das aus einem Feld vieler U-Zeichen sofort und automatisch gleichsam in die Augen springt, sodass einem keiner „ein X für ein U vormachen“ kann, wie der Volksmund sagt. In analoger Weise fällt uns in einer Menschenmenge ein bekanntes Antlitz sofort auf. Möglicherweise werden dabei auf Gesichter spezialisierte Neurone des Schläfenlappens aktiviert (vgl. Farah et al. 1998). Denn Menschen mit einer – durch eine Durchblutungsstörung (Hirnschlag) bedingten – Schädigung im entsprechenden Hirnareal sind unfähig, bekannte Gesichter wieder zu erkennen; sie leiden an einer so genannten Prosopagnosie. Allerdings ist überhaupt nicht vorstellbar, dass es nun für jedes bekannte Gesicht ein spezielles Neuron geben könnte, etwa – wie einmal spaßhaft bemerkt wurde – ein „Großmutterneuron“, mit dessen Hilfe man sogar die eigene Großmutter erkennen könne. Wahrscheinlich müsste man, um ein Gesicht wieder zu erkennen, innerhalb von Sekunden gespeicherte physiognomische Merkmale, etwa Augenfarbe, Form des Mundes und andere Gesichtszüge, unbewusst aus dem Gedächtnis abrufen und in einer „Konvergenzzone" des Gehirns wie die Teilchen eines Puzzlespiels solange zu verschienenen Phantombildern zusammensetzen, bis das zur Realität passende Bild auf dem „mentalen Bildschirm" erscheint (vgl. Damasio 1994). Wie Untersuchungen mit bildgebenden Verfahren (PET, vgl. George et al. 1993) zeigten, scheinen dabei auch der zinguläre Kortex (Gyrus cinguli, s. Abb. 1.2) und das Stirnhirn beteiligt zu sein – insbesondere beim Erkennen des emotionalen Gesichtsausdruckes.

Wie aber unterscheidet sich die visuelle Wahrnehmung der Dinge von einer bildlichen Vorstellung, die man im Geist visualisiert? Vorgänge, die bei der einfachen Wahrnehmung eines Objekts quasi automatisch ablaufen, erregen, wie gesagt, zunächst das primäre visuelle Sehzentrum (V1) im Okzipitallappen, von wo dann die perzipierte Information zu den höheren Zentren im Parietal- und Temporallappen geleitet wird, wo Ort und Form eines Gegenstandes registriert werden – ganz im Sinne einer „Bottom-up-Prozessierung". Umgekehrt wird bei der Rekonstruktion eines geistigen Abbildes aus der Erinnerung die Information von den höheren visuellen Zentren im Sinne einer „Top-down-Prozessierung" zu den „tieferen" sensorischen Arealen zurückgeleitet, etwa wenn wir uns ein vertrautes Gesicht vorstellen, obschon die Netzhaut überhaupt nicht stimuliert wird. Dabei werden dieselben Areale des Gehirns aktiviert, die auch beim passiven Betrachten eines Bildes erregt werden, und diese Aktivität kann, wie PET-Studien gezeigt haben, willkürlich durch Erhöhung der Aufmerksamkeit sogar noch verstärkt werden (18). Wie oben bereits erwähnt, werden wahrscheinlich dieselben zerebralen Strukturen auch beim Visionieren und Halluzinieren der Schizophrenen erregt (vgl. Silbersweig et al. 1995), vermutlich aber auch beim Träumen und bei migränösen Halluzinationen. Manche Migränepatienten erleben in der ersten Phase des Migräneanfalles – der so genannten „Aura", die noch nicht mit Kopfschmerzen verbunden ist – infolge von lokalen Übererregungen im (primären) visuellen Kortex optische Halluzinationen, die typischerweise als gezackte Linien, so genannte Fortifikationen imponieren, aber oftmals auch „nur" als kurz andauerndes Augenflimmern in bestimmten Bereichen einer Gesichtsfeldhälfte erlebt werden.

Normales Farbensehen ist nur möglich, wenn in der Netzhaut des Auges rot-, grün- und blauempfindliche Fotorezeptoren (Zapfen) vorhanden sind, die jeweils automatisch auf Licht bestimmter Wellenlängen ansprechen. Die bewusste Wahrnehmung eines farbigen Bildes ist jedoch eine kreative Leistung des Gehirns, bei welcher ganz verschiedene Abschnitte der Hirnrinde in einer konzertierten Aktion zusammenspielen müssen, ähnlich wie Musiker eines Kammerorchesters, die – ohne Dirigent – eine Sinfonie erklingen lassen. Denn die Information über Form, Farbe und Ort eines Gegenstandes wird in ganz verschiedenen, hierarchisch aufgebauten und miteinander verbundenen, reziproken Hirnzentren parallel verarbeitet, beispielsweise die Farbe in den so genannten Blobs und die Form in der „Interblobregion" des primären visuellen Kortex (V1). Die Synthese zum farbigen Abbild, das Zusammenfügen bzw. Zusammenbinden der im Zentralnervensystem getrennt verarbeiteten Informationen, erfolgt dann erst etwas später durch die reziproke Wirkung der in der Hierarchie höheren visuellen „Zentren" für Farbe und Form im Temporallappen. Dies sind neurale Netzwerke, die mit der gleichen Frequenz (40-mal pro Sekunde) synchrone Aktionspotenziale abgeben und mittels dieser 40 Hz-Oszillationen wie Sender und Empfänger kommunizieren (19). Wenn wir also – um ein anschauliches Beispiel zu wählen – beim Nachtisch auf unserem Teller einen ziemlich runden, roten Gegenstand liegen sehen, so werden – auf noch rätselhafte Weise – die Farbinformation „rot“ und die Strukturinformation „rund“ in verschiedenen neuralen Netzwerken bearbeitet, zusammengebunden und daraufhin das vor uns liegende Objekt vermutlich als Apfel gedeutet, vorausgesetzt natürlich, die Informationen gelangen auch zum Sprachzentrum in der linken Hirnhemisphäre, wo der Begriff „Apfel“ abgespeichert ist. Ist dies aus irgendwelchen Gründen nicht möglich, so wird der Apfel nicht bewusst wahrgenommen, wie Roger Sperry und Michael Gazzaniga durch ihre Untersuchungen an „Split-brain“-Patienten aufzeigten (vgl. Kupfermann 1991).

In den 60er und 70er Jahren untersuchten Roger Sperry und Michael Gazzaniga Epileptiker, bei denen (aus therapeutischen Gründen) der so genannte Balken operativ durchtrennt wurde, welcher die beiden Hirnhemisphären miteinander verbindet. Wegen dieser Spaltung des Gehirns („Split brain“) konnte eine Information, die in der rechten Hemisphäre verarbeitet wird, nicht mehr ohne weiteres in die linke gelangen, und umgekehrt. Wenn nun die Forscher der operierten Person einen Gegenstand, beispielsweise das Bild eines Apfels, auf der rechten Bildfläche eines Bildschirmes – im rechten Gesichtsfeld – für einen kurzen Moment präsentierten, so sagte sie auf Befragung selbstverständlich sofort, sie sehe einen Apfel. Dieses Resultat überraschte überhaupt nicht; denn die visuelle Information über das rechte Gesichtsfeld gelangte ja (nicht zuletzt auch aufgrund der Kreuzung der Sehnerven im so genannten Chiasma opticum) direkt in die entgegengesetzte (linke) Hirnhälfte, die bekanntlich auch das Sprachzentrum beherbergt (20). Präsentierte man jedoch den Apfel dem linken Gesichtsfeld, überraschte die Versuchsperson die Forscher mit der Antwort, sie sehe nichts Bestimmtes. Das lag nun nicht etwa daran, dass die visuelle Verarbeitung im rechten Hirn blockiert war. Der Operierte konnte lediglich das Objekt nicht mit einem semantischen Begriff assoziieren, da ja die rechte Hemisphäre kein Sprachzentrum besitzt; eine nonverbale Äußerung war aber durchaus möglich. Dies zeigte sich auch in einem weiterführenden Experiment, in dem für den Bruchteil einer Sekunde statt eines Apfels ein obszönes Aktfoto ins linke Gesichtsfeld eingeblendet wurde, was offensichtlich eine emotionale Reaktion hervorrief. Die Versuchsperson errötete nämlich, kicherte verlegen und hatte dabei ein komisches Gefühl, ohne dafür einen richtigen Grund angeben zu können. Wiederum hatte sie das Gesehene nicht bewusst wahrgenommen. Vermutlich hatte die im rechten Hirn unbewusst verarbeitete Information gewissermaßen „auf Schleichwegen“ doch noch ohne Zutun des Bewusstseins die Befindlichkeit des Ichs und sein nonverbales Verhalten beeinflussen können. Wäre eine derartige emotionale Beeinflussung durch die „unbewusste“ rechte Hirnhälfte auch bei nicht operierten Personen möglich? Denkbar wäre dies allemal.

Das oben beschriebene Experiment demonstriert sehr eindrücklich die schon von Freud postulierte Macht des Unbewussten auf die Befindlichkeit, wofür es noch viele andere Hinweise gibt. Ohne dass man sich dessen so recht bewusst ist, beeinflusst beispielsweise der Anblick eines traurigen und ängstlichen Menschengesichtes das limbische System, insbesondere den Mandelkern (Amygdala), der die Emotionen steuert. Dabei wird die neuronale Aktivität und damit die Durchblutung dieses in der Tiefe des Schläfenlappens gelegenen Kerngebietes gesteigert – wie Untersuchungen mit der PET-Methode zeigten (Morris et al. 1996) –, und dies ändert wiederum die Mimik. Auf diese Weise können wohl Angst oder Trübsal nonverbal und ohne Zutun des Willens von einem Menschen auf den anderen übertragen werden und so Mitgefühl und Empathie hervorrufen.

Die Funktionsweise des Gehirns ist oft mit der eines Computers verglichen worden. Die Erkennung von Gesichtern und der im Gesichtsausdruck gespiegelten Emotionen bildet aber selbst für die leistungsfähigsten Computersysteme immer noch ein außerordentlich schwieriges Problem, wogegen das menschliche Gehirn – wie wir gesehen haben – solche kognitiven Leistungen in wenigen Sekunden vollbringt. In den letzten Jahren wurden allerdings von Neuroinformatikern analoge elektronische Elemente entwickelt, die zu einem künstlichen neuronalen Netzwerk verknüpft werden können und dann ähnlich wie natürliche neurale Netzwerke des Gehirns funktionieren. Die Verknüpfungen der „Siliziumneuronen" sind dabei den Schaltkreisen im Gehirn nachempfunden. So ist das von Hahnloser und Mitarbeitern (2000) entwickelte künstliche neuronale Netzwerk in der Lage, zwischen verschiedenen Inputs auszuwählen bzw. ihnen seine „Aufmerksamkeit" zu schenken. Es würde sich im Prinzip sogar hervorragend zur Verarbeitung „sensorischer" Informationen eignen, wie sie beispielsweise zur Erkennung von Gesichtern notwendig sind (21). Bedeuten nun aber solche Fortschritte, dass bestimmte Funktionsweisen des Gehirns – so auch das Erkennen von Gesichtern – letztlich auf chemisch-physikalische Vorgänge reduziert werden können, wie sie beispielsweise auch in lernfähigen künstlichen neuronalen Netzwerken ablaufen? Oder ist es gerade umgekehrt: Haben künstliche neuronale Netzwerke „emergente", ganzheitliche Eigenschaften, die nicht auf physikochemische Prozesse reduzierbar sind, also etwa die Fähigkeit zur Selbstorganisation?

Das Phänomen der Selbstorganisation kann im Nervensystem häufig beobachtet werden. So ist die Entwicklung des visuellen Systems nicht nur durch Erbfaktoren programmgesteuert, sondern ebenso sehr durch epigenetische Prozesse. Mindestens ebenso wichtig wie die Gene sind nämlich, wie die Untersuchungen von Hubel und Wiesel (1962) am visuellen System von Katzen eindrücklich nachgewiesen haben, frühe Sinneserfahrungen und Umweltfaktoren. Neugeborene Katzen beispielsweise, die in den ersten drei Wochen ihres Lebens in einem abgedunkelten Raum gehalten werden und nur eine Welt, die „grau in grau" ist, erleben, verschalten ihre Synapsen im visuellen Kortex nicht korrekt und bleiben deshalb blind. Noch überzeugender erscheint mir ein durchgeführtes Experiment von Laurie von Melchner und Mitarbeitern (2000). Die Cambridger Forscher durchtrennten bei neugeborenen Frettchen den Sehnerv, der zwar regenerierte, jedoch fälschlicherweise nicht mehr mit demjenigen Teil des Zwischenhirns zusammenwuchs, der normalerweise Nervenimpulse des Sehnervs aufnimmt und an das primäre Sehzentrum (V_1) im Hinterhaupt übermittelt. Vielmehr entstand – ganz überraschend – eine neue Verbindung über das Zwischenhirn zum Hörzentrum im Schläfenlappen. Dies führte jedoch nicht etwa dazu, dass das operierte Frettchen Lichtsignale als Töne interpretierte; vielmehr lernte es mithilfe des Hörzentrums sehen, weil sich diese Hirnregion umorganisierte, gewissermaßen neu „verdrahtete" und sich so ganz von selbst, auch in struktureller Hinsicht (vgl. Sharma et al. 2000), in ein Sehzentrum verwandelte – ein beeindruckendes Beispiel für die Plastizität des Nervensystems und seine Fähigkeit zur Selbstorganisation. Die Forscher ließen allerdings offen, was nun eigentlich mit den Neuronen im primären Sehzentrum geschieht, wenn sie nicht mehr für den Sehvorgang gebraucht werden. Könnten sie die Verarbeitung von Informationen aus anderen Sinnesorganen übernehmen? Offenbar – jedenfalls ist dies bei Blinden der Fall. Wenn Blinde die Blindenschrift „Braille" lesen, reagieren die Nervenzellen der ursprünglichen primären Sehrinde sehr empfindlich auf die Signale der Mechanosensoren in der Haut der Fingerspitzen (Sadato et al. 1996). Damit wird ganz offensichtlich, dass die Ursache für die Einzigartigkeit eines Gehirns bzw. eines Individuums nicht allein in dessen Erbmasse liegen kann – sie ist auch und vor allem in den Sinnes- und Lernerfahrungen des Subjekts zu suchen. Deshalb, so folgert der Molekularbiologe Günther Stent (1987), sollte die Entwicklung der Nervensystems von der befruchteten Eizelle bis zum ausgereiften Gehirn auch als ein historisches Phänomen gesehen werden, bei dem ein Entwicklungsschritt den nächsten bedingt, wobei insbesondere der funktionelle Gebrauch der sich entwickelnden neuronalen Verschaltungen entscheidend sei (22).

Neuronale Plastizität und Gedächtnis

Am Beispiel der Entwicklung des visuellen Systems ist deutlich geworden, wie flexibel – wie plastisch – die „Verkabelung" der Neuronen im Nervensystem ist, und dies nicht etwa nur postnatal, also in den ersten Wochen und Monaten nach der Geburt, sondern lebenslang. Unter neuronaler Plastizität oder Neuroplastizität verstehen wir die Fähigkeit des Zentralnervensystems (insbesondere des Gehirns), sich beständig den Erfordernissen des Gebrauchs optimal anzupassen – und dabei können neurale Netzwerke reorganisert werden, indem neue synaptische Verbindungen zwischen den Neuronen geknüpft und bereits bestehende wieder gelöst werden. Diese Einsicht hat sich in den letzten zwei Jahrzehnten immer mehr gegen die bis dahin weit verbreitete orthodoxe Meinung durchgesetzt, die Entwicklung des Gehirns sei nach der frühen Entwicklungsphase abgeschlossen und das Hirn sterbe – um es in den Worten Manfred Spitzers auszudrücken – „im Laufe des gesamten Lebens einen langsamen Tod (...), ohne wesentliche Veränderungen, ganz zu schweigen von weiterem Wachstum" (23). Um die dramatische Flexibilität des Nervensystems aufzuzeigen, zitiert Spitzer die Erfolge des kalifornischen Ohrenarztes Michael Merzenich und seiner Mitarbeiter, die (aufgrund einer Innenohrerkrankung) ertaubte Patienten mit einem künstlichen Innenohr – einem Cochlea-Implantat – versahen. Die frisch Operierten hatten zwar noch wochenlang die gesprochene Sprache nicht verstanden, sondern nur rumpelnde, irritierende Geräusche gehört, aber bereits nach einem Jahr seien manche Patienten sogar wieder imstande gewesen, längere Telefongespräche zu führen. Dies sei nur dadurch möglich geworden, dass im Gehirn massive Umbauprozesse stattgefunden hätten, wobei die Patienten *gelernt* hätten, die ungewohnten elektrischen Signale aus dem Implantat zu entziffern, schreibt Spitzer. Es ist doch evident: Soll jemand die gesprochene Sprache verstehen, so muss er zuvor natürlich erst einmal gelernt haben, die aus dem Innenohr kommende Datenflut mit bestimmten Begriffen bzw. auch mit visuell wahrgenommenen Gegenständen oder Ereignissen zu verknüpfen.

Es gibt verschiedene Arten von Lernen und Gedächtnis. Eigene Erlebnisse (Episoden) und Faktenwissen sind Daten, die erst unter Mitwirkung des Hippocampus, einem Teil des limbischen Systems, im Langzeitgedächtnis abgelegt werden. Wenn sich solche Gedächtnisinhalte, die in den so genannten Assoziationsgebieten des Temporal- und Parietallappens abgespeichert sind, sprachlich wiedergeben lassen, spricht man (wie eingangs bereits erwähnt) von einem deklarativen oder „expliziten Gedächtnis". Patienten, bei denen der Hippocampus beschädigt oder aus therapeutischen Gründen entfernt wurde, leiden unter einer „anterograden Amnesie"; sie sind also nicht mehr imstande, sich neues Wissen anzueignen, können sich jedoch Dinge im Kurzzeitgedächtnis merken oder früher Gelerntes aus dem expliziten Gedächtnis abrufen, aber auch neue motorische

Fähigkeiten erwerben, die dann im „prozeduralen“ bzw. „impliziten“ Gedächtnis gespeichert werden. Letzteres ist vor allem im Kleinhirn und in den Basalganglien lokalisiert. Hingegen hinterlassen schmerzhafte oder emotionale Erlebnisse ihre unbewussten Gedächtnisspuren im „emotionalen Gedächtnis“, d.h. im Mandelkern des limbischen Systems – so z.B. beim „gebrannten Kind“, das gelernt hat, das Feuer zu fürchten.

Gedächtnisinhalte werden letztlich dadurch gespeichert, dass die synaptische Datenübertragung zwischen bestimmten Neuronen in neuralen Netzen effektiver wird. Dieses Prinzip ist bereits bei der einfachsten Form des Lernens realisiert, dem Erwerb bedingter (konditionierter) Reflexe. Man denke nur an die wohl bekannte, vom Petersburger Physiologen Iwan Petrowitsch Pawlow (1849–1936) entdeckte Konditionierung der Speichelsekretion eines Hundes auf ein Klingelzeichen hin. Dabei musste der Hund lernen, den konditionierten Reiz (das Klingeln einer Glocke) mit dem unkonditionierten Reiz der Fütterung zu assoziieren. Ein anderer bedingter Reflex, bis ins Detail untersucht (vgl. Menzel 1996), ist der konditionierte Korneal- oder Lidschlagreflex: Wird die Hornhaut (Cornea) eines Kaninchens durch einen Luftstoß angeblasen, erfolgt ganz automatisch ein Lidschlag, ein angeborener Schutzreflex, der seinerseits mit einem akustischen Zeichen gepaart und auf diese Weise konditioniert werden kann. Erklingt jedes Mal vor dem Luftstoß ein Ton, so lernt das Kaninchen, ihn mit dem Luftstoß zu assoziieren. Es entsteht ein bedingter Reflex, indem nun allein schon der Ton in der Lage ist, den reflektorischen Lidschlag auszulösen. Das akustische Signal ist mithin der zu konditionierende (bzw. konditionerte) Reiz, der mit einem unkonditionierten Reiz, hier dem Luftstoß, offenbar auf ein und dasselbe Neuron des Reflexbogens einwirkt. So konnte experimentell nachgewiesen werden, dass ein bestimmtes Neuron des Reflexbogens, das zu Beginn der Konditionierung *nur* vom Luftstoß erregt wurde, nach dem Lernprozess *auch* auf den Ton reagiert und damit den akustischen mit dem mechanischen Reiz assoziiert. Der Lernvorgang der Konditionierung beeinflusst also – vereinfacht dargestellt – eine Verbindung vom Gehörsinn zu diesem Neuron und somit zum normalen (unkonditionierten) Reflexbogen, eine plastische Synapse, über die ein konditionierter Reiz (Ton) und ein unkonditionierter Reiz (Luftstoß) assoziiert werden. Vor der Konditionierung ist diese synaptische Verbindung nur schwach und ineffizient. Erregt man jedoch den Schaltkreis wiederholt gleichzeitig durch den Ton und den Luftstoß, so wird die plastische Synapse derart modifiziert, dass die fragliche Verbindung verstärkt und somit der Schaltkreis des Reflexes verschaltet wird. Über einen Lernprozess haben also Umwelteinflüsse eine Synapse und damit das neurale Netzwerk des Reflexbogens verändert (24).

Zu Veränderungen der synaptischen Übertragungsstärke – der synaptischen Gewichtung – kommt es aber nicht nur bei der „klassischen“, sondern auch bei der so genannten operanten Konditionierung. Wenn beispielsweise das Vieh auf der Weide gelernt hat, die elektrisch geladene Umzäunung zu meiden, so ist es offenbar „operant“ konditioniert worden, genauso wie die elektrisch gereizten Ratten in den schon erwähnten Versuchen von Olds und Milner, die „wissen“, in welcher Ecke ihrer Lernbox sie eine Belohnung erwartet. Bei dieser Art von „instrumentellem“ Lernen erwerben und verstärken Mensch und Tier ein neues Verhalten aktiv – durch Versuch und Irrtum bzw. Belohnung oder Strafe.

Auf die molekularen Mechanismen von Veränderungen in plastischen Synapsen beim Lernen werden wir später zurückkommen (s. Kap. 6). In diesem Zusammenhang soll lediglich festgehalten werden, dass bei der Konsolidierung des Gedächtnisses sowohl biochemische als auch strukturelle Veränderungen involviert sind: Synaptische Proteine werden neu synthetisiert oder durch Anhängen von Phosphatgruppen (Phosphorylierung) modifiziert, und schließlich verbreitern und verfestigen sich die synaptischen Kontakte zwischen den Neuronen, oder es bilden sich sogar noch zusätzliche Kontakte. Indessen ist nicht nur assoziatives Lernen, sondern überhaupt jede Art von Lernprozessen, auch die in der frühkindlichen Entwicklung, mit einer Umorganisation neuraler Netzwerke verknüpft und damit geradezu paradigmatisch für neuronale Plastizität (vgl. Schiffelholz u. Aldenhoff 2001). Auch in den komplizierten neuralen Netzwerken des menschlichen Gehirns werden Neuronenpopulationen nach einem Lernvorgang durch ein molekulares Remodelling effizienter vernetzt sein als zuvor. Dabei sind jedoch – mit Ausnahme konditionierter Reflexe – die Gedächtnisinhalte nicht in einzelnen Neuronen, sondern als „Engramm" durch die Aktivität sehr vieler Neurone kodiert und in einem kompliziert vernetzten Neuronenmosaik gespeichert, einem „Ensemble", einer „Gestalt" vielleicht, wie sie von den Gestaltpsychologen verstanden wurde.

Gehirnentwicklung, frühkindliche Entwicklung und Psychosomatik

Das Gehirn ist – wie wir gesehen haben – auch noch lange nach der Geburt in intensiver Entwicklung begriffen. Insbesondere ändert sich während der frühen postnatalen Entwicklung des Gehirns die „Expression" bestimmter Rezeptortypen, so genannter NMDA-Rezeptoren (Nase et al. 1999), die mit dem erregenden Neurotransmitter Glutamat reagieren und auch maßgeblich an Lernvorgängen beteiligt sind. Aber auch andere Rezeptortypen sind betroffen, beispielsweise die so genannten GABA-Rezeptoren, die durch den hemmenden Neurotransmitter GABA (Gamma-Aminobuttersäure) aktiviert werden (Caldji et al. 1998). Fast alle neuronalen Verschaltungen des Großhirns werden während ihrer postnatalen Entwicklung von frühen Sinneserfahrungen und anderen Umwelteinflüssen geprägt. So weisen z.B. Ratten, die nach der Geburt der Mutter weggenommen und ohne Sozialkontakte mit anderen Ratten und überhaupt ohne jede Anregung aufwachsen, in ihrer Hirnrinde eine geringere Synapsendichte auf. Solche Ratten sind auch verhaltensgestört und ganz besonders stressempfindlich (Black u. Greenough 1991), und sie reagieren selbst noch im adulten Zustand auf „psychischen" Stress mit einer überdurchschnittlich massiven Ausschüttung von Stresshormonen (Ladd et al. 2000). Umgekehrt sind ausgewachsene Ratten, die nach der Geburt besonders gehätschelt und gepflegt wurden, sehr viel mutiger und stressresistenter als die Kontrolltiere des gleichen Stammes – und zwar aufgrund plastischer Veränderungen gewisser neuronaler Netzwerke des Stammhirns, wie Caldji und Mitarbeiter (1998) vermuten (25).

Auch sozial deprivierte Säuglinge, die im ersten Lebensjahr von der Mutter getrennt werden, entwickeln sich schlecht, sofern sie keine andere zuverlässige Bezugsperson (Ersatzmutter) haben. Sie leiden nach Spitz am Hospitalismussyndrom (Spitz 1945) und neigen im späteren Leben zu Verhaltensstörungen und Psychosomatosen (26). Ihre Immunabwehr ist unzureichend und die Anfälligkeit für stressbedingte Erkrankungen überdurchschnittlich hoch. Das erstaunt nicht. Denn fehlende Körperkontakte (Streicheleinheiten) und emotionale Vernachlässigung schaden dem Säugling und bewirken möglicherweise ein Trauma, das zu einer frühen Entwicklungsstörung führen kann, aber auch drastische Veränderungen in neuronalen Netzwerken auslösen dürfte, welche die traumatischen Stresserfahrungen im Gehirn festschreiben (vgl. Ladd et al. 2000).

Die Qualität der frühkindlichen Beziehung zur Mutter, die meist als „gutes Objekt“ (engl.: „primary care giver“) erlebt wird, ist also von allergrößter Wichtigkeit für die kindliche Entwicklung. Das ist auch die Botschaft der psychoanalytischen Objektbeziehungstheorie. Nur eine Mutter, die gut genug ist („good enough mother“, s. Winnicott 1965), nimmt dem Kleinkind die Ängste – auch Trennungsängste – und stärkt damit sein Selbstvertrauen und das Vertrauen in die Umwelt – ein Vertrauen, das ihm ermöglicht, im späteren Leben auch mit Verlust und Trennung von geliebten Objekten umzugehen. Wenn aber die Beziehung zwischen dem Kind und seinem primären Objekt fundamental gestört ist, so kann – um mit Rudolf zu sprechen – diese so genannte basale Zuversicht nicht entstehen. Das Kind leidet dann ausgesprochen stark an Trennungsängsten, ist „gestresst“, seine Entwicklung verzögert sich, und es wird mit hoher Wahrscheinlichkeit zu einer labilen, fragilen, leicht verwundbaren und möglicherweise sogar depressiven Persönlichkeit heranreifen. Insbesondere wird es sehr von Bindungen an andere Menschen und „Objekte“ abhängig bleiben, sich deshalb „anklammern“ und sich durch Verlusterlebnisse leicht aus dem seelischen Gleichgewicht werfen lassen (vgl. Rudolf 2000). Wenn man nun auch noch bedenkt, dass drohender oder aktueller Verlust von Personen und Dingen (Objekten), die einem etwas bedeuten – beispielsweise Bezugspersonen, Arbeitsplatz oder Besitz –, zu den mächtigsten Stressoren gehören, so kann man gut nachfühlen, wie stressgefährdet ein solches Kind auch noch als Erwachsener sein mag. Somit erscheint es einleuchtend, dass zwischen gestörten frühkindlichen Beziehungserfahrungen zu den Eltern („bad parenting“) oder Verlusterlebnissen und dem Auftreten von psychosomatischen Erkrankungen im Erwachsenenalter – Panikanfälle oder Asthma z.B. – ein Zusammenhang gesehen wird, was die Psychoanalyse ja auch seit langem postuliert und heute zum Allgemeinwissen des psychologisch interessierten Laien gehört (27).

Psychoanalytisch orientierte Therapeuten bemühen sich daher, bei ihren Klienten frühe Beziehungsstörungen zu den Eltern und Traumen aufzudecken und – durch affektives Wieder-Erleben-Lassen – aufzuarbeiten. Auch Entwicklungsdefizite können so behoben und Reifeprozesse nachgeholt werden. Eine gereifte Persönlichkeit hat jedenfalls die besseren Möglichkeiten, mit Belastungen und Konflikten umzugehen und aufkommenden Stress zu bewältigen. Dies allerdings könnten Betroffene möglicherweise auch auf dem Wege einer kognitiven Verhaltenstherapie erlernen, die eher an den Verstand appelliert (28) und – ergänzend – auch Entspannungstechniken mit einschließen kann, etwa Autogenes Training und die Progressive Muskelentspannung (29). Welches Verfahren nun dem Patienten am meisten Gewinn bringt, sollte wohl letztlich individuell entschieden werden, jedoch unter angemessener Berücksichtigung von Leitlinien, Handlungsempfehlungen, die – im Sinne der „Evidence-based Medicine“ – auf einer Bestandsaufnahme wissenschaftlich gesicherter Fakten (engl.: „evidence“) gründen (s. Eich 1999).

Nicht nur Verlusterlebnisse, sondern auch innerer Groll oder Konflikte, die – im Sinne der Psychoanalyse – ins Unbewusste verdrängt werden, können psychischen Stress hervorrufen; dadurch werden sie die psychische Entwicklung ungünstig beeinflussen, aber auch das Auftreten stressbedingter Krankheiten begünstigen (Resch 1999). Oft handelt es sich um Konflikte zwischen kindlichen Bedürfnissen und den – vom kindlichen Über-Ich verinnerlichten – Anforderungen von Bezugspersonen, aber auch um andere widerstrebende Gefühle und Motivationen. So haben, wie uns die Psychoanalyse lehrt, auch die meist unbewussten Konflikte Erwachsener ihren Ursprung nicht selten in der frühen Kindheit. Sie entstehen, wie Rudolf betont, immer dann, wenn zwei etwa gleich starke innere Strebungen das kindliche Ich in verschiedene, miteinander unvereinbare Richtungen ziehen. Wie gesagt, solche Konflikte werden meist ins Unbewusste verdrängt. Dadurch verlieren sie jedoch nichts von ihrer Wirkung. Im Gegenteil: Sie „rumoren" in der Tiefe der Psyche weiter und melden sich später immer wieder, z.B. in Form von freudschen Versprechern, im Traum oder in körperlichen Symptomen, die der Psychotherapeut zu deuten versucht. Insbesondere wird er im Rahmen einer (dynamischen) Psychotherapie versuchen, die zentrale Konfliktthematik ins Bewusstsein zu ziehen und seine Klienten zu lehren, ihr Problem zu verstehen und damit umzugehen.

Der Leser wird bemerkt haben, dass im obigen Zusammenhang das Symptom – ein im Magen gespürter Schmerz beispielsweise – nicht als diagnostisches Zeichen, sondern als Ausdruck einer Organsprache verstanden wird. Darauf verweisen auch alltägliche Redewendungen wie: „Der Ärger schlägt mir auf den Magen" oder „Das Problem liegt mir schwer im Magen". Hinter dem Symptom steht also der Konflikt. Bekanntlich ist es das Verdienst des Heidelberger Psychosomatik-Forschers Viktor von Weizsäcker (1886–1957), schon früh auf solche Zusammenhänge hingewiesen zu haben:

„Was wir im Bewußtsein verbannen (den Konflikt), wird (als Symptom) im Körper wirksam, und was wir ins Bewußtsein ziehen, verliert an seiner leiblichen Kraft" (30).

Freilich: Von Weizsäcker vertritt auch die Meinung, dass „leibliche und seelische Phänomene nicht in Kausalreihen verknüpft werden können". Ist das aber wirklich der Fall? Heute ist doch wohl meist vorstellbar, wie psychogene Spannungen aufgrund von Konflikten und unterdrückter Gefühle in Schmerzen oder Stressreaktionen umgesetzt werden. Man denke – um beim oben erwähnten Beispiel zu bleiben – nur an die Kausalzusammenhänge und Mechanismen bei der Entstehung eines Magengeschwürs, das durch psychischen Stress ausgelöst wird.

Beispielhafte psychosomatische Erkrankungen

Peptische Ulzera

Stress ist ein Beispiel par excellence für psychosomatische Prozesse. In seinen Lebenserinnerungen aus den 50er und 60er Jahren beschreibt der „Vater" der Stressforschung, Hans Selye (1907–1982), wie er nach einer zu seiner Zeit noch ziemlich aufregenden Operation am Hüftgelenk an einem schmerzenden und stark blutenden Stressmagengeschwür erkrankte (31). Warum aber, so fragte er, manifestierte sich Stress in seinem Fall ausgerechnet im Magen, bei einem anderen jedoch im Herz-Kreislauf- oder Nervensystem? Wird etwa ein bestimmtes Organ aufgrund noch anderer – biologischer – Faktoren zur Schwachstelle und so besonders anfällig für Stress? Heute weiß man, dass ein biologisch oder psychologisch bedingter Stress in der Regel nur dann ein Magengeschwür zur Folge hat, wenn die Schleimhaut der Magenwand infolge einer Infektion mit einem säureresistenten Bazillus *(Helicobacter pylori)* bereits vorgeschädigt ist. Wird nämlich die Infektion erfolgreich mit Antibiotika behoben, so heilt das Geschwür ab. Der Kausalzusammenhang im Stressgeschehen wird in diesem Fall verständlich: Bei psychischem (oder biologisch bedingtem) Stress erhöht sich der Blutspiegel des Stresshormons Kortisol. Unter dessen Einwirkung wird die Absonderung von Magensäure verstärkt und die Produktion von Magenschleim und die Magendurchblutung vermindert. Ist aber die Magenschleimhaut bereits durch die Infektion mit *Helicobacter* vorgeschädigt und außerdem nicht hinreichend mit schützendem Schleim bedeckt, so wird sie leicht zum Opfer eines äußerst aggressiven Gemisches von Magensäure und dem Verdauungsenzym des Magens namens Pepsin. Ganz im Sinne des „biopsychosozialen Modells" der Psychosomatik (Engel 1977) müssen offenbar psychosoziale *und* biologische Faktoren zusammentreffen, damit – um bei unserem Beispiel zu bleiben – ein psychischer Stress „auf den Magen schlagen" kann. Mit anderen Worten: Stress bzw. belastende Lebensereignisse demaskieren eine bereits präexistente Erkrankung, im gegebenen Fall die Infektion mit *Helicobacter*, die ansonsten gewöhnlich klinisch symptomlos verläuft (vgl. Drossman 1998).

Funktionelle Abdominalbeschwerden

Psychosoziale Faktoren und belastende („stressende") Lebensereignisse, etwa Trennung oder Tod von nahe stehenden Menschen, können aber offensichtlich auch dazu führen, dass selbst eine an sich harmlose Infektion und Entzündung der Verdauungsorgane (Gastroenteritis) sich zu langwierigen „nervösen" Abdominalbeschwerden (Darmkrämpfe, Diarrhö, Übelkeit und Erbrechen) entwickelt, bei denen keine organischen Ursachen gefunden werden können (Gwee et al. 1999), oder ein unterdrückter Ärger sich als Obstipation manifestiert (Bennett et al. 2000). Bei all diesen oft schmerzhaften Beschwerden handle es sich um funktionelle Erkrankungen der Bauchorgane, also um Abdominalbeschwerden, die rein psychogen bedingt seien, sagt der Physiologe und Psychoanalytiker Read (2000). Read, der selbst über 600 Patienten mit funktionellen Magen- und Darmproblemen (Reizdarm) klinisch und psychologisch untersuchte, war zunächst höchst erstaunt, dann aber tief beeindruckt, wie sehr anscheinend alle funktionellen körperlichen Symptome seiner Patienten – nämlich Erbrechen, Bauchkrämpfe und Durchfall, aber auch Verstopfung – unterdrückte Gefühle wie Ärger, Frustration oder Groll im Dialekt einer „Organsprache" doch noch zum Ausdruck zu bringen vermochten. Dementsprechend erwies sich die psychotherapeutische Behandlung solcher funktioneller Erkrankungen von Magen und Darm als erfolgreich, zumal sie durch angestaute Gefühle mit bedingt sind (vgl. Guthrie et al. 1993; Galovski u. Blanchard 1998; Payne u. Blanchard 1995).

Dass sich unterdrückte Gefühle nonverbal als Durchfall oder Obstipation bzw. als erhöhte oder unterdrückte Darmtätigkeit manifestieren sollen, das mag für einen naturwissenschaftlich orientierten Leser, gelinde gesagt, erstaunlich klingen. Wie soll das möglich sein? Man bedenke jedoch: Die psychosomatische Reaktion des Darmrohrs ist mechanistisch durchaus mit einer emotionalen, aber unwillkürlichen Erweiterung der Blutgefäße des Gesichts zu vergleichen, die ein schamhaftes Erröten der Wangen verursacht – und damit ebenfalls nonverbal kommuniziert, besonders intensiv natürlich bei Errötungsangst. Hier wie dort handelt es sich um eine Reaktion der so genannten unwillkürlichen (glatten) Muskulatur, welche die Wände des Darmrohrs bzw. der Blutadern umkleidet und aus einem Maschenwerk glatter Muskelzellen besteht. (Die Bezeichnung „glatt" rührt daher, dass im Gegensatz zur willkürlichen, am Knochenskelett befestigten quergestreiften Muskulatur bei mikroskopischer Betrachtung kein Streifenmuster zu erkennen ist.)

Im Unterschied zu allen quergestreiften Muskeln arbeiten glatte Muskeln stets „automatisch" und unwillkürlich, im Darm freilich auch unter der Kontrolle eines organeigenen Nervengeflechtes von über 100 Millionen Neuronen, dem „kleinen Gehirn im Bauch" sozusagen. Die glatten Muskeln der Darmwand können jedoch außerdem – unbewusst – über das vegetative Nervensystem vom Gehirn beeinflusst werden, vor allem von der zingulären Hirnrinde. So regt eine elektri-

sche Stimulation des Gyrus cinguli im limbischen System, unserem „emotionalen“ Gehirn, die Peristaltik des Dickdarms an und beschleunigt somit die Passage des Darminhaltes (Devinsky et al. 1995), im Extremfall bis zur Diarrhö. Bei starkem Durchfall sind dieser Hirnteil und ein ganz bestimmter (medialer) Bezirk der so genannten präfrontalen Hirnrinde besonders aktiv (Mayer et al. 2000). Gleichzeitig ist das vegetative Nervensystem verstärkt erregt, aber auch die Hormondrüsen, die Stresshormone (insbesondere Kortisol) ins Blut ausschütten (Read 2000). Bezeichnenderweise können sowohl Kortisol als auch der im Hirnstamm entspringende Vagusnerv, ein Ast des vegetativen Nervensystems, die Immunabwehr in der Darmschleimhaut hemmen (Borovikova et al. 2000). Somit wird vorstellbar, dass nicht nur die Darmmotilität, sondern auch die Entzündungserscheinungen des Darms – wie z.B. entzündliche Darmgeschwüre (Colitis ulcerosa) – über das vegetative Nervensystem durch Gehirn und Psyche beeinflusst werden.
Biologisch orientierte Psychosomatiker wollen aber nicht nur herausfinden, auf welche Art und Weise Stress oder Emotionen Darmkoliken und sogar Entzündungssymptome hervorrufen oder verschlimmern, sondern auch, wie – umgekehrt – somatische Veränderungen (Blähungen, Spasmen, Entzündungen usw.) wiederum auf das emotionale Gehirn zurückwirken und damit auch somatopsychische Effekte auslösen. Diese werden nicht selten unbewusst im „Körpergedächtnis“ gespeichert und können dann beispielsweise auch der Grund von Aversionen gegen bestimmte Nahrungsmittel sein, die in der Vergangenheit Übelkeit verursachten. Freilich nehmen wir die durch sensorische (afferente) Zubringerneurone des Vagusnerven an das Gehirn vermittelte Botschaften der Eingeweide meist nicht bewusst war – es sei denn, sie schlagen Alarm, indem sie starke Übelkeit, Erbrechen oder Schmerzen verursachen. Dann allerdings steigt, gerade bei Reizdarm-Patienten, die neuronale Aktivität im zingulären Kortex des „emotionalen Gehirns“ ganz besonders kräftig an (Mayer et al. 2000).
Während es den Psychophysiologen also vor allem um psychosomatische und somatopsychische Mechanismen geht, fragen die klassischen Vertreter der psychoanalytischen (hermeneutischen) Richtung der Psychosomatik eher nach dem Sinn und der subjektiven Bedeutung des psychosomatischen Geschehens im Leben des kranken Menschen (Read 2000). Beide Bestrebungen sind jedoch komplementär. Dies zeigt sich gerade im Falle einer psychogenen Hyperventilation.

Hyperventilationssyndrom

Wenn ein Mensch wie aus heiterem Himmel einen Panikanfall bekommt und, aus lauter Angst, nicht genügend Luft zu bekommen, in Atemnot gerät und zu hyperventilieren beginnt, so ist dies ein psychosomatischer Notfall. Denn ein solcher Angstanfall mündet meist in einen Teufelskreis, wobei sich psychosomatische und somatopsychische Prozesse gegenseitig beeinflussen. Infolge der psychogenen Hyperventilation entsteht nämlich das so genannte Hyperventilationssyndrom. Das Blut wird alkalischer, der pCO_2 sinkt („Hypokapnie“), und die Homöostase ist nicht mehr gegeben. Dies wiederum erregt das Gehirn. Die davon Betroffenen werden benommen, verspüren Parästhesien, d.h. ein „Kribbeln“ in den Händen, und es wird ihnen schwindelig. Dadurch, aber auch infolge des Gefühls der Atemnot, steigert sich die Angst bis zur Panik, was nun wiederum das vegetative Nervensystem aktiviert und einen Adrenalinstoß auslöst, verbunden mit Beklemmungsgefühlen, Herzjagen, Herzschmerzen und Herzangst – Todesangst oft sogar. Solche Panikattacken treten manchmal ganz plötzlich auf, manchmal aber auch aufgrund starker

Schmerzen oder einer psychischen Stress- und Konfliktsituation. Ist dies eine Spätfolge frühkindlicher Traumen (vgl. Jacobs u. Nadel 1999), insbesondere von Beziehungsstörungen zwischen Mutter und Kind, wie die Züricher Psychoanalytikerin Verena Kast vermutet (Kast 1994)? Jedenfalls sind Panikanfälle ein Paradebeispiel für ein psychosomatisches Geschehen, bei dem sowohl psychische Faktoren (Angst, Stress, innere Konflikte) als auch biologische Faktoren (Hyperventilation, Alkalose und Hypokapnie) zusammenwirken und sich gegenseitig beeinflussen. Möglicherweise geht die Bereitschaft mancher Menschen, auf psychogenen Stress mit Panikanfällen zu reagieren, auf eine angeborene Prädisposition zurück (32). So wurde entdeckt, dass der Temporallappen solcher Personen auffallend weniger voluminös ist als bei Gesunden (s. Vythilingam et al. 2000), wohingegen im Frontallappen und im Hippocampus möglicherweise ein Mangel an Rezeptoren für angstlösende (endogene) Benzodiazepine besteht (33).

Resümee

Psychische Verletzungen (Traumen) und Beziehungsstörungen in der frühen Kindheit können vom kindlichen Subjekt als „Stress" erlebt und in Form struktureller Veränderungen synaptischer Vernetzungen in sein „emotionales" Gedächtnis gleichsam eingegraben werden. Dadurch werden auch im späteren Leben die Anfälligkeit für Stress erhöht und die Fähigkeit, Lebenskrisen und andere schwere Belastungen zu ertragen, deutlich herabgesetzt. Innere Konflikte verursachen dann unerträglichen psychischen Stress und in der Folge psychosomatische Erkrankungen. Lassen sich somit stressbedingte psychosomatische Erkrankungen nur dann wirklich verstehen, wenn auch die spezifischen biografischen Gegebenheiten im Leben eines Menschen berücksichtigt werden, die als solche einem geisteswissenschaftlichen (hermeneutischen) Zugriff zugänglich sind? Hatte der Heidelberger Internist und Begründer der biografischen Medizin, Ludolf von Krehl (1861–1937), Recht, als er sagte (34):

„Wenn der Mensch als Ganzes zum Vorwurf der Forschung dient, (...) kann man nicht mehr fragen, gehört eben diese Erforschung zur Naturwissenschaft, zur Biologie, zu den Geisteswissenschaften? Sie braucht sie alle, sie steht zu allen in Beziehung, ja, sie ist in mehr als einer Hinsicht auf sie begründet, sie muß sie verstehen!"

In jedem Fall steht die Psychosomatik zwischen den geisteswissenschaftlichen und naturwissenschaftlichen Disziplinen, und der Dialog zwischen den Forschern beider Richtungen ist notwendig, sinnvoll und möglich, um mit dem Heidelberger Medizinhistoriker Axel Bauer zu sprechen (35).

Fazit

Mentale und neuronale Aktivitäten des Gehirns sind – wie mit bildgebenden Verfahren gezeigt wurde – untrennbar miteinander verbunden. Unser bei weitem komplexestes Organ enthält fast 100 Milliarden Nervenzellen (Neuronen), von denen jede über etwa 10000 Synapsen mit jeweils anderen Neuronen verknüpft ist, sodass unzählige neurale Netzwerke gebildet werden. Diese Netzwerke sind jedoch nach der Geburt noch nicht fertig. So können frühkindliche Erfahrungen in der neuronalen Struktur des Gehirns verankert werden und noch lange danach – auch im Erwachsenenalter – die psychischen Reaktionsweisen beeinflussen, etwa die Art und Weise, in welcher der Erwachsene mit Stress umgeht, oder seine Bereitschaft, auf Belastungen mit psychosomatischen Erkrankungen zu reagieren. Um es auf den Punkt zu bringen: Erfahrungen, die wir als Kinder machen, werden zur Struktur des Gehirns. Nach einer weit verbreiteten

Meinung ist diese Struktur im späteren Leben nicht mehr veränderbar, ebensowenig wie die so genannte psychische Struktur, die „Grundmatrix unserer Persönlichkeit" (36). Dem ist jedoch nicht so, wie die moderne Neurobiologie gezeigt hat. Die neuronalen Strukturen des Gehirns bleiben nämlich während des ganzen Lebens plastisch (neuronale Plastizität). Nicht nur durch traumatische Erfahrungen, die sich im Gedächtnis verankern, sondern auch durch zwischenmenschliche Kommunikation kann die Effektivität der synaptischen Verschaltungen der Neurone modifiziert werden (vgl. Kandel 1991). Damit wird nun aber auch vorstellbar, dass psychotherapeutische Gespräche über die Bearbeitung erlittener traumatischer Erfahrungen die Strukturen neuraler Netzwerke umstrukturieren. Kognitive Interventionen – Wörter, aber auch eigene Gedanken – können offenbar, so die Hypothese (37), die Struktur solcher Netzwerke verändern und auf diese Weise nachhaltig auf jene somatischen Vorgänge einwirken, die im Prinzip (auch) erlernbar sind, nämlich chronischer Schmerz, gewisse Herz-Kreislauf-Erkrankungen, funktionelle Magen-Darmleiden sowie Störungen im Hormonhaushalt und all solche Phänomene, die in das Kapitel Psychoneuroimmunologie einzuordnen sind. Das ist, kurz gesagt, die Botschaft der nun folgenden Kapitel dieses Buches.

2

Physiologie und Psychosomatik chronischer Schmerzen

Im Repräsentantenhaus der Vereinigten Staaten wurde vor wenigen Jahren anlässlich eines Briefings die Frage diskutiert, ob der Staat die Erforschung alternativer Verfahren in der Schmerztherapie – so auch der Akupunktur – zukünftig stärker fördern sollte. Der Vorsitzende, Senator John Porter, plädierte dafür und argumentierte mit einer eindrücklichen Schilderung seiner Genesung von einem sehr schmerzhaften Rückenleiden (1). Drei Chirurgen hatten einen Bandscheibenvorfall diagnostiziert und wollten sofort operieren. Porter lehnte ab und kurierte sich selbst. Ruhe und mentale Entspannung brachten ihm innerhalb eines Monats die Heilung. Wen wundert also, dass der Senator danach fest an die Heilkraft der Psyche bei schmerzhaften körperlichen Gebrechen glaubte. Umgekehrt können Angst und Stress ein Rückenleiden verschlimmern. Auch dafür gibt es schlagende Beispiele. So erinnern Herrmann und Mitarbeiter (1996a) an eine „Epidemie" von so genanntem Weichteil-Rheumatismus, die Mitte August 1956 im belgischen Bergbau nach einer Grubenkatastrophe im Bergwerk Marcinelle ausbrach: „Die Angst saß den Bergleuten im Nacken (wie der Volksmund sagt) und verursachte durch (...) Muskelverkrampfung die schweren epidemischen Schmerzen." Muskelschmerzen, so genannte Myalgien oder Fibromyalgien, sind häufig stressbedingt. Denn seelische Anspannung bewirkt Rücken-, Schulter- und Nackenschmerzen, nicht selten aber auch so genannte Spannungskopfschmerzen, die häufig mit Schmerzen der Kiefergelenke („Mandibular joint pain") einhergehen.

Schmerzhafte Myoarthrosen im Kiefergelenk, wie sie durch Parafunktionen der Kiefermuskulatur entstehen können, sind ein gutes Beispiel für psychosomatisches Geschehen. Bei dieser Erkrankung beobachtet man Bruxismus, Hyperkontraktionen der Kaumuskulatur, welche vor allem während des Schlafs auftreten, aber durch langzeitelektromyographische Methoden (2) registriert, also objektiviert werden können (Solberg et al. 1975). Durch die starken Kontraktionen wird das Kiefergelenk überbeansprucht. Dadurch entstehen oft ausstrahlende chronische Schmerzen im Gesicht, Kopfschmerzen, aber auch Zahnschmerzen und Muskelschmerzen. Gewohnheiten wie nächtliches Zähneknirschen sind nach neueren Erkenntnissen stressbedingt. Patienten mit myofazialem Schmerzsyndrom reagieren nämlich auf Stress mit verstärkter Anspannung der Kaumuskulatur (Mercuri et al. 1979), aber umgekehrt erhöhen natürlich die myofazialen Schmerzen wiederum den Stress, sodass ein Teufelskreis, ein Circulus vitiosus entsteht, bei dem oft nicht klar ist, was Ursache und was Folge ist. An diesem Krankheitsbild sind offenbar auch psychosoziale Faktoren beteiligt. Denn die Beschwerden, aber auch das nächtliche Zähneknirschen, können nach suggestiver Verabreichung von Plazebos verschwinden. Das Zähneknirschen ist gewissermaßen angelernt bei Menschen, die mit ihren Emotionen nicht richtig umgehen können. Vielleicht hat man ihnen in der Kindheit beigebracht, bei Schmerzen oder in Stress-Situationen die Zähne zusammenzubeißen. Sie haben, um es bildhaft auszudrücken, gelernt, sich im Leben durchzubeißen, und der Psychologe versucht nun, dieses Verhalten zu korrigieren. Der Patient soll lernen, weniger – auch im übertragenen Sinn – auf die Zähne zu beißen, also weniger angespannt und „verbissen" zu sein. Dies hilft dann auch bei Spannungskopfschmerzen, die – wie die Schmerzen im Kiefergelenk – dadurch entstehen, dass vegetative Spannungszustände zu verstärkter Anspannung der Muskulatur in Gesicht und Nacken führen.

Myalgien – Teufelskreise des Schmerzes

Muskelschmerzen (Myalgien), die zu den rheumatischen Erkrankungen (Fibromyalgien, Muskelrheuma) gezählt werden, sind recht häufig. Über die Hälfte der Bevölkerung leidet wenigstens einmal im Laufe des Lebens an Schmerzen im Rücken und Nacken (Linton u. Halldén 1998), und ihre Ursache ist meist eine Fibromyalgie, die nicht selten sogar chronisch wird. Die Schmerzen werden durch starke Muskelverspannungen ausgelöst, die oftmals die Folge von Stress und Angst, aber auch von aggressiven Konflikten sind, ihre Ursache aber auch in Fehlhaltungen haben können. Auf diese Weise entsteht ein Teufelskreis, der das Schmerzgeschehen chronifiziert, wie der Heidelberger Schmerzphysiologe Manfred Zimmermann betont (s. Abb. 2.1). Schmerz gehört nämlich zu den stärksten Stressoren, und er verstärkt, wie gesagt, wiederum die Muskelspannung (3). So sind Patienten mit chronischen Rückenschmerzen oft völlig verspannt (Knost et al. 1999). Auf welche Weise Schmerzreize sogar ganz automatisch und reflexartig Muskelkontraktionen hervorrufen können, soll nun im Folgenden am Beispiel von Rückzieh- oder Beugereflexen erläutert werden.

Wenn man am Strand barfuß auf einen spitzen Stein tritt, hebt man reflektorisch den Fuß. Wenn man sich die Finger „verbrennt", weil man versehentlich an die Glühbirne oder am Kochherd an die heiße Herdplatte gefasst hat, zieht man quasi automatisch die entsprechende Hand zurück, noch bevor dem Menschen – nach ca. 0,5 Sekunden – der Schmerz bewusst wird, indem er den Arm im Ellbo-

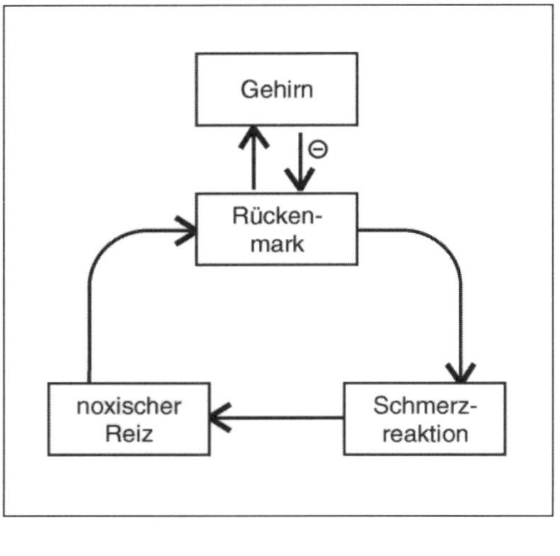

Abb. 2.1 Der Schmerz als Regelsystem (vgl. Zimmermann 1995). Schmerzhafte (noxische) Reize erregen Nervenzellen im Rückenmark, die eine Schmerzreaktion auslösen, die Anspannung der Muskulatur. Letzteres verstärkt wiederum den Schmerz (Myalgischer Circulus vitiosus, vgl. Krainick u. Schmidt 1991). Die Schmerzsignale werden vom Rückenmark zum Gehirn geleitet, welches den Schmerz bewusst macht, aber auch auf die (nozizeptiven) Rückenmarkneurone zurückwirkt (so genannte deszendierende Hemmung).

gengelenk beugt. Dies sind typische Schutz- oder Fluchtreflexe. Schon René Descartes (1596–1650) hatte sich darüber Gedanken gemacht. Er vermutete, die durch Schmerzreize verformten Hautareale würden an fadenförmigen, zum Gehirn laufenden Strängen (Nerven) wie an einem Klingelzug ziehen und auf diese mechanische Weise dem Gehirn den Schmerz signalisieren: Durch den Zug würden Schleusen bzw. Poren an anderen, röhrenförmigen Leitungen (Nerven) geöffnet, über die alsdann die Lebensgeister auf den Muskel einwirkten, der die Hand zurückziehe (4). Heute wissen wir indessen, dass der so genannte Beugereflex (Flexorreflex), um den es sich hier handelt, ein Rückenmarkreflex ist, bei dem Gehirn und Bewusstsein überhaupt nicht involviert sein müssen. Er funktioniert nämlich selbst dann noch, wenn – im Tierversuch – die Verbindung zwischen Gehirn und Rückenmark durchtrennt wird, und deshalb können Mensch und Tier selbst noch unter Narkose reflektorisch auf einen Schmerzreiz mit Muskelbewegungen reagieren. Die Schmerzreize erregen dabei so genannte Nozizeptoren. Das sind schadenmeldende bzw. auf schmerzhafte Reize reagierende Sensoren der Haut, freie Endigungen speziell dünner Nervenfasern, die zum Rückenmark ziehen und dort über so genannte Interneurone die „motorischen" Nervenzellen (α-Motoneurone) erregen (s. Abb. 2.2). Deren Aktivität wiederum bewirkt – im oben angeführten Beispiel – in der Beugemuskulatur des Armes eine Kontraktion, sodass die Hand nach dem Berühren der heißen Herdplatte in kürzester Zeit, bevor einem der Schmerz bewusst wird, ganz automatisch zurückgezogen wird, wenn die Nozizeptoren erregt werden (auch wenn man dann fälschlicherweise meint, man zucke zurück, weil man Schmerzen habe).

Nozizeptoren (lat.: noxa, der Schaden) sind gewöhnlich so unempfindlich, dass sie nur dann ansprechen, wenn Gewebe – aktuell oder potenziell – beschädigt wird, und da dies meist schmerzhaft ist, scheint auf den ersten Blick die alte Bezeichnung „Schmerzrezeptor" durchaus nahe liegend. Das Beispiel des Fluchtreflexes macht jedoch deutlich, dass Nozizeptoren, genau genommen, eigentlich keine Schmerzfühler im engeren Sinn sind; zum einen, weil der Schmerz (als Empfindung) immer erst im Hirn entsteht – auch wenn es die „verbrannten" Finger sind, die schmerzen, oder der kleine Zeh, der einem bei starker Belastung wehtut –, und zweitens, weil ein „nozizeptiver Reflex" (so lautet der Fachausdruck) sogar bei bewusstlosen Menschen ausgelöst werden kann, die gar keine Schmerzempfindungen haben können. Aus demselben Grund ersetzt die Fachsprache auch den missverständlichen Ausdruck „Schmerz-Weiterleitung" durch den Begriff „Nozizeption", und sie spricht von nozizeptiven Neuronen und vom nozizeptiven System. Etwas salopp werden Nozizeptoren aber häufig immer noch „Schmerzrezeptoren"

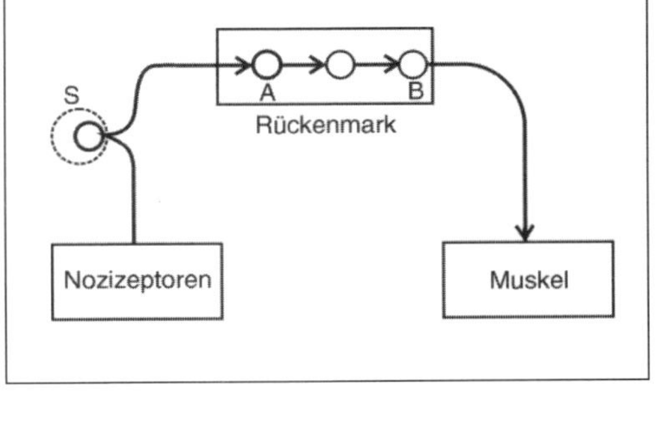

Abb. 2.2 Reflexbogen eines Schutz- bzw. Flexorreflexes. Schmerzhafte Reizung der Nozizeptoren („freie" Nervenendigungen [afferenter] Aδ- bzw. C-Fasern) der Hand erregt nozizeptive Neurone im Rückenmark (A), welche wiederum über Interneurone motorische Nervenzellen, so genannte Motoneurone (B), aktivieren, die dann eine Kontraktion der Beugemuskeln und damit ein automatisches Zurückziehen der Hand auslösen (S = Spinalganglien, außerhalb des Rückenmarks gelegene Ansammlungen von Zellkörpern afferenter sensorischer Neurone).

bzw. „Schmerzsensoren" genannt, da sie ja nicht nur nozizeptive Reflexe und Schadensmeldungen vermitteln, sondern – als Teil des nozizeptiven Systems – letztlich auch der Wahrnehmung von Schmerz dienen.

Exkurs: Nozizeptive Reflexe

Nozizeptive Reflexe basieren bei genauer Betrachtung auf einem ziemlich komplexen Geschehen. Wenn beispielsweise die Nozizeptoren der Hand schmerzhaft gereizt werden, etwa durch Hitzeeinwirkung, aber auch durch eisige Kälte, so schicken sie zunächst in rascher Abfolge elektrische Signale (Nervenimpulse) entlang sehr dünner Nervenfasern zum Rückenmark, die dort (im so genannten Hinterhorn) gelegene und auf noxische Reize spezialisierte (also nozizeptive) Nervenzellen kontaktieren (A in Abb. 2.2). Je stärker der Schmerzreiz ist, umso häufiger geben die Nozizeptoren elektrische Impulse (Aktionspotenziale) zum Rückenmark, wobei die Impulsfrequenz mit der Reizstärke korreliert. Bei sehr starkem Hitzeschmerz betragen die Intervalle zwischen den Impulsen oft weniger als eine hundertstel Sekunde. Die Rückenmarkneurone besitzen jedoch eine Art Frequenzfilter, der sie vom Trommelfeuer der auftreffenden elektrischen Impulse etwas abschirmt, sodass sie in der Regel nur bei stärkeren Schmerzreizen erregt werden, wenn die Impulsfrequenz eine kritische Schwelle überschreitet – dann aber umso stärker, je größer der Schmerzreiz bzw. die Frequenz der ins Rückenmark einlaufenden elektrischen Impulse ist (5). Wie im Falle anderer Sinneswahrnehmungen auch steckt also die Information über die Stärke des Reizes in der Frequenz der Nervenimpulse. Auch die Rückenmarkneurone leiten die von den Nozizeptoren erhaltene Botschaft durch Nervenimpulse frequenzkodiert weiter, und zwar auf zwei Wegen: Zum einen erfolgt die Weiterleitung über lange, im Rückenmark aufsteigende Nervenbahnen via Hirnstamm und Zwischenhirn (Thalamus) zur Hirnrinde, wo der Schmerz bewusst gemacht und meist bestimmten Körperteilen zugeordnet wird (6). Zum anderen sind die Neurone, wie schon erwähnt, über kurze Interneurone und die im „Vorderhorn" eines Rückenmarksegmentes gelegenen α-Motoneurone in einen Reflexbogen eingebunden: Die Fasern der Motoneurone (B in Abb. 2.2) gehen zum Beugemuskel (Bizeps) und erreichen mit ihren feinen Verästelungen jede einzelne Muskelfaser, die sie erregen, und lösen so nach einem schmerzhaften Reiz der Hand reflektorisch eine Armbeugung aus. Muskelfasern bzw. Muskelzellen sind in der Regel weniger als ein zehntel Millimeter dick, aber meist viele Zentimeter lang. Trifft nun ein Nervenimpuls bei einer Faser ein, so reagiert diese zunächst mit einer deutlich erkennbaren (etwas über 0,1 Volt betragenden, jedoch nur ca. ein bis zwei Millisekunden dauernden) Schwankung der Spannung ihrer Zellmembran. Es handelt sich um das Muskelaktionspotenzial, das im Bruchteil einer Sekunde ein kurzes Zusammenziehen der Muskelfaser, eine so genannte Einzelzuckung auslöst. Werden jedoch die Muskelfasern durch sehr viele und sehr rasch aufeinander folgende Nervenimpulse erregt – wie, um beim Beispiel zu bleiben, bei einer schmerzhaften Hautreizung der Hand –, so überlagern die Einzelzuckungen einander, und sie verschmelzen schließlich zum „Tetanus", einer anhaltenden Kontraktion, wenn die Impulsfrequenz einen kritischen Betrag von etwa 20–50 pro Sekunde überschreitet.

Muskelschmerz

Je größer die Frequenz der Nervenimpulse und die Anzahl der erregten Muskelfasern sind, umso kräftiger zieht sich ein Muskel zusammen, umso mehr wird er sich also anspannen. So wird verständlich, wieso sehr schmerzhafte Reize nicht nur ein besonders heftiges Zusammenziehen der Skelettmuskulatur bewirken, sondern – bei lang anhaltender, d.h. chronischer Einwirkung – auch eine lang andauernde starke Muskelanspannung. Chronische Rückenschmerzen können deshalb zu anhaltenden starken Muskelverspannungen in Nacken, Schulter und Rücken führen (7). Diese Muskelverspannungen sind nun auch wiederum schmerzhaft, insbesondere dann, wenn infolge der Superkontraktion einzelner Muskelteile lokale Verhärtungen (so genannte Muskelgelosen oder Hartspann) auftreten, die außerordentlich druckempfindlich sind und eigentliche „Triggerpunkte“ des Schmerzes darstellen (s. Travell u. Simons 1983). Auf diese Art und Weise entsteht ein sich selbst erzeugender und in seiner Wirkung immer stärker werdender Teufelskreis. „Schmerzsensoren“ werden bei unangemessener Spannung des Muskels vermehrt erregt. Diese Erregung der Nozizeptoren wirkt dann wiederum, wie oben erläutert (vgl. Abb. 2.1), auf die Erregung der Motoneurone zurück, sodass sich ein Circulus vitiosus bildet, aus dem der den Schmerz empfindende Mensch nicht mehr herausfindet. Der Schmerz stabilisiert sich also und wird zum Dauerzustand. So werden Schulter- und Rückenschmerzen chronisch, die primär vielleicht durch eine stressbedingte verstärkte Muskelanspannung ausgelöst wurden. Alles muss nun daran gesetzt werden, diesen Teufelskreis zu durchbrechen, sei es durch Entspannungsübungen (z.B. Progressive Muskelrelaxation, Autogenes Training, Integrierte Gruppentherapie; vgl. Keel et al. 1998) oder aber dadurch, dass der Arzt Betäubungsmittel in die lokalen „Triggerpunkte“ hineinspritzt, die er durch betastende Untersuchungen am Patienten festgestellt hat. Hilfreich ist es selbstverständlich auch, die erfolgreiche Bewältigung von Stress zu erlernen, der eine psychische und körperliche Anspannung verursacht. Denn es ist ja – wie oben besprochen – vor allem die starke Anspannung der Muskulatur, die Muskelverspannung, die den Schmerz verursacht.

Bei allzu starker Anspannung der Muskulatur werden deren Blutgefäße durch den zunehmenden Muskelinnendruck komprimiert und dadurch die Durchblutung gedrosselt. Dies kann auf Dauer sehr schmerzhaft sein. Wie stark ein mangelhaft durchbluteter Muskel schmerzt, kann wohl jeder an sich selbst feststellen, wenn er mit einer Blutdruckmanschette die Blutzufuhr in den Arm für längere Zeit unterbindet und gleichzeitig die Muskeln anspannt, wodurch sich deren Energiebedarf und damit natürlich auch der Sauerstoffbedarf erhöhen. Die Kontraktionen solcher ischämischer Muskeln werden umso schmerzhafter, je länger die Blutzufuhr unterbrochen ist. Aus diesem Grund kommt es bei arteriosklerotischen Verengungen der Blutadern im Bein, vor allem bei starken Rauchern, beim Gehen nach Zurücklegen einer bestimmten Wegstrecke zur schmerzbedingten Gehunfähigkeit (Claudicatio intermittens, die so genannte „Schaufensterkrankheit“): Die Betroffenen müssen selbst beim gemütlichen Bummel entlang einer Schaufensterfront immer wieder anhalten, weil ihr „Raucherbein“ schmerzt. Vermutlich werden beim Gehen infolge der Unterversorgung mit Sauerstoff in den minder durchbluteten Muskeln Substanzen freigesetzt, welche die muskeleigenen „Schmerzsensoren“ erregen (s. Mense u. Stahnke 1983).
Aber nicht nur unsere willkürlichen Muskeln schmerzen bei mangelhafter Durchblutung. Eine Minderdurchblutung des Herzmuskels beispielsweise, wie sie nach Verengungen der Herzkranzgefäße (Koronarsklerose), bei Aufregungen oder anstrengenden Tätigkeiten auftreten kann, löst oftmals ganz starke Herzschmerzen aus. Diese bewirken Beklemmungsgefühle über der Brust und Angst (Angina pectoris). Sie können aber auch bis in die linke Schulter ausstrahlen; denn die „Schmerzsensoren“ im Herz projizieren über ihre Nervenfasern auf genau dieselben nozizeptiven Neuronen im Rückenmark (A in Abb. 2.2) wie die Nozizeptoren der Haut im

Bereich des linken Schultergürtels, weshalb dann der Herzschmerz meist von einem Schmerz in den Schultern und im Oberarm überhaupt nicht unterschieden werden kann. Bei starken Schmerzen, insbesondere bei Rückenschmerzen, wird jede schmerzhafte Bewegung vermieden; man nimmt eine Schonhaltung ein, was dann wiederum den Bewegungsapparat schwächt und dadurch zu Fehlhaltungen und so zu sekundären Schmerzen führt. Auch die Schwächung der Rückenmuskulatur chronifiziert Rückenschmerzen, die dann aber durch Training der Muskulatur, insbesondere durch so genannte isometrische Übungen beseitigt werden können. Andererseits können Menschen mit psychosomatischen Rückenschmerzen geradezu chronisch leidend werden, wenn ihnen ihr Leiden einen Krankheitsgewinn materieller oder psychosozialer Art verschafft. Auf dieses Problem werden wir in einem anderen Zusammenhang noch zurückkommen.
Nicht nur Muskelverspannungen und Haltungsfehler verursachen Rückenschmerzen. Selbstverständlich sollte man bei Nackenschmerzen und bei jedem „Hexenschuss" immer auch an körperliche, besser greifbare Ursachen des Leidens denken, etwa an arthrotische Veränderungen der kleinen Wirbelgelenke des Halses (Zervikal-Syndrom) oder an Bandscheibenvorfall (Diskushernie). Drückt nämlich eine verrutschte Zwischenwirbelscheibe auf eine Nervenwurzel, die schmerzleitende Fasern enthält, so werden diese Nervenfasern mechanisch gereizt; sie generieren dann Nervenimpulse, die entlang der Fasern zum Rückenmark laufen und dort nozizeptive Neurone (A in Abb. 2.2) erregen. Der resultierende Schmerz kann jedoch vom Gehirn nicht von Schmerzen unterschieden werden, die ihren Ursprung in den Nozizeptoren im Versorgungsgebiet der betreffenden Nervenwurzel haben. So können z.B. Diskushernien im Lendenbereich der Wirbelsäule ziehende, bis in die Schenkel projizierende Schmerzen verursachen, sodass Gesäß und Beine wehtun. In solchen Fällen spricht man von „projiziertem Schmerz" bzw. von Neuralgien, wenn der Nerv nicht nur durch mechanischen Druck – wie etwa im Falle einer Diskushernie –, sondern durch Entzündung oder krankhafte Stoffwechselprozesse gereizt und geschädigt wird. Schmerzen dieser Art werden auch als neuropathische Schmerzen bezeichnet.

Wie unser Gehirn den Schmerz hemmt

Die Nozizeptoren auf der Haut, in Muskeln und Gelenken schicken, wie oben beschrieben, die Information „Nozizeption" über aufsteigende Bahnen im Rückenmark – oder im Falle von Kopfschmerzen über gewisse Hirnnerven – zum Zwischenhirn und von da zum Großhirn, wo letztlich der Schmerz bewusst wird. Schmerz induziert – sobald er als solcher (affektiv getönt) registriert wird – eine erhöhte neuronale Aktivität in ganz verschiedenen Bereichen unseres Gehirns, z.B. im Frontalhirn sowie im vorderen Teil des Gyrus cinguli (s. Rainville et al. 1997; Lenz et al. 1998). Dies ist eine sehr ursprüngliche Hirnregion, die einen Teil des so genannten limbischen Systems, unseres „emotionalen" Gehirns, ausmacht, das sich wie ein Saum (Limbus) um das Zwischenhirn legt (vgl. Abb. 1.2). Die neuronale Aktivität in diesen Hirnstrukturen korreliert offenbar mit der Intensität des subjektiv empfundenen Schmerzes, wie Studien von Casey (1999) nahe legen. Casey bestimmte mit einem bildgebenden Verfahren, der so genannten Positronenemissionstomographie (PET), die Stärke der Durchblutung der fraglichen Hirnregionen, die bekanntlich gerade dort stark ansteigt, wo die Neurone erregt sind und elektrische Impulse abgeben (8). Da die aus der Körperperipherie kommenden schmerzleitenden Nervenbahnen bereits schon im Rückenmark auf die gegenüberliegende (kontralaterale) Körperseite wechseln, wird ein Schmerzreiz an der linken Körperhälfte in der rechten Hirnhälfte registriert. Wenn also beispielsweise eine Versuchsperson im Experiment ihre linke Hand in Eiswasser tauchte, so verspürte sie nach etwa 7–10 Minuten einen starken Schmerz, der mit einer Durchblutungssteigerung bestimmter Regionen der rechten Hirnhälfte einherging. Betroffen waren in diesem Fall das Frontalhirn und vor allem der Gyrus cinguli, aber auch der Inselkortex, eine zwischen den Furchen des Großhirns verborgene Hirnregion, sowie das Zwischenhirn (vgl. Svensson et al. 1997 sowie Casey 1999).

Nun hängt aber die Stärke der Schmerzempfindung in solchen Versuchen auch sehr von der mentalen Einstellung ab. Sagt etwa der Versuchsleiter dem Probanden, die eisige Kälte „härte ab“ und stärke somit die Gesundheit, so spürt der Proband geringere Schmerzen und lässt somit die Hände länger (schmerzfrei) im eisigen Wasser als dann, wenn er meint, die Kälte bewirke eine Erkältung. Negatives Denken („Katastrophisierung“) verschlimmert den Schmerz, etwa wenn starke oder lang andauernde Schmerzen als Anzeichen einer unheilbaren Krankheit angesehen werden (vgl. Hasenbring 2000).

Die Intensität der Schmerzempfindung bzw. die Schmerzschwelle hängt also stark von unserer inneren Einstellung bzw. von der Art, wie wir denken, ab.

Aber auch emotionale Faktoren kommen mit ins Spiel. So wird der ängstliche Patient bei einer Zahnbehandlung stärkere Schmerzen empfinden als der tapfere, positiv denkende, und eine Gebärende mag vor lauter Freude über die Geburt ihres Kindes den körperlichen Schmerz während der Entbindung gar vergessen. Verwundete Soldaten ertragen oft klaglos schwere Verletzungen, vor allem aufgrund einer durch den Stress der Verwundung ausgelösten Schmerzunempfindlichkeit. Im indischen Subkontinent und auf Mauritius laufen tamilische Feuerläuferinnen sogar barfuß über glühende Kohlen, ohne den geringsten Schaden zu nehmen, während Sherpas ohne Schuhe und meist nur dünn bekleidet ohne zu klagen schwere Lasten in die eisigen Höhen des Himalaja schleppen. Schon seit langem machen sich Forscher Gedanken darüber, wie es dem menschlichen Geist möglich sein könnte, den Schmerz zu besiegen, oder – anders formuliert – auf welche Weise unser Gehirn den Schmerz zu hemmen vermag. Einen wesentlichen Fortschritt brachte die Entdeckung von Gehirnstrukturen, deren Reizung mit wiederholten schwachen elektrischen Stromstößen den Schmerz abschwächt oder sogar unterdrückt. Die fraglichen Hirnareale liegen im Hirnstamm in einer grauen Substanz rund um den Zentralkanal (Aquaeductus mesencephali), der die im Bereich des Zwischenhirns gelegene und mit Hirnflüssigkeit (Liquor cerebrospinalis) gefüllte Hirnkammer mit dem vierten Hirnventrikel im Rautenhirn (einem Teil des Hirnstamms) verbindet. Es handelt sich dabei um das so genannte zentrale Höhlengrau (PAG, periaquäduktales Grau) sowie um einige weitere Hirnkerne. Bei gewissen Schmerzpatienten hemmte eine elektrische Stimulation des zentralen Höhlengraus mittels implantierter Elektroden den Schmerz, ohne jedoch die Wahrnehmung von Berührungsreizen und andere Empfindungen zu mindern. Die Reizung dieser Strukturen bewirkte im Tierversuch eine tiefe Analgesie, eine Schmerzunempfindlichkeit. Dieser schmerzhemmende Effekt blieb jedoch aus, wenn ganz bestimmte vom Gehirn ins Rückenmark absteigende Nervenbahnen durchtrennt wurden, denen infolgedessen eine zentrale Rolle bei der Analgesie beigemessen werden muss. Wie aber wird diese „absteigende“ (deszendierende) Hemmung des Schmerzes wirksam, fragten sich die Forscher. Carstens und seine Mitarbeiter (1979) applizierten einer narkotisierten Ratte Hitzereize am Schwanz und registrierten gleichzeitig die elektrische Aktivität der schmerzempfindlichen Neurone in den zugeordneten Rückenmarksegmenten (in Abb. 2.2 mit A bezeichnet). Wie bereits bekannt, gaben diese Neurone bei schmerzhafter Reizung der Nozizeptoren elektrische Impulse (Aktionspotenziale) entlang schmerzleitender Nervenstränge im Rückenmark. Dabei war die Impulsfrequenz umso höher, je größer die Hitze war (im Bereich von 42–52 °C). Wenn nun jedoch Carstens und Mitarbeiter (1979) gleichzeitig das PAG elektrisch reizten, so wurden die Schmerzneurone im Hinterhorn des Rückenmarks gehemmt. Infolgedessen sank die Frequenz der von diesen Neuronen zum Gehirn losgeschickten Impulse ganz drastisch – z.B. von 120 auf 60 pro Sekunde, also auf so niedrige Werte, wie sie gewöhnlich nur bei wenig oder überhaupt nicht schmerzhaften Hitzereizen beobachtet werden. Unter diesen Bedingungen hätte das Versuchstier selbst ohne Narkose keinen Schmerz mehr verspürt. Es wäre schmerzunempfindlich gewesen, weil die Nozizeption schon im Rückenmark blockiert war. Im Falle einer „deszendierenden Hemmung" der Rückenmarkneurone ist also bereits die (von Melzack und Wall in ihrer „Gate-control-Theorie" schon 1965 postulierte) „Eintrittspforte des Schmerzes" zum Zentralnervensystem verschlossen (9).

Mindestens ebenso stark wie durch „absteigende Hemmung" kann der Schmerz natürlich auch durch schmerzstillende Mittel unterdrückt werden, etwa durch Morphium und andere pflanzliche Opiate. Die Opiate wirken selbst in niedrigster Dosierung gerade dann besonders stark analgetisch, wenn sie – im Tierversuch – direkt auf die Stellen im Gehirn appliziert werden, deren elektrische Stimulation zur Schmerzhemmung führt, also z.B. auf das PAG. Bei einem solchen Befund stellt sich die Frage, ob diese Hirnstrukturen möglicherweise hoch affine molekulare Bindungsplätze für Opiate aufweisen. So erregte es großes Aufsehen unter den Neurowissenschaftlern, als Anfang der 70er Jahre eine junge Doktorandin der Johns Hopkins Universität, Candace Pert, zusammen mit ihrem Mentor Solomon Snyder die vermuteten Bindungsplätze tatsächlich nachweisen konnte. Sie behandelte Hirngewebe mit radioaktiv markiertem Morphium und fand – nicht wenig überrascht – heraus, dass die Radioaktivität an ganz bestimmten Neuronenpopulationen des Gehirns haften blieb, so auch in der PAG-Region (Pert et al. 1974). Wieso aber sollten der tierische und menschliche Körper ausgerechnet für eine körperfremde Substanz wie Morphium im Gehirn ganz spezifische Bindungsplätze bereitstellen? Ist das Zufall, oder wurden diese Rezeptoren von der Natur gar nicht für körperfremde, sondern für körpereigene Substanzen geschaffen, die im Organismus vielleicht sogar eine ähnlich schmerzstillende Wirkung entfalten könnten wie Morphium? So begann die fieberhafte Suche nach den körpereigenen (endogenen) Opiaten, und sie hatte schon nach zwei Jahren Erfolg.

Endogene Opiate: körpereigene Schmerzhemmer

Im Jahre 1975 machten der damals bereits emeritierte schottische Physiologe Hans Kosterlitz und sein jüngerer amerikanischer Kollege John Hughes eine bahnbrechende Entdeckung. Die beiden isolierten aus dem Gehirn von Schweinen Substanzen, die in verschiedenen Versuchsansätzen genauso wie Opiate, also auch schmerzhemmend wirkten und sich – bezeichnenderweise – an die gleichen Opiatrezeptoren banden, die Pert und ihre Mitarbeiter kurz zuvor (1974) entdeckt hatten (s. Hughes et al. 1975 sowie Kosterlitz u. Hughes 1977). Sie nannten diese Substanzen Enkephaline (aus dem Griechischen, „im

Gehirn"); andere, später entdeckte endogene Opiate erhielten die Bezeichnung „endogenes Morphium" oder kurz „Endorphine" (10). Überraschenderweise gehören all diese endogenen Substanzen zu einer ganz anderen Stoffklasse als die pflanzlichen Alkaloid-artigen Opiate. Es handelt sich bei diesen Molekülen nämlich um Peptide, Eiweißbruchstücke also, und einige von ihnen – wie die Enkephaline – bestehen sogar aus nur fünf Aminosäuren, die in einer charakteristischen Reihenfolge aneinander gekettet sind, nämlich Tyrosin-Glycin-Glycin-Phenylalanin-Leucin. Aber nur die ersten vier Aminosäuren dieser Sequenz sind für die biologische Aktivität verantwortlich; sie finden sich, in der angegebenen Reihenfolge, auch in allen anderen, z.T. viel längeren opioiden Peptiden wie etwa Dynorphin und Endorphin, jedoch immer am Anfang der Peptidkette. Dieser Molekülteil bindet sich spezifisch an das Opioidrezeptormolekül, denn er passt zu dessen molekularer Struktur so genau wie der Schlüssel zum Schloss. Pflanzliche Opiatmoleküle enthalten in ihrer Molekülstrukur offenbar ebenfalls Teile mit der richtigen Passform, also gewissermaßen – um im Bild zu bleiben – einen passend geformten „Nachschlüssel" zum Peptidrezeptor, und deshalb können sie wohl ebenfalls am Rezeptor „andocken", obwohl sie, wie gesagt, einer ganz anderen Stoffklasse angehören.

Zu den Morphin-Analogen gehören auch synthetische Morphin-Antagonisten. Auch sie besitzen, gleichsam in die Molekularstruktur eingebunden, einen „Nachschlüssel" mit der richtigen Passform, und sie binden sich sogar so stark an die endogenen Opioidrezeptoren, dass sie die körpereigenen Opioide und selbst Morphiummoleküle von diesen Rezeptoren verdrängen und damit deren schmerzhemmende Wirkung blockieren. Wenn Opiat-Antagonisten, wie z.B. Naloxon, am zentralen Höhlengrau appliziert werden, so wirken in die Blutbahn injizierte, d.h. systemisch verabreichte Opiate nicht mehr schmerzhemmend.

Offensichtlich wirken Opiate, ebenso wie die körpereigenen opioiden Peptide, aktivierend auf die Neurone des Höhlengraus und analoge Strukturen im Hirnstamm, die alsdann über deszendierende Nervenbahnen im Rückenmark schmerzhemmende Substanzen absondern. Zu Letzteren zählen Wirkstoffe, die lokal Enkephalin freisetzen, so z.B. Serotonin (Hydroxytryptamin), ein Abkömmling der Aminosäure Tryptophan, sowie Noradrenalin, ein anderer Aminosäurenabkömmling. Enkephaline werden in geeigneten Nervenzellen von einem Vorläufer-Protein, dem Proenkephalin, durch ein eiweißspaltendes (proteolytisches) Enzym abgespalten. Sie regulieren das Schmerzverhalten, aber auch andere Verhaltensmerkmale. Das zeigten Experimente mit „Gen-Knock-out"-Mäusen (11), denen das Gen für die Herstellung von Preproenkephalin fehlte (vgl. König et al. 1996). Diese Tiere waren überaus schmerzempfindlich, aber – wie wir später noch eingehender besprechen werden – auch besonders ängstlich und anfällig für Stress (s. Kap. 4). Vielleicht sind endogene Opioide zusammen mit dem deszendierenden Schmerzhemmsystem des Rückenmarks Teil eines rückgekoppelten Regelkreises, der bei stark schmerzauslösenden Reizen ein Überschießen der Schmerzreaktion verhindert (vgl. Abb. 2.1). So erhöhen – um nur ein Beispiel zu nennen – die durch Applikation elektrischer Reize bei Versuchstieren ausgelösten Schmerzen den Blutspiegel endogener Opiate (Terman et al. 1984). Auch bei der (schmerzhaften) Niederkunft der Frau sind die Blutwerte solcher Peptide enorm erhöht, und deren jäher Abfall kurz nach der Entbindung ist vermutlich einer der Gründe für eine Depression im Wochenbett. Nach Auffassung von Candace Pert und Mitarbeitern (1998) dürften somit endogene Opiate und andere Neuropeptide sowie ihre zugehörigen Rezeptoren Teil eines verhaltensregulierenden „psychosomatischen Netzwerks" sein, welches die Befindlichkeit und ganz besonders die Angst-,

Stress- und Schmerzempfindlichkeit reguliert. Und so wundert auch nicht, dass selbst das nachfolgend beschriebene Stress-Erlebnis des Afrikaforschers David Livingstone (1813–1873) auf die Wirkung endogener Opiate zurückgeführt wird. Livingstone schildert den Angriff eines Löwen in seinem Tagebuch (12), in dem es heißt:

„Der Schock (durch den Biss) produzierte einen Stupor, wie ihn vielleicht eine Maus verspürt, wenn sie von einer Katze angefallen und geschüttelt wird. Er verursachte eine Art von Benommenheit, die keinen Raum für Schmerz- oder Angstgefühle ließ, obgleich mir alles ganz bewußt war, was um mich herum geschah. (Meine Befindlichkeit) ähnelte wohl der, die Patienten (auf dem Operationstisch) unter dem Einfluß von Chloroform erleben, wenn sie (zwar) die Operation mit ihren Augen wahrnehmen, aber das Messer nicht fühlen."

Nachdem nun einmal den Endorphinen und anderen endogenen Opioiden eine körpereigene schmerzstillende Wirkung zugeschrieben werden kann, fragen wir uns, inwiefern man die Produktion schmerzhemmender Peptide im Gehirn auch durch medizinisch-therapeutische Interventionen zu beeinflussen vermag. Tatsächlich haben Neurochirurgen schon vor vielen Jahren einigen Schmerzpatienten mit starken Rückenschmerzen dünne Metallnadeln (Platinelektroden) tief in den Hirnstamm eingestochen und, wie oben erwähnt, deren Spitzen entlang der deszendierenden opioiden Nervenbahnen platziert. Mittels eines kleinen Senders konnten daraufhin die operierten Patienten ihre Schmerzen kupieren, indem sie die implantierten elektrischen Reizelektroden durch Fernsteuerung aktivierten und auf diese Weise die Freisetzung endogener Opioide selbst veranlassten. Möglicherweise lässt sich aber die körpereigene Herstellung von Opioiden auch durch weniger drastische Methoden stimulieren, etwa durch Hypnose oder Akupunktur.

Akupunktur ist ein in der traditionellen chinesischen Heilkunde seit über viertausend Jahren bekanntes schmerzlinderndes Verfahren, wobei zunächst Steinnadeln zur Anwendung kamen. Aber schon seit etwa 2000 Jahren verwenden chinesische Akupunkteure auch Metallnadeln, die sie in so genannte Akupunkte einstechen (13). Dabei werden – wie man heute vermutet – Schmerzsensoren (Nozizeptoren) stimuliert, die das Gehirn veranlassen, vermehrt opioide Peptide freizusetzen. Jedenfalls konnte im Tierversuch eine durch Akupunktur ausgelöste Analgesie durch den Morphin-Antagonist Naloxon wieder aufgehoben werden, wie Cheng und Pomeranz (1980) berichten. Peets und Pomeranz (1978) konnten nachweisen, dass Akupunktur bei Mäusen, die – genetisch bedingt – keine Opiatrezeptoren besaßen, wirkungslos war. Nach wie vor ist jedoch der Mechanismus der Akupunkturwirkung umstritten. Beispielsweise halten es die Schmerzforscher auch für möglich, dass durch die Nadelstiche des Akupunkteurs so genannte Gegenirritationen hervorgerufen werden, die – ähnlich wie die oben erwähnte „deszendierende Hemmung" – bereits schon im Rückenmark und Hirnstamm die Weiterleitung irritierender Impulse zur Hirnrinde hemmen. Inzwischen wurde nicht nur im Tierversuch, sondern auch beim Menschen eine (partiell) analgetische Wirkung einer Akupunktur wissenschaftlich nachgewiesen: Nach den Befunden von Birch und Jamison (1998) reduziert Akupunktur – statistisch signifikant – myofaziale Nackenschmerzen, wobei die Autoren allerdings kritisch anmerken, wie wichtig letztlich auch die innere Einstellung des Patienten, insbesondere sein Vertrauen in den Erfolg der Behandlung sei. In China, aber auch in unseren Breiten sind unzählige Menschen von der schmerzstillenden Wirkung einer Akupunktur überzeugt, und es ist hinlänglich bekannt, wie gut autosuggestive Methoden Schmerzen lindern können (vgl. Lang et al. 2000).

Hyperalgesie: Warum entzündete Gelenke wehtun

Jeder Mensch weiß, wie druckempfindlich ein entzündetes Gewebe wird. Schon ein ganz schwacher Druck auf die darüber liegenden Hautpartien, der normalerweise keinen Schmerz verursacht, genügt dann oft, um starke Schmerzen hervorzurufen. Die Schmerzschwelle ist im entzündeten Gewebe offensichtlich deutlich erniedrigt (Raja et al. 1984). Dies ist insbesondere bei bakteriellen und rheumatischen Gelenkentzündungen der Fall, etwa bei einer Polyarthritis. Während nämlich gesunde Gelenke nur schmerzen, wenn sie – wie etwa bei einer Gelenkverrenkung – überdehnt werden, schmerzt ein entzündetes Gelenk selbst dann, wenn es im normalen Arbeitsbereich gebeugt wird. Unwillkürlich nehmen deshalb die Kranken Schonhaltungen ein, um die schmerzenden Glieder ruhig zu stellen. Worin liegen nun die Gründe für die beobachtete Schmerzüberempfindlichkeit, die so genannte Hyperalgesie? Schmerzempfindungen sind bekanntlich sehr subjektiv. Deshalb mussten die Schmerzforscher erst einmal experimentell entscheiden, ob die Hyperalgesie bei Gelenkentzündungen tatsächlich – wie vielfach vermutet – auf eine Sensitivierung der Schmerzsensoren (Nozizeptoren) zurückgeführt werden kann. In ihren Versuchen injizierten Neugebauer und Mitarbeiter ein stark reizendes Substanzgemisch (Kaolin und Carregaran) ins Kniegelenk einer narkotisierten Katze, um eine akute (aseptische) Entzündung zu induzieren (s. Neugebauer et al. 1993). Alsdann beugten sie das Gelenk in regelmäßigen Abständen und registrierten gleichzeitig in den schmerzleitenden dünnen Nervenfasern mit elektrophysiologischen Methoden (14) die Anzahl der elektrischen Impulse (Aktionspotenziale), die von den Nozizeptoren des Kniegelenks zum Rückenmark geschickt wurden. Bereits schon etwa zwei Stunden nach der Injektion entzündete sich das Gelenk, und nunmehr gaben die anfänglich noch stummen Nozizeptoren bei jeder Bewegung ganze Salven von Aktionspotenzialen ab (vgl. Neugebauer et al. 1993). Während jeder Salve folgten die elektrischen Impulse einander in kurzen Abständen von nur etwa 50–100 Millisekunden und signalisierten damit – frequenzkodiert – dem Zentralnervensystem Schmerz (der aufgrund der starken Narkose vom Versuchstier allerdings nicht empfunden wurde). Vor der Induktion der Entzündung hingegen konnten die Forscher von den nozizeptiven Nervenfasern selbst bei kräftigen Beugebewegungen keine oder nur wenige Aktionspotenziale ableiten – ein sicheres Anzeichen dafür, dass dabei die Nozizeptoren überhaupt nicht erregt wurden. Die Ursachen einer entzündlich bedingten Überempfindlichkeit der Gelenk-Nozizeptoren sind mannigfaltig. Denn bei Gewebeschäden werden die Schmerzsensoren durch ganz verschiedene Substanzen chemisch gereizt (s. Abb. 2.3). Wenn Zellen zugrunde gehen, diffundieren erst einmal zelleigene Kaliumsalze aus den Zellen heraus und erregen die in der Nähe gelegenen Nozizeptoren. Eine weitere schmerzauslösende Substanz ist Bradykinin, ein kleines Peptid, das im lädierten Gewebe aus größeren Vorläufermolekülen abgespalten wird. Außerdem wird von den geschädigten Mastzellen des Gewebes Histamin und von den Blutplättchen Serotonin freigesetzt. Beide Substanzen sind Aminosäurenabkömmlinge, welche die Nozizeptoren aktivieren. Diese chemische Reizwirkung wird dann durch so genannte Prostaglandine noch weiter verstärkt, da diese die Nozizeptoren sensitivieren; Letzteres kann allerdings verhindert werden durch Pharmaka wie Aspirin® und andere Salicylate, welche die Bildung der Prostaglandine und damit auch den Schmerz hemmen. Daher werden Salicylate auch bei Gelenkschmerzen traditionell zur Schmerzbekämpfung eingesetzt.

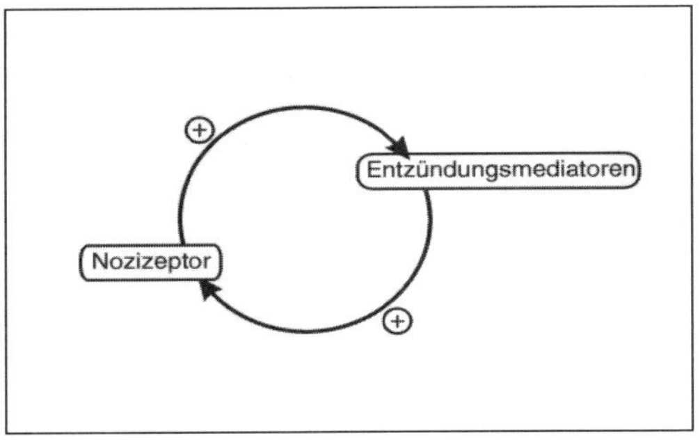

Abb. 2.3 Neurogene Entzündungsschmerzen. Schmerzhafte Entzündungen erregen Nozizeptoren (freie Nervenendigungen), welche dann so genannte Neuropeptide (z.B. Substanz-P oder CGRP) absondern. Diese bewirken die Freisetzung von Entzündungsmediatoren (Histamin, Interleukine, TNF-α) aus Mast- bzw. Immunzellen, welche – im Sinne eines Teufelskreises – wiederum die Schmerzrezeptoren (Nozizeptoren) erregen, aber auch Entzündungserscheinungen hervorrufen oder verstärken. Dadurch wird ein Entzündungsschmerz chronifiziert (vgl. Weihe et al. 1996).

Aber nicht nur Substanzen, die im Gewebe aus den lädierten Zellen freigesetzt werden, erregen die Nozizeptoren. Sensitivierend auf diese wirkt auch ein Substanz-P genanntes Neuropeptid (15), das in den Nozizeptoren selbst gebildet und von diesen immer dann freigesetzt wird, wenn sie durch die schmerzhaften chemischen Reize erregt werden. Wie die Abbildung 2.3 veranschaulicht, entsteht so – durch Vermittlung von Substanz-P – gewissermaßen eine positive Rückkoppelung, durch die eine ursprünglich noch schwache Erregung der Nozizeptoren immer mehr verstärkt wird. Hinzu kommt noch, dass die von den schmerzhaft erregten Nervenendigungen freigesetzten Neuropeptide die granulierten Mastzellen des Gewebes veranlassen, das in ihren Granula gespeicherte Histamin freizusetzen. Letzteres erregt wiederum weitere Nozizeptoren, die nun ebenfalls Substanz-P freisetzen. So also entsteht ein wahrer Teufelskreis, durch den der Schmerz nicht nur verstärkt, sondern auch perpetuiert wird.
Die von den peripheren Nervenendigungen freigesetzten Neuropeptide verstärken nicht nur den Schmerz, sondern auch die Entzündungserscheinungen (so genannte neurogene Entzündung, vgl. z.B. Weihe et al. 1996). Substanz-P und Histamin erweitern nämlich die Blutgefäße und machen sie so durchlässig, dass vermehrt Blutflüssigkeit durch die Gefäßwände dringt und auf diese Weise in die Spalten zwischen den Zellen gelangt, in den Zwischenzellraum. Infolgedessen rötet und erwärmt sich das Gewebe aufgrund der gesteigerten Durchblutung, und es schwillt schmerzhaft an, weil sich Gewebeflüssigkeit ansammelt. Rötung, Erwärmung, Schwellung und Schmerz gelten aber seit jeher als die vier klassischen Symptome einer Entzündung. Wie wir später noch eingehend besprechen werden (s. Kap. 5), erhöht Substanz-P außerdem die Wirksamkeit von weiteren Entzündungsmediatoren (so genannten Zytokinen), die – wie beispielsweise Interleukin-1 und eine gewebsaggressive Substanz namens Tumornekrosefaktor (TNF-α) – aus Immunzellen freigesetzt werden. Offensichtlich hat also das Nervensystem großen Einfluss auf die schmerzhaften Entzündungserscheinungen. Die dünnen Nervenfasern (so genannte C-Fasern) mit ihren Nozizeptoren sind somit – um es nochmals auf den Punkt zu bringen – nicht nur schmerzleitende (nozizeptive) Nachrichtenkanäle zum Zentralnervensystem, sondern auch effektorische Strukturen, die bei Erregung durch Entzündungsprozesse an ihren peripheren Endigungen Neuropeptide absondern, die dann wiederum die schmerzhaften Entzündungserscheinungen verstärken – ganz im Sinne neurogener Entzündungen. Zu diesen zählt möglicherweise auch die „Kausalgie", ein durch das vegetative Nervensystem ausgelöster Schmerzzustand (16).

Chronische Schmerzen, neuronale Plastizität, Schmerzgedächtnis

Im Verlauf einer Gelenkentzündung kann die Druckschmerzhaftigkeit der Gelenkregion mit der Zeit ganz enorm zunehmen, sogar so sehr, dass selbst das leichte Betasten nicht entzündeter, dem Gelenk benachbarter Körperteile schmerzt – ein Phänomen, das man in der Fachsprache als „Allodynie" bezeichnet. Der Grund liegt offenbar in neuroplastischen Veränderungen des Nervensystems, etwa in einer Veränderung der Eigenschaften der schmerzsensitiven Neurone im Hinterhorn des Rückenmarks (A in Abb. 2.2), wie sie von Neugebauer und Mitarbeitern (1993) experimentell nachgewiesen werden konnte. Die Würzburger Forscher induzierten bei (narkotisierten) Ratten eine experimentelle Arthritis und bestimmten dann die bei stetem Druck auf das Kniegelenk von den Hinterhornneuronen während jeder Sekunde abgegebenen elektrischen Impulse (Aktionspotenziale): Innerhalb von nur drei Stunden stieg die Impulsrate kontinuierlich von etwa 15 Impulsen pro Sekunde auf beinahe 100 pro Sekunde an, was zeigte, dass die Schmerzsensitivität bzw. Erregbarkeit der zentralen Neurone offenbar drastisch zunahm. Und noch etwas: Die Neurone antworteten überraschenderweise nicht nur auf noxische Reize im entzündeten Kniegelenk, sondern auch bei Druck auf die Pfoten und das Sprunggelenk des Versuchstiers. Dieser Befund kann wohl nur so gedeutet werden, dass bei Gelenkentzündungen die Rückenmarkneurone auch einen Input von peripheren Bereichen erhalten, die außerhalb des entzündeten Gebiets liegen. Heißt das nun, dass die Rückenmarkneurone mit zusätzlichen „Zubringerneuronen" (Afferenzen) neue Kontakte geknüpft haben? Und welche neuronalen Mechanismen liegen wohl diesen Veränderungen und überhaupt der Übererregbarkeit der zentralen Neurone zugrunde? Wir werden – weiter unten – nochmals auf dieses Problem zurückkommen.

Auch im Gehirn – und nicht nur im Rückenmark – kommt es bei chronischen Schmerzen zu einer Umstrukturierung und zu funktionellen Veränderungen im schmerzverarbeitenden System. Betroffen ist vor allem das limbische System, insbesondere der – in der Abbildung 1.2 dargestellte – Gyrus cinguli, eine Hirnwindung, deren Aktivität und Durchblutung bei lang andauernden Gelenkschmerzen stark erhöht ist (s. Neto et al. 1999). Diese Hirnregion ist, wie wir sahen, ein Teil unseres „emotionalen Gehirns", das offenbar dem dumpfen Schmerzgefühl eine meist sehr unangenehme, unlustbetonte affektive Färbung verleiht. Für die Schmerzlokalisation verantwortlich ist jedoch ein anderer Teil des Gehirns, der so genannte somatosensorische Kortex, der sich in der Rinde einer Hirnwindung (Gyrus postcentralis) befindet, die ihrerseits im Parietallappen hinter der großen zentralen Hirnfurche (Sulcus centralis), direkt unter der Schädelkalotte liegt. In diesem Areal der Hirnrinde wird die sensible Körperoberfläche sozusagen wie auf einer Landkarte abgebildet. So wird beispielsweise die Knieregion auf einer anderen Stelle der Hirnrinde repräsentiert als der Rücken oder die Hand, und Letztere wird auf einem größeren Areal abgebildet als der Rücken, weil ihr eine höhere Bedeutung für den Tastsinn zukommt. Diese lokalisierte zentrale Repräsentation der Körperregionen im Gehirn ist jedoch nicht starr festgelegt. Wie Herta Flor und ihre Mitarbeiter in bahnbrechenden Experimenten herausfanden, vergrößert sich beispielsweise bei chronischen Rückenschmerzen das für den Rücken zuständige Hirnareal auf Kosten anderer Areale, und zwar progressiv mit der Dauer der Schmerzen (Flor et al. 1997; Flor 2000). Die Ursache für diese Reorganisation des somatosensorischen Kortex liegt nach Flor (2000) wahrscheinlich in einer Restrukturierung intrakortikaler neuronaler Netzwerke (vgl. Florence et al. 1998). Ist dies nun eine sinnvolle neuroplastische Anpassung bei Schmerzpatienten, in deren Bewusstsein der Rücken offenbar subjektiv einen immer größeren „Stellenwert" erhält, je länger die Schmerzen andauern? Werden wohl deshalb Schmerzen mit zunehmender Dauer immer stärker wahrgenommen? Oder gibt es dafür noch andere Ursachen, etwa die oben besprochene Sensitivierung der Rückenmarkneurone oder Veränderungen im körpereigenen schmerzhemmenden System des Gehirns? Wie PET-Untersuchungen von Tölle und Mitarbeitern (1997) zeigten, war jedenfalls bei Patienten mit chronischen Schmerzen die Fähigkeit des Gehirns beeinträchtigt, mittels Opiatrezeptoren systemisch verabreichte radioaktiv markierte Morphin-Analoge zu binden. Andererseits werden bei manchen chronischen Gelenkschmerzen kompensatorisch endogene schmerzhemmende Mechanismen des Rückenmarks hochreguliert. Die aktuelle Schmerzempfindlichkeit eines chronischen Schmerzpatienten ist vermutlich Ausdruck der Balance der verschiedenen schmerzfördernden und schmerzhemmenden neuronalen Prozesse im Zentralnervensystem.

Dauerhafte, plastische Veränderungen des nozizeptiven Zentralnervensystems tragen also entscheidend zur Entstehung einer Hyperalgesie bei, und dies offenbar schon bei Neugeborenen. Wie Cleland und Mitarbeiter (2000) zeigen konnten, sind bei Ratten speziell die ersten Lebenstage sehr kritisch: Erhalten z.B. vier Tage alte Ratten (im narkotisierten Zustand) noxische elektrische Schläge, so reagieren sie – aufgrund einer Sensitivierung ihres Zentralnervensystems – noch nach Monaten überempfindlich auf schmerzhafte Reize. Und die Schmerzphysiologin Fitzgerald (1995) weist darauf hin, dass beim Menschen sogar schon vor der Geburt Schmerzreize im Nervensystem Spuren hinterlassen, sodass die Kinder im späteren Leben schmerzempfindlicher sind. Dies gilt offenbar auch für Kinder, die als Neugeborene schmerzhafte intensivmedizinische oder operative Eingriffe erdulden mussten (Taddio et al. 1997), was sich mit Beobachtungen aus der Psychiatrie (vgl. z.B. Resch 1999) deckt, denen zufolge misshandelte Kinder mit traumatisch wirkenden Familienerlebnissen später nicht selten chronische Schmerzsyndrome entwickeln. Worin könnte der Grund liegen? Psychosomatische Schmerzkrankheiten sind nach frühkindlichen Traumen, die sich ins „Schmerzgedächtnis" eingegraben haben, anscheinend vorprogrammiert – vielleicht im limbischen System. Aufgrund früher Schmerzerfahrungen werden neuronale Strukturen offenbar durch Lernprozesse im Gehirn, vor allem im Zwischenhirn, permanent verändert, wie Untersuchungen von Lenz und Mitarbeitern (2000) nahe legen. Ganz offensichtlich wird die gefühlsmäßige Reaktion auf Schmerz erlernt. Dafür sprechen übrigens auch Tierversuche, die schon Mitte der 50er Jahre angestellt wurden: In Isolation schmerzfrei aufgezogene Welpen waren später unfähig, auf Schmerz adäquat zu reagieren; die Hunde steckten ihre Schnauze immer wieder in eine Flamme, ohne eine Schmerzreaktion zu zeigen. Sie hatten nicht gelernt, die von den Nozizeptoren zum Gehirn gesandten Signale im Sinne von „Schmerz" zu interpretieren.

Funktionelle und strukturelle Veränderungen im Zentralnervensystem erklären vermutlich auch das Phänomen des so genannten Phantomschmerzes. So kann ein Schwerverletzter selbst Monate oder Jahre nach der Amputation seines zuvor verwundeten und schmerzenden Armes noch immer die fehlenden Gliedmaße spüren; er verspürt Amputationsschmerzen, die auch mit einer neuroplastischen Reorganisation der Hirnrinde verbunden sind (Flor et al. 1995; Montoya et al. 1998). Gerade am Phänomen Phantomschmerz wird deutlich, dass chronifizierter Schmerz auch dann empfunden wird, wenn die Schmerzinformation ihren Ursprung nicht (mehr) in den Nozizeptoren hat, weil er nämlich im „Schmerzgedächtnis" gespeichert und von dort jederzeit abrufbar ist (17).

Exkurs: Molekulare Mechanismen des „Schmerzgedächtnisses"

Chronische Schmerzen bewirken nicht nur funktionelle, sondern auch molekulare Veränderungen im Zentralnervensystem, beispielsweise eine veränderte Expression von Genen (18), welche die Herstellung neuronaler Eiweißkörper programmieren (Hunt et al. 1987; Leah et al. 1992; Berthele et al. 2000). Betroffen von diesen plastischen Veränderungen im Nervensystem sind insbesondere Proteinmoleküle, die in der Zellmembran spezifische ionendurchlässige Poren bilden – Ionenkanäle, die elektrisch positiv geladene Natrium-, Kalium- oder Kalziumionen in die Zelle hinein- oder herausdiffundieren lassen. Diese tunnelartigen Eiweißstrukturen sind – wie allgemein bekannt – für die Erregbarkeit und die Fortleitung elektrischer Impulse (Aktionspotenziale) im Nervensystem von größter Bedeutung. Jede Veränderung kann deshalb auch die Funktionen des Nervensystems nachhaltig modifizieren, etwa derart, dass – beispielsweise – ein durch schmerzhafte Reize ausgelöster Rückzieh- oder Fluchtreflex verstärkt wird. Ein oft zitiertes, klassisches Beispiel ist der vom Neurobiologen Eric Kandel schon seit den frühen 80er Jahren untersuchte Flucht- oder Rückziehreflex des Seehasen *Aplysia*, einer primitiven Meeresschnecke, die bei Reizung des Schneckenschwanzes oder des Siphons reflektorisch die Kiemen zurückzieht. Dieser Reflex kann nach längerer chronischer Reizung von Schwanz *und* Siphon verstärkt sein, man spricht von „Sensitivierung" (vgl. Kandel 1991). Warum ist das so?

Das Modell *Aplysia* ist aufgrund der Einfachheit seines Nervensystems und der Größe der Neuronen besonders gut verstanden. Wie bei höher entwickelten Tieren ist die Zellmembran jeder Nervenzelle im Ruhezustand innen negativ und außen positiv geladen, also elektrisch polarisiert. Sobald sich jedoch bei Erregung des Neurons die Natriumkanäle öffnen, schießt ein Strom positiv geladener Natriumteilchen aus dem Extrazellulärraum ins Zellinnere und verleiht diesem eine insgesamt positive Ladung. Der Ionenstrom generiert damit einen Stromimpuls, den Aktionsstrom, aber auch eine Schwankung des Membranpotenzials von etwas mehr als 100 mV, das Aktionspotenzial. Sowie sich jedoch – nach etwa einer Millisekunde – die Natriumkanäle wieder schließen und sich die Kaliumkanäle öffnen, strömen im Zellinneren reichlich vorhandene positiv geladene Kaliumionen aus der Zelle heraus und stellen den Status quo des Membranpotenzials wieder her: Das Zellinnere wird wieder negativ, und damit ist das Aktionspotenzial beendet; das Neuron ist repolarisiert. Kalium- und andere Ionenkanäle können jedoch nach den Vorstellungen des Neurobiologen Eric Kandel eine Art „molekulares Gedächtnis" haben, das sich an vorausgehende Stimulationen gewissermaßen „erinnert". Insbesondere gilt dies offenbar für die Neuronen der Meeresschnecke *Aplysia.* In den Nervenzellen dieser Tiere gibt es nämlich spezifische Eiweißkörper, Enzyme (Biokatalysatoren) vom Typ der Proteinkinasen, welche an die Kaliumkanalproteine Phosphatgruppen „anhängen", wenn das Neuron andauernd stimuliert wird; die Kanäle werden durch diese Phosphorylierung weniger durchlässig für Kaliumionen, was natürlich nach dem oben Gesagten gewichtige Folgen für die neuronale Funktion hat: Die Repolarisation der Aktionspotenziale wird verzögert, weil der Auswärtsstrom der Kaliumionen durch die Zellmembran behindert ist. Deshalb dauern die neuronalen Impulse insgesamt länger, und sie werden dadurch auch noch effektiver.

Kandel gelangte zu diesen Erkenntnissen aufgrund seiner Untersuchungen über die Kommunikation zweier Nervenzellen von *Aplysia* an der Kontaktstelle zwischen den Zellen, der Synapse also. Wird die vorgeschaltete (sensorische) Nervenzelle gereizt, so antwortet sie mit einer nur wenige Millisekunden dauernden Potenzialänderung (Aktionspotenzial) und schüttet daraufhin einen Botenstoff (Neurotransmitter) aus, der nach Überquerung des synaptischen Spaltes die nachgeschaltete (motorische) Nervenzelle erregt. Dies löst eine Kontraktion im Retraktormuskel aus, der die Kiemen zurückzieht. Wenn nun das vorgeschaltete Neuron wiederholt Impulse von anderen Nerven erhält, so werden, wie oben erwähnt, seine Kaliumkanäle durch intrazelluläre Enzyme phosphoryliert und dadurch verschlossen. Dieser Vorgang verzögert, wie wir sahen, die Repolarisation der Zellmembran. Infolge der längeren Dauer des Aktionspotenzials schütten die nozizeptiven Neuronen bei Erregung mehr Transmitter aus, wodurch die Biokommunikation mit den nachgeschalteten motorischen Nervenzellen verbessert wird. Aufgrund der nunmehr größeren „Gewichtung" der synaptischen Übertragung ist der Rückziehreflex von *Aplysia* verstärkt. Derartige Verstärkungen der synaptischen Übertragung sind also durch chemische bzw. strukturelle Modifikationen der Ionenkanalmoleküle bedingt; sie werden durch weitere strukturelle und chemische Veränderungen an den Synapsen konsolidiert, die dem Langzeitgedächtnis zugrunde liegen.

„Schmerzgedächtnis" im Rückenmark

Die Neurone von Meeresschnecken, an denen Kandel seine Untersuchungen anstellte, sind ein – besonders einfacher – Modellfall. Ganz analoge Veränderungen an Ionenkanälen spielen aber möglicherweise auch eine entscheidende Rolle beim Erwerb eines „Schmerzgedächtnisses" im Rückenmark und Gehirn, das bei der Entstehung chronischer Schmerzen von großer Bedeutung ist. Wie wir gesehen haben, werden nozizeptive Rückenmarkneurone infolge einer andauernden Reizung übererregbar, sodass der Flucht-, Rückzieh- oder Beugereflex verstärkt sind. Im Tierexperiment kann man einen ähnlichen Effekt auch dadurch erzielen, dass man die Haut schmerzhaft reizt oder aber die nozizeptiven Nervenfasern (C-Fasern) unmittelbar vor ihrem Eintritt ins Rückenmark mit hoher Frequenz, also tetanisch stimuliert. Versetzt man nun Minuten oder gar Stunden nach dieser tetanischen Stimulation den Nervenfasern erneut einen elektrischen Reiz, so antworten die Rückenmarkneurone für lange Zeit mit einem viel stärkeren elektrischen Signal als zuvor (Liu u. Sandkühler 1995; Sandkühler u. Liu 1998). Dieses Phänomen nennt man in der Fachsprache „Langzeitpotenzierung", und zwar deshalb, weil sich das Rückenmark offenbar an die vorausgehende Reizung der Nozizeptoren „erinnert", so als habe sich der Schmerz gleichsam ins zelluläre Gedächtnis eingegraben. Auf welchen zellulären bzw. molekularen Mechanismen basiert diese Art von „Schmerzgedächtnis"? Einiges spricht dafür, dass nach erfolgreicher posttetanischer Langzeitpotenzierung das Aktionspotenzial einer nozizeptiven Nervenfaser viel mehr Neurotransmitter – es handelt sich um die Aminosäure Glutamat – ausschüttet als zuvor, sodass die synaptische Übertragung zum Rückenmarkneuron verstärkt ist (Randic 1996). Eine andere Theorie besagt, dass die auf den Transmitter Glutamat ansprechenden Rezeptoren der Rückenmarkneurone empfindlicher reagieren (Sandkühler et al. 2000; Gerber et al. 2000). Der Grund für diese Empfindlichkeitssteigerung liegt wahrscheinlich darin, dass viele der fraglichen Glutamatrezeptoren nach einer tetanischen Potenzierung und vielleicht auch bei chronischem Schmerz vermehrt mit angehängten Phosphatgruppen beladen sind. An dieser Phosphorylierung

Abb. 2.4 Schema der synaptischen Übertragung von Schmerzsignalen im Rückenmark (vereinfacht nach Sandkühler et al. 2000). Nach schmerzhafter Reizung der Nozizeptoren setzen die schmerzleitenden C-Fasern in den synaptischen Spalt den Neurotransmitter Glutamat frei, der an zweierlei Glutamatrezeptoren (AMPA- und NMDA-Rezeptoren) auf der postsynaptischen Membran der nozizeptiven Rückenmarkneurone andockt und dort ein elektrisches Signal (Membrandepolarisation) auslöst. Noxische (schmerzhafte) Dauerreize bewirken eine lang anhaltende Steigerung der synaptischen Übertragung bzw. eine Verstärkung der elektrischen Signale in den Rückenmarkneuronen: Die Aktivierung der NMDA-Rezeptoren löst einen Einstrom von Kalzium ins Zellinnere des Hinterhornneurons aus. Dies führt zu einer Aktivierung von Enzymen (Proteinkinasen), die AMPA-Rezeptoren phosphorylieren, worauf diese besser auf den Transmitter Glutamat ansprechen, also stärker auf die peripheren Schmerzsignale reagieren: Daraus resultiert eine Schmerzüberempfindlichkeit (Hyperalgesie). Opioide Peptide der körpereigenen Schmerzabwehr verhindern diese Sensitivierung.

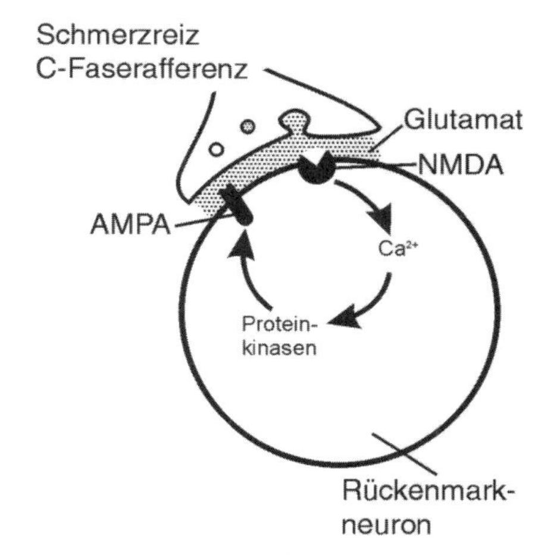

sind offenbar phosphatübertragende Enzyme (Proteinkinasen) beteiligt (s. Abb. 2.4), die durch intrazelluläre Kalziumionen und das kalziumbindende Schalter-Protein Calmodulin aktiviert werden (vgl. Sandkühler et al. 2000). Wird nämlich das intrazelluläre Kalzium durch Kalziumkomplexbildner, die in die Neuronen gebracht werden, gebunden (und somit unwirksam), so kann eine posttetanische Langzeitpotenzierung nicht mehr stattfinden (Randic et al. 1993).

Somit ist die Konzentration der intrazellulären Kalziumionen in den Rückenmarkneuronen für die posttetanische Langzeitpotenzierung und somit wohl auch für die Entstehung einer Gedächtnisspur, eines „Schmerz-Engramms", von zentraler Bedeutung. Normalerweise liegt diese Konzentration in einem Bereich, der tausend- oder gar zehntausendfach niedriger ist als die Kalziumwerte im Blut und in den Zwischenzellräumen. Sie liegt also etwa bei 0,1 millionstel Mol/L, wird jedoch drastisch erhöht, wenn Kalziumionen aus dem Extrazellulärraum durch spezielle Glutamatrezeptoren, die auch für Kalzium durchlässig sind – so genannte NMDA-Rezeptoren (19) –, in die Nervenzelle einströmen. Genau dies ist nun während einer tetanischen Stimulierung der Fall, die zur Langzeitpotenzierung führt (vgl. Sandkühler et al. 2000; Gerber et al. 2000). Warum ist das so? Ein NMDA-Rezeptor kann Glutamat binden, aber er ist im Ruhezustand nicht für Kalziumionen durchlässig, weil die Kanalpore durch ein Magnesiumion verstopft ist. Er verwandelt sich jedoch in eine kalziumdurchlässige Pore, wenn zwei Bedingungen gleichzeitig erfüllt sind. Er muss erstens durch den Neurotransmitter Glutamat aktiviert werden, und zweitens muss der positiv geladene „Magnesiumzapfen" durch Positivierung des Zellinneren, also durch Depolarisation der Zellmembran, aus der Pore „gezogen" werden. Die zuletzt genannte Voraussetzung ist dann gegeben, wenn bei wiederholter, rasch aufeinander folgender (tetanischer) Reizung der nozizeptiven C-Fasern so viel Glutamat freigesetzt wird, dass außer dem NMDA-Kanal noch ein anderer Typ Glutamatrezeptor – ein so genannter AMPA-Rezeptor (20) – ak-

tiviert wird. Letzterer ist ein natriumdurchlässiger Ionenkanal, der im aktivierten Zustand die Zelle depolarisiert. Durch Opiate, die sich an die Opiatrezeptoren der Rückenmarkneurone binden, kann die Depolarisation und damit auch der Kalziumeinstrom durch die NMDA-Rezeptorkanäle verhindert werden, wie die Abbildung 2.4 veranschaulicht (s. auch Sandkühler et al. 2000). Eine posttetanische Potenzierung ist dann unmöglich, wie auch in dem Fall, wenn die NMDA-Rezeptoren selbst blockiert werden. Deshalb ist es nicht überraschend, dass sowohl NMDA-Antagonisten als auch Opiate die Sensibilisierung nozizeptiver Rückenmarkneurone bei chronischem Schmerz – etwa bei einer chronischen Gelenkentzündung – verhindern (vgl. Neugebauer et al. 1993).
Opiate, aber auch lokal wirkende Anästhetika werden heutzutage oft präventiv eingesetzt, um die Entwicklung chronischer Schmerzen nach einem chirurgischen Eingriff zu verhindern (s. Wilder-Smith 2000). Denn es ist inzwischen hinreichend bekannt, dass bei schweren operativen Eingriffen eine Narkose allein die Reizung nozizeptiver Nervenfasern und die dadurch bedingte Erregung der Rückenmarkneurone nicht verhindern kann. Würde also bei einem chirurgischen Eingriff, einer Amputation beispielsweise, der Zustrom nozizeptiver Impulse zu den Rückenmarkneuronen nicht unterbunden, so wären nach diesen Erkenntnissen plastischen Veränderungen im nozizeptiven System des Rückenmarks (und des Gehirns) im Sinne eines „Schmerzgedächtnisses" Tür und Tor geöffnet.

Psychosomatische Schmerzen

Kinder, die von klein auf geschlagen wurden und die Brutalität von Bezugspersonen erfahren haben, neigen, wie oben bereits angesprochen, im späteren Leben zu psychosomatischen Schmerzen; sie sind „pain prone", haben also – um es mit Adler (1996) etwas überspitzt zu formulieren – geradezu eine „Neigung, Schmerz erleiden zu müssen". Nach Resch (1999) haben diese jungen Menschen ihr wehleidiges Schmerzverhalten gleichsam „von Kindesbeinen an" eingeübt. Denn der Wechsel von körperlicher Züchtigung und Zuneigung brachte ihnen schon früh die Gewissheit, dass Schmerz und Leid schließlich auch zu Zuneigung führen können (vgl. Engel 1959). Ein Kind, das geschlagen wurde oder sich beim Sturz wehgetan hat, weint, sobald es die Mutter sieht – aber es hört sofort auf zu weinen, wenn die Mutter es mit liebevollen Worten tröstet. Doch auch ohne Wehklagen und ohne viele Worte ist Menschen der Schmerz am Gesicht abzulesen: Schließlich verändern sich die Mimik, die Atmung und die Pupillenweite. Schmerzverhalten – das Zeigen von Schmerz – hat also einen kommunikativen und stark appellativen Charakter, es ist eine Art nonverbaler Hilferuf nach Zuwendung. Dies könnte nach Resch (1999) z.T. auch bei „Schulbauchweh", Migräne und Spannungskopfschmerzen der Fall sein, die bei Kindern, die unter „Schulstress" leiden, sogar recht häufig sind. Auch Rückenschmerzen kann gut gemeinter Trost chronifizieren, wenn der Leidende gewissermaßen „lernt", dass sein Schmerzverhalten mit Zuwendung belohnt wird. Bringt also ein Rückenleiden oder Kopfweh einen sekundären Krankheitsgewinn im psychosozialen Bereich, so ist deren lang anhaltende Dauer wohl vorprogrammiert. Dies führt dann häufig zu langen – letztlich psychosozial bedingten – Ausfällen am Arbeitsplatz.
Im Unterschied zu Spannungskopfschmerzen (die wir zu Beginn dieses Kapitels abhandelten) ist der Migräneschmerz stets einseitig, von pulsierender Art und oft mit anderen Beschwerden verbunden, insbesondere mit Abgeschlagenheit, Lichtscheu, Lärmempfindlichkeit, Übelkeit und eventuell mit Er-

brechen und undefinierten Bauchschmerzen. Im Migräneanfall spielt, in den Worten der Heidelberger Schmerztherapeutin Hanne Seemann (1999), alles „verrückt", aber, so fügt sie hinzu, „nach dem Zusammenbruch, bei dem die Betroffenen ein natürliches Bedürfnis haben, sich sozial zurückzuziehen, alle äußeren Reize abzuschirmen und auszuruhen, fasst das ganze System wieder Tritt, erholt sich und funktioniert wieder wie gewohnt". Man fühle sich wie „neu geboren". Bezeichnenderweise trete der Anfall oftmals nach anstrengenden Tagen am Wochenende auf (Wochenendmigräne) und signalisiere dann gewissermaßen, dass der Organismus abschalten, sich ausruhen und erholen muss. Nicht selten dürfte jedoch der eigentliche Auslöser für den Migräneanfall eine Art Reizüberflutung sein, etwa durch Lärm und helles Licht hervorgerufen, zumal Migränepatienten übersensibel sind. Dieses besondere Verhaltensmerkmal ist nach Ansicht von Gerber und Schoenen (1998) Ausdruck einer erworbenen (quasi erlernten) Überempfindlichkeit des Cortex cerebri und der Prozessierung von Reizen und Information, könnte jedoch auch genetisch bedingt sein. Diskutiert werden beispielsweise Anomalien von Ionenkanälen, welche die Membrandurchlässigkeit von Kalziumionen kontrollieren und damit wohl auch für die Erregbarkeit von Gehirnneuronen relevant sein dürften (s. Anm. 21). Bedeutet dies nun, dass Migräne letztlich „nur" eine molekulare Krankheit ist? Doch wohl nicht. Denn ebenso wichtig wie die Veranlagung scheint – nach Auffassung von Psychoanalytikern wie z.B. Egle (1993) – die Erfahrung mancher Patienten zu sein, dass sich durch den körperlichen Schmerz ein innerer seelischer Schmerz und psychische Konflikte neutralisieren, gewissermaßen übertönen lassen, und so geschieht es relativ häufig, dass Patienten, sobald ihre Migräne kuriert ist, an unbestimmter Angst und anderen seelischen Symptomen leiden und sogar ihr seelisches Gleichgewicht verlieren (vgl. Resch 1999).

Man spricht von „Somatisierung" bzw. – nach Freud – von einer Konversionsstörung (Konversionsneurose), wenn ein seelischer Konflikt und psychische Symptome in körperliche, somatische Symptome (wie z.B. Kopfschmerz) konvertiert werden. Die Präferenz für bestimmte Symptome ändert sich mit dem Zeitgeist: Heutzutage sind chronische Schmerzen und Müdigkeit en vogue, während im 19. Jahrhundert „hysterische" Lähmungen Konjunktur hatten (Shorter 1997). Derartige somatische Symptome (somatoforme Störungen) symbolisieren nach psychoanalytischer Auffassung Psychisches. Sie haben Ausdruckscharakter und eine Bedeutung, die vom psychoanalytisch geschulten Arzt gedeutet und damit – im hermeneutischen Sinne – auch verstanden werden kann, beispielsweise als Ausdruck innerer Anspannung, als unausgesprochene Bitte um Zuwendung oder auch einfach als Ausweg, als eine unbewusste „Flucht in die Krankheit", um so einer vermeintlich stigmatisierenden psychischen Störung zu entfliehen. Der naturwissenschaftlich orientierte Leser will aber vermutlich eher wissen, auf welche Weise die physiologische Umsetzung von psychischem Leid in somatische Symptome – in die „Organsprache" – überhaupt zustande kommt.

Tatsächlich ist die Transformation von psychischem Erleben in somatische Prozesse eine triviale Erfahrung. Man denke nur an die Tränen bei seelischem Kummer oder an das unbewusste Erröten eines verliebten jungen Mädchens. In beiden Fällen haben die körperlichen Symptome einen von allen verstandenen Signalcharakter, und der physiologische Umsetzungsmechanismus ist im Prinzip ebenfalls klar: Wenn man rot wird, erweitern sich aufgrund einer Einwirkung des vegetativen Nervensystems die Blutgefäße des Gesichts. Und in ganz analoger Weise erweitern sich, nach einer gängigen Theorie, bei einer Migräne aus psychischen Gründen die zum Gehirn führenden Blutadern, was die Kopfschmerzen verursacht, die dann wiederum auf die Umgebung eine Signalwirkung ausüben. Ist also die Migräne eine Art Körpersprache wie das Erröten? Nach neueren Erkenntnissen scheinen die bei der Migräne ablaufenden Vorgänge allerdings etwas anders und zudem komplizierter zu sein als beim Erröten. Betroffen ist nämlich offenbar weniger das so genannte vegetative Nervensystem (s. Kap. 3) als der Trigeminus, ein Hirnnerv, der mit seinen Verzweigungen u.a. die Haut des Gesichts und die Hirnhäute samt der inliegenden Blutgefäße innerviert. Während des Migräneanfalls setzen nun die trigeminalen Nervenfasern nach Auffassung von Moskowitz und Buzzi (1991) gewisse Neuropeptide frei, so beispielsweise Substanz-P und CGRP, die – im Sinne einer neurogenen Entzündung – zum einen die Blutgefäße der Hirnhäute (Dura mater) erweitern, zum anderen aber auch die Endigungen schmerzleitender (nozizeptiver) Nervenfasern des Trigeminus erregen. Dadurch, und nicht etwa infolge einer Änderung der Hirndurchblutung, soll dann der Migräneschmerz entstehen, zumal zwischen diesem und der Durchblutungsänderung offenbar eine zeitliche Diskrepanz besteht. Gibt es nun experimentelle Hinweise für eine erhöhte Neuropeptidfreisetzung bei Kopfschmerzen? Dafür könnte z.B. der Befund sprechen, dass das Neuropeptid CGRP tatsächlich aus den Trigeminusfasern bei Reizung der äußeren Hirnhaut freigesetzt werden kann (s. Messlinger et al. 1995) und dann eine neurogene Entzündung auslöst (vgl. Hanesch 1996). Dies ist offenbar gerade in Stress-Situationen der Fall und könnte so bei der Entstehung einer Migräne eine Rolle spielen (vgl. Brain 2000 sowie Olness et al. 1999). Außerdem gibt es aufschlussreiche Parallelfälle einer schmerzhaften „neurogenen Entzündung“: Manche scheinbar „psychogene“ Schmerzen im rechten Unterbauch beispielsweise, die häufig zur Fehldiagnose Appendizitis (Blinddarmentzündung) führen, sind offenbar einer Überproduktion der Neuropeptide CGRP und Substanz-P durch das lokale Nervensystem der Darmschleimhaut zuzuschreiben, also einer „neurogenen Entzündung“, die jedoch ohne histologisch nachweisbare Entzündungserscheinungen abläuft. In diesem Fall spricht man von „Neuroimmunappendizitis“ (DiSebastiano et al. 1999). Schmerzen, für die es keine nachweisbare organische Grundlage gibt, werden traditionell als „psychogen“ eingestuft. Untersuchungen von Patienten mit Rückenschmerzen mit und ohne Organbefund zeigten, dass psychogen bedingte Schmerzen in der Regel intensiver, aber auch „diffuser“ bzw. weniger lokalisierbar erlebt werden als die organisch bedingten (Birbaumer 1984). Eine genaue Abklärung der Schmerzursache ist aber unbedingt geboten, denn selbstverständlich dürfen organische Ursachen eines Schmerzes, etwa ein Bandscheibenvorfall, ein Hirntumor, eine Osteoporose oder ein Krebsleiden, auf keinen Fall übersehen werden. Die genaue Abgrenzung von psychisch und organisch bedingten Schmerzen ist jedoch nicht einfach und sogar eher problematisch (vgl. Adler 1996). Denn anhand der oben besprochenen Krankheitsbilder dürfte klar geworden sein, dass eigentlich eine Trennung in „psychogenen Schmerz“ und „organischen Schmerz“ eine künstliche sein muss, zumal Seelisches den Körper beeinflusst und umgekehrt. So ist jeder Schmerz ein Stressor. Chronischer Stress aber führt zu einem Gefühl der Hilflosigkeit und damit auch zur „erlernten Hilflosigkeit“, zur Depression (s. Kap. 4); aber eine Depression und die damit verbundene negative Denkweise verstärken wiederum die Qual – ein Kreisprozess dies, der den Schmerz perpetuiert (vgl. dazu auch Rudolf 2000). Infolgedessen kann der Schmerzkreis sowohl durch somatische Interventionen – schmerzstillende Medikamente, Heilgymnastik usw. – als auch durch psychologische Methoden (z.B. Hypnotherapie und kognitive Verhaltenstherapie) beeinflusst werden. Die Macht des Wortes ist auch, ja gerade in der

Schmerztherapie groß, und das wusste man bereits in der Antike. Platon hat in seinem Dialog „Charmides" zur Frage der Behandlung von Schmerzkrankheiten durch das Wort Stellung genommen. Er berichtet, dass Charmides, der unter Kopfschmerzen litt, Sokrates um ein gewisses pflanzliches Heilmittel bat. Sokrates habe es ihm gegeben und gesagt, dieses Heilkraut von einem weisen Greis erhalten zu haben, der ihm jedoch „eingeschärft" habe, dass dieses Medikament nur dann wirke, wenn es zusammen mit einer „schönen Rede" verabreicht werde. Dadurch entstehe nämlich in der Seele Besonnenheit und Gelassenheit, und wenn diese erst einmal da seien, so sei es ein Leichtes, auch den Körper zu heilen (22).

In den letzten Jahren ist immer deutlicher geworden, wie wichtig kognitive Prozesse, insbesondere unsere Denkweise, für das Schmerzempfinden sind. So genanntes „positives Denken" mindert den Schmerz (vgl. Hasenbring 2000). Hat ein Mensch hingegen durchweg Angst und befürchtet er stets das Schlimmste (Katastrophendenken), dann leidet er mehr unter einem Schmerz, den er im Hinblick auf das eigene Wohlergehen für wichtig erachtet. Aus diesem Grund wird ein Herzschmerz, der dem Subjekt Todesangst einjagt, als quälend, ja sogar als „vernichtend" erlebt. Hingegen verebben manche Schmerzen, wenn man sie nicht beachtet, gleichsam aus dem Bewusstsein ausblendet, indem man sich ablenken lässt. Dies geschieht insbesondere unter Hypnose oder durch Meditation. Ob man nun aber den aktuellen Schmerz stärker oder weniger beachtet oder gar als gravierend bewertet, das hängt nicht zuletzt von früheren Schmerzerfahrungen ab, die im „Schmerzgedächtnis" gespeichert sind. Entscheidend für die Bewertung des Schmerzes ist nämlich dessen „kognitive Komponente", die ihm zugemessene Bedeutung; sie ergibt sich aus dem Vergleich des aktuellen Schmerzes mit früheren Schmerzerfahrungen und deren Folgen. So erscheint ein Schmerz weniger bedeutend, wenn man, auch aufgrund früherer Erfahrungen, meint, dass er zu besiegen ist – und sei es auch „nur" durch Akupunktur oder Scheinmedikamente (Plazebos), an deren schmerzstillende Wirkung man glaubt. Manche Menschen vermögen dem Schmerz – trotz allem – auch eine positive Bedeutung abzugewinnen, wenn sie in ihm gewissermaßen einen Sinn erblicken können. So wird ein religiöser Mensch vermutlich „sein Kreuz leichter tragen", wenn er glaubt und hofft, durch das Leid „geprüft und geläutert zu werden". Auch im täglichen Leben machen Schmerzen oftmals Sinn, etwa, wenn sie dem von Migräne Betroffenen sagen, er müsse „mal abschalten", oder uns warnen, dass „etwas (gesundheitlich) nicht in Ordnung ist". Deshalb gehen die meisten Leute wegen ihrer Schmerzen zum Arzt.

Fazit

Schmerzen warnen, denn sie signalisieren aktuellen oder drohenden Schaden an den Geweben des Organismus. Sie entstehen im Gehirn, meist aufgrund von Informationen – „Schadensmeldungen" –, die ihm von Sensoren (Schmerzrezeptoren) der Haut und des Körperinneren, den so genannten Nozizeptoren über das Rückenmark zugeleitet werden. Solche organisch bedingten Schmerzen von psychogenen Schmerzen abzugrenzen, ist oft schwierig, zumal die einen die anderen bedingen können. So bewirken chronische Leiden, z.B. langwierige Gelenk-, Nacken- oder Rückenschmerzen, chronischen Stress oder Depressionen, während umgekehrt der Dauerstress wiederum Muskelverspannungen auslöst, die z.B. Spannungskopfschmerzen hervorrufen können. Dieser Teufelskreis führt dazu, dass sich der Schmerz ununterbrochen fortsetzt, ja sogar „verselbstständigen" und zu einer chronischen, eigenständigen Schmerzkrankheit weiterentwickeln kann. Dabei werden, wie mit bildgebenden Methoden nachgewiesen wurde, neuronale Netzwerke des Gehirns und Rückenmarks umstrukturiert und reorganisiert (neuronale Plastizität). Sogar auf molekularer Ebene treten Veränderungen auf – etwa in den Proteinstrukturen von Nervenzellen – und rufen eine Schmerzüberempfindlichkeit, die so genannte Hyperalgesie hervor. Man spricht dann von einem „Schmerzgedächtnis". Anhand der gespeicherten Erfahrungen misst und bewertet der Mensch – offenbar ganz unbewusst – den aktuellen Schmerz. Aber nicht allein davon hängen Schmerzempfinden und Schmerzverhalten ab, die sich ihrerseits in Mimik und vegetativen Symptomen äußern. Vielmehr ist das Gehirn auch imstande, durch Gedanken und Vorstellungen die erlebte Schmerzintensität abzuschwächen, indem es – etwa bei Stress – über das körpereigene Schmerzabwehrsystem die Weiterleitung der nozizeptiven Schmerzsignale zum Gehirn bereits schon im Rückenmark hemmt. Dabei bedient es sich körpereigener Substanzen, so genannter opioider Neuropeptide, die im Hirnstamm und im Rückenmark wie Morphium wirken. Eine solche absteigende (deszendierende) Hemmung dämpft die Erregbarkeit der schmerzverarbeitenden (nozizeptiven) Rückenmarkneurone. Schmerz hängt also von vielen subjektiven und psychosozialen Faktoren ab, nicht zuletzt von der individuellen Schmerzbiografie eines Menschen.

3

Wie Gehirn und Psyche auf Herz und Kreislauf wirken

Wer kennt nicht die Redewendung: „Mir ist vor Angst beinah das Herz stehen geblieben"? Einem jungen Studenten wurde, wie die bekannte Ärztezeitschrift „Lancet" berichtete, während der Blutentnahme beim Anblick des Blutes ganz übel, er erbleichte und fiel in Ohnmacht, weil sein Blutdruck sank. Der anfänglich erhöhte Puls des Ängstlichen wurde immer langsamer und war schließlich kaum noch zu spüren. Dann setzte sein Herz für elf Sekunden aus, und erst nach zwei Minuten kam er wieder zu Bewusstsein (1). Psychogene Ohnmachten (Synkopen) werden, gerade bei jungen Leuten, oft durch Furcht und Schrecken ausgelöst, aber auch bei Schmerzen beobachtet. Diese emotionale Wirkung auf das Herz wird durch die vegetativen Nervenfasern eines Hirnnervs namens Vagus vermittelt, und zwar letztlich chemisch – ein Prinzip, das der österreichische Pharmakologe Otto Loewi 1920 in einem berühmt gewordenen Experiment entdeckte. Er isolierte Froschherzen, die in einer künstlichen Nährlösung – einer Blutersatzlösung – über lange Zeit „automatisch" weiter schlugen. Danach reizte er elektrisch einige Minuten lang den Stummel des Vagusnervs, der noch mit dem frei präparierten, schlagenden Herzen verbunden war. Dessen Schlagfrequenz wurde niedriger. Offensichtlich setzte dabei der Nerv einen Stoff frei, der den Herzschlag verlangsamte. Als nämlich Loewi den Inhalt der zuvor mit Blutersatzlösung gefüllten Herzkammer zur Kammer eines anderen isolierten Herzens transferierte, schlug dieses ebenfalls langsamer, so als sei der Vagusnerv selbst stimuliert worden. Der „Vagus-Stoff" wurde Jahre danach als Acetylcholin erkannt und Loewis Entdeckung der chemischen Informationsübertragung im Nervensystem anno 1936 mit dem Nobelpreis honoriert. Seither sind viele weitere Überträgerstoffe (Neurotransmitter) entdeckt worden, auch solche, die – wie z.B. Noradrenalin (Norepinephrin) – den Herzschlag beschleunigen, etwa, wenn man in Rage kommt (2).

Gefühle können, wie wir alle wissen, sehr stark auf das Herz einwirken, was in so mancher Redewendung zum Ausdruck kommt. So kann einem – wie gesagt – „vor Schreck das Herz still stehen"; und bei Trauer wird uns „schwer ums Herz", doch wenn der Kummer verschwunden ist, „fällt ein Stein vom Herzen", und es „schlägt höher" und „hüpft vor Freude", wie der Volksmund sagt. Doch gar nicht so selten pocht und schmerzt das Herz, wenn man sich aufregt und sich dabei die Herzkranzgefäße verengen (3). Ein solches seelisches Herzleid hat Goethe in seiner Ode „An Mignon" einfühlsam nachempfunden:

(...)
Kaum will mir die Nacht noch frommen,
Denn die Träume selber kommen
Nun in trauriger Gestalt,
Und ich fühle dieser Schmerzen,
Still im Herzen
Heimlich bildende Gewalt.
(...)
Niemand ahnet, daß von Schmerzen
Herz in Herzen
Grimmig mir zerrissen ist.

Manchen Menschen „zerreißt es" – bildlich gesprochen – bei Herzleid das Herz; sie werden, um mit dem Heidelberger Physiologen Hans Schaefer zu sprechen, herzkrank durch psychosozialen Stress (Schaefer 1990).

Psychosoziale Faktoren und Herzerkrankungen

Herzattacke, Verdacht auf Herzinfarkt! Bei etwa 30% der als Notfall in die Klinik eingewiesenen Patienten entpuppt sich allerdings der vermeintliche „Herzschlag" zur großen Erleichterung aller Betroffenen schnell als – psychogene – Panikattacke, verbunden mit Todesangst, Beklemmung, rasendem Puls und Atemnot (4). Dennoch: Herzkrankheiten sind in westlichen Ländern die häufigsten Todesursachen. Zumeist steht eine krankhafte Verengung der Herzkranzgefäße, eine koronare Herzerkrankung, im Vordergrund, die oft in einen tödlichen Herzinfarkt mündet. Das Risiko einer koronaren Herzerkrankung ist angeblich höher bei Menschen, die so genannte A-Typ-Persönlichkeitsmerkmale aufweisen und sich entsprechend verhalten: Sie sind ehrgeizig und kompetitiv, ärgern sich oft über andere und zeigen – von Misstrauen geprägt – ihnen gegenüber eine kritisch negative, ja oft sogar feindselige Einstellung. Feindseliges Verhalten und Ärger jedoch erhöhen die Wahrscheinlichkeit eines Zweitinfarkts und damit die Sterblichkeit (s. Kawachi et al. 1996; vgl. aber auch Hemingway u. Marmot 1999). In den USA werden ungefähr 2,5% aller Herzattacken durch Ärger ausgelöst (Verrier u. Mittleman 1996). Aber nicht nur Ärger und Feindseligkeit, sondern auch depressives Verhalten sind Indikatoren einer schlechten Prognose. Gut ein Fünftel aller Herzkranken wird ängstlich und (sehr) depressiv, und die Traurigkeit verschlechtert dann wiederum ihre Gesundheit, ein wahrer Teufelskreis. Klinische Depression erhöht nämlich, wie Fraser-Smith und Mitarbeiter (1993, 1999) herausgefunden haben, die Sterblichkeit und das Risiko Herzkranker, weitere Infarkte zu erleiden, sogar auf das Fünffache. Der ganz enge Zusammenhang von Depression und Herzerkrankung (Herzleid) wird auch durch neueste Studien im Rahmen einer „Evidenzbasierten Medizin" belegt (s. Hemingway u. Marmot 1999). Wie hilflos und niedergeschlagen muss sich wohl so mancher Herzkranke auf der Intensivstation einer Klinik fühlen, wenn er – angeschlossen an Schläuche und Apparate – dahinvegetiert, ohne seine Stress-Situation auch nur im Geringsten beeinflussen, geschweige denn kontrollieren zu können. Unkontrollierbarer Stress aber macht depressiv. Die Stressempfindlichkeit von Herzpatienten ist sogar überdurchschnittlich hoch, insbesondere dann, wenn sie die oben erwähnten A-Typ-Persönlichkeitsmerkmale aufweisen (s. auch Stone et al. 1999 sowie Sesso et al. 1998) (5).

Aus dem Gesagten wird wohl ersichtlich, wie wichtig Persönlichkeitsstruktur und Verhalten – vor allem unsere inneren Einstellungen und die Art, wie wir denken – für die Gesundheit des Herzkreislaufsystems sein können. Unter diesem Aspekt erscheint nach heutiger Auffassung auch eine so genannte kognitive Verhaltenstherapie sinnvoll, in deren Verlauf z.B. A-Typ-Herzpatienten lernen können, den Mitmenschen gegenüber eine weniger kompetitive und damit auch weniger aggressive bzw. feindselige Einstellung zu erlangen. Andererseits könnten Depressive erlernen, positive Erlebnisse im Leben mit größerer Aufmerksamkeit wahrzunehmen. Das erfordert ein Umdenken, aber auch ein besseres „Stressmanagement", wobei Patienten herausfinden sollten, wie sie ihren spezifischen „inneren" Stress identifizieren können, um dann besser mit ihm umgehen zu können. Mit „psychischem Stress" kann auch ein innerer Zustand der Hoffnungslosigkeit gemeint sein, etwa die Befürchtung, den gestellten Anforderungen im Privatleben und im Beruf nicht genügen zu können. Dies wird häufig als „Jobstrain“ bezeichnet. Das Talent des Arztes, seinem Patienten Hoffnung zu geben, ist dann besonders wichtig. Gewiss aber ist die Fähigkeit, mit Stress umzugehen („Stresscoping“), bei jenen Herzkranken besser, die einen starken Rückhalt in ihrem sozialen Umfeld und „Ansprache“ durch enge Vertraute haben. So wird auch verständlich, warum verheiratete Herzpatienten (oder solche mit Lebenspartnern) im Durchschnitt eine viel bessere Prognose haben als Alleinstehende, vor allem dann, wenn diese sozial nur ungenügend integriert sind (vgl. Williams et al. 1992). Und so gesehen, wäre der Verlust eines vertrauten und geliebten Lebenspartners geradezu ein „Lifestress“, der einem „das Herz brechen“ könnte, wie der Volksmund sagt. In der Tat ist gemäß der „Broken-heart“-Studie von Parkes und Mitarbeitern (1969) die Sterblichkeit von Witwen und Witwern drastisch erhöht.

Wie Blumenthal und Mitarbeiter (1997) herausfanden, verbessern Stressmanagement und Entspannungstechniken die Prognose von Patienten mit koronarer Herzkrankheit sogar noch mehr als eine gesunde körperliche Aktivität wie beispielsweise täglicher (kurz dauernder) Ausdauersport. Die negative Beeinflussung der Prognose einer Herzerkrankung durch Stress erstaunt nicht. Denn Stress verstärkt u.a. die Gerinnungsfähigkeit des Blutes, was die Gefahr einer Thrombose in den Koronararterien heraufbeschwört. Bei etwa der Hälfte aller Patienten mit koronarer Herzkrankheit kann akuter Stress, eine „Aufregung“ beispielsweise, außerdem ein Zusammenziehen der (vorgeschädigten, arteriosklerotischen) Herzkranzgefäße und dadurch eine vorübergehende Durchblutungsstörung im Herzmuskel auslösen. Wenn aber die Gefäße zuvor schon durch „Verkalkungen“, so genannte arteriosklerotische Plaques, stark eingeengt sind, so mag selbst ein relativ geringfügiges Zusammenziehen der Gefäßmuskulatur die Blutgefäße vorübergehend auch noch ganz verschließen – man spricht von transienter Ischämie – und die für Angina pectoris typischen Herzschmerzen verursachen. Dabei kann sich allerdings auch ein bereits an der Gefäßwand haftendes arteriosklerotisches Gerinnsel ablösen und das Gefäß permanent verstopfen. In diesem Falle wird ein Teil des Herzmuskels von der Blutversorgung abgeschnitten, er stirbt ab, wird also nekrotisch. So entsteht ein Herzinfarkt (vgl. Krantz et al. 1996).

Die Prognose einer koronaren Herzerkrankung wird aber nicht nur von Stress und Emotionen, sondern auch vom bewussten, durch den Willen gesteuerten Verhalten beeinflusst. Damit ist insbesondere der so genannte „Lifestyle“ gemeint, etwa die Essgewohnheiten, die körperliche Betätigung sowie die Einstellung gegenüber Rauchen und Alkohol (s. auch Opie 1997). Mediterrane Kost – wenig Fleisch, tierisches Fett und Cholesterin in der Nahrung, dafür reichlich Obst und Gemüse – erhöht die Chance Herzkranker, die kommenden Jahre gesund zu überleben (Appel et al. 1997). Salzreiche Kost, Übergewicht, Rauchen im Übermaß und Alkoholabusus hingegen sind, und dies ganz besonders bei Herzkranken, gesundheitsschädlich; denn sie erhöhen den Blutdruck (vgl. Hall et al. 1996). Hoher Blutdruck wiederum verstärkt das Risiko einer Arteriosklerose in den Blutgefäßen des Herzens und des Gehirns genauso wie chronisch erhöhte Cholesterinwerte (über 260 mg/dl), und damit wird auch die Gefahr eines Herzschlags oder eines Schlaganfalls heraufbeschworen. Wer sich aber vegetarisch und fettarm ernährt, nicht (mehr) raucht, stressfrei lebt und sich regelmäßig an der frischen Luft körperlich betätigt, der lebt einfach gesünder, und pathologische (arteriosklerotische) Verengungen der Herzkranzgefäße können sich bei diesem Lebensstil im Verlauf von etwa fünf Jahren sogar wieder zurückbilden, wie in einer groß angelegten Studie von Ornish und Mitarbeitern (1998) gezeigt wurde.

Psyche und vegetatives Nervensystem – die Abwehrreaktion

Wie können Stress und Emotionen auf Herz und Kreislauf einwirken – und dies häufig sogar krank machend? Bereits zu Beginn dieses Kapitels hatte ich erwähnt, dass ein psychogener Herzstillstand durch den Vagusnerv, einem Zweig des vegetativen Nervensystems, ausgelöst werden kann, welches mit seinen Nervenfasern bekanntlich nicht nur das Herz, sondern auch all unsere anderen inneren Organe steuert.

Das vegetative Nervensystem besteht aus drei Teilen: dem Sympathikus, seinem Gegenspieler, dem Parasympathikus (zu dem auch der bereits genannte Vagusnerv gehört) sowie dem Darm-Nervensystem, das mit seinen über 100 Millionen Nervenzellen (Neuronen) an Größe sogar das Rückenmark übertrifft (6). Vom Rückenmark entspringt der Sympathikus im Brust- und Lendenbereich; er verläuft wie eine Strickleiter entlang der Wirbelsäule. Seine Aktivität bringt den Körper in Hochform: Bei erhöhter Sympathikusaktivität steigt der Puls, das Herz pocht stärker, und die Förderleistung der Blutpumpe nimmt zu; sie kann sich sogar verfünffachen und den Blutdruck steigen lassen. Der Parasympathikus hingegen drosselt die Leistung im Extremfall bis zum Herzstillstand. Nur das harmonische Zusammenspiel beider Zweige des vegetativen Nervensystems garantiert den ruhigen, regelmäßigen Puls, überhaupt die Ausgewogenheit der Organfunktionen.

Das vegetative Nervensystem heißt auch autonomes Nervensystem, weil es viele Körperfunktionen unwillkürlich und unbewusst steuert. Mentaler Stress beispielsweise, wie er bereits durch schnelles Kopfrechnen ausgelöst werden kann, verursacht ganz ohne Zutun unseres Willens über eine Sympathikusaktivierung eine verstärkte Durchblutung der Armmuskulatur, aber auch vorübergehende Durchblutungsstörungen des Herzmuskels (so genannte transiente Ischämien des Myokards). Dies ist – wie bereits erwähnt – ganz besonders bei den Kranken der Fall, die bereits an einer arteriosklerotischen Verengung der Herzkranzgefäße leiden (vgl. Rozanski et al. 1988). Deshalb ist bei diesen Herzkranken das Risiko eines Herzinfarkts in den Stunden nach einem heftigen Ärger sehr stark erhöht (Mittleman et al. 1995).

Ärger und andere Emotionen (wie Furcht, Freude und Wut) sind angeborene Reaktionsmuster, die mit Gefühlserregungen einhergehen und Änderungen im Gesichtsausdruck, in der Gestik, der Stimme und der Körperhaltung, aber auch starke vegetative Reaktionen hervorrufen, die durch das autonome Nervensystem übermittelt werden.

Beispielsweise wird die Hautdurchblutung emotional durch den Sympathikotonus reguliert, und so wird die Haut auch zum Spiegel unserer Gefühle. Wer erschrickt, der erbleicht, und der Verlegene errötet, doch man kann auch vor Freude oder Scham rot werden, und der Zornentbrannte läuft im Gesicht vor Wut sogar dunkelrot an, sein Blutdruck steigt und das Herz pocht. Aber gerade in einer Zivilisationsgesellschaft wird ein Mensch, der sich unter Kontrolle hat, seinem Ärger oder seiner Wut meist keinen freien Lauf lassen. Er wird also nicht gleich handgreiflich werden und mit den Fäusten auf seinen Gegner losgehen, sondern nur, wie der Volksmund so treffend sagt, „die Faust in der Tasche ballen“, wahrscheinlich ganz unwillkürlich. Aber das ist nun auch nicht ganz unproblematisch: Denn die willkürliche oder unwillkürliche starke Anspannung der Armmuskulatur bei kraftvollen Handgriffen wie beispielsweise beim Bremsen eines Fahrrads oder auch nur beim Ballen der Fäuste, sie allein schon bewirkt eine starke Aktivierung des sympathischen Nervensystems. Diese ist charakterisiert durch eine drastische Erhöhung der Frequenz elektrischer Impulse, der Aktionspotenziale, die in Salven von den Nervenzellen des Sympathikus gleichsam abgefeuert und dann entlang der sympathischen Nervenfasern zum Herz und zur glatten Muskulatur der Blutgefäße fortgeleitet werden. Von ihren peripheren Endigungen setzen die „feuernden“ sympathischen Nervenfasern einen Überträgerstoff (Neurotransmitter) frei, in der Regel Noradrenalin, und zwar umso mehr, je höher die Impulsfrequenz ist. Die Frequenz der Impulse (im Bereich von 2–8 pro Sekunde) kann mit mikroneurographischen Methoden (7) ermittelt werden.

Vieles spricht dafür, dass die starke Aktivität des sympathischen Nervensystems reflektorisch durch die Muskeltätigkeit selbst hervorgerufen wird. Andererseits fanden jedoch die dänischen Forscher Vissing und Hjortso (1996) heraus, dass die Sympathikusaktivierung sogar dann stattfindet, wenn kräftige Handgriffe nur beabsichtigt bzw. in Gedanken imaginiert werden. In ihren Experimenten hatten die Forscher die Signalübermittlung vom motorischen Nerv zur Muskulatur des Unterarms durch ein Nervengift unterbrochen, um die Muskeln zu lähmen, und dennoch bei der versuchten Muskelanspannung eine erhöhte Aktivität im Sympathikus gefunden. Durch dieses Experiment konnten sie somit nachweisen, dass die starke Erhöhung der sympathischen Aktivität bei beabsichtigter Muskelanspannung eine offenbar vom Gehirn, und nicht etwa reflektorisch von den Muskeln, ausgelöste Reaktion ist. Sie geht somit einer geplanten Muskelaktivität voraus, wie z.B. beim Wettkampf. Wenn also Wettkämpfer schon vor dem Start zum Wettlauf „Startfieber“ haben und Schauspieler vor ihrem Auftritt „Lampenfieber“, läuft ihr sympathisches Nervensystem meistens bereits auf Hochtouren und beschleunigt den Puls. Diese Reaktionsweise des Sympathikus hat sich im Verlauf der Evolution herausgebildet, denn im Überlebenskampf unserer Vorfahren war sie oft lebensrettend. Sie mobilisierte Körperfunktionen sehr schnell, quasi automatisch, und ermöglichte es damit, optimal auf eine Gefahr zu reagieren, sei es mit Angriff oder Flucht. In der zivilisierten Gesellschaft heutiger Menschen verbieten Gesetz und Sitte Handgreiflichkeiten. Es kommt also in alarmierenden Situationen gewöhnlich nicht zu einem tätlichen Angriff oder zur Flucht, sondern nur zur isolierten Aktivierung des Herz-Kreislauf-Systems durch den Sympathikus. Dennoch wird diese nach dem Vorschlag des amerikanischen Physiologen Walter Cannon als „Kampf- oder Fluchtreaktion“ bzw. als „Notfallreaktion“ bezeichnet (vgl. Cannon 1939; 1945). Der Stressforscher Hans Selye nennt es „Alarmreaktion“, die erste Stufe der Stressreaktion (Selye 1950). Der Züricher Nobelpreisträger Walter R. Hess, der sich schon vor über 50 Jahren um die Erforschung der Rolle des Zwischenhirns bei Emotionen verdient machte, prägte den Ausdruck „Abwehrreaktion“ (Hess 1949).

In Tierversuchen reizte Hess durch schwache Stromstöße bestimmte Regionen im Hypothalamus, der untersten „Etage“ des Zwischenhirns, und konnte so bei der wachen Katze Wut, fauchendes Abwehrverhalten und einen durch die Aktivierung des Sympathikus bedingten drastischen Anstieg des Blutdrucks auslösen. Der Hypothalamus kontrolliert automatisch einige unwillkürliche und vegetative Körperfunktionen wie z.B. die Körpertemperatur. Bei Primaten und anderen höheren Säugetieren wird dieser winzige, beim Menschen kaum 5 g schwere Hirnteil jedoch weitgehend vom Mandelkern-

komplex überwacht, der Amygdala, einem subkortikalen, also unter der Hirnrinde gelegenen Kerngebiet in der Tiefe des Schläfenlappens, das wiederum mit dem Frontalhirn durch Nervenbahnen verbunden ist.
Der Mandelkern ist Teil des so genannten limbischen Systems, das über dem Zwischenhirn liegt (vgl. Abb. 1.2) und nach heutiger Auffassung als „Sitz" der Emotionen gilt. So bewertet er die von den Sinnesorganen zugeleiteten Meldungen hinsichtlich ihres Bedeutungscharakters – Gefährlichkeit beispielsweise – und leitet gegebenenfalls sehr schnell, meist noch bevor einem die Gefahr bewusst wird, entsprechende emotionale Reaktionen ein. Psychosozialer Stress, verbunden mit Wut, Ärger oder Furcht, bewirkt deshalb auch beim Menschen eine ausgeprägte Abwehrreaktion, die über den Hypothalamus und den Sympathikus vermittelt wird. Wer sich – zu Recht oder Unrecht – bedroht und angegriffen fühlt, verhält sich „emotionally defensive", wie die Amerikaner sagen.

Sympathikus und Parasympathikus – zwei Gegenspieler

Die meist unbewussten emotionalen Reaktionen bei der Kampf- und Abwehrreaktion bewirken eine Aktivierung des Sympathikus – etwa bei Wut und Angst, aber auch bei körperlicher Belastung. Der Sympathikus gehört zum „ergotropen", auf Leistung ausgerichteten System, welches das Herz-Kreislauf-System aktiviert. Er trifft jedoch bei fast allen unter seinem Einfluss stehenden Organen auf die Wirkung seines Gegenspielers, des Parasympathikus. Dieser entspringt im Kreuzmark, von wo aus er die Beckenorgane erreicht, und im Hirnstamm. Der wichtigste parasympathische Hirnnerv ist der bereits erwähnte Vagus, der „Umherschweifende", der nicht nur das Herz kontrolliert, sondern auch im Bauch „vagabundiert" und dort fast alle Eingeweide mit Nervenfasern versorgt. Anatomisch betrachtet, flankiert der Parasympathikus also gewissermaßen den Sympathikus (wie übrigens schon der Name andeutet). Seine Aktivierung führt zu einer ruhigen Erholungslage im Organismus, indem er die Leistung drosselt und Energieverbrauch, Blutdruck und Herzfrequenz senkt, um so vor körperlicher Überbeanspruchung zu schützen. Die Aktivitäten von Sympathikus und Parasympathikus sind bei Gesunden harmonisch ausgewogen; bei „vegetativ labilen" Menschen, die an einer so genannten „vegetativen Dystonie" leiden, kommt es jedoch häufig zum Überschießen parasympathischer bzw. sympathischer Reaktionen. Ein ausgeprägter Sympathikotonus ist oft mit „Nervosität" verbunden, wohingegen chronische Ermüdung (Chronic-Fatigue-Syndrom) mit einer parasympathischen Überaktivität gekoppelt sein dürfte (vgl. Engel 1970).
Sympathikus und Parasympathikus sind also Kontrahenten bei der autonomen Regulation des Herzens und anderer Organe. So verstärkt – um noch ein weiteres Beispiel anzuführen – der Parasympathikus durch seine Einwirkung auf das autonome Darm-Nervensystem die Darmtätigkeit, die wiederum durch den Sympathikus gehemmt wird. Bei Verschiebungen im Gleichgewicht zwischen Sympathiko- und Parasympathikotonus kann daher bei manchen Emotionen der Magen-Darm-Trakt hyperaktiv, bei anderen hingegen wie gelähmt sein, etwa, wenn man einen Ärger unterdrückt: Infolge einer Hemmung des Parasympathikus kommt es in diesem Fall nicht selten zu einer „Verstopfung" (s. Bennett et al. 2000). Emotionen beeinflussen aber auch die Luftwege. Diese werden durch die Aktivität des Parasympathikus verengt, bei einem Asthmaanfall sogar maximal, wogegen der Sympathikus die Bronchien erweitert und damit in einer Kampf- oder Fluchtsituation die Atmung erleichtert.

Gleichsam „augenfällig“ ist der Wettstreit der vegetativen Nerven bei der Regulation der Pupille, die wie die Blende eines Fotoapparates weiter oder enger eingestellt werden kann: Durch den Zug des sympathisch beeinflussten Dilatatormuskels der Regenbogenhaut (Iris) wird sie vergrößert und durch den parasympathisch „innervierten“, die Pupille umschließenden Sphinktermuskel verengt. Wenn wir Angst haben oder erschrecken, so werden die Pupillen infolge der starken Erregung des Sympathikus ganz weit, in Ruhe hingegen, insbesondere im Schlaf, sind sie eng. Die parasympathisch verengten Pupillen können aber nicht nur durch Erregung des Sympathikus erweitert werden, sondern auch durch das Einträufeln von Atropin in den Lidsack, etwa bei einer augenärztlichen Untersuchung. Denn dieses Pharmakon, das Gift der Tollkirsche *(Atropa belladonna)*, blockiert ganz spezifisch die parasympathische Übertragung auf den Sphinktermuskel der Iris, der damit als Gegenspieler des Dilatators ausfällt.

Aber nicht alle Organe werden von beiden Ästen des vegetativen Nervensystem kontrolliert. Die Tränendrüsen beispielsweise werden nur vom Parasympathikus, die Schweißdrüsen der Haut und die Blutgefäße meist nur vom Sympathikus mit Nervenfasern versorgt. In der Regel werden die Blutadern bei Erregung des Sympathikus enger und beim Nachlassen des Sympathikotonus weiter. Damit wird die Durchblutung der Organe verändert, wie etwa im Falle der Raynaud-Erkrankung. Bei diesem Leiden wird, vor allem bei Stress oder Kälte, durch den Sympathikus eine so starke Verengung der Blutgefäße in den „Akren“ (den Fingerspitzen) ausgelöst, dass die Finger ganz blass und taub werden und sich „pelzig“ anfühlen. In milderer Form bewirkt eine Durchblutungsstörung in Stress-Situationen jedoch „nur“ kalte Hände und manchmal eine Akrozyanose: Die Fingerspitzen laufen blau an, insbesondere bei Kälteeinwirkung.

Bei großen, mit einer starken Erregung des Sympathikus verbundenen Aufregungen sträuben sich manchmal sogar die Haare; man bekommt, wie der Volksmund sagt, vor Schreck eine „Gänsehaut“, weil sich die glatten Muskeln der Haarbälge zusammenziehen – ein Atavismus aus prähistorischer Zeit, als sich unseren affenartigen Vorfahren das Fell sträubte, um dem Gegner zu imponieren. Häufig erhöht sich bei Furcht auch die Aktivität der Schweißdrüsen und damit die Transpiration: Kalter Angstschweiß rinnt über die Stirn. Die Haut wird dann – auch an den Händen – feucht und kalt, und ihre elektrische Leitfähigkeit steigt. Dieser so genannte psychogalvanische Reflex liegt, nebenbei bemerkt, auch dem Prinzip des so genannten Lügendetektors zugrunde, der die bei lebhaften Emotionen auftretende Zunahme von Blutdruck, Herzfrequenz und Hautfeuchtigkeit erfassen soll. In einer entspannten, vom Parasympathikus dominierten Situation sind nämlich die Hände völlig trocken und warm, Blutdruck und Herzfrequenz niedrig. Beim Autogenen Training entspannen wir uns, indem wir uns vorstellen, dass unsere Hände ganz warm und gut durchblutet seien. Umgekehrt genügt manchmal allein schon die geistige Vorstellung einer prekären oder aber furchteinflößenden Situation, wie z.B. eine bevorstehende Prüfung, um die elektrische Hautleitfähigkeit zu steigern und Blutdruck und Herzfrequenz in die Höhe zu treiben (8). Die Macht der Vorstellung kann Erstaunliches bewirken. So konnte der berühmte indische Yogi Swami Rama allein durch die Kraft seines Willens seine Herzfrequenz beliebig steigern oder vermindern und die Durchblutung seiner rechten Hand derart stark beeinflussen, dass sich die Hauttemperatur in zwei nur wenige Zentimeter voneinander entfernt liegenden Bereichen seiner Hand – ganz nach Belieben – um bis zu zehn Grad unterschied. Wie ist das möglich? Offenbar gibt es direkte Verbindungen vom Großhirn zu den Nervenzellen des peripheren Sympathikus, welcher die verschiedenen Blutgefäße mit Nervenfasern versorgt (s. Bacon u. Smith 1993). Damit wäre ein Weg vorgezeichnet, auf dem der menschliche Geist auf vegetative Körperfunktionen einwirken kann, etwa beim Autogenen Training und anderen autosuggestiven Therapien.

Wie das vegetative Nervensystem Signale übermittelt

Die im Rückenmark gelegenen Nervenzellen des sympathischen Astes unseres vegetativen Nervensystems werden über absteigende Nervenstränge von Neuronen im verlängerten Rückenmark, einem Teil des Hirnstamms, erregt, der wiederum von hierarchisch übergeordneten Hirnzentren beeinflusst werden kann (9). Die Rückenmarkneurone ihrerseits geben über lange nervale Fortsätze (Axone) die vom Gehirn empfangene Botschaft an außerhalb des Rückenmarks – in den so genannten sympathischen Ganglien gelegene – Nervenzellen weiter (s. Abb. 3.1). Letztere besitzen bis zu einem Meter lange Axone, mit denen sie die Zielorgane erreichen, etwa die glatte Muskulatur der Blutgefäße, die Drüsen oder das Herz. Die „letzte gemeinsame Endstrecke" des Sympathikus vom Rückenmark zum Zielorgan, der so genannte periphere Sympathikus, besteht somit aus Ketten von jeweils zwei Nervenzellen, die in der Fachsprache als präganglionäre und postganglionäre Sympathikusneurone bezeichnet werden.
Prä- und postganglionäre Neurone sind in den sympathischen Ganglien durch neuronale Kontakte (Synapsen) miteinander verschaltet (10). Jede dieser Synapsen besteht aus den zwei einander gegenüberliegenden Zellmembranen der beiden sich berührenden Neurone sowie dem dazwischen liegenden submikroskopisch schmalen synaptischen Spalt. Die Membran vor dem Spalt wird als präsynaptisch, die andere als postsynaptisch bezeichnet. In der Synapse erfolgt die synaptische Übertragung von der präganglionären auf die postganglionäre Nervenzelle chemisch – durch den Überträgerstoff Acetylcholin, welcher jeweils von den Nervenendigungen der präganglionären Neurone bei Erregung durch elektrische Impulse (Aktionspotenziale) freigesetzt wird. Nachdem die Acetylcholinmoleküle die präsynaptische Zellmembran passiert haben, diffundieren sie durch den engen synaptischen Spalt zur gegenüberliegenden Seite der synaptischen Kluft und erreichen damit in weniger als einer tausendstel Sekunde die Zellmembran eines postganglionären Sympathikusneurons. Dort binden sie sich ganz spezifisch an bestimmte Proteinmoleküle der postsynaptischen Zellmembran, die Acetylcholinrezeptoren, zu denen sie strukturell haargenau passen. Sobald nun aber die Rezeptoren mit Acetylcholinmolekülen besetzt sind, werden die Rezeptormoleküle aktiviert und erregen die postganglionären Neurone – durch „Depolarisation". (Im nicht erregten Zustand sind die Zellmembranen dieser Neurone in der Regel „polarisiert", d.h. sie sind an ihrer Innenseite negativ, an der Außenseite jedoch positiv elektrisch aufgeladen, genau wie alle anderen unerregten Nervenzellen auch.)
Wenn nun, wie gesagt, die postganglionären Sympathikusneurone durch die Einwirkung von Acetylcholin depolarisiert bzw. elektrisch „entladen" werden, so löst dies wiederum Aktionspotenziale aus, elektrische Nervenimpulse, die dann vom Zellkörper (Soma) des Neurons im sympathischen Ganglion mit einer Geschwindigkeit von etwa einem Meter pro Sekunde dem Axon entlang bis hin zu den Nervenendigungen in den oft weit entfernten sympathisch innervierten Zielorganen fortgeleitet werden. Dort angelangt, bewirken sie die Ausschüttung des Überträgerstoffes Noradrenalin von seinen nervalen Speicherplätzen, welches alsdann an die „ad-

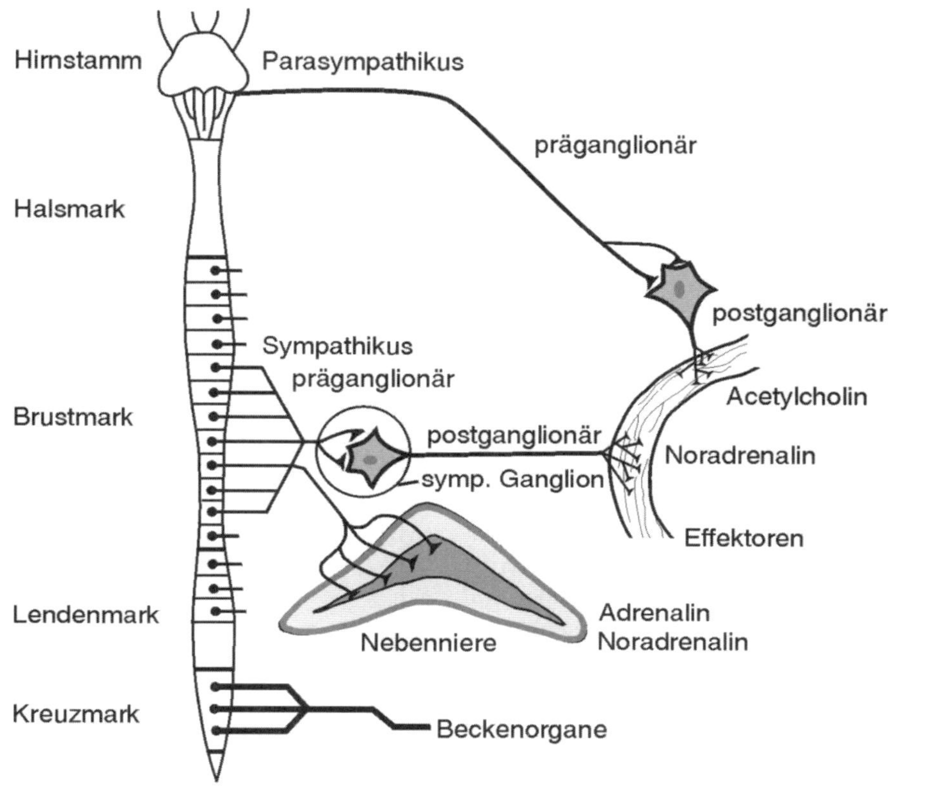

Abb. 3.1 Schematische Darstellung vom Ursprung und Aufbau des peripheren vegetativen Nervensystems. Links: Rückenmark und Hirnstamm mit den Ursprungsgebieten von Sympathikus (Brustmark und Lendenmark) und Parasympathikus (Hirnstamm und Kreuzmark). Rechts oben: Darstellung der zweizelligen Neuronenkette im (parasympathischen) Vagusnerv. Mitte: schematische Darstellung des Verlaufs eines präganglionären Neurons des Sympathikus vom Rückenmark zum Mark der Nebennieren bzw. zum postganglionären Neuron (Zellkörper im sympathischen Ganglion), welches das Zielorgan (z.B. Herz oder Blutgefäß) innerviert. Nota bene: Parasympathikus und Sympathikus beeinflussen die Zielorgane (Effektoren) durch Freisetzung von Neurotransmittern (Acetylcholin bzw. Noradrenalin), wohingegen das Nebennierenmark die Hormone Adrenalin (80%) und Noradrenalin (20%) ins Blut ausschüttet (modifiziert nach Birbaumer u. Schmidt 1990).

renergen“ bzw. noradrenergen Rezeptoren der Zielorgane bindet und so eine noradrenerge Organreaktion auslöst, eine Gefäßkonstriktion beispielsweise (11). Letzteres ist natürlich auch der Fall, wenn Noradrenalin die Gefäßmuskulatur über die Blutbahn erreicht.

Der Parasympathikus ist wie der Sympathikus aus zweizelligen Neuronenketten aufgebaut (vgl. Abb. 3.1). Die Verschaltung der prä- und postganglionären parasympathischen Neurone findet in kleinen parasympathischen Ganglien in unmittelbarer Nähe der vegetativ innervierten Organe statt. Wie

in den sympathischen Ganglien erfolgt die Signalübermittlung durch Acetylcholin. Im Unterschied zum Sympathikus wird dieser Neurotransmitter jedoch auch von den postganglionären parasympathischen Nervenendigungen an den Erfolgsorganen freigesetzt, wie die zu Beginn dieses Kapitels beschriebenen Experimente Otto Loewis an isolierten – über den (parasympathischen) Vagusnerv gereizten – Froschherzen zeigten.
Acetylcholin reagiert am Erfolgsorgan und in den parasympathischen (und sympathischen) Ganglien mit zwei leicht unterschiedlichen Typen von Acetylcholinrezeptoren, die man als muskarinerg bzw. nikotinerg bezeichnet, weil sie experimentell entweder durch das Pilzgift Muskarin oder durch Nikotin spezifisch erregt und damit pharmakologisch differenziert werden können. Nikotinerge Acetylcholinrezeptoren sind im Körper weit verbreitet, und zwar nicht nur in den sympathischen und parasympathischen Ganglien, sondern auch in den willkürlichen Muskeln und nicht zuletzt im Gehirn, wo sie – beim Rauchen – die stimulierende Wirkung des Nikotins vermitteln. Muskarinerge Rezeptoren findet man vor allem an den Membranen der glatten Muskelzellen parasympathisch innervierter Organe. Vollständig paralysiert wird die parasympathische Übertragung von den postganglionären Neuronen auf Ziel- bzw. Effektororgane (wie z.B. die Pupillen, s. oben) durch Atropin. Es bindet sich ganz spezifisch an muskarinerge Acetylcholinrezeptoren und verdrängt so den parasympathischen Überträgerstoff Acetylcholin von seinem molekularen Angriffspunkt, seinem Wirkungsort. Überraschenderweise jedoch konnte die gefäßerweiternde Wirkung des Parasympathikus am männlichen Geschlechtsorgan nicht durch Atropin blockiert werden. Dies führte zur Vermutung, dass in diesem Fall noch andere parasympathische Überträgerstoffe im Spiel sein müssen – wie sich später herausstellte, offenbar das Neuropeptid VIP (vasointestinales Peptid) sowie das Gas NO (Stickoxid). Eine unter dem Handelsnamen Viagra® bekannte Lifestyle-Droge verstärkt die Erektion des männlichen Gliedes, weil sie die relaxierende Wirkung von NO auf die glatte Gefäßmuskulatur des Schwellkörpers (Corpus cavernosum) erhöht.

Adrenalinstoß aus dem Nebennierenmark

In gefährlichen Situationen sind wir alarmiert. Furcht stellt sich ein oder auch Wut, die Aktivität des Sympathikus erhöht sich drastisch, und der Adrenalinspiegel steigt. Bei starken Emotionen, aber auch bei körperlichen Anstrengungen aktivieren die präganglionären Sympathikusneurone im Rückenmark nämlich – zusätzlich zu den noradrenergen postganglionären Sympathikusneuronen des peripheren Sympathikus – die so genannten chromaffinen Zellen im Mark zweier Hormondrüsen, den beiden Nebennieren (s. Abb. 3.1). Diese Drüsenzellen sind entwicklungsgeschichtlich mit den postganglionären Sympathikusneuronen verwandt, ihnen also homolog. Sie geben bei starker Erregung das „Wut- und Angsthormon" Adrenalin ins Blut ab und bringen damit das Herz zum Rasen. Kurzfristig kann der Adrenalinspiegel im Blut sogar bis auf das Zehnfache des in Ruhe gemessenen Wertes ansteigen. Ein solcher Adrenalinstoß aktiviert dann vor allem Stoffwechselprozesse, die bei einer Angst-, Kampf- und Fluchtreaktion sowie bei großen körperlichen Anstrengungen Glukose, Fett und andere Energiereserven mobilisieren. Aber er lässt auch den Blutdruck steigen und treibt – so wie Noradrenalin – das Herz zur vermehrten Leistung: Seine Kraft und Schlagfrequenz erhöhen sich und damit auch seine Förderleistung, also die in jeder Minute durch den Kreislauf gejagte Blutmenge, das Herzzeitvolumen. Schon in Ruhe pumpt ein menschliches Herz täglich in über 100000 Schlägen fast 70 Hektoliter Blut. Dabei gibt der „automatisch“ arbeitende Herzschrittmacher im Sinusknoten des rechten Herzvorhofs den Takt an. Über das eigene Reizleitungssystem sendet er elektrische Erregungsimpulse an die Herzkammern und stellt damit sicher, dass sich die Herzmuskelzellen (Myozyten) im richtigen Rhythmus („Sinusrhythmus“) anspannen und entspannen.

Wie kommt es, dass ein Adrenalinstoß den Blutdruck in die Höhe treibt? Bekanntlich schwankt der Blutdruck im Takt des Pulses: Bei jedem Herzschlag, bei jeder Systole steigt er für einen kurzen Moment auf seinen jeweils höchsten Wert, den systolischen Blutdruck (entsprechend etwa dem Druck einer 120 mm hohen Quecksilbersäule), fällt dann und erreicht seinen Tiefpunkt, den diastolischen Blutdruck (etwa 80 mm Hg), zwischen den Schlägen, in der Diastole der Herzaktion. Die Differenz zwischen dem „oberen“ (systolischen) und dem „unteren“ (diastolischen) Blutdruck entspricht dem Pulsdruck, den wir spüren, wenn wir den Puls fühlen. Selbst der über viele Minuten gemittelte Blutdruck ist nicht konstant; denn er hängt ganz maßgeblich von zwei Variablen ab: zum einen von der Förderleistung des Herzens, dem Herzzeitvolumen, zum anderen von der Weite der Blutgefäße bzw. vom Strömungswiderstand des kreisenden Blutes (12). Insbesondere bei Erhöhung der Herzfrequenz (und somit des Herzzeitvolumens) erhöht sich der Blutdruck, so z.B., wenn – nach einem Adrenalinstoß aus dem Nebennierenmark bei Aufregung oder schwerer körperlicher Arbeit – das freigesetzte Adrenalin den Herzschrittmacher „anpeitscht“. Von einem krankhaften Bluthochdruck, einer so genannten Hypertonie, sprechen wir aber nur dann, wenn die systolischen und diastolischen Blutdruckwerte auf Dauer schon in Ruhe, also nicht nur bei Arbeit 140 und 90 mm Hg bzw. (bei älteren Menschen) 160 und 95 mm Hg übersteigen. Pharmaka, welche die Angriffspunkte von Adrenalin (und Noradrenalin) am Herzen blockieren (13), reduzieren den Blutdruck. Denn sie senken den Puls und die Schlagkraft des Herzens und damit auch seine Förderleistung. Infolgedessen verbraucht das Herz auch weniger Sauerstoff, es spart Energie.

Das Nebennierenmark setzt bei einem Adrenalinstoß nicht nur Adrenalin, sondern auch Noradrenalin frei, allerdings in etwa viermal geringeren Mengen. Beide Hormone sind Aminosäurenabkömmlinge und gehören zur Klasse der Katecholamine. Bei Furcht- und Fluchtreaktionen wird ganz vorwiegend Adrenalin, bei Wut und Kampf eher etwas mehr Noradrenalin ins Blut ausgeschüttet. Die hormonelle Wirkung der beiden Katecholamine komplettiert damit die durch Noradrenalin vermittelte Wirkung des peripheren Sympathikus. Wie man weiß, aktiviert nämlich bei einer Kampf- bzw. Fluchtreaktion ein und dasselbe zentrale Kommandoneuron im Gehirn über präganglionäre sympathische Neuronenpopulationen im Rückenmark gleichzeitig sowohl die chromaffinen Hormon-Drüsenzellen des Nebennierenmarkes als auch die postganglionären Sympathikusneurone, die Herz und Blutgefäße stimulieren (Jansen et al. 1995). Auf diese Weise wird eine konzertierte neuronale und humorale Aktivierung der Körperleistung bei Kampf- oder Fluchtreaktionen gewährleistet. So ist aber auch leicht vorstellbar, wie eine lang andauernde emotionale Anspannung infolge des erhöhten Blutspiegels von Adrenalin und Noradrenalin einerseits und der neurogenen Sympathikusaktivierung andererseits Aufgeregtheit, Nervosität, Herzklopfen, hohen Blutdruck und andere Stress-Symptome verursacht. Natürlich findet man diese Symptome – insbesondere Bluthochdruck – auch ganz ausgeprägt bei gewissen Tumoren im Mark der Nebennieren (Phäochromozytome), die eine gesteigerte Produktion von Adrenalin und Noradrenalin verursachen.

Die beiden Katecholamine reagieren mit zwei etwas verschieden strukturierten Bindungsplätzen (Rezeptoren) auf den glatten Muskelzellen in der Wand der Blutadern. Noradrenalin bindet sich fast ausschließlich an so genannte α-adrenerge Rezeptoren (Alpharezeptoren), genauer gesagt α-1-Rezeptoren. Adrenalin hingegen bevorzugt β-adrenerge Rezeptoren (Betarezeptoren), und es wirkt daher – im Gegensatz zu Noradrenalin – gefäßerweiternd (14). Diese Tatsache erklärt auch die unterschiedliche Einwirkung der beiden Hormone auf die glatte Muskulatur verschiedener Organe. Bronchien, Herzkranzgefäße und die Blutadern von Muskeln sind nämlich reich an Betarezeptoren und werden deshalb durch die Einwirkung der Nebennierenhormone erweitert. Hingegen ziehen sich die Blutgefäße von Milz, Darm, Niere und Haut sowie alle Venen zusammen, weil sie vorwiegend Alpharezeptoren enthalten. Diese so unterschiedlichen Reaktionen verschiedener Zielorgane des vegetativen Nervensystems sind biologisch durchaus zweckmäßig, denn sie bewirken bei starker körperlicher Anstrengung und Aktivierung des Sympathikus einen synergistischen Effekt: Die Blutreservoirs in der Milz, in den übrigen Eingeweiden, in den Venen und anderswo ziehen sich zusammen und stellen der systemischen Zirkulation mehr Blut zur Verfügung, wohingegen die Durchblutung des Herzmuskels, der Skelettmuskulatur und, infolge der Erweiterung der Luftwege, auch die Durchlüftung der Lungen erleichtert wird. Dies alles ermöglicht eine sinnvolle Umverteilung in der Blutversorgung der Organe und, in den Worten von W. R. Hess, insgesamt eine „funktionelle Koordination der auf körperliche Hochleistung ausgerichteten ergotropen sympathischen Effekte“ (Hess 1948).

Hoher Blutdruck und Stress

Wenn Mensch und Tier einer akuten furchteinflößenden Bedrohung ausgesetzt sind, so wird – wie oben beschrieben – im Dienste der Alarm- oder Notfallreaktion der Sympathikus temporär aktiviert und von den Nebennieren Adrenalin ins Blut abgegeben. Infolgedessen steigt die in jeder Minute vom Herzen gepumpte Blutmenge (das Herzzeitvolumen) an. Daraus resultiert zunächst vor allem eine Erhöhung des systolischen Blutdrucks. Bei starkem Ärger und vermehrtem Sympathikotonus erhöht sich hingegen auch der diastolische Blutdruck, weil der Strömungswiderstand im Kreislaufsystem infolge einer Verengung der Blutadern (durch Noradrenalin) ansteigt (vgl. Sinha et al. 1992). Der Blutdruck normalisiert sich jedoch rasch, wenn die Emotion abgeklungen ist. Solche Reaktionen sind schon aus dem Tierreich bekannt, wie Verrier und Dickerson (1991) an Hunden nachwiesen, denen erst Futter vorgesetzt, dann aber verweigert wurde, eine frustrierende Situation: Die Tiere ärgerten sich, und ihr Noradrenalin-Blutspiegel stieg an, ein sicheres Anzeichen einer Sympathikusaktivierung. Infolgedessen erhöhte sich der diastolische Blutdruck, wogegen die Herzdurchblutung abnahm, weil sich die Herzkranzgefäße spastisch verengten. Wurden jedoch die zum Herzen führenden Sympathikusfasern durchschnitten, blieb diese Reaktion aus.
Durch – heutzutage nicht unangefochtene – Tierexperimente ist die Erkenntnis gewonnen worden, dass insbesondere die ständige Wiederholung und das lange Andauern einer Alarm- oder Stressreaktion zur Ausbildung von somatischen Erkrankungen wie beispielsweise chronischem Bluthochdruck führen können. So reagieren subdominante Baumhörnchen *(Tupaia)* bei wiederholter Begegnung mit dominanten Tieren mit großer Angst und chronischer Aktivierung des Sympathikus. Herzfrequenz und Blutdruck steigen an, und schließlich sterben die Tiere an den (renalen) Spätfolgen ihres psychosozialen Stresses (von Holst 1972). Die andauernde „Stress-Belastung“, wie sie im Laboratorium experimentell bei Ratten auch durch lang andauernde Kältebelastung oder Immobilisation hervorgerufen werden kann, be-

wirkt einen dauerhaft erhöhten Blutdruck, der in mancher Beziehung durchaus mit dem neurogenen Hochdruck der chronisch stressbelasteten Menschen verglichen werden kann. Bezeichnenderweise erkranken vor allem Menschen aus sozial tieferen Schichten häufiger an Bluthochdruck, weil sie offenbar tagaus, tagein mehr Stress am Arbeitsplatz – bis hin zum Mobbing – erdulden müssen. Hypertoniker sind oftmals Menschen mit spezifischen Persönlichkeitsmerkmalen wie Submissivität und Feindseligkeit, die aber ihren Ärger unterdrücken (vgl. Calhoun u. Oparil 1996). Diese Situation der unterdrückten Aggressivität bewirkt natürlich eine ständige Alarmbereitschaft und infolge dieser auch einen erhöhten sympathischen Einfluss auf den Kreislauf, der zunächst eine Erhöhung des systolischen und schließlich auch des diastolischen Blutdrucks hervorruft (s. Herrmann et al. 1996b).

Beim neurogenen, essenziellen Hochdruck haben die Forscher in den sympathischen Nervenfasern eine erhöhte Frequenz neuronaler Impulse, also einen erhöhten Sympathikotonus ausgemacht (vgl. Mancia et al. 1993; Julius u. Nesbitt 1996). Dies löst eine verstärkte Kontraktion der Ringmuskulatur der so genannten Widerstandsgefäße (Arteriolen) und damit eine chronische Erhöhung des peripheren Strömungswiderstandes für das kreisende Blut aus, der selbstverständlich nur durch einen erhöhten Blutdruck überwunden werden kann. Zwischen der Impulsfrequenz in den postganglionären Sympathikusneuronen (etwa 2–8/Sek.) und dem für den Blutdruck maßgeblichen Fließwiderstand in den Blutadern besteht eine annähernd lineare Beziehung. Die primäre Ursache der andauernd verstärkten Konstriktion der Blutgefäße (und damit des Hochdrucks) ist also wohl die verstärkte Sympathikusaktivität, aber darüber hinaus ist auch eine verbesserte Signalübermittlung von den postganglionären Neuronenpopulationen auf die glatten Gefäßmuskeln für die Konstriktion verantwortlich (vgl. Calhoun u. Oparil 1996). Auf diesen Aspekt werden wir noch zurückkommen.

Infolge der erhöhten Sympathikusaktivität ist die Freisetzung von Noradrenalin (und somit auch der Noradrenalinspiegel im Blut) von chronisch gestressten Versuchstieren und von Menschen mit neurogenem Bluthochdruck drastisch erhöht. Hinzu kommt, dass bei Bluthochdruck die Blutgefäße stärker auf das gefäßverengende Noradrenalin ansprechen. Die Ursache hierfür liegt zum einen darin, dass die Gefäßmuskulatur auf Noradrenalin stärker reagiert (15), zum anderen in der Verdickung (Hypertrophie) der vom Sympathikus ständig „angepeitschten“ muskulösen Gefäßwand: Denn die verdickte Gefäßmuskulatur zieht natürlich bei Aktivierung durch den Sympathikus die Gefäße kräftiger zusammen, was nun aber wiederum die Hypertrophie verstärkt – erneut eine Art Teufelskreis. Die diesen Circulus vitiosus erzeugenden Prozesse verengen also die Blutgefäße mit der Zeit immer stärker und lassen so den Strömungswiderstand in den Blutadern und damit den Blutdruck immer höher werden (Folkow 1982). Von großem Einfluss sind dabei insbesondere auch die zur Niere hinführenden Fasern des Sympathikus. Wenn diese vermehrt aktiv sind, wird in den Nieren die Synthese des Hormons Renin angeregt, welches die Bildung des enorm blutdrucksteigernden Peptids Angiotensin katalysiert. Der hohe Bluthochdruck ist damit auf Dauer „fixiert“, zumal Angiotensin auch noch den Blutspiegel des Nebennierenrindenhormons Aldosteron anhebt, worauf die Harnausscheidung gehemmt wird: Das Blutvolumen nimmt zu, was an sich schon den Blutdruck steigen lässt (16). Allerdings betonen Osborn und Mitarbeiter (1997), dass ein neurogener Bluthochdruck nicht notwendigerweise mit einer Zunahme der zirkulierenden Blutmenge verbunden sein muss und daher sehr wohl auch die direkte Folge einer dauerhaften Überaktivierung des Nieren-Sympathikus sein könne (17).

Exkurs in die Biochemie: Bluthochdruck und neuronale Plastizität

Welche molekularen und zellphysiologischen Mechanismen könnten bei chronischer Überaktivierung des Sympathikus eine Verbesserung der Signalübermittlung in den noradrenergen Synapsen zwischen den Nervenendigungen und den Blutgefäßen ermöglichen? Von entscheidendem Einfluss auf die Transmitterfreisetzung ist die Abfolge der Impulse (Aktionspotenziale) in den postganglionären Nervenfasern. Aus diesem Grund korreliert, wie schon erwähnt, der Sympathikuseffekt auf den Blutdruck bzw. auf den Strömungswiderstand im Gefäßbett mit der Frequenz der Aktionspotenziale in den postganglionären Sympathikusneuronen, und diese Frequenz ist ja im chronischen Stress erhöht. Nicht weniger bedeutsam für die Signalübermittlung ist jedoch, wie viel Überträgerstoff in den winzigen Speicherbläschen innerhalb der Nervenendigungen überhaupt zur Verfügung steht bzw. wie schnell der freigesetzte Transmitter wieder ersetzt und die Speicher nachgefüllt werden können. Und das ist das Problem: Man bedenke, dass nur etwa 80% des freigesetzten Noradrenalins durch molekulare Pumpen in die Speicherbläschen zurückgepumpt werden. Die restlichen 20% müssen durch Neusynthese ersetzt werden. Denn sie fließen von den Synapsen weg ins Gewebe und schließlich ins Blut. (Letzteres hat – nebenbei bemerkt – natürlich auch zur Folge, dass die in die Blutbahn gelangende Menge umso größer ist, je mehr der Sympathikus „feuert", sodass der Noradrenalinspiegel im Blutplasma gleichsam zum Maß für die Aktivität des Sympathikus wird, für den Sympathikotonus also [vgl. Calhoun u. Oparil 1996]).
Der von den sympathischen Nervenfasern freigesetzte und ins Gewebe geschwemmte Neurotransmitter wird fortlaufend durch Noradrenalin ersetzt, das in den Nervenendigungen aus der Aminosäure Tyrosin über verschiedene Zwischenstufen neu gebildet und gespeichert wird. Das Schrittmacherenzym, welches die Geschwindigkeit dieses Bildungsprozesses bestimmt, heißt Tyrosinhydroxylase. Es ist entscheidend für die schnelle Nachlieferung von Noradrenalin in den postganglionären Sympathikusneuronen. Die Enzymaktivität kann erhöht werden, wenn am Enzymmolekül an einer kritischen Stelle eine Phosphatgruppe angehängt wird. Genau dies ist nun, wie Schwartz und Kandel (1991) erläutern, in einer Stress-Situation der Fall, also bei lang andauernder und chronisch verstärkter Sympathikusaktivierung, wenn von den präganglionären Nervenendigungen neben Acetylcholin zusätzlich ein peptidischer Ko-Transmitter namens Neuropeptid Y (NPY) freigesetzt wird. NPY bewirkt nämlich in den postganglionären Neuronen eine vermehrte Bildung eines intrazellulären Botenstoffs namens zyklisches Adenosinmonophosphat (cAMP). Dieser aktiviert eine so genannte Proteinkinase, ein Enzym, das u.a. eine Phosphatgruppe von Adenosintriphosphat (ATP) auf die Tyrosinhydroxylasemoleküle überträgt und diese dann – wie bereits erwähnt – durch Phosphorylierung aktiviert (18). Da die Synthese von Noradrenalin somit offensichtlich optimal reguliert ist, kann der Gehalt des verfügbaren Transmitters ständig an die wechselnden Bedingungen neuronaler Aktivität angepasst werden. Bemerkenswerterweise ist dieser sinnreiche Regulationsmechanismus nicht allein in den sympathischen Ganglien verwirklicht. Das Enzym wird nämlich auch in den adrenergen Neuronen des Zentralnervensystems bei Stressbelastung aktiviert, vor allem – wie wir später noch im Einzelnen besprechen werden – in den noradrenergen Kerngebieten des Hirnstamms. Infolgedessen ist auch im Gehirn die Tyrosinhydroxylase-Aktivität – und damit die zerebrale adrenerge Signalübermittlung – bei Stress langfristig verstärkt (Zigmond et al. 1989, Nisenbaum et al. 1991).

Wie Schwartz und Kandel (1991) ausführen, wird jedoch im Stress, d.h. bei chronisch erhöhtem Sympathikotonus, durch den Botenstoff cAMP nicht nur die enzymatische Aktivität der einzelnen Tyrosinhydroxylasemoleküle erhöht. Vielmehr steigert cAMP auch die Aktivität bzw. die Expression eines Erbfaktors, des Hydroxylase-Gens, im Zellkern, welches die Herstellung des Enzyms anleitet (19). Und dies hat zur Folge, dass in den Nervenzellen die Anzahl vorhandener Enzymmoleküle steigt. Auch aus diesem Grund ist bei chronischer Sympathikusaktivierung der Noradrenalingehalt in den Speicherbläschen der postganglionären Neurone drastisch erhöht, und diese Veränderung wird sogar noch viele Tage nach einer Stressbelastung aufrechterhalten. Stress hat also langfristige Nachwirkungen: Bei jedem Nervenimpuls an den sympathischen Nervenendigungen wird nun viel mehr Noradrenalin ausgeschüttet als je zuvor, und dies verbessert natürlich die Übertragung von Signalen vom Sympathikus auf die glatten Muskelzellen der Blutgefäße und erhöht somit den Blutdruck. Solche aktivitätsabhängigen Veränderungen in den postganglionären Sympathikusneuronen sind beispielhaft für die so genannte neuronale Plastizität des sympathischen Nervensystems, aber auch des Zentralnervensystems. Denn auch im Gehirn wird die Expression (Synthese) der Tyrosinhydroxylase bei Stress verstärkt (vgl. Nisenbaum u. Abercrombie 1992) und dadurch eine ziemlich dauerhafte Veränderung der Effizienz und des biochemischen „Make-up" noradrenerger Synapsen hervorgebracht.

Die Regulation des Blutdrucks im Hirnstamm

Der eigentliche „Motor" der erhöhten Sympathikusaktivität bei Menschen, die an hohem Blutdruck leiden, ist eine Ansammlung von Neuronen im Kerngebiet des „Kreislaufzentrums" des unteren Hirnstamms, präziser gesagt, in der so genannten RVLM-Region (rostro ventro laterale medulla) des verlängerten Rückenmarks (Medulla oblongata), deren tonische Aktivität über lange Nervenkabel direkt die präganglionären Sympathikusneurone im Rückenmark erregt. Übersteigt der Blutdruck einen „Sollwert", wird die für Sympathikotonus und Blutdruck verantwortliche Aktivität der RVLM-Region des Kreislaufzentrums reflexartig gedrosselt. Denn die durch den Druckanstieg erregten Blutdruckfühler in der Halsschlagader übermitteln, vereinfacht gesagt, diesem „Zentrum" hemmende Impulse. Beim chronischen Bluthochdruck ist jedoch der vom Kreislaufzentrum im Hirnstamm geregelte Sollwert der Blutdruckeinstellung (der „Set point" des Blutdruckreglers) „nach oben" verstellt. Die Ursache liegt zum einen wohl darin, dass die an der Gabelung der Halsschlagadern (im Sinus caroticus) und in der Hauptschlagader (Aorta) gelegenen Druckfühler, die so genannten Barorezeptoren, etwas unempfindlicher auf den Blutdruck reagieren, weil sie sich im Verlauf von etwa einer Woche dem hohen Druck angepasst haben. Zum anderen aber wird auch eine fehlangepasste synaptische Verschaltung im Kreislaufzentrum des unteren Hirnstamms diskutiert, wodurch dann die Druck-Sollwerte bzw. der „Set point" erhöht würden. Infolgedessen – so die Hypothese – bleibt die heftige Gegenregulation des Kreislaufzentrums aus, die beim Gesunden bekanntlich schon bei mäßiger Erhöhung des Blutdrucks reflektorisch zu einer Aktivierung des parasympathischen Vagusnervs und zu einer Hemmung des Sympathikus und damit zum Blutdruckabfall führen würde (vgl. Zanchetti u. Mancia 1991). Bei genauerem Hinsehen erscheint die Kreislaufregulation allerdings komplexer: Um sich diese Vorgänge und ihre krankhaften Abweichungen besser vorstellen zu können, müssen wir uns anhand der Abbildung 3.2

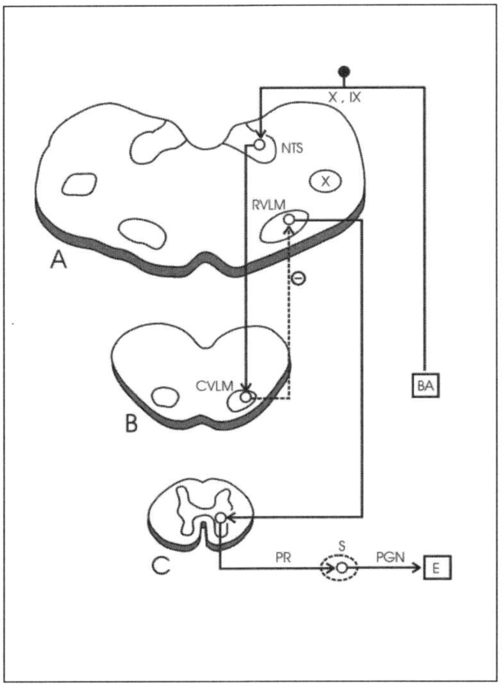

Abb. 3.2 Die Regulation von Blutdruck und sympathischem Gefäßtonus im verlängerten Rückenmark, der Medulla oblongata (Schnittebenen A und B), und im Rückenmark (Schnittebene C) durch den Barorezeptorreflex. Erregung der Blutdruckfühler (Barorezeptoren, BA) bei Erhöhung des Blutdrucks aktiviert via aufsteigende Nervenstränge des 10. und 9. Hirnnervs (X, IX) Neuronen im Nucleus tractus solitarii (NTS), welche wiederum die blutdrucksenkenden Neurone in der so genannten kaudalen ventrolateralen Medulla (CVLM) aktivieren. Letzere hemmen die tonische Aktivität der prämotorischen Sympathikusneurone in der rostroventrolateralen Medulla (RVLM), welche über absteigende Bahnen den Sympathikotonus der präganglionären Sympathikusneurone in Brust und Lendenmark (PR) verursacht. Dadurch werden Sympathikotonus und Blutdruck reflektorisch gesenkt. Überdies bewirkt die Erregung der Barorezeptoren (BA) und des NTS eine Aktivierung des Vaguskerns (X) in der Medulla oblongata (Schnittebene A). Infolge der reflektorischen Vagus-Aktivierung sinkt die Herzfrequenz. Nota bene: Der NTS kann auch über absteigende Nervenbahnen aus dem Hypothalamus aktiviert oder gehemmt werden (S = sympathisches Ganglion mit postganglionärem Neuron [PGN]; E = Effektororgan, z.B. glatte Muskulatur der Blutgefäße).

mit der Funktion des Kreislaufzentrums im Hirnstamm etwas genauer befassen.

Exkurs: Barorezeptorreflex

Entscheidend für die Blutdruckregulation durch das Kreislaufzentrum ist ein neuronales Netzwerk im verlängerten Rückenmark, das außer der bereits erwähnten RVLM-Region drei weitere Kerngebiete enthält, nämlich einen lang gestreckten, rückenseitig (dorsal) gelegenen Kern (Nucleus tractus solitarii = NTS), das Kerngebiet der so genannten kaudalen Medulla (20) sowie ein weiteres Kerngebiet, das die Zellkörper der präganglionären Vagus-Neurone enthält (vgl. auch Spyer 1994). Die kaudale Medulla liegt (wie der Name andeutet) am kaudalen Ende des Gehirns, ziemlich nah an der Grenze zwischen Medulla oblongata und Rückenmark. Sie ist sowohl mit dem NTS als auch mit der RVLM-Region verschaltet. Die bei Druckerhöhung von den Blutdruckfühlern (Barorezeptoren) über aufsteigende (afferente) sensorische Bahnen vermehrt zum Kreislaufzentrum geschickten Nervenimpulse werden beim Gesunden bereits nach Überschreiten eines relativ niedrigen Ruhe-Blutdrucks (etwa 140/90 mm Hg) den Nucleus tractus solitarii erregen. Dieser Kern aktiviert nun zum einen die präganglionären Neurone des Nervus vagus (im Vaguskern), zum anderen aber hemmt er – und zwar auf dem Umweg über die kaudale Medulla – die tonische Aktivität der Neurone im Kerngebiet der RVLM-Region. Durch diesen Barorezeptorreflex (bzw. Pressosensorreflex) genannten Vorgang wird der Vagusnerv erregt und der Sympatikus gehemmt. Daher sinken Herzfrequenz und Blutdruck reflexartig wieder auf ihren Sollwert. Bei Blutdruckabfall hingegen geschieht genau das Gegenteil: Die Barorezeptoren und

die NTS-Region werden weniger erregt, und damit wird die RVLM-Region enthemmt. Infolgedessen wird jetzt der Sympathikus aktiviert und der Vagus gehemmt. Der Blutdruck steigt wieder auf seinen Sollwert. Durch den beschriebenen Reflexmechanismus werden somit größere Blutdruckschwankungen automatisch ausgeglichen.
Wenn nun jedoch die Blutdrucksensoren adaptiert und damit unempfindlicher sind oder wenn die NTS-Region gehemmt wird, so erhöhen sich selbstverständlich der Sollwert (und damit die Aktivität der RVLM-Region), die Sympathikusaktivität und somit auch der Blutdruck. Genau dies geschieht nun bei körperlicher Arbeit, und zwar zum einen reflektorisch – aufgrund von Impulsen, die dem Kreislaufzentrum von Chemosensoren und Mechanosensoren der arbeitenden Muskulatur zugeleitet werden. Zum anderen kann die Hemmung des NTS aber auch von hierarchisch übergeordneten Hirnstrukturen ausgelöst werden, etwa von der Amygdala, der „dynamogenen" Zone des Hypothalamus, oder von bestimmten Gebieten einer Region im Mittelhirn, die „zentrales Höhlengrau" genannt wird. Dies ist bei Angst-, Kampf- und Fluchtreaktionen der Fall, aber auch bei Stress, Frust und ständigem Ärger. Dann nämlich werden die NTS-Neurone, die den Barorezeptorreflex vermitteln, durch Nervenfasern gehemmt, die, vom Zwischen- und Mittelhirn her kommend, zum verlängerten Rückenmark absteigen (21). Besonders stark und anhaltend steigt der Blutdruck natürlich dann, wenn – im Tierexperiment – der NTS ausgeschaltet wird. Wie oben bereits angedeutet, könnte aber auch eine unangemessene (maladaptive) neuroplastische Modifikation der fraglichen neuronalen Netzwerke zur Sollwertverstellung und somit zu einer chronisch erhöhten Sympathikusaktivität und zu Blutdruckanstieg führen. Dies alles könnte nach der Hypothese von Spyer (1994) das Phänomen des „Neurogenen Bluthochdrucks" erklären.

Stressempfindlichkeit und Hypertonie

Personen mit einer familiären Veranlagung für Bluthochdruck sind sehr stressempfindlich. Sie reagieren auf Stress – bei Eintauchen der Hände in Eiswasser beispielsweise (Calhoun et al. 1993) oder bei schnellem Kopfrechnen unter Zeitdruck (Noll et al. 1998) – mit sehr viel stärkerer Sympathikusaktivierung und größerem Blutdruckanstieg als Menschen ohne die entsprechende genetische Disposition. Bei solchen Personen ist die Wahrscheinlichkeit einer späteren Erkrankung an Bluthochdruck erhöht. Anscheinend kann bei ihnen ein über die Norm erhöhter Blutdruck in den Schlagadern über eine Beeinflussung der Barorezeptoren und des NTS gewisse Stress-Symptome wie z.B. Ängstlichkeit und Nervosität abschwächen. Um sich vor Stress innerlich abzuschirmen, können Stressempfindliche offenbar „lernen", ihren Blutdruck zu erhöhen, auch wenn ihnen das nicht bewusst wird. Ein solches, letztlich fehlangepasstes Verhalten kann jedoch durch Biofeedback im Rahmen verhaltenstherapeutischer Maßnahmen wieder verlernt und damit der Blutdruck normalisiert werden (vgl. dazu Herrmann et al. 1996b).

Panikattacken und psychogener Kreislaufkollaps

Angst und Panik rufen nicht nur bei nervösen Menschen Herzjagen und Blutdruckanstieg hervor. Panikattacken mit Herzjagen und Herzflattern können bei familiär Prädisponierten, Patienten mit einem „nervösen" Herz, jedoch auch ganz plötzlich, „wie aus heiterem Himmel" auftreten; sie lassen sich aber experimentell auch durch Einatmen von Kohlensäuregas oder Infusion von Milchsäure provozieren. Die Betroffenen leiden dabei unter Atemnot, Herzklopfen, Blutdruckanstieg und anderen Symptomen einer Sympathikus-Überaktivität, weshalb das Krankheitsbild vom Heidelberger Kliniker Peter Hahn auch als „sympathovasaler Anfall" beschrieben wurde (Hahn 1990). Solche kurz dauernden Angstanfälle entstehen möglicherweise infolge einer übersteigerten neuronalen Aktivität der Hirnrinde und im so genannten blauen Kern des Hirnstamms (Locus coeruleus). So entsteht wiederum ein Teufelskreis: Die Furcht schaukelt sich auf zur Panik, weil sie Herzjagen, stechende Schmerzen in der Herzgegend und Herzbeklemmungen auslöst, was schließlich – genau wie bei einem organisch bedingten Herzanfall – sogar Todesangst auslösen kann. Bei Menschen, die an einer Panikattacke mit Herzangst oder Herzphobie (so genannte Herzneurose) leiden, genügt dann manchmal allein schon der Gedanke an den Herzanfall, gewissermaßen die Angst vor der Angst, einen solchen auszulösen. In einer kognitiven Verhaltenstherapie können aber Patienten mit funktionellen Herzstörungen (Irritable heart) oftmals beruhigt und überzeugt werden, dass ein hoher Puls an sich nicht gefährlich ist (vgl. Clark et al. 1994). Tatsächlich leiden sogar manche Menschen ohne jede Furcht an Herzjagen, kurz dauernden (so genannten paroxysmalen) Tachykardien und Herzrhythmusstörungen (vgl. dazu Schonecke u. Herrmann 1996).

Allerdings erhöhen sich bei manchen Menschen Herzfrequenz und Blutdruck bei Angst und Stress nicht, im Gegenteil: Sie kollabieren und fallen sogar in Ohnmacht. Auch gewisse Tiere reagieren, vor allem, wenn sie noch jung sind, auf eine Gefahr nicht mit einer Angriffs- oder Fluchtreaktion und einer Blutdruckerhöhung, sondern mit einem Nachlassen des Sympathikotonus und einer Aktivierung des Parasympathikus. Sie stellen sich tot. Paradebeispiele sind der Beutelmarder *(Oppossum)* und das sprichwörtliche Kaninchen, „das beim Anblick der Schlange vor Angst erstarrt" („freezing response"), wobei Herzfrequenz und Blutdruck stark abfallen. Dieser „Totstell-Reflex" lässt sich bei jungen Kaninchen auch experimentell hervorrufen, wenn bestimmte Regionen des Großhirns (nämlich Inselkortex, Gyrus cinguli und Amygdala) oder die „depressorische Zone" des Hypothalamus stimuliert werden. Durch absteigende Nervenstränge werden dabei Neurone im Nucleus tractus solitarii erregt, und dadurch werden der Sympathikus gehemmt und der Parasympathikus aktiviert: Es kommt zur Aktivierung des Vaguskerns der Medulla oblongata, aber auch zu einer Aktivierung der kaudalen Medulla, die nun ihrerseits die spontanaktive RVLM-Region und damit den Sympathikus hemmt. Die gleichen Vorgänge im Hirnstamm sind offensichtlich auch für die erwähnten „vasovagalen" Attacken und Ohnmachtsanfälle (Synkopen) des Menschen verantwortlich (Spyer 1994; Levick 1995). Die Betroffenen verlieren kurzzeitig das Bewusstsein, weil der systemische Blutdruck akut absackt. Ursache des Blutdruckabfalls ist die starke Zunahme des Vagotonus bei gleichzeitigem Abfall der Aktivität des Sympathikus, wobei der Auslöser oft psychischer Stress, aber auch Furcht und Schmerz sein kann. Wie eingangs erwähnt, genügt manchmal allein schon der Anblick des eigenen Blutes bei einer Blutentnahme.

Herzfunktion und Hirnrinde – eine Wechselbeziehung

Zwischen Hirnrinde und Herz besteht eine psychosomatische Wechselbeziehung. Psychischer Stress beeinflusst – wie wir gesehen haben – die Herzfunktion, aber umgekehrt wirkt das (kranke) Herz auch auf die Hirnrinde und auf das limbische System: Nur bei Patienten, die bereits an einer arteriosklerotischen Verengung der Herzkranzgefäße leiden, nicht aber bei Gesunden, induziert nämlich mentaler Stress – wie PET-Studien zeigten (22) – eine Veränderung in der Aktivität und Durchblutung im limbischen System, unserem „emotionalen Gehirn", sowie eine Überaktivität der Hirnrinde (Soufer et al. 1998). Offensichtlich reagiert also das Gehirn Herzkranker stärker auf psychischen Stress, insbesondere dann, wenn dieser Ärger auslöst. Der Ärger wiederum kann dann bei Herzkranken – wie oben beschrieben – über den Sympathikus vorübergehende Durchblutungsstörungen des Herzmuskels (transiente Ischämien), aber auch bösartige Rhythmusstörungen der Herzkammern bis hin zum Kammerflimmern und plötzlichen Herztod auslösen (s. auch Verrier u. Mittleman 2000) (23).

Natürlich stellt sich nun die Frage, auf welche Weise Ärger und andere Emotionen eine Überaktivierung des Sympathikus mit all seinen Folgen für das kranke Herz hervorbringen. Hierzu gibt es Tierexperimente: Bei Schweinen konnte nach experimentell herbeigeführtem Verschluss eines Herzkranzgefäßes ein Kammerflimmern besonders dann beobachtet werden, wenn ein starker psychosozialer Stress hinzukam. Offenbar genügte allein schon die Aufregung durch eine neue und alarmierende Umgebung. Ventrikuläre Arrhythmien und plötzlicher Herztod wurden jedoch in diesem Tierexperiment verhindert, wenn die Nervenleitungen vom Stirnhirn zur Amygdala, zum Hypothalamus und zu den Kernregionen des Sympathikus im Hirnstamm mit implantierten Kühlelementen durch eine Kälteblockade unterbrochen wurden (Skinner 1996). Diese Resultate ließen Skinner vermuten, dass die Rinde des Stirnhirns maßgeblich an der Auslösung des Kammerflimmerns beteiligt war, und in der Tat konnte er durch elektrische Reizung bestimmter Regionen des Frontallappens Herzjagen, aber auch Arrhythmien der Herzkammern, ja sogar plötzlichen Herztod durch Kammerflimmern auslösen. Einen ähnlichen Effekt bewirkt vermutlich der Transmitter Noradrenalin, der in der Rinde des Stirnhirns von den Enden noradrenerger Nervenfasern des autonomen Nervensystems freigesetzt wird. Diese Neurone haben ihren Ursprung im Hirnstamm.

Die Erregbarkeit des Stirnhirns (und damit die Wachsamkeit eines Menschen) wird vom autonomen oder vegetativen Nervensystem beeinflusst, wie der Züricher Physiologe W. R. Hess schon 1925 vermutete. In den 60er Jahren konnte eine skandinavische Forschergruppe (Falck et al. 1962) diese Vermutung bestätigen, indem sie im Frontalhirn mit histochemischen Methoden noradrenalinhaltige Nervenfasern sichtbar machte. Der in der Hirnrinde nachgewiesene Neurotransmitter wird offenbar in so genannten Projektionsneuronen hergestellt, deren Zellkörper im Locus coeruleus lokalisiert sind, im „blauen Kern" einer im Hirnstamm bilateral angelegten Zellansammlung von etwa 3000 Nervenzellen. Neue und ungewohnte, alarmierende Situationen, die Furcht und Schrecken einjagen, erhöhen die Aktivität dieser adrenergen Neurone (Ashton-Jones et al. 1984), deren Endigungen daraufhin die Nervenzellen des Stirnhirns mit Noradrenalin überfluten und so diesen Hirnteil in einen Alarmzustand versetzen. Der Neurotransmitter Noradrenalin vermindert nämlich die elektrische Ladung der Zellmembrane, er depolarisiert sie. Dadurch wird die Erregbarkeit, die Reizbarkeit der Frontalhirnneurone so sehr gesteigert, dass die Aufmerksamkeit, aber auch die ängstliche Wachsamkeit (Vigilität) und Reizbarkeit drastisch erhöht werden. Man ist alarmiert, nervös und aufgeregt (24).

Wenn eine alarmierende Situation jedoch über längere Zeit anhält oder aber immer wieder auftritt, so entsteht ein Zustand erhöhter „Gereiztheit und Nervosität", eine typische Stress-Situation. Bei chronischem Stress und chronischem Ärger passt sich dann auch das zentrale noradrenerge System der Belastung an, es adaptiert, indem das für die Noradrenalinsynthese maßgebende Enzym Tyrosinhydroxylase vermehrt hergestellt und aktiviert wird (vgl. Pavcovich et al. 1990 sowie Nisenbaum u. Abercrombie 1992). Dadurch verstärkt sich die noradrenerge Signalübermittlung vom Locus coeruleus im Hirnstamm zum Frontalhirn, aber auch im Hippocampus, einem Teil des limbischen Systems (Nisenbaum u. Abercrombie 1993). Bei chronisch gestressten Ratten ist deshalb der Noradrenalingehalt des Gehirns, aber auch die Aktivität des sympathischen Nervensystems deutlich erhöht, und Noradrenalin wird somit auch leichter und in vermehrtem Maß von den Nervenfasern freigesetzt. Folglich wird die Reizschwelle für aufweckende, alarmierende und vor allem schmerzhafte Reize gesenkt. Wachsamkeit (Vigilität) und Aufmerksamkeit sind auch bei chronisch gestressten Menschen erhöht, die dann – in der Folge wirklich oder vermeintlich bedrohender Situationen – schreckhaft, hektisch und aufgeregt reagieren, weil die zentralnervöse adrenerge Signalübermittlung gewissermaßen „überdreht" ist (Bremner et al. 1996). Der Sollwert für Alarm ist dann so sehr herabgesetzt, dass man sogar auf alltägliche Stressoren gereizt, ja sogar mit Furcht oder Ärger und überhaupt mit einer starken Abwehr- und Alarmreaktion reagiert, als handle es sich um Notfälle (25).

Exkurs: Pharmakologische Aspekte

Da die „alarmierende" Wirkung der zentralen noradrenergen Neurone im Stirnhirn über Noradrenalin und β-adrenerge Rezeptoren vermittelt wird (Madison u. Nicoll 1986a; 1986b), kann sie durch bestimmte Pharmaka, so genannte Betablocker, abgeschwächt werden, welche u.a. auch β-adrenerge Rezeptoren auf gewissen Neuronen im Stirnhirn blockieren. Die Aktivität des Frontalhirns wird dadurch gedämpft, und Nervosität, Reizbarkeit und ängstliche Wachsamkeit nehmen ab. Daher machen Betablocker müde, schützen aber auch vor einer allzu starken, vom Stirnhirn ausgelösten Erregung des Sympathikus und vor plötzlichem Herztod. Sie reduzieren damit nachweislich die Sterblichkeit von Patienten, die an einer Erkrankung des Herzens leiden. Die das Herz schützende, also kardioprotektive Wirkung der Betablocker ist nach Meinung von Skinner (1996) somit nicht nur ihrer bekannten Wirkung auf die Adrenalinrezeptoren des Herzmuskels, sondern auch ihrem dämpfenden Einfluss auf die noradrenerge Aktivität im Gehirn zuzuschreiben. Die besagten pharmakologischen Blocker sind infolgedessen auch zur Behandlung der Herzinsuffizienz geeignet, weil die Aktivität des zentralen und peripheren sympathischen Nervensystems bei Herzschwäche und anderen Erkrankungen des Herzens nachweislich gesteigert ist (s. Esler et al. 1996). Bei dieser Sachlage stellt sich natürlich die Frage, inwiefern möglicherweise sogar allein schon das beruhigende Zureden durch einen mitfühlenden Arzt, ja selbst die Verabreichung von Scheinmedikamenten (Plazebos) das autonome Nervensystem und damit Erkrankungen des Herzens, insbesondere Herzrhythmusstörungen, günstig beeinflussen könnten. Es gibt in der Tat Berichte, dass mit Plazebos manche Herzarrhythmien fast genauso erfolgreich behandelt werden können wie mit antiarrhythmisch wirkenden Heilmitteln, die Rhythmusstörungen überraschenderweise manchmal sogar verschlimmern und zudem noch andere unerwünschte Nebenwirkungen haben (vgl. Windeler 1998, S. 69).

Die Signalübermittlung an den adrenergen Nervenendigungen innerhalb des Gehirns wird aber nicht nur durch Betablocker eingeschränkt. Sie kann auch, genau wie im peripheren Sympathikus, durch eine negative Rückkoppelung (negatives Feedback) gehemmt werden: Der von den Nervenenden in den synaptischen Spalt freigesetzte Neurotransmitter Noradrenalin reagiert nämlich nicht allein mit den β-Rezeptoren an der (postsynaptischen) Membran der Zielzelle, sondern auch mit so genannten α-2-adrenergen Rezeptoren, die sich auf der (präsynaptischen) Membran der Nervenendigungen befinden. Durch diese Wirkung des Transmitters wird die weitere Freisetzung von Noradrenalin „rückgekoppelt" gehemmt. Denn dabei werden Membranporen (Ionenkanäle) geöffnet, die für Kaliumionen durchlässig sind, worauf die depolarisierte Zellmembran der erregten Nervenenden repolarisiert oder sogar hyperpolarisiert wird (vgl. Ashton-Jones et al. 1984). Das Pharmakon Clonidin bindet sich ebenfalls an α-2-Rezeptoren, ist also ein α-2-Agonist, der die Freisetzung von Noradrenalin und damit auch den Sympathikotonus hemmt (26). Hingegen ist die Substanz Yohimbin ein Gegenspieler bzw. Antagonist, weil sie Noradrenalin (und Clonidin) von der Bindungsstelle am α-2-Rezeptor verdrängt. Deshalb ist es auch nicht erstaunlich, dass Yohimbin äußerst alarmierend und aktivierend auf das zentrale noradrenerge Alarmsystem des Gehirns wirkt. Vermutlich macht Yohimbin die oben erwähnte Feedback-Hemmung rückgängig und enthemmt so den blauen Kern (Locus coeruleus). Dadurch wird das Stirnhirn alarmiert und letztlich der Sympathikus aktiviert. Bei chronisch sehr gestressten Menschen, die nach einem starken psychischen Trauma am so genannten Posttraumatischen Stress-Syndrom leiden, ist nach der Theorie von Charney das zentrale noradrenerge Alarmsystem so „überdreht", dass die Verabreichung der Droge Yohimbin nicht nur eine Erhöhung von Herzfrequenz und Blutdruck bewirkt, sondern sogar Angst und Panikattacken auslöst (Charney 1998; Bremner et al. 1997a; Gurguis et al. 1997). Wie aber bereits erwähnt, können ähnliche Panikattacken, die mit plötzlichem Herzjagen und Blutdruckanstieg – so genannten sympathovasalen Anfällen – verbunden sind, bei manchen Menschen auch ganz spontan auftreten. Goddard und Charney (1997) sind daher der Meinung, solche Panikstörungen könnten möglicherweise ebenfalls durch eine übersteigerte noradrenerge Aktivität des blauen Kerns verursacht sein. Dementsprechend sind diese Störungen vermutlich auch mit einer Störung des Gehirn-Stoffwechsels von Noradrenalin verbunden, genau wie die Depression, und sogar oft mit ihr gekoppelt (27), und deshalb können sie mit antidepressiv wirkenden Heilmitteln behandelt werden, aber auch – wie bereits gesagt – durch eine Psychotherapie (28) (s. Clark et al. 1994).

Fazit

Unser Herz pumpt täglich in über hunderttausend Schlägen an die siebzig Hektoliter Blut durch den Kreislauf. Ohne dass wir uns dessen bewusst sind, steuert dabei ein kleiner Teil unseres Gehirns, das verlängerte Rückenmark im Hirnstamm, gleichsam als Autopilot unser Herz-Kreislauf-System: Wie ein Automat passt es mithilfe des vegetativen Nervensystems (also durch die Aktivität von Sympathikus und Parasympathikus) den Puls und den Blutdruck den jeweils wechselnden Bedürfnissen des Organismus an. Zudem informiert es hierarchisch übergeordnete Hirnstrukturen über den Funktionszustand des Kreislaufsystems, nämlich das Mittelhirn und das Zwischenhirn mit seiner untersten Etage, dem Hypothalamus. Mandelkern und Hypothalamus wiederum setzen emotionale Zustände in Aktionen des vegetativen Nervensystems um, die – wenn sie überschießen – häufig sogar krank machen: Mentaler Stress und Emotionen, vor allem Angst und Ärger, aber auch lebhafte Imaginationen und Trauer, können über den Hypothalamus die Aktivität von Sympathikus und Parasympathikus und damit den Blutdruck und die Durchblutung der Organe verändern, ja sie können sogar lebensgefährliche Herzrhythmusstörungen und Durchblutungsstörungen des Herzmuskels hervorrufen – bis hin zur Angina pectoris und zum plötzlichen Herztod. Umgekehrt beeinflusst das Organleiden auch die Psyche. So sind nach einem Herzinfarkt die Patienten tagelang verängstigt und depressiv, wodurch nun wiederum Herzrhythmusstörungen auftreten können. Andererseits beeinflussen auch bewusstes Verhalten und Vorstellungen – insbesondere die Einstellung zum Essen und zur körperlichen Bewegung – die Gesundheit von Herz und Kreislauf nachhaltig. So können sich arteriosklerotische Verengungen der Herzkranzgefäße bei gesunder Lebensweise mit der Zeit sogar zurückbilden. Funktionsstörungen des Herzens sollten daher nicht nur als Organdefekt, gewissermaßen als „Maschinenschaden“, betrachtet werden. Vielmehr empfiehlt sich – vor allem bei Verdacht auf psychosomatische Ursachen – eine „ganzheitliche“ Sichtweise, welche auch die Persönlichkeit des Kranken berücksichtigt, ganz im Sinne der personalen Medizin Ludolf von Krehls und Viktor von Weizsäckers und ihrer Heidelberger Schule.

4

Psychoendokrinologie: Stress, Emotionen und Hormone

Manch einer reagiert bei Ärger mit hochrotem Kopf. Sein Adrenalinspiegel steigt, und die Zornesader schwillt an. Aber Wütende seien „süß", suggerierten die Schlagzeilen in amerikanischen Boulevardblättern und der Associated Press, als anno 1911 Walter Bradford Cannon (1871–1945), ein Professor der renommierten Harvard University, die emotionale Steigerung des Blutzuckerspiegels entdeckte (1). Cannon hatte herausgefunden, dass Emotionen wie Furcht und Wut den Blutspiegel von Adrenalin, aber auch die Blutwerte von Traubenzucker (Glukose) in die Höhe treiben. Sein Experiment war im Prinzip ganz einfach: Er sperrte eine Katze in einen Käfig und konfrontierte sie mit einem wütend bellenden Hund. Als daraufhin das eingesperrte Tier in Abwehrstellung ging, fauchte, die Haare sträubte, die Krallen zeigte und den sprichwörtlichen Katzenbuckel machte, entnahm er ihm mit einem zuvor implantierten Venenkatheter Blut aus den Nebennieren, die im Körper direkt über den Nieren liegen. Aus dem Blut entfernte er sodann durch Zentrifugation in einer kleinen Schleuderzentrifuge die Blutkörperchen sowie die Blutgerinnsel und pipettierte dann die klare Blutflüssigkeit zu einer physiologischen Salzlösung, in der sich ein herausgeschnittenes Stück Dünndarm rhythmisch bewegte. Alsbald hörten die Bewegungen auf, weil die Darmmuskulatur völlig erschlaffte, so als sei sie mit dem Nebennierenhormon Adrenalin („Epinephrin") behandelt worden. Anscheinend hatten die Nebennieren infolge von Angst oder Wut das Hormon Adrenalin ins Blut abgegeben. In Kontrollversuchen mit nicht-verärgerten Tieren oder mit solchen, denen er zuvor die Nebennieren entfernt hatte, konnte Cannon hingegen im Blut kein Adrenalin nachweisen. Überraschend fand er aber im Blut der wütenden Katze nicht nur mehr Adrenalin, sondern auch einen über die Norm erhöhten Blutzuckerspiegel. Daraufhin spritzte er in einem weiteren Experiment einer anderen Katze das Adrenalin intravenös, wodurch diese ängstlich und unruhig wurde und ihr Blutzuckerspiegel so stark anstieg, dass sie, genau wie die wütende Katze, Zucker im Urin ausschied. Sie litt also unter einer „Glukosurie", die bekanntlich auch ein auffälliges Symptom der unbehandelten Zuckerkrankheit (Diabetes) ist. Wie wir heute aufgrund biochemischer Untersuchungen wissen, wird durch Adrenalin die Glukoseaufnahme in die Muskulatur gehemmt und die Glukosemobilisierung in der Leber gefördert, sodass der Blutzucker ansteigt. Dies dient der Energiebereitstellung in Stress- oder Notfallsituationen. Wie aber bewirkt das emotional erregte Gehirn all diese Veränderungen im Verhalten und im Stoffwechsel? Ein kaum olivgroßer Hirnteil spielt dabei offenbar die Hauptrolle: der Hypothalamus, der Alarm schlägt und eine Angst-, Flucht- oder Abwehrreaktion und einen Adrenalinstoß inszeniert, wenn gefährliche Bedrohungen Furcht oder Wut hervorrufen und eine Bündelung der Abwehrkräfte verlangen, um der Gefahr zu begegnen.

Der Hypothalamus liegt auf der Schädelbasis, direkt unter den Thalamuskernen des

Zwischenhirns (Dienzephalon), welches Hirnstamm und Großhirn trennt. In den 30er und 40er Jahren entdeckte der Züricher Hirnphysiologe W. R. Hess (1881–1973), dass eine Katze auf gezielte elektrische Reizung eines bestimmten Areals im Hypothalamus mit Furcht, Wut oder Abwehr reagiert, genauso, als würde sie von einem wütend bellenden Hund bedroht: Um den experimentellen Nachweis zu erbringen, hatte Hess eine Elektrode, die bis auf ihre winzige blanke Spitze mit Lack elektrisch isoliert war, durch das narkotisierte Katzengehirn bis hinunter zum Hypothalamus gestochen. Als dann das Versuchstier wieder aus der Narkose erwachte, blieb es zunächst ganz ruhig. Wenn nun jedoch eine ganz bestimmte Stelle des Zwischenhirns, und nur diese, über die Elektrode mit wiederholten kurzen Stromstößen elektrisch gereizt wird, geschieht Erstaunliches: Die Katze „faucht, schneuzt oder knurrt; es sträuben sich die Rückenhaare und der Schwanz wird buschig; die Pupillen erweitern sich, bisweilen maximal, die Ohren werden zurückgelegt oder zum Abschrecken (des nicht vorhandenen Gegners) hin und her geschlagen" – so beschreibt Hess seine Beobachtungen (Hess 1949) und fährt in etwa wie folgt fort: In ihrer Aggressionsstimmung beiße die Katze in beliebige Gegenstände, so als suche sich das Tier einen Gegenpart, den es zum Objekt des dienzephal ausgelösten Gefühlsausbruches mache, aber dann könne der Angriffstrieb oft unvermittelt in eine Angst- oder Fluchtreaktion umschlagen. Das Zwischenhirn eines ängstlichen Menschen, der an einer Hundephobie leidet, wird vermutlich nicht anders reagieren, wenn ein Hund wütend bellt. Hess klärte also durch seine Versuche die fundamentale Rolle des Zwischenhirns bei emotional ausgelösten Angriffs-, Flucht- oder Angstreaktionen und wurde dafür 1949 mit dem Nobelpreis ausgezeichnet. Die Entdeckung aber, dass seelische Vorgänge, insbesondere starke Emotionen wie Angst und Wut, auch den Hormonhaushalt und den Stoffwechsel im menschlichen und tierischen Organismus durcheinander bringen können, war unbestreitbar Cannons großes Verdienst.

Stress, Angst und Stoffwechsel

Wer an Diabetes leidet, weiß, wie sehr Stress und Emotionen den Blutzuckerspiegel in die Höhe treiben und den Insulinbedarf erhöhen können. Insofern ist auch die so genannte „Praxis-Hyperglykämie" verständlich, die möglicherweise durch die Angst bei einer ärztlichen Untersuchung ausgelöst wird: Bei offenbar ängstlichen Patienten einer Diabetes-Ambulanz fanden Campbell und Mitarbeiter (1992) Blutzuckerwerte, die fast doppelt so hoch waren wie die zuvor von den Patienten selbst gemessenen. Schuld am Blutzuckeranstieg war aber nicht nur der Adrenalinstoß aus dem Nebennierenmark aufgrund einer Sympathikusaktivierung in einer Stress-Situation (vgl. dazu auch Kap. 3, S. 60), sondern auch der Anstieg des Blutspiegels von Kortisol, einem anderen Stresshormon, welches von der Nebennierenrinde gebildet wird. Das Steroidhormon Kortisol verstärkt nämlich permissiv die Adrenalinwirkung auf den Blutzuckerspiegel; es mobilisiert in der Leber Glukose aus der Speicherform Glykogen, fördert aber auch die Neubildung von Kohlehydraten aus Aminosäuren, die durch den Abbau von Eiweiß freigesetzt werden.

Veränderungen in der Konzentration von Adrenalin, Noradrenalin und Kortisol in Stress-Situationen sind im Tierversuch experimentell gut dokumentiert. Bei Untersuchungen am Menschen allerdings ist der Einsatz extremer Stressoren allein schon aus ethischen Gründen nicht zu vertreten. Deshalb nutzen Stressforscher Situationen, in denen sich Personen aus eigenem Antrieb psychisch extrem belastenden angstauslösenden Situationen aussetzen, etwa beim Fallschirmspringen. Schedlowski und seine Mitarbeiter untersuchten Fallschirmspringer vor und während ihres ersten Tandemsprungs aus 3000 m Höhe. Sie bestimmten schon zwei Stunden vor dem Absprung und danach in regelmäßigen Abständen die Blutspiegel der Nebennierenhormone Adrenalin, Noradrenalin und Kortisol (vgl. Richter et al. 1996): Die Adrenalinkonzentration stieg bereits etwas vor dem Verlassen des Flugzeugs an, erreichte schon zehn Minuten später den 10fachen Ruhewert und fiel innerhalb der nächsten halben Stunde wieder auf den basalen Wert. Der Anstieg der Noradrenalinkonzentration hingegen war sehr viel geringer, zeigte aber einen ähnlichen zeitlichen Verlauf. Sehr viel langsamer erhöhte sich indessen die Konzentration von Kortisol im Blutplasma. Sie erreichte erst etwa 30 Minuten nach dem Sprung den doppelten Ruhewert, blieb dann aber noch über längere Zeit erhöht, ein Zeichen dafür, dass die Fallschirmspringer bei ihrem ersten Start unter großem Stress standen. Die zeitlich sequenzielle Freisetzung von Katecholaminen und Kortisol entsprach völlig der Abfolge der beiden ersten Phasen einer Stressreaktion, nämlich Alarmreaktion und Widerstand bzw. Adaptation.

Stress wurde ursprünglich von Hans Selye, dem Entdecker des Stressparadigmas, als – Leistung steigernde – Anpassung auf körperliche oder psychische Belastungen definiert, die durch verschiedene Stressoren hervorgerufen werden können. Letztere bezeichnen heutzutage jedoch manche Autoren meist ebenfalls als „Stress", die Stressfolgen hingegen als Stressreaktion. Stress wird durch große körperliche Anstrengungen ebenso verursacht wie durch Erkrankungen und chirurgische Eingriffe, aber auch durch Furcht und Schmerz sowie durch ungünstige Umweltbedingungen, etwa Lärm oder Mobbing am Arbeitsplatz, und andere psychosoziale Belastungen, die allesamt Umstellungen im Hormonhaushalt und oft sogar psychosomatische Erkrankungen zur Folge haben. Gleichsam in einer „Modellsituation" sind solche Zusammenhänge bei kleinen Labortieren untersucht worden. Wie James Henry berichtete, erlitten Labormäuse, die in übervölkerten Käfigen gehalten wurden, großen Stress, weil zwischen den rivalisierenden Männchen ständig Reibereien herrschten. Ihr Blutdruck und die Konzentration der Nebennieren-Stresshormone waren stark erhöht, und schließlich erkrankten die Tiere „psychosomatisch" an einer Nierenentzündung, die am Ende sogar eine Urämie hervorrief – ein Anzeichen einer ganz drastischen Einschränkung der Nierenfunktion. Die Sektion der verstorbenen Tiere zeigte nun aber nicht nur die entzündlichen Veränderungen in den Nieren auf, sondern auch eine ausgeprägte Vergrößerung der Nebennierenrinde, in welcher bei der Maus das Stresshormon Kortikosteron und nicht etwa, wie beim Menschen, Kortisol synthetisiert wird. Betroffen waren vor allem submissive Tiere, wohingegen die aggressiven dominanten Mäusemännchen, die sich in der Hackordnung der sozialen Hierarchie gewissermaßen nach oben arbeiten konnten, weniger gestresst waren (vgl. Henry 1993). Wie von Holst (1972) herausgefunden hat, erleiden auch subdominante Baumhörnchen *(Tupaia)* psychosozialen Stress und große Angst, wenn sie mit dominanten Männchen konfrontiert werden, und sie sterben dann ebenfalls an Nierenversagen, ebenso wie übrigens auch die Männchen des Beutelmarders *Oppossum,* deren Blut nach dem Begattungsakt mit Stresshormonen geradezu überschwemmt wird.

Mäuse und Laborratten werden auch durch rotierende Bewegungen oder durch (leicht schmerzhafte) elektrische Schocks gestresst und verängstigt. Sie erstarren vor Angst. Diese reflexartig erfolgende Muskelversteifung („freezing response") ist eine Angst- oder

Stressreaktion, die auch konditioniert, d.h. erlernt werden kann. Wenn nämlich dem elektrischen Schock regelmäßig ein bestimmter Pfeifton vorausgeht, so lernt die Maus bzw. die Ratte mit der Zeit, das akustische Signal und den schmerzhaften Elektroschock zu assoziieren. Der Ton wird auf diese Weise zum konditionierenden und schließlich zum konditionierten Reiz, sodass das Versuchstier nach der Trainingsphase allein schon auf den Signalton hin mit einer angstvollen „freezing response" reagiert, allerdings völlig reflexartig über neuronale Netzwerke im Zwischenhirn und in der Amygdala, dem Mandelkern, einem Teil des „emotionalen Gehirns" im limbischen System (vgl. Abb. 1.2). Im Mandelkern sind Neurone entdeckt worden, die nach der Konditionierung sowohl durch schmerzhafte elektrische Reize als auch durch akustische Signale erregt werden können: In beiden Fällen steigt deren elektrische Aktivität enorm an. Offenbar sind es gerade diese Nervenzellen, die schmerzleitende Nervenstränge und Nervenbahnen vom Gehörsinn miteinander vernetzen, sodass Schmerz und Ton gewissermaßen assoziiert werden können. Nach der experimentellen Ausschaltung der Amygdala sind deshalb Angstkonditionierungen nicht mehr möglich (s. LeDoux 1994; 1998). Angstreaktionen können im Tierversuch aber auch dadurch blockiert werden, dass der Experimentator den erregungsdämpfenden Neurotransmitter GABA (Gamma-Aminobuttersäure) in die Amygdala injiziert, wohingegen die Injektion von GABA-Antagonisten die Angst sogar noch verstärkt (vgl. Gahr 1996). Nicht nur bei Versuchstieren, auch beim Menschen ist bei Angst – mithilfe von bildgebenden PET-Verfahren (Büchel u. Dolan 2000) – eine Aktivierung der Amygdala festgestellt worden. Ganz offensichtlich ist also der Mandelkern Dreh- und Angelpunkt der Angstreaktion, einer Emotion, die eine Alarm- und Stressreaktion hervorruft. Die Amygdala und das übrige limbische System beeinflussen direkt oder indirekt den Hypothalamus, und letztlich ist es dieser winzige Teil des Zwischenhirns, der bei Wut, Angst und Stress Alarm schlägt und motorische Abwehrreaktionen, aber auch eine Ausschüttung von Adrenalin und Kortisol aus den Nebennieren auslöst.

Gehirn und Hormone: Die Hypothalamus-Hypophysen-Nebennierenrinden-Achse

Auf zwei Wegen, die in der Abbildung 4.1 skizziert sind, können Stress, Angst und andere Emotionen – via Mandelkern und Hypothalamus – eine verstärkte Hormonausschüttung aus den Nebennieren hervorrufen. Erstens, wie bereits in Kapitel 3 eingehend beschrieben, über die Achse Hypothalamus-Hirnstamm-präganglionäre Sympathikusfasern zum Adrenalin (und Noradrenalin) produzierenden Nebennierenmark. Der zweite Weg führt über die so genannte Hypothalamus-Hypophysen-Nebennierenrinden-Achse zur Ausschüttung von Kortisol, einem Kortikosteroid: Die Freisetzung dieses Hormons der Nebennierenrinde wird nämlich durch ein Hormon der Hirnanhangdrüse (Hypophyse) ermöglicht, die direkt unter dem Hypothalamus in einer sattelförmigen Knochengrube der Schädelbasis liegt und sich dem Boden des Zwischenhirns anschmiegt. Es handelt sich um das Hormon Kortikotropin (ACTH, Abk. für den englischen Begriff „adrenocorticotropic hormone"), dessen Synthese wiederum durch ein anderes Hormon, Kortikoliberin (CRH = corticotropin-releasing hormone), angestoßen wird, ein Neurohormon, das im Hypothalamus gebildet wird. Auf diese Weise wird die Stressbotschaft gewissermaßen wie in einer Stafette entlang der Hypothalamus-Hypophysen-Nebennierenrinden-Achse von einer Hormondrüse zur anderen weitergereicht (s. Abb. 4.1).

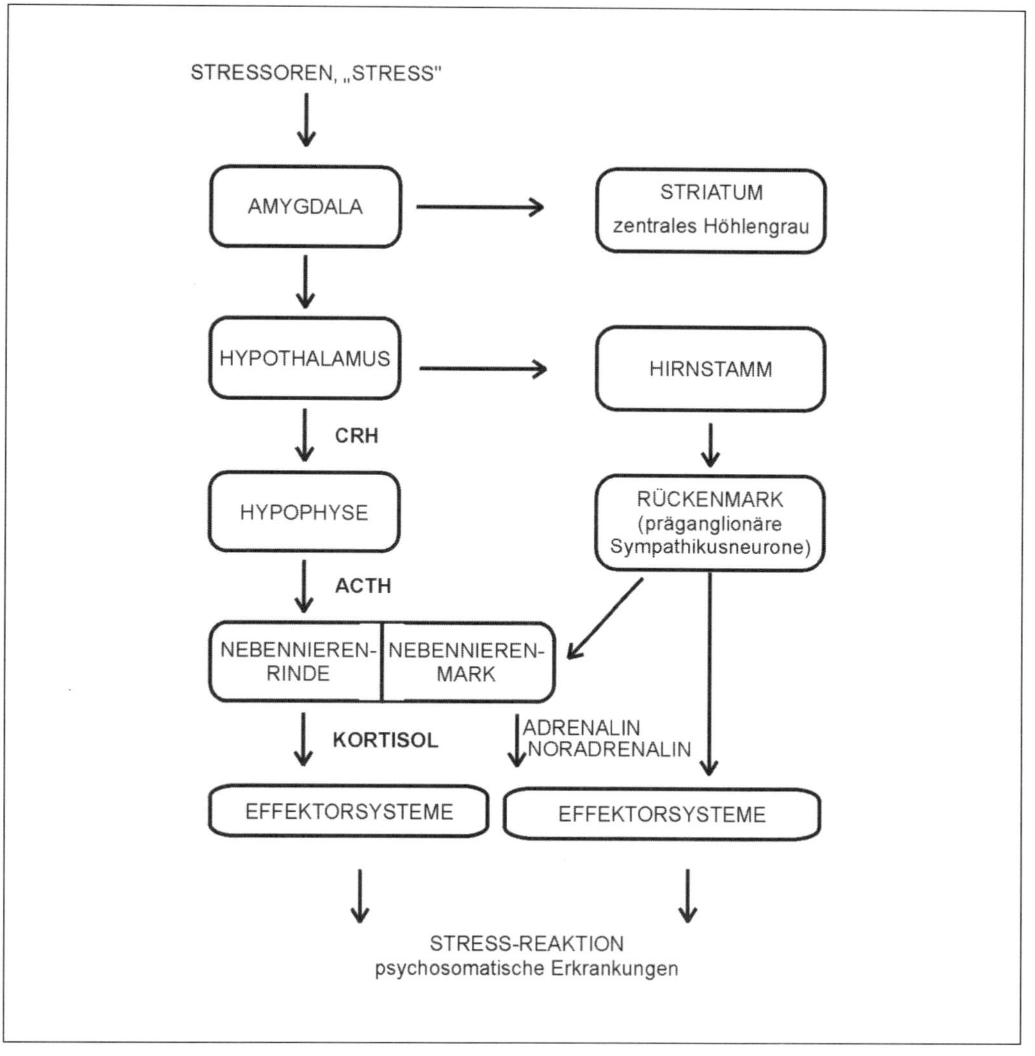

Abb. 4.1 Schema der neuro-endokrinen Koppelung durch Sympathikus und hypothalamo-hypophysäres System bei Stress. Links: Hypothalamus-Hypophysen-Nebennierenrinden-Achse; rechts: sympathikoadrenales System. Bei Stress wird Kortisol freigesetzt, das – via negative Rückkoppelung – die Produktion von Kortikoliberin (CRH) und adrenokortikotropem Hormon (ACTH) hemmt. Zu den Effektorsystemen gehört u.a. das kardiovaskuläre System. Der Hypothalamus und bestimmte motorische Zentren (im Striatum der Basalganglien und im zentralen Höhlengrau des Hirnstamms) stehen unter der Kontrolle der Amygdala.

CRH ist ein Peptidhormon, ein Eiweißbruchstück also, das von neuroendokrinen Neuronen abgegeben wird, die im paraventrikulären Kern des Hypothalamus liegen, also um den oder neben dem dritten Hirnventrikel, einem spaltförmigen, mit Liquor gefüllten Hohlraum in der Mitte des Zwischenhirns, der mit den anderen Hirnkammern kommuniziert. Stress beeinflusst die Aktivität dieses Kerngebietes über noradrenerge und serotoninerge Nervenbahnen aus dem Hirnstamm oder über Nervenfasern aus anderen Kernen des Hypothalamus und aus dem limbischen System. Bei starkem Stress wird CRH verstärkt synthetisiert, sodass es dann sogar in der Ventrikelflüssigkeit vermehrt nachgewiesen werden kann. Umgekehrt löst das Neuropeptid CRH, wenn es in diese Hirnkammer injiziert wird, alle Symptome von Stress und Abwehrverhalten aus (vgl. Linthorst et al. 1997). Insbesondere potenziert es die konditionierte Angst von Laborratten und damit die „freezing response", aber auch die Alarmreaktion, wohingegen dieses Angstverhalten durch so genannte CRH-Antagonisten, wie z.B. Antalarmin, gehemmt wird (s. Deak et al. 1999). Diese Stress-Inhibitoren sind Wirkstoffe, die infolge einer gewissen strukturellen Ähnlichkeit mit CRH um dessen Bindungsplätze an den spezifischen Rezeptormolekülen der Zellmembran konkurrieren. Dadurch wird das Neurohormon von seinem Wirkungsort verdrängt (2).

Die Synthese von CRH im Hypothalamus wird aber nicht nur durch Emotionen beeinflusst, sondern ist auch durch Schmerzen und vor allem „diurnal" (d.h. tagesrhythmisch) bedingt – durch den Wechsel von Licht und Dunkelheit. Kurz vor dem Aufwachen ist die CRH-Bildung, die durch das limbische System, aber auch vom Mittelhirn beeinflusst wird, am intensivsten. Es sind, wie bereits erwähnt, vor allem die Neurotransmitter Noradrenalin, Serotonin und Dopamin, aber auch andere Neurotransmitter, welche die Bildung und Freisetzung von CRH steuern, das nun aber seinerseits die Synthese von ACTH in der Hypophyse gleichsam ankurbelt, und zwar sofort. Denn Hypothalamus und Hypophyse sind durch den Hypophysenstiel miteinander verbunden, sodass das ins Blut abgegebene CRH durch die so genannte Portalvene im Hypophysenstiel auf dem schnellstmöglichen Weg direkt in die Blutgefäße der Hypophyse gelangen kann.

Wie CRH ist auch das Hormon ACTH ein Peptid. Es besteht aus 39 Aminosäuren und entsteht in den Drüsenzellen der Hypophyse durch Abspaltung aus einem etwa 7-mal größeren Vorläufermolekül, einem Prohormon. Es wird in Schüben „gepulst" in die Blutbahn abgegeben und gelangt durch die Blutzirkulation bis in die Nebennierenrinde, wo es die Synthese von Kortisol stimuliert. Die Frequenz der Hormonschübe (bis zu vier pro Stunde) ist in den frühen Morgenstunden am höchsten und am Abend am niedrigsten. Dementsprechend unterliegen auch die Blutwerte von Kortisol und ACTH tagesrhythmischen Schwankungen. Sie sind am höchsten am frühen Morgen und am späten Abend am tiefsten. Dieser Rhythmus wird durch eine „innere Uhr" im Hypothalamus gesteuert, die bei einem Wechsel der Zeitzone, etwa nach einer langen Flugreise, erst nach einigen Tagen „umgestellt" wird. Bis dahin ist deshalb die Hormonproduktion gewissermaßen aus dem Zeittakt, was bei uns Menschen eine Unpässlichkeit, einen „Jetlag" hervorruft. Durch diese Erfahrung wird auch deutlich, wie sehr der Hormonspiegel von Kortisol, ACTH und CRH unsere Befindlichkeit beeinflusst, und deshalb ist die Feinregulation des Hormonspiegels von großer Bedeutung für unser Wohlbefinden, aber auch für die Homöostase, die Wahrung des inneren Gleichgewichts im Zusammenwirken der Organfunktionen. Im Durchschnitt enthält 1 Liter Blut nur etwa 0,1–0,2 mg des Hormons (3).

Beim Gesunden wird eine Überproduktion von Kortisol durch eine sinnreiche Rückkoppelung vermieden: Wann immer der Blutspiegel dieses Hormons auf unphysiologische Werte ansteigt, reagiert es verstärkt mit Kortisol-Bindungsplätzen (= Kortisolrezeptoren) an den Zellmembranen der ACTH-synthetisierenden Drüsenzellen der Hypophyse oder aber mit Kortisolrezeptoren auf den CRH-bildenden Neuronen des Hypothalamus sowie mit Neuronen im Hippocampus. Via Feedback-Hemmung wird die Hormonproduktion automatisch gedrosselt, worauf dann der Kortisolspiegel im zirkulierenden Blut mit einer „Halbwertszeit" von etwa 70 Minuten abfällt. Anstelle von Kortisol kann die Feedback-Hemmung auch durch Dexamethason, ein dem Kortisol analoges Medikament, herbeigeführt werden. Daher vermag dieses synthetische Steroidhormon in hoher Dosierung den Anstieg von Kortisol in den frühen Morgenstunden komplett zu unterdrücken, was auch therapeutisch genutzt wird. Bei chronischem Stress und auch bei gewissen Formen der Depression versagt jedoch oftmals der Rückkoppelungsmechanismus, sodass selbst hohe Dosen von Dexamethason die CRH- und Kortisolproduktion nicht senken können. Die Kortisolwerte können dann bis zu 10-mal größer sein als im Normalfall, und sie bleiben sogar meist auch in der zweiten Tageshälfte erhöht. Wieso versagt aber die rückgekoppelte Hemmung? Schuld haben möglicherweise neuronale Netzwerke im limbischen System, insbesondere im Hippocampus, der mit dem paraventrikulären Kern des Hypothalamus neuronal verschaltet ist und dessen Neurone besonders viele Kortisolrezeptoren aufweisen und mit dem Hormon reagieren. Bei Stress und chronisch erhöhtem Blutspiegel der Nebennierenrindenhormone Kortisol oder Kortikosteron werden nämlich Hippocampusneurone geschädigt und dadurch offenbar die erwähnten Rückkoppelungsmechanismen beeinträchtigt, sodass die Kortisolwerte noch mehr steigen, ein Teufelskreis (vgl. Sapolsky et al. 1984 sowie McEwen 1996). Jedenfalls verhindert eine experimentell herbeigeführte Zerstörung gewisser Regionen im Hippocampus, dass Kortisol oder Dexamethason die CRH-Bildung im Hypothalamus hemmt. Infolgedessen steigen bei den operierten Tieren die Kortisolwerte im Blut nach einer Stressbelastung ganz besonders, und sie bleiben selbst nach Stress-Ende auch noch lange über die Norm erhöht. Beim Gesunden noch unterschwellige Stressorreize bewirken dann bei einer solchermaßen erhöhten Stress-Sensitivität eine starke psychovegetative Stressreaktion, eine psychosomatische Reaktion. Aufgrund solcher Experimente darf wohl mit Recht vermutet werden, dass die Stress-Sensitivität der Hypophysen-Hypothalamus-Nebennierenrinden-Achse durch den Hippocampus beeinflusst wird.

Diese „Stresskontrolle" betrifft jedoch nicht nur die Produktion und Freisetzung von CRH, ACTH und Kortisol, sondern auch noch ein anderes Neurohormon, nämlich Arginin-Vasopressin (= AVP), das vor allem bei Stress und Schmerzen zu einem nicht geringen Teil ebenfalls von CRH-produzierenden Zellen im Hypothalamus hergestellt wird und wie CRH die ACTH- und damit indirekt die Kortisolherstellung stimuliert. AVP wirkt aber nicht nur über die Achse Hypothalamus-Hypophysen-Nebennieren, sondern (wie CRH) auch als verhaltensmodulierender Neurotransmitter im limbischen System und im Hirnstamm und kann – so wie CRH – für Stress und Angst typische Reaktionen verstärken (4). Den weitaus größten Anteil an der Freisetzung von AVP hat jedoch der Hypophysenhinterlappen, die so genannte Neurohypophyse. Denn bis hierher gelangt der im Hypothalamus gebildete Botenstoff via Nervenfasern im Hypophysenstiel. Das in den Blutkreislauf abgegebene Hypophysenhinterlappen-Hormon wirkt sowohl blutdrucksteigernd als auch harnhemmend, also antidiuretisch, und es wird deshalb auch als antidiuretisches Hormon (ADH) bezeichnet.

Wie wirken die Stresshormone der Nebennierenrinde?

Wie wir gesehen haben, wirkt die Hypothalamus-Hypophysen-Nebennierenrinden-Achse als biologischer Verstärkermechanismus: Spuren des hypothalamischen Neurohormons CRH bewirken die Freisetzung von sehr viel größeren Mengen ACTH aus der Hypophyse, und die Blutwerte von Kortisol sind wiederum um Größenordnungen höher als diejenigen von ACTH.

Der Blutspiegel von Kortisol ist nicht nur bei psychosozialem Stress erhöht, sondern auch bei Fieber, überhaupt bei Infektionskrankheiten, aber auch nach chirurgischen Eingriffen, nach starker körperlicher Anstrengung und bei chronischen oder akuten Schmerzen und gewissen endokrinen Erkrankungen, insbesondere der so genannten Cushing-Krankheit. Die Ursache dieses Leidens ist meist ein Tumor ACTH-bildender Zellen der Hypophyse, und die Symptome können allein durch eine Überproduktion des Nebennierenrindenhormons erklärt werden. Typisch für diese Hormonstörung sind Fettsucht, erkennbar am „Büffelnacken“ und „Vollmondgesicht“, Erhöhung des Blutzuckerspiegels über die Norm, Anfälligkeit gegen Infekte, Magen- und Darmgeschwüre, Bluthochdruck und Abbau des körpereigenen Eiweißes. Besonders das Bindegewebe ist betroffen, sodass die Haut dünn und atrophisch wird und über dem Bauch eigentümliche Streifen (die so genannten Striae) aufweist. Oft leiden die Patienten unter Depressionen, Gedächtnisschwäche und anderen psychischen Störungen, die dann als „endokrines Psychosyndrom“ bezeichnet werden. Die gleichen Symptome können aber nicht nur durch Tumore hormonbildender Zellen in der Hypophyse, in den Nebennieren und in den Bronchien hervorgerufen werden, sondern auch, wenn auch nicht so ausgeprägt, durch eine falsche ärztliche Hormontherapie. Schon in den 50er Jahren entdeckten begeisterte Ärzte die segensreiche, entzündungshemmende Wirkung von Kortison bei der Behandlung von rheumatischen Gelenkentzündungen und bei Asthma; aber sie fanden auch heraus, dass sich bei Überdosierung ein „Cushing-Syndrom“ entwickelt, weil Kortison im Körper in Kortisol umgewandelt wird. Um Überdosierungen zu vermeiden, verwendeten deshalb schon damals die Ärzte in Kliniken vielfach ACTH, um in den Nebennieren die Kortisolsynthese zu stimulieren. Versagt aber die ACTH-Wirkung, so darf mit Sicherheit auf eine Nebennierenrinden-Insuffizienz geschlossen werden (wie z.B. bei der Addison-Erkrankung), bei welcher die Fähigkeit zur Biosynthese von Kortisol und anderen Nebennierenrindenhormonen (Aldosteron und männliche Sexualhormone) nicht gegeben ist. Bei den betroffenen Menschen ist der Blutzuckerspiegel zu niedrig, was Lethargie und große Müdigkeit hervorruft, und die Haut ist oft bräunlich verfärbt (5). Kortisol ist lebenswichtig. Wenn Versuchstieren die Nebennierenrinde entfernt wird, überleben sie nur, wenn auch das fehlende Kortisol bzw. Kortikosteron substituiert wird.

Das Steroidhormon Kortisol zählt wie Kortikosteron zu den Glukokortikoiden. Das sind Hormone, die den Glukosestoffwechsel beeinflussen und in der Rinde (Kortex) der Nebennieren, genauer gesagt, in der so genannten Zona fasciculata, aus Cholesterin gebildet werden. ACTH stimuliert diese Synthese aus zwei Gründen. Erstens fördert es die Aufnahme von Cholesterol in die Drüsenzellen. Zweitens steigert es die Aktivität eines Enzyms, das in den Zellen den ersten Schritt zur Biosynthese des Hormons einleitet, wodurch natürlich die Geschwindigkeit der Kortisolherstellung erhöht wird. Statt nur 2–10 mg werden nach starker ACTH-Einwirkung, insbesondere bei großem Stress und

bei der Cushing-Erkrankung, bis zu 400 mg am Tag synthetisiert, sodass die Blutwerte von Kortisol drastisch ansteigen.
Kortisol beeinflusst den Stoffwechsel in vielfacher Weise. Zum einen fördert Kortisol die Lipolyse, also den Abbau des körpereigenen Fettes zu Fettsäuren. Bei Stress können daher die Blutwerte von Lipiden stark über der Norm liegen. Trotz dieser Mobilisierung der Fettreserven nimmt das Körpergewicht jedoch zu, weil unter der Einwirkung des Steroidhormons der Appetit steigt und dem Körper mehr Kalorien zugeführt werden. Zum anderen verstärkt Kortisol die Wirkung von Noradrenalin auf den Blutdruck und die von Adrenalin auf den Zuckerstoffwechsel, und es erhöht zudem die Wirkung eines anderen Hormons, nämlich die von Glukagon, das genau wie Insulin in der Bauchspeicheldrüse gebildet wird, jedoch den Blutzuckerspiegel hebt. In diesem Sinne wirkt Kortisol also wie ein Insulin-Antagonist und so gewissermaßen auch „diabetogen", wenn die Insulinproduktion im Pankreas dem erhöhten Insulinbedarf nicht mehr gerecht wird. Das ist besonders dann der Fall, wenn das Kortisol stressbedingt ansteigt. Um den Glukosestoffwechsel zu normalisieren, müsste der Blutspiegel von Insulin dann mehr als doppelt so hoch sein, was Patienten mit insulinabhängigem Diabetes sehr wohl in Rechnung stellen. Wie bereits erwähnt, fördert das Steroidhormon aber auch den Abbau der körpereigenen Proteine zu Aminosäuren und damit ebenfalls die Neubildung von Glukose. Denn die Aminosäure Alanin wird durch den Stoffwechsel in Traubenzucker umgewandelt. Kortisol wirkt also abbauend, d.h. katabol, und es mobilisiert aber gerade dadurch Energiereserven des Organismus, wodurch dieser in die Lage versetzt wird, mit extrem belastenden Situationen (Stress) besser fertig zu werden.
Die durch Kortisol bedingte Anpassung des Stoffwechsels an den Stress wird jedoch langfristig zur Fehlanpassung. Denn zum einen bewirkt Kortisol im Übermaß Darm- und Magengeschwüre und schwächt überdies, wie wir später eingehend besprechen werden, die körpereigene Immunabwehr. Zum anderen setzen chronisch exzessiv erhöhte Kortisolwerte im Gehirn einen unheilvollen Circulus vitiosus in Gang. Durch Einwirkung auf den Hippocampus wird nämlich ein Teil seiner Neurone geschädigt, was dann, wie oben bereits erwähnt, eine nochmals verstärkte Ausschüttung der Stresshormone CRH und Kortisol zur Folge hat, weil die rückgekoppelte Hemmung wegfällt. Der Hippocampus ist aber für Lernvorgänge von zentraler Bedeutung, und die durch Kortisol induzierte Schädigung von Hippocampusneuronen macht deshalb auch verständlich, warum chronischer Stress das Erinnerungsvermögen beeinträchtigt (vgl. de Quervain et al. 1998). Hingegen brauchen offenbar andere Neurone des limbischen Systems, die so genannten Körnerzellen, gerade geringe Mengen von Kortisol, um überhaupt überleben zu können. Sie degenerieren nach Entfernung der Nebennierenrinde. Ein gewisser basaler Hormonspiegel ist offensichtlich einer optimalen kognitiven Aktivität förderlich (vgl. McEwen 1996). Alles kommt also darauf an, dass der Blutspiegel des Stresshormons optimal reguliert ist, welches – wie wir schon seit langem wissen – auf die DNS des Genoms einwirkt. Wie andere Effektororgane des Nebennierenrindenhormons auch, enthalten Hippocampusneurone und CRH-synthetisierende neurokrine Zellen des Hypothalamus reichlich Kortisol- bzw. Kortikosteronrezeptoren. Sobald nun aber diese Proteinmoleküle mit dem Hormon besetzt sind, wandern sie vom Zellplasma in den Zellkern, wo sie an spezifischen regulatorischen DNS-Sequenzen gewisser Gene andocken, deren „Aktivität" (Expression) dann verändert wird. Auf diese Weise können Kortikosteroide innerhalb von Minuten oder Stunden die Synthesegeschwindigkeit und die Menge bestimmter Enzyme des Zellstoffwechsels ver-

ändern und damit bei körperlichen oder seelischen Belastungen regulierend in die Homöostase der Körperfunktionen eingreifen.

Kontrolle und Bewältigung von Stress

Stressoren bewirken – wie wir gesehen haben –, dass der Sympathikus aktiviert wird und vermehrt CRH sowie ACTH synthetisiert und Kortisol bzw. Katecholamine ins Blut ausgeschüttet werden. Ob wir nun aber auf eine stressauslösende Situation stärker oder schwächer reagieren und den Stress besser oder schlechter bewältigen können, hängt teilweise wohl auch von genetischen Faktoren ab (vgl. Meaney et al. 1993). Wie schon in Kapitel 3 erwähnt, ist bei Menschen, die zu Hypertonie neigen, die Stressempfindlichkeit deutlich erhöht. Ebenso zeigen junge Männer mit einer positiven Familienanamnese bezüglich Alkoholismus eine verstärkte kardiovaskuläre Stressreaktion auf gewisse Stressoren wie z.B. (antizipierte) elektrische Schmerzreize am Ellbogengelenk. Bei den Männern dieser Risikogruppe bewirkt die Einnahme alkoholischer Getränke eine drastische Dämpfung der aufkommenden Stressreaktion, die sich in einer erhöhten Pulsfrequenz und einer verstärkten Anspannung der Stirnmuskulatur (Musculus frontalis) manifestiert. Diese Menschen könnten deshalb leicht in Versuchung geraten, sich bei Stress und Ängsten durch Alkohol zu entspannen, und sie sind deshalb suchtgefährdet. Bei den nicht suchtgefährdeten Männern der Kontrollgruppe hingegen ist die Stress-Sensitivität viel niedriger, aber durch Trinken auch nicht zu beeinflussen (vgl. Finn et al. 1990). Selbst bei Versuchstieren (Ratten beispielsweise) ist genetisch bedingt die Stressempfindlichkeit der Hypothalamus-Hypophysen-Nebennierenrinden-Achse sehr unterschiedlich (s. Gomez et al. 1996) (6).

Wie gut wir mit Stress fertig werden, hängt aber nicht nur von unserem Erbgut, sondern auch von der Bedeutung ab, die wir dem Stress zumessen, und vor allem von früheren Erfahrungen und dem Gefühl oder Glauben, den Stress mehr oder weniger gut bewältigen bzw. kontrollieren zu können. Man denke an einen geübten Bergsteiger am Seil, für den das Bergerlebnis ein Eustress ist, ein willkommener Nervenkitzel also. Für den Unerfahrenen jedoch ist es ein großer, mit Höhenangst verbundener Disstress, und einem Menschen mit pathologischer Höhenangst wird es schon auf einer Leiter schwindelig. Beim ersten Sprung eines Fallschirmspringers werden seine Adrenalin-, Noradrenalin- und Kortisolwerte gewiss sehr viel stärker ansteigen als bei wiederholten und erfolgreichen Sprüngen nach jahrelanger Erfahrung. Gerade der Blutspiegel von Kortisol ist ein charakteristisches Anzeichen für unbewältigten Stress. Wie Lundberg und Frankenhäuser (1980) berichten, empfanden Studenten eine Schnelligkeit und höchste Aufmerksamkeit erfordernde Aufgabe als mental sehr stressig. Doch ihre Kortisolwerte stiegen nur dann an, wenn die Arbeit aufgrund des hohen Zeitdrucks kaum oder überhaupt nicht zu bewältigen war. Konnten die Studenten jedoch das Tempo selbst kontrollieren, so hatten sie sogar Spaß an der Herausforderung, und in diesem Fall erhöhten sich lediglich die Blutwerte von Adrenalin und Noradrenalin. Der Einfluss der Kontrollmöglichkeit auf die Stress-Sensitivität zeigt sich auch bei starkem Lärm. Normalerweise wird Lärm schon weit unterhalb der Schmerzgrenze (etwa 110 Dezibel) als unangenehm und „stressig" empfunden, sodass selbst in der Nähe von Flughäfen die Lärmbelastung der Wohnbevölkerung durch Fluglärm 55 bis 60 Dezibel nicht überschreiten darf. Lärmbelastete Studenten, die beim Lösen von Rechenaufgaben den Geräuschpegel selbst einstellen durften, fühlten sich allerdings bei der Arbeit nicht gestört. Ihre Kortisolwerte stiegen nicht an, ganz im Gegensatz zu denen ihrer Kommilitonen in der Kontrollgruppe, die ungewollt dem gleichen Lärmpegel ausgesetzt waren (s. Lundberg u. Frankenhäuser 1978).

Selbst bei Tieren hängt die neuroendokrine Stressantwort ganz davon ab, ob die Stress-Situation kontrolliert werden kann oder nicht. Hungernde Ratten beispielsweise wurden darauf trainiert, mit der Schnauze immer wieder einen Hebel zu drücken, um zum Futter zu gelangen. Die Versuche, Nahrung zu bekommen, waren für die Ratten sehr anstrengend und „stressig“, aber schließlich von Erfolg gekrönt. Dementspechend stiegen zwar die Blutspiegel von Adrenalin und Noradrenalin, nicht jedoch die Blutwerte von Kortikosteron. Fanden jedoch die Versuchstiere den Hebel ganz unerwartet verriegelt, so waren sie offensichtlich höchst frustriert: Der Blutspiegel von Kortikosteron stieg aufgrund dieses jetzt ganz unkontrollierbar gewordenen Stresses dramatisch an, und er normalisierte sich wieder, sobald der Hebel entriegelt wurde (s. de Boer et al. 1990). Andere Ratten wiederum lernten, beim Ertönen eines Warnsignals durch Betätigung eines Hebels die (leicht) schmerzhaften elektrischen Reize zu vermeiden, die ihnen von der Versuchsapparatur ausgeteilt wurden. Die Reize entsprachen damit einem Stress, der vom Versuchstier mehr oder weniger gut kontrolliert werden konnte, und sie bewirkten deshalb keine gesundheitlichen Schäden. In der Kontrollgruppe erhielten die Versuchstiere gleich viele elektrische Schocks, konnten diese jedoch nicht beeinflussen; der unkontrollierte Stress verursachte Magengeschwüre bei den Tieren, weil ihre Kortikosteronwerte anstiegen (vgl. Weiss 1970). Ähnlich geht es wohl Menschen, denen Stress schließlich „auf den Magen schlägt“.

Erfahren Versuchstiere immer wieder, dass sie eine Stress-Situation nicht in den Griff bekommen, ihr also gewissermaßen hilflos ausgeliefert sind, so geben sie schließlich auf und verfallen in einen Zustand, der von den Stressforschern als „erlernte Hilflosigkeit“ bezeichnet wird und in manchen Belangen einer klinischen Depression gleicht (vgl. Seligman 1979; Maier 1984; Gold et al. 1988). Auch beim Menschen entsteht bei unkontrollierbarem und unbewältigtem Stress, d.h. bei einer Belastung durch Stresserlebnisse, mit denen man nicht fertig wird, ein Gefühl der Hilflosigkeit. Es ist eine erlernte Hilflosigkeit im Sinne von Seligman (1979), verbunden mit den Anzeichen einer Depression und einem starken Anstieg des Kortisol-Blutspiegels und der CRH-Werte im Gehirn. Vor allem CRH ruft nicht nur Angespanntheit und andere Stressgefühle, sondern sogar depressive Verstimmungen hervor. Aus diesem Grund werden CRH-Antagonisten auch als Stimmungsaufheller eingesetzt (s. Holsboer 1999). Stress, dem man nicht entrinnen kann, erzeugt im Mandelkern außerdem eine Zunahme des Gehaltes von Serotonin, dessen Stoffwechsel seit langem mit Gefühlen von Angst und Niedergeschlagenheit in Verbindung gebracht wird (vgl. dazu Amat et al. 1998; Grahn et al. 1999; Charney 1998; Malison et al. 1998).

Können nun die eben beschriebenen Studien an Menschen und Tieren verständlich machen, auf welche Weise und wie stark der Organismus auf einen potenziellen Stressor reagiert? Die meisten Psychologen sind sich darüber einig, dass ein entscheidendes Kriterium offenbar die Vorerfahrung ist. Verleiht diese beispielsweise die „innere“ (meist unbewusste) Gewissheit und den Glauben, einer Herausforderung gewachsen zu sein bzw. den Stress bewältigen oder zumindest kontrollieren zu können, so steigen die Kortisolwerte nur wenig an. Denn in diesem Fall ist die Hypothalamus-Hypophysen-Nebennierenrinden-Achse offenbar durch den Rückkoppelungsmechanismus gehemmt: Kortisol reagiert mit seinen spezifischen Rezeptoren in den Hippocampusneuronen, und dies wiederum bewirkt eine Hemmung der CRH-Synthese, die über GABAerge Interneurone (Neurone der Gamma-Aminobuttersäure) des Hypothalamus vermittelt wird. Der Hippocampus dämpft somit im „Normalfall" die aufkommende Stressreaktion und bremst so die CRH-Produktion und den weiteren Anstieg von Kortisol im Blut. Umgekehrt dürfte der Rückkoppelungsmechanismus unter bestimmten pathologischen Bedingungen gestört sein, etwa bei vorausgegangenen starken Stressreaktionen, aber auch infolge einer Dysfunktion von neuronalen Netzwerken des Hippocampus und deren Verbindungen zum Hypothalamus. Die CRH-Konzentration des Gehirns und der Kortisolspiegel im Blut würden dann schon bei schwachem Stress unangemessen ansteigen, und die Stress-Sensitivität wäre deshalb erhöht. Vermutlich ist dies im Alter der Fall (s. Sapolsky et al. 1983), aber auch bei lang andauerndem, d.h. chronischem Stress, wenn ständig hohe Kortisolwerte die Hippocampusneurone schädigen bzw. deren Kortisolrezeptoren und damit auch die besagten Rückkoppelungsmechanismen beeinträchtigen (vgl. Sapolsky et al. 1984).

Die Stress-Sensitivität ist gerade dann besonders hoch, wenn bereits frühere dramatische Stresserfahrungen vorliegen.

Anscheinend hängt also die Stressreaktion von der Interpretation und vom Vergleich der aktuellen Stresseinwirkung mit vorausgehenden Stresserfahrungen ab, die im impliziten Körpergedächtnis gespeichert sind, vor allem in der Amygdala und im Hippocampus, die wesentliche Bestandteile des limbischen Systems bzw. unseres emotionalen Gehirns sind. Wie nun Huda Akil und Mitarbeiter (1999) vorschlagen, könnte der Hippocampus genau diese Komparatorfunktion übernehmen, indem er mit seinen Kortisolrezeptoren das Ausmaß einer Stressreaktion an den Blut- bzw. Gehirnwerten des Stresshormons Kortisol gleichsam „abliest", im impliziten Körpergedächtnis abspeichert und zum jederzeit abrufbaren Vergleich mit neuen Stress-Situationen bereithält. Der aktuelle Stress würde dann an der im Hippocampus gespeicherten Stresserfahrung gemessen und entsprechend bewertet, und davon hinge dann das Ausmaß der Stressreaktion ab. So würde beispielsweise eine traumatische Erfahrung durch den Hippocampus gleichsam mit dem Etikett „sehr stressig" versehen, unauslöschlich ins „Stressgedächtnis" eingegraben und auf diese Weise noch lange Zeit Stressreaktionen beeinflussen. Dies würde auch die besonders hohe Stress-Sensitivität von Menschen verständlich machen, die nach einer einmaligen, jedoch emotional sehr belastenden seelischen Verletzung an einem so genannten Posttraumatischen Stress-Syndrom erkranken (vgl. Bremner et al. 1997b).

Unkontrollierter Stress bei seelischen und körperlichen Verletzungen

Kriegsereignisse und schwere Unglücksfälle, Erdbeben und andere Naturkatastrophen lösen oftmals einen emotionalen, völlig unbewusst ablaufenden Lernprozess im so genannten impliziten Gedächtnis aus, der das Verhalten noch über Jahre hinaus verändert und die Symptomatik der so genannten Posttraumatischen Belastungsstörung hervorruft. Ein ähnlich gestörtes Verhalten wird selbst bei traumatisierten Tieren beobachtet, wie spätestens seit dem Spielfilm „Der Pferdeflüsterer" (7) bekannt sein dürfte. Die von psychovegetativen Symptomen begleitete Verhaltensstörung wird auch als Posttraumatisches Stress-Syndrom bezeichnet. Denn schwere Verletzungen und Misshandlungen, etwa bei Geiselnahmen und Folterungen, sind ganz außergewöhnlich starke und unkontrollierte Stressoren, insbesondere dann, wenn das Opfer zur Zeit des Unglücks völlig hilflos war und sich nicht wehren konnte, die Kontrolle verlor und sich aufgab. Oft können sich die Betroffenen zunächst überhaupt nicht mehr an das emotional aufwühlende Erlebnis erinnern, nicht etwa, weil sie es verdrängen, sondern weil die Erinnerung nur im emotionalen (impliziten) Gedächtnis gespeichert ist. Sie kann deshalb auch nicht verbalisiert werden, zu Anfang jedenfalls nicht. Es sind also lediglich die bruchstückhaften Erinnerungsfetzen, die sich in den Wochen und Monaten nach dem Ereignis immer wieder blitzartig ins Bewusstsein drängen, so genannte Flashbacks, etwa das Geheul einer Sirene, ein blendendes Licht eines Autoscheinwerfers, der Knall einer Explosion oder Blitz und Donner eines Gewitters, die an das traumatische Erlebnis erinnern und dann wie ein Alarmsignal wirken. Das Signal wird mit dem Trauma assoziiert, und ganz ähnlich wie im Fall der Angstkonditionierung (s. oben) wird dann durch dieses Signal eine Alarmreaktion ausgelöst, unbewusst und gleichsam reflektorisch, wie bei einem bedingten Reflex: Herzjagen, Schweißausbrüche, Atemnot, Angst, Panik und sogar nächtliche Albträume entstehen, sodass manchem (infolge der schlagartigen Überaktivierung des Sympathikus) gar ein kalter Schauder den Rücken hinunterläuft. Die Angst und die Alarmreaktion sind also erlernt.

Vermutlich etwa die Hälfte der Überlebenden von lebensbedrohlichen Katastrophen leiden am Posttraumatischen Stress-Syndrom. Der Sollwert für Alarm ist dabei bei manchen so sehr herabgesetzt, dass sie sogar auf alltägliche Stressoren mit Abwehr- bzw. Alarmreaktionen reagieren, und dies selbst viele Jahre nach der traumatischen Erfahrung: Die Betroffenen sind angespannt und „nervös", schreckhaft und ängstlich. Das Posttraumatische Stress-Syndrom ist beispielhaft für eine erworbene Schreckhaftigkeit und für eine erlernte hochgradige Stress-Sensitivität, verursacht durch schlimme Erfahrungen, die in das emotionale (implizite) Gedächtnis gleichsam eingegraben sind. Davon zeugen die traumatischen Erlebnisse und Erfahrungen von Holocaust-Opfern ebenso wie die Studien an Veteranen der Kriege in Vietnam und am Persischen Golf. Alle Lernprozesse beruhen aber letztlich – wie an anderer Stelle abgehandelt wird – auf strukturellen Veränderungen im Nervensystem. Im Falle des Posttraumatischen Stress-Syndroms darf man diese auch im Hippocampus vermuten: Bei an dem Syndrom erkrankten Vietnam-Veteranen hatte der Hippocampus fast ein Zehntel seines Volumens eingebüßt (s. Bremner et al. 1995). Die Zerstörung von Hippocampusneuronen durch Stress schädigt aber nicht nur das Erinnerungsvermögen (vgl. de Quervain et al. 1998), sondern auch, wie oben beschrieben, die rückgekoppelte Hemmung der CRH-Produktion durch das Stresshormon Kortisol. Tatsächlich fand man bei Patienten, die am Postttraumatischen Stress-Syndrom litten, im Gehirn stark erhöhte CRH-Werte, vor allem in der Amygdala, und außerdem deutliche Defizite im Gedächtnis (vgl. dazu Bremner et al. 1997b; Bremner u. Narayan 1998).

Kortikoliberin (CRH) stimuliert nicht nur die ACTH-synthetisierenden (endokrinen) Drüsenzellen der Hypophyse. Man findet es auch als Neurotransmitter in gewissen neuronalen Strukturen des Hirnstamms und im limbischen System, beispielsweise in der Amygdala. Außerdem beeinflusst es die neuronale Aktivität im blauen Kern (Locus coeruleus), einer Ansammlung noradrenerger Neuronen in der Brückenregion (Pons) des Hirnstamms (Valentino et al. 1983; Gold et al. 1988). Infolgedessen setzen die mit ihren Axonen zur Hirnrinde des Frontallappens projizierenden noradrenergen Nervenzellen Noradrenalin frei, und diese Reaktion wird dann bei chronischem Stress noch verstärkt. Denn lang andauernder Stress fördert die Noradrenalinsynthese im Gehirn, weil ein für die Biosynthese wichtiges Enzym (die Tyrosin-Hydroxylase) verstärkt exprimiert wird (s. Pavcovich et al. 1990). Das im Gehirn freigesetzte Noradrenalin wirkt im Übermaß auf das Frontalhirn geradezu alarmierend; es verstärkt die angespannt ängstliche Wachsamkeit und Schreckhaftigkeit und stört damit die Befindlichkeit. Patienten mit einer Posttraumatischen Belastungsstörung fühlen sich deshalb nervös und gestresst (vgl. Bremner et al. 1996 u. Kap. 3, S. 71). Dass an dieser Reaktion maßgeblich der Locus coeruleus beteiligt ist, zeigten auch Experimente von Koob und Mitarbeitern: Elektrische Stimulation des Locus coeruleus setzt im Gehirn nicht nur Noradrenalin frei, sondern bewirkt Angst und starke Stress-Symptome. So werden die Pupillen erweitert, die Haare sträuben sich, und kalter Schweiß wird abgesondert (Koob et al. 1992). Doch Noradrenalin stimuliert auch die weitere Freisetzung von CRH, welches nun, wie bereits erwähnt, wiederum die neuronale Aktivität im Locus coeruleus verstärkt (Valentino et al. 1983; Curtis et al. 1997). Es handelt sich also ganz offensichtlich erneut um einen sich selbst erzeugenden Teufelskreis: Angst und Stress „schaukeln“ einander auf, im Extremfall bis zur Panik, weil sich das CRH-freisetzende System und das vom Locus coeruleus ausgehende noradrenerge Innervationsystem gegenseitig verstärken (vgl. Gold et al. 1988). Patienten mit einem Posttraumatischen Stress-Syndrom reagieren somit ganz besonders stark auf Stress – zum einen, weil das noradrenerge System des Gehirns gewissermaßen „überdreht“ ist, wie Bremner und Mitarbeiter (1996) erläutern, zum anderen wegen der bereits erwähnten mangelnden Rückkoppelung in der Hypothalamus-Hypophysen-Nebennierenrinden-Achse (vgl. auch Newport u. Nemeroff 2000) (8).

Die Symptome des Posttraumatischen Stress-Syndroms treten meist erst viele Tage, Wochen oder gar Monate nach einem lebensbedrohlichen und traumatisierenden Erlebnis auf. Im Stadium der akuten Gefahr bemerkt der Traumatisierte davon zunächst nichts. Im Gegenteil: Der starke Stress einer schweren Verletzung kann den Körper für kurze Zeit sogar schmerzfrei machen. Im Krieg verwundete Soldaten berichten, dass sie die starken Wundschmerzen zunächst gar nicht spürten, und der Afrikaforscher und Missionar David Livingstone erzählt in seinen Erinnerungen „Missionary Travels“, wie er von einem Löwen überfallen und an der Schulter verletzt wurde; er habe sich wie benebelt, in einer Art von Stupor gefühlt, der Angst und Schmerz wegzauberte (Livingstone 1857) (9). Vermutlich bewirkt die starke Freisetzung von Kortisol und von so genannten endogenen Opioiden, d.h. wie Opium wirkenden Peptiden des Gehirns, dass das schmerzwahrnehmende System des Gehirns gehemmt wird (Maier et al. 1983; Terman et al. 1984). Zu diesen opioiden Peptiden gehört auch Beta-Dynorphin, das bei Stress unter der Einwirkung von CRH ebenfalls von den ACTH-produzierenden endokrinen Zellen der Hypophyse ins Blut abgegeben und als Eiweißbruchstück (Peptid) sogar aus dem gleichen Vorläuferprotein (dem so genannten Proopiomelanokortin) abgespalten wird wie das ACTH (vgl. Schedlowski et al. 1995). Wahrscheinlich kommen aber auch noch andere im Gehirn gebildete endogene opioide Peptide wie z.B. die Enkephaline mit ins Spiel, die im Zustand akuter Lebensgefahr Angst und Stressgefühle ausschalten. Enkephaline spielen offensichtlich eine Rolle in der Kontrolle von Stress. So weisen offenbar „Gen-Knock-out-Mäuse“, die nicht in der Lage waren, Enkephaline zu produzieren, eine erhöhte Stressempfindlichkeit und Angstbereitschaft auf (s. König et al. 1996). Hingegen weiß man, dass eine gesunde sportliche Betätigung, die den Blutspiegel von Opioidpeptiden erhöht, die Stress-Sensitivität verringert und damit die Befindlichkeit verbessert – bei Langstreckenläufern im Extremfall bis zum so genannten „Runner’s high“, einem ausgesprochenen Hochgefühl.

Hormone beeinflussen das Trink- und Essverhalten

Fettsucht (Adipositas) schadet der Gesundheit: Arteriosklerose und Alters-Diabetes (Typ 2-Diabetes) können die Folgen sein. Wie zu lesen war (10), konnte ein 500 kg (!) schwerer Amerikaner, der zum Frühstück regelmäßig bis zu 24 Hotdogs aß, nur noch mithilfe eines Gabelstaplers in den Krankenwagen gehoben und ins Krankenhaus zur dringend benötigten Abmagerungskur transportiert werden. „Es ist wie eine Sucht", meinte der Schwergewichtige: „Wenn ich einmal anfange zu essen, kann ich damit nicht mehr aufhören." In den westlichen Industrienationen, vor allem in den Vereinigten Staaten, leidet heute fast jeder Dritte an Übergewicht, sodass allein in den USA zurzeit jährlich an die 33 Milliarden Dollar zur Reduktion des Körpergewichts ausgegeben werden müssen. Nach der Einführung neuer „Lifestyle-Drogen" zur Gewichtsreduktion (11) werden diese Kosten wohl noch beträchtlich anwachsen, ganz abgesehen von den Mehrausgaben des Gesundheitswesens, die aufgrund der hohen kardiovaskulären Morbidität von Fettsüchtigen anfallen. Unter medizinischen und volkswirtschaftlichen Aspekten ist daher das Verständnis der zerebralen und hormonellen Kontrolle des Essverhaltens von großem Interesse.

Nicht nur Untersuchungen an Kranken, sondern auch Tierversuche haben unser Wissen über die Regulation des Nahrungstriebs enorm vorangetrieben. So wurde erkannt, dass verschiedene Hormone, wie z.B. Kortisol, Insulin, Leptin und Neuropeptid Y, an der Steuerung beteiligt sind. Die Entdeckung von Leptin war ein Zufall: Der amerikanische Forscher D. G. Fleming hatte Ende der 60er Jahre in einem so genannten Parabiose-Experiment den Blutkreislauf einer (überfütterten) fetten Ratte mit dem einer mageren Ratte verbunden. Letztere aß daraufhin nur noch wenig und nahm aus diesem Grund schnell an Gewicht ab, so als hätte sie von der dicken Ratte auf dem Blutweg ein Gewicht reduzierendes Mittel bekommen. Erblich fettleibige so genannte Ob-Ratten (Obese rats) hingegen konnten im Parabiose-Experiment den fraglichen Abmagerungsfaktor nicht liefern. Ganz offensichtlich fehlte ihnen das Gen für die Herstellung des nunmehr „Leptin" genannten Faktors, dessen Injektion in die Blutbahn die Nahrungsaufnahme von Versuchstieren reduzierte. Gewöhnlich wird unser Körpergewicht erstaunlich konstant gehalten: Sobald der Körper mehr Fett ansetzt, bilden die Fettzellen vermehrt Leptin, das den Appetit auf Nahrung drosselt. Da nun aber der Blutspiegel dieses Hormons der Fettleibigkeit direkt proportional ist, kann auf diese Weise das Körpergewicht „rückgekoppelt" hormonell geregelt werden. Allerdings ist die Wirkung von Leptin eine indirekte. Das Hormon der Fettzellen hemmt nämlich im Hypothalamus die Synthese und Freisetzung des Neurotransmitters NPY (Neuropeptid Y), welcher den Appetit auf Nahrung steigert (vgl. Schwartz et al. 1996). Ergo kann man sehr hungrig werden, wenn, beispielsweise nach einer Abmagerungskur, weniger Fettzellen weniger Leptin produzieren und daher die NPY-Konzentration im Hypothalamus ansteigt.

Hemmend auf die NPY-Absonderung des Hypothalamus wirkt aber nicht nur Leptin, sondern auch Insulin, das in den Langerhans-Inseln der Bauchspeicheldrüse gebildet wird und dessen Blutwerte, genau wie die des Leptins, mit dem Grad der Fettleibigkeit korrelieren (s. Woods 1995). Insulin wirkt deshalb appetithemmend und vermittelt so das Gefühl, gesättigt zu sein, und dies zum richtigen Zeitpunkt: Denn das den Blutzucker senkende Hormon wird ja gerade dann vermehrt gebildet, wenn die Glukosekonzentration im Blutplasma nach einer sättigenden Mahlzeit über den Sollwert ansteigt. Um es genauer auszudrücken: In geringem Ausmaß steigt der Blutspiegel von Insulin auch schon antizipatorisch vor dem Essen aufgrund eines bedingten Reflexes, wenn einem Geruch und Anblick der Mahlzeit „das Wasser im Munde zusammenlaufen" lassen. Bekanntlich senkt Insulin den Blutzuckerspiegel, weil es die Aufnahme von Glukose ins Muskel- und Fettgewebe fördert. Bei Diabetikern, die an Insulinmangel leiden, können infolgedessen die mit der Nahrung aufgenommenen Kalorien auch nur ungenügend im Körper verwertet werden, zumal sie in Form von Glukose teilweise mit dem Harn ausgeschieden werden. Trotz guten Appetits bleiben daher jugendliche Diabetiker mager.

Selbst bei leichteren Störungen der Insulinproduktion kann Stress die Stoffwechsellage verschlimmern, weil die stressbedingte Überaktivierung des Sympathikus die ohnehin spärliche Insulinsekretion noch mehr hemmt.

Zudem verringert die Freisetzung des Stresshormons Kortisol die Ansprechbarkeit der Gewebe auf Insulin. Deshalb mag ein starker psychischer Stress bei einem klinisch überhaupt noch nicht erkennbaren leichten Diabetes Symptome der Zuckerkrankheit hervorrufen, die dann allerdings nach Ende der psychosomatischen Belastung auch wieder verschwinden können.

Das Stresshormon Kortisol wirkt in höheren Konzentrationen appetitanregend. Es verursacht gerade dadurch eine Zunahme des Körpergewichts, was bei den appetitlosen und stark abgemagerten kachektischen Krebskranken sogar therapeutisch genutzt werden kann (vgl. Tataranni et al. 1996). Ganz besonders ausgeprägt ist die Gewichtzunahme im Falle der Cushing-Erkrankung, der eine Überproduktion von Kortisol in den Nebennieren zugrunde liegt. Ein Mangel an Kortisol hingegen bewirkt Appetitverlust und Müdigkeit.

Niedergeschlagenheit, Stress und Ärger können einem sehr wohl „den Appetit verderben", wie der Volksmund sagt. Diese Wirkung von Stress wird über CRH vermittelt, jedoch nicht aufgrund der Stimulation der Synthese von ACTH und Kortisol. Als Neurotransmitter erregt CRH nämlich auch hypothalamische Neurone, die Oxytozin absondern, und dieses mit Vasopressin verwandte Hypophysenhinterlappenhormon hemmt den Appetit und die Magentätigkeit (vgl. Rogers u. Hermann 1987). Bei einer psychogenen Ess-Störung, der Magersucht also (Anorexia nervosa), dürfte der vollkommene Appetitverlust wohl ebenfalls zumindest teilweise durch die stark erhöhten CRH-Werte im Hypothalamus mit bedingt sein, und in diesem Fall lässt sich die erhöhte CRH-Produktion im Paraventrikulariskern des Hypothalamus durch Kortisol auch kaum hemmen, sodass die Konzentration der Stresshormone erhöht und somit die Stressreaktion für lange Zeit verstärkt bleiben. Noch wichtiger sind jedoch psychosoziale Momente. Manche magersüchtige Mädchen haben in der Pubertät ein gestörtes Körperbild entwickelt. Insbesondere haben sie Angst, dick zu sein. Im Extremfall kann sogar ein mit Schamgefühlen verbundenes und dem eigenen Körper gegenüber feindseliges, ja selbstschädigendes Verhalten auftreten, das schließlich zur Nahrungsverweigerung führt und oft mit einer Regression auf eine frühere Entwicklungsstufe verknüpft ist. Eine psychotherapeutische Behandlung ist dann angezeigt – und meistens auch erfolgreich (vgl. Zipfel et al. 2000).

Der berühmte Züricher Pädiater Guido Fanconi schildert, wie er einer jungen Patientin, die an einer schweren Anorexia nervosa litt, eigenhändig Muttermilch einlöffelte und sie durch verstehende Zuwendung und gutes, suggestives Zureden wieder zum Essen brachte. Sie wurde geheilt (Fanconi 1950). So wichtig also die quasi automatischen Abläufe im Neuroendokrinium für die Regelung des Nahrungstriebs auch sein mögen, so entscheidend können letztlich doch kognitive zerebrale Prozesse bzw. unser Denken und unsere Erfahrungen den Appetit und das Essverhalten beeinflussen (vgl. Cooper et al. 1993). Man denke z.B. an den so genannten „Kummerspeck“. Vielleicht ist man als Kind mit Süßem belohnt oder bei Kummer getröstet worden, und so ließe sich noch beim Erwachsenen das bei Trübsal oder Stress manchmal so beliebte Naschen von Süßigkeiten als ein (in der Kindheit) erlerntes Verhaltensmuster deuten, gewissermaßen als ein probates Mittel, sich selbst etwas Gutes zu tun und zu trösten, wenn man dem Appetit auf Süßes nachgibt (vgl. jedoch Anm. 12).

Zu den bekanntesten Appetitanregern gehören der Geruchs- und der Geschmacksinn. Der Appetit kommt mit dem Essen, wie der Franzose sagt; denn allein schon der Duft und der Geschmack einer köstlich zubereiteten Mahlzeit lassen einem „das Wasser im Munde zusammenlaufen“ und wecken den Appetit. Andererseits können Geschmack und Anblick von Essen „den Appetit verderben“, wenn die servierte Nahrung in der Vergangenheit Übelkeit oder gar Erbrechen verursacht hat. Geschmacksaversionen dieser Art sind erlernt und im impliziten Gedächtnis gespeichert. Sogar Nagetiere lernen, Nahrungsmittel zu vermeiden, die für sie toxisch sind und Übelkeit bewirken.

Scharf gewürztes Essen macht durstig. Durst ist eine primäre Emotion; er entsteht, wenn die Kochsalzkonzentration in der Blutflüssigkeit (und damit der osmotische Druck) über den Normwert (etwa 9 g NaCl/l) ansteigt (13) – sei es nach sehr salzreicher Kost, sei es, dass der Körper bei starkem Schwitzen viel Wasser verliert, sodass das Blut gleichsam „eingedickt“ wird. Um dann die Blutflüssigkeit wieder zu verdünnen und so die Salzkonzentration auf den Normwert zu senken, stehen dem Organismus grundsätzlich zwei Strategien zur Verfügung: Die Harnausscheidung (Diurese) wird gedrosselt oder die Flüssigkeitszufuhr durch reichliches Trinken erhöht. Ersteres Manöver wird durch das im Hypothalamus gebildete antidiuretische Hypophysenhinterlappenhormon (ADH) ausgelöst. Dieses Neuropeptid wird nämlich verstärkt synthetisiert und vom Hypophysenhinterlappen ins Blut ausgeschüttet, wenn die Osmosensoren im Hypothalamus eine „Verdickung“ des Blutes bzw. einen erhöhten osmotischen Druck registrieren. Die Durstgefühle werden offenbar im Gyrus cinguli des limbischen Systems (vgl. Abb. 1.2) bewusst gemacht. Jedenfalls konnten der australische Physiologe Derek Denton und seine Mitarbeiter (1999) in dieser Hirnregion bei durstigen Versuchspersonen mithilfe eines bildgebenden Verfahrens (PET) eine verstärkte Hirnaktivität feststellen, die sofort aufhörte, wenn der Durst durch Trinken gelöscht wurde, und dies schon lange, bevor überhaupt (nach etwa einer halben Stunde) ihr Blut durch die Wasseraufnahme wieder auf den normalen Wert verdünnt war. Deshalb, so Denton, sei das Trinken von Wasser bei Durst ein vom Bewusstsein gesteuertes, zielgerichtetes emotionales Verhalten. Mensch und Tier wissen offenbar schon aus Erfahrung, wie viel sie trinken müssen, um ihren Durst zu löschen (14). Durst wird offenbar nicht durch ADH ausgelöst, sondern neurogen bzw. auch durch ein anderes Peptidhormon: Angiotensin II (15). Ein beinahe unstillbarer Durst entsteht nämlich gerade auch bei komplettem Mangel an antidiuretischem Hormon (bei Diabetes insipidus), weil dann der Körper infolge der unmäßigen Diurese jeden Tag 15–20 Liter Wasser verliert.

Wechselwirkungen von psychosozialen Faktoren und Hormonen

Wie wir sahen, sind viele Nervenzellen des Hypothalamus neurokrin. Sie sondern bei Stress das Neurohormon Kortikoliberin (CRH) ab, welches, in die Blutbahn abgegeben, zur Freisetzung der Hormone ACTH und Kortisol führt. Indessen wirken sowohl Kortisol wie CRH wiederum auf das Gehirn ein und bewirken die für Stress charakteristischen zentralnervösen Symptome: Nervosität und Anspannung, ja sogar Depressionen. Genau diese Symptome können aber auch durch Funktionsstörungen der Schilddrüse hervorgerufen werden, die nicht selten sogar das Bild psychischer und psychosomatischer Störungen simulieren. Ein erhöhter Blutspiegel von Schilddrüsenhormonen, wie er für die Basedow-Krankheit charakteristisch ist, verursacht Unruhe, Schlaflosigkeit und Aufgeregtheit, aber auch Muskelzittern und Kurzatmigkeit, oftmals gar depressive Zustände. Pulsfrequenz und Blutdruck sind erhöht, weil der Körper verstärkt auf den Einfluss des Sympathikus reagiert (16). Stoffwechselaktivität und Energieumsatz sind gesteigert. Bei einer Unterfunktion der Schilddrüse sind die psychischen Veränderungen nicht minder drastisch. Müdigkeit und Lethargie sind deutliche Anzeichen. Die Sprache ist verlangsamt, die Stimmung oftmals depressiv, die Libido herabgesetzt. Der Puls ist verlangsamt, der Blutdruck tief, und infolge der Drosselung des Energieumsatzes nimmt das Körpergewicht zu.

Die Ursachen für Funktionsstörungen der Schilddrüse sind mannigfaltig. Bei Kälte und Stress ist der Blutspiegel der Schilddrüsenhormone erhöht. Ob aber eine krankhafte Überfunktion (Basedow-Krankheit) durch Stress verstärkt oder gar ausgelöst werden kann („Schreck-Basedow"), wie in älteren Studien aufgrund anekdotischer Berichte behauptet wurde, ist indessen fraglich (17). Vielmehr gilt die Basedow-Krankheit nach heutiger Auffasssung als Autoimmunkrankheit (s. Kap. 5), bei der Immunglobuline (LATS = long lasting thyroid stimulator) anstelle des natürlichen Schilddrüsen-stimulierenden Hypophysenhormons spezifische Bindungsplätze (Rezeptoren) von Hormonzellen der Schilddrüse besetzen und so die Hormonproduktion stimulieren. Bei Gesunden wird an diese Rezeptoren ausschließlich Thyrotropin (TSH) gebunden, ein Hormon, das unter der Einwirkung des hypothalamischen Neurohormons Thyroliberin (TRH) von der Hypophyse in die Blutbahn abgegeben wird. Aus der Schilddrüse wird daraufhin vermehrt Thyroxin (T4) bzw. Trijodthyronin (T3), die biologisch aktive Form des Schilddrüsenhormons, ins Blut ausgeschüttet, was wiederum die Bildung von TSH und TRH hemmt. Auf diese Weise wird die Hormonbildung in der Schilddrüse rückgekoppelt reguliert und damit eine allzu starke Thyroxinausschüttung verhindert. Ist jedoch die mit der Nahrung aufgenommene Jodmenge zu gering, so können erst gar nicht genügend Schilddrüsenhormone gebildet werden. Die psychopathologischen Folgen sind in diesem Fall, wie bereits erwähnt, gravierend, und beim Kind sind zudem die geistige Entwicklung und das Knochenwachstum retardiert. Kleinwuchs und Einschränkung der mentalen Funktionen führen zum typischen Bild des Kretinismus. Hinzu kommt, dass der Mangel an Schilddrüsenhormonen die Bildung von TSH enthemmt. Da jedoch TSH nicht nur die Hormonproduktion, sondern auch das Wachstum der Schilddrüse stimuliert, entwickelt sich ein Kropf (Struma).

Vielleicht noch ausgeprägter als bei der Schilddrüse sind psychophysische Wechselwirkungen im Falle der Sexualhormone. Ziemlich häufig werden Depressionen und andere Verstimmungen bei Frauen im Klimakterium, aber auch nach dem Absetzen einer Substitutionstherapie mit Östrogenen (vgl. Duffy et al. 1999) sowie post partum beobachtet, die vermutlich durch die Abnahme des Blutspiegels weiblicher Sexualhormone (Östrogene bzw. Progesteron) ausgelöst werden. Andererseits ist die Produktion der männlichen Sexualhormone und mithin die Libido bei depressiven Verstimmungen, psychischen Belastungen und anderen Stress-

Situationen reduziert (vgl. Müller u. Netter 1992). Das konnte sogar in Tierversuchen nachgewiesen werden. Wie Sapolsky (1985) bei Studien an wild lebenden Pavianmännchen herausfand, fällt der Spiegel des männlichen Geschlechtshormons (Testosteron) bei starkem Stress – Gefangennnahme und Immobilisation – drastisch ab. Sapolsky schreibt diese Wirkung dem Kortisol zu, das offensichtlich die Testosteronbildung in den Gonaden hemmt. Umgekehrt schützt anscheinend ein hoher Testosteronspiegel – zumindest im Tierversuch – vor den Folgen eines psychosozialen Stresses. Nach Henry (1993) benehmen sich Mäusemännchen mit hohem Testosteron-Blutspiegel in übervölkerten Mäusekolonien aggressiv und dominant; ihr Kortikosteron-Blutspiegel ist relativ niedrig, ganz im Gegensatz zu dem der subdominanten und submissiven Tiere, die offensichtlich stärker unter psychosozialem Stress leiden. Wird hingegen den dominanten Mäusen ein „Antitestosteron" (Zyproteron) verabreicht, so sinkt ihr Testosteronspiegel im Blut und die Tiere verlieren ihre Aggressivität; sie verhalten sich nunmehr ängstlich, submissiv und gestresst, und dementsprechend steigen die Blutwerte von Kortikosteron (dem Analogon des menschlichen Kortisols), wenn sie in übervölkerten Mäusegehegen mit dominanten Mäusen konfrontiert werden.

Auf die inverse Beziehung zwischen Durchsetzungsvermögen bzw. Dominanzverhalten und dem Blutspiegel von Kortisol haben Sapolsky und Mitarbeiter (1997) erneut hingewiesen. Sie fanden heraus, dass frei lebende, sozial isolierte Paviane, die in der sozialen Hierarchie ihrer Gruppe eine niedrige Position einnahmen, deutlich höhere Kortisolwerte aufwiesen als die dominanten Tiere, die den psychosozialen Herausforderungen der Hackordnung besser gewachsen waren. Während bei letzteren die Kortisolsynthese durch den Anstieg der Kortisolkonzentration im Blut bzw. durch Verabreichung des Kortisol-Analogons Dexamethason rückgekoppelt gehemmt werden konnte, war dies bei den submissiven Primaten offenbar genauso wenig der Fall wie bei Menschen, die bei chronischem psychosozialen Stress frustriert, hilflos und depressiv werden und daher an den Symptomen des Hyperkortisolismus leiden. Sapolskys Experimente machen jedenfalls deutlich, wie sehr psychosoziale Faktoren die Hormonproduktion beeinflussen können. Aber das Umgekehrte gilt ja genauso: Hormone, insbesondere auch diejenigen der Schilddrüse, der Gonaden und der Nebennierenrinde, beeinflussen das Verhalten und die Befindlichkeit; bei ungenügender oder überschießender Hormonproduktion kann, wie bereits erwähnt, sogar ein so genanntes „endokrines Psychosyndrom" entstehen. Im Sinne der Homöostase ist deshalb eine ausbalancierte (optimale) Konzentration der im Blutkreislauf zirkulierenden Hormone erforderlich, die – wie wir gesehen haben – vor allem durch den Hypothalamus reguliert wird.

Fazit

Stress ist die Reaktion unseres Körpers auf starke physische und psychische Belastungen. Emotionen und Stress beeinflussen die Organe des Körpers und den Stoffwechsel über den Hypothalamus, die unterste Partie des Zwischenhirns. Dieser kaum olivengroße, autonom arbeitende Hirnteil setzt bei Stress eine ganze Kaskade hormoneller Botschaften und Reaktionen in Gang, die über die Hirnanhangdrüse (Hypophyse) und die Nebennierenrinde vermittelt werden: Ein bei Stress vermehrt abgesondertes hypothalamisches Neurohormon (Kortikoliberin) stimuliert die Freisetzung eines Hypophysenhormons, ACTH, das wiederum die Synthese des Nebennierenrindenhormons Kortisol ankurbelt. Kortisol mobilisiert den Stoffwechsel und Energiereserven, aber ein Übermaß an diesem Hormon schädigt die Magen- und Darmschleimhaut, ja sogar die für Speichern und Abruf von Erinnerungen so essenziellen neuronalen Netzwerke im Hippocampus, einem Teil des limbischen Systems, unserem „emotionalen Gehirn". Die Stressempfindlichkeit der Hypothalamus-Hypophysen-Nebennierenrinden-Achse ist sehr variabel; sie kann beispielsweise aufgrund früherer traumatischer Erfahrungen erhöht sein, hängt aber auch von unserer Einstellung und von der Bedeutung, die wir stressauslösenden Ereignissen zumessen, sowie unserer Fähigkeit und Zuversicht, den Stress bewältigen zu können, ab. Nicht zu bewältigender chronischer Stress frustriert und macht Menschen hoffnungslos, hilflos und depressiv – möglicherweise deshalb, weil chronisch vermehrt CRH und Kortisol freigesetzt werden. Hingegen bauen körperliche Aktivität (z.B. Sport), Entspannungsübungen, kognitive Therapien und beruhigende Imaginationen den Stress ab. Manche Stress-Symptome können indessen auch organisch bedingt sein, etwa durch eine Schilddrüsenüberfunktion.

5

Psychoimmunologie: Gehirn und Immunsystem

Immer wenn sich Besuch ankündigte, bekamen die Tuberkulosekranken auf dem „Zauberberg“ in Thomas Manns gleichnamigem Roman erhöhte Temperatur oder gar Fieber (1). Schon seit langem ist bekannt, dass psychosomatische Prozesse den Verlauf einer Tuberkulose beeinflussen können. Auch manche Halsentzündung würde nicht selten seelisch ausgelöst, schrieb Viktor von Weizsäcker (1886–1957), der den Begriff „psychogene Angina“ prägte, und selbst der Verlauf einer Infektion mit Grippeviren kann von der jeweiligen psychischen Belastung abhängen. So hemmte großer psychischer Stress die Immunabwehr freiwilliger Versuchspersonen, die sich von Cohen und Mitarbeitern (1991) mit Erkältungsviren infizieren ließen. Sogar die Prognose einer Krebserkrankung kann sich bei Stress oder Depression verschlechtern (vgl. Watson et al. 1999).

Die Vorstellung, dass durch psychische Prozesse körperliche Leiden, vor allem chronische Krankheiten entstehen können, ist schon uralt. Man denke nur an den Psychogenie-Begriff der Romantischen Medizin vor nahezu 200 Jahren. Aber ist es rational überhaupt zu verstehen, dass unsere Psyche, unser Gehirn, das Immunsystem und damit die körpereigenen Abwehrkräfte stärkt oder schwächt und so die Gesundheit des übrigen Körpers beeinflusst? Das ist die Frage, die auch die amerikanischen Psychiater Ader und Cohen bewegte, als sie Mitte der 70er Jahre mit ihren Tierversuchen eine wesentliche Rolle des Gehirns bei immunologischen Reaktionen entdeckten und damit das Psychoneuroimmunologie-Paradigma begründeten (Ader u. Cohen 1975). Sie zeigten mit ihren Experimenten, dass die Immunabwehr konditioniert werden kann, und zwar im Prinzip genauso wie der bekannte „bedingte Reflex“ in den klassischen Versuchen von Iwan Petrowitsch Pawlow (1848–1936). Man erinnere sich: Der russische Physiologe und Nobelpreisträger hatte die Absonderung des Magensaftes von Hunden bei der Fütterung gemessen. Wie nicht anders zu erwarten war, löste die Aufnahme der Nahrung reflektorisch eine vermehrte Speichel- und Magensaftsekretion aus. Wenn nun Pawlow dabei zufällig in seiner Wohnung, in welcher er das Tierexperiment durchführte, einen Klavierton anschlug oder mit der Klingel läutete, so war das natürlich noch kein Grund für eine verstärkte Absonderung von Magensaft. Hatte er jedoch den Klavierton über längere Zeit ganz konsequent exakt unmittelbar vor der Fütterung angeschlagen, so konditionierte er damit den Hund auf den Ton. Daraufhin begann der Magensaft allein schon auf das akustische Signal hin zu fließen, auch wenn noch weit und breit kein Futter da war. So wurde aus dem unbedingten, durch die Nahrungsaufnahme ausgelösten Reflex ein bedingter (bzw. konditionierter) Reflex, der durch die Paarung des Geschmacks und des konditionierten (akustischen) Reizes eingeübt wurde. Auf diese Weise ist zum ersten Mal erkannt worden, dass eine unbewusst im Körper ablaufende Reaktion durch eine im (impliziten) Gedächtnis gespeicherte Erfahrung beeinflusst werden kann. Damit stellt sich die Frage, ob dies auch bei anderen vegetativen Reaktionen der Fall sein könnte, etwa bei solchen des Immunsystems. Kann z.B. ein allergischer Asthma-Anfall durch konditionierte Reize ausgelöst werden? Und wie verhält es sich mit anderen immunologischen Reaktionen?

Konditionierung des Immunsystems

Vor einem viertel Jahrhundert machten Ader und Cohen *das* entscheidende Experiment, das der Psychoneuroimmunologieforschung Tür und Tor öffnete. In ihren den Pawlow-Experimenten analogen Versuchen zur Konditionierung einer Immunreaktion spritzten sie jungen Ratten rote Blutkörperchen von Schafen in die Blutbahn und bestimmten daraufhin die Immunantwort auf diese Fremdkörper, d.h. die Menge der produzierten Antikörper. Dabei reduzierte die Verabreichung von Zyklophosphamid, einem immunsuppressiven Pharmakon, die Immunantwort. In einem weiterführenden zweiten Experiment hatten die Forscher vor der Injektion der artfremden Blutkörperchen die Gabe von Zyklophosphamid mit der Verabreichung von Saccharin gepaart, einem künstlichen Süßstoff, der dem Trinkwasser beigemischt wurde, und konditionierten dadurch das Immunsystem auf Saccharin. Daraufhin injizierten sie wiederum die Schaf-Erythrozyten. Ähnlich wie die Verabreichung des Immunsuppressivums im ersten Experiment schwächte nun die Gabe von Saccharin die Immunreaktion auf die injizierten Blutkörperchen. (Dies war nicht der Fall in Kontrollexperimenten mit nicht-konditionierten Ratten, bei welchen vor der Injektion der Fremdkörper das Zyklophosphamid nicht mit Saccharin gepaart worden war.) Die Ratte hatte also gelernt, auf den konditionierten Reiz, den Süßstoff, mit ihrem Immunsystem genauso zu reagieren wie auf den unkonditionierten Reiz, die Verabreichung von Zyklophosphamid. Die Versuche von Ader und Cohen (1975) belegten, in welchem Maße das Zentralnervensystem auf die Immunabwehr einzuwirken vermag.

Durch ihre Experimente hatten Ader und Cohen gezeigt, dass Immunschwäche im Prinzip erlernt werden kann. In der Folge bestätigte eine Vielzahl von Konditionierungsexperimenten ihre Tierexperimente (vgl. z.B. Klosterhalfen u. Klosterhalfen 1983). Außerdem hatten die Wissenschaftler herausgefunden, wie Immunabschwächung durch Konditionierung auch therapeutisch genutzt werden könnte, so z.B. im Falle von Autoimmunkrankheiten, die durch eine Überreaktion des Immunsystems gegen körpereigenes Eiweiß ausgelöst werden. Zu den bekannten Autoimmunkrankheiten zählt der systemische Erythematodes (Lupus erythematodes), ein schweres, manchmal sogar tödliches Leiden, das beim Menschen verschiedene Organsysteme befällt, insbesondere die Haut, die Lymphknoten, die Niere, die Lunge und das Zentralnervensystem. Auch Versuchstiere können von einem systemischen Erythematodes befallen sein. Beim (erblichen) Erythematodes der Maus gelang es nun Ader und Cohen (1982), die krankhaften Symptome, insbesondere die Proteinurie, das Urineiweiß, nicht nur durch Immunsuppressiva, sondern auch durch Verabreichung von Saccharinlösung zu reduzieren, auf welche die Maus konditioniert worden war. Ihr experimentelles Design wurde zum Vorbild vieler späterer Experimente zur Immunkonditionierung: Die erkrankten Mäuse erhielten in der ersten Behandlungswoche das Chemotherapeutikum (Zyklophosphamid) und – zusammen mit dem Immunsuppressivum – gleichzeitig den Süßstoff Saccharin, in der zweiten Woche jedoch nur Saccharin. Letzteres bewirkte eine leichte Besserung, aber auch eine Aversion gegen den süßen Geschmack, den die Ratte unbewusst mit dem leicht toxischen Immunsuppressivum assoziierte. Um den Effekt zu verstärken, wurde das Prozedere der ersten beiden Wochen in der dritten und vierten Woche wiederholt, und auch in den folgenden Wochen erhielten die Mäuse abwechselnd Saccharin allein oder zusammen mit Zyklophosphamid. Daraufhin besserten sich die Symptome noch mehr; die behandelten Versuchstiere lebten etwa 20 Wochen länger als die zur Kontrolle dienenden nicht-konditionierten Tiere, die zwar im Prinzip ganz ähnlich behandelt wurden, aber mit dem entscheidenden Unterschied, dass sie Chemotherapeutikum und Saccharin niemals gleichzeitig erhielten.

Die Erfolge der Saccharinkonditionierung in den Experimenten von Ader und Cohen legten den Gedanken nahe, dass beim Menschen ein Plazebo in ganz analoger Weise wie das im Tierexperiment verwendete Saccharin helfen könnte, immunsuppressive Pharmaka einzusparen – immer vorausgesetzt, dass das Plazebo abwechselnd allein oder mit dem Pharmakon zusammen gegeben wird. In dieser Hinsicht sind die klinischen Studien von Olness und Ader (1992) von größtem Interesse. Sie konditionierten einen an systemischem Erythematodes erkrankten Patienten und gaben ihm zunächst das immunsuppressive Medikament Zyklophosphamid zusammen mit recht übel schmeckendem Lebertran. Nach erfolgter Konditionierung auf den Geschmack konnten die Ärzte die verabreichte Menge von Zyklophosphamid auf die Hälfte der ansonsten therapeutisch erforderlichen Dosis reduzieren, indem sie anstelle von Medikament und Lebertran jedes weitere Mal nur Lebertran verabreichten, sozusagen als Plazebo. Der Patient konnte geheilt entlassen werden. Eine weitere Studie betraf Patienten mit multipler Sklerose, einer Autoimmunerkrankung des Nervensystems. In diesem Fall gelang es Giang und Mitarbeitern (1996), die Anzahl der Abwehrzellen bzw. der weißen Blutkörperchen durch Konditionierung zu reduzieren.

In der klinischen Anwendung dürfte der potenzielle Nutzen der Immunkonditionierung erheblich sein, zumal eine Schwächung eines überreaktiven Immunsystems nicht nur bei Autoimmunerkrankungen, sondern auch bei Transplantationen erforderlich ist. Es liegen bereits viel versprechende Tierversuche vor. So gelang es Grochowicz und seinen Mitarbeitern (1991), Laborratten etwa eine Woche vor einer Herztransplantation auf Saccharin zu konditionieren, indem sie ihnen das Immunsuppressivum Zyklosporin (als unkonditionierten Reiz) und Saccharin zusammen verabreichten. Einen Tag vor und drei Tage nach Empfang des Spenderherzens erhielten die Versuchstiere anstelle von Zyklosporin und Saccharin nur noch Letzteres. Die konditionierten Tiere hatten nun nicht nur eine Aversion gegen den Geschmack von Saccharin im Trinkwasser; bei ihnen dauerte es auch sehr viel länger, bis die implantierten fremden Herzen wieder abgestoßen wurden als bei den Kontrolltieren, die vor der Transplantation nur mit Zyklosporin behandelt worden waren. Ihre Überlebenszeit war statistisch signifikant länger (s. Grochowicz et al. 1991). Weiterführende Experimente von Exton und Mitarbeitern (1999) bestätigten diese Befunde und zeigten darüber hinaus, dass die Immunkonditionierung den zur Milz führenden Zweig des Sympathikus involvierte. Sie blieb nämlich aus, wenn der Milz-Sympathikus durchschnitten worden war.

Allergien können mit der von Pawlow erfundenen Methode ebenfalls konditioniert und sogar durch Plazebos symptomatisch gebessert werden. Eine sehr häufige allergische Erkrankung ist Heuschnupfen, der nicht selten durch Stoffe aus den Pollenkörnern von Gräsern ausgelöst wird, die als Allergene wirken. Seine Symptome sind recht unangenehm: Die Augen werden lichtscheu und tränen, die Nase kitzelt und fließt, ist aber manchmal auch verstopft, weil die Schleimhäute geschwollen sind. Schuld daran haben offenbar zelluläre Sekrete, die gefäßerweiternde Substanzen wie z.B. Histamin enthalten;

sie werden aus den Mastzellen der Nasenschleimhaut abgesondert, wenn die Allergene mit so genannten Immunglobulinen (Ig) reagieren, die auf den Mastzellen sitzen. Bei manchen Allergikern werden die für Heuschnupfen typischen Symptome auch durch Milben im Hausstaub ausgelöst. Australischen Forschern (Gauci et al. 1994) gelang es, diese allergische Reaktion durch Konditionierung erheblich zu verstärken. Sie setzten ihre Versuchspersonen nicht nur dem Allergen aus, sondern verabreichten ihnen außerdem, und zwar gleichzeitig, ein ganz ungewöhnlich seltsam schmeckendes Getränk. Infolge der Paarung des konditionierenden Geschmacks und des unkonditionierten Reizes lernten die Probanden, die allergischen Symptome mit der speziellen Geschmacksempfindung zu assoziieren. Daraufhin genügte schon die alleinige Einnahme des Getränks, um eine allergische Reaktion hervorzurufen, die sogar noch viel stärker war als die durch den unkonditionierten Reiz (das Allergen) ausgelöste. Um die Reaktion besser messbar zu machen, hatten die Forscher die Menge gewisser Enzyme (so genannte Tryptasen) bestimmt, die infolge der allergischen Mastzellenreaktion ins Nasensekret abgesondert wurden.

Die von Gauci und Mitarbeitern beschriebenen Befunde legen den Gedanken nahe, dass das Gehirn bei einigen allergischen Reaktionen mit involviert sein könnte. Überdies werfen sie die interessante Frage auf, inwiefern Erkrankungen wie Heuschnupfen und Asthma nicht nur durch Allergene, sondern auch durch konditionierte Reize hervorgerufen werden könnten. Zahlreiche Anekdoten und Berichte belegen, dass zur Auslösung typisch allergischer Symptome manchmal allein schon die durch Sprache suggerierte Vorstellung eines allergischen Reizes ausreicht. Zudem können bei Asthmatikern mit hyperreagiblen Bronchien auch Konflikte und starke Emotionen einen Spasmus der Bronchialmuskulatur und somit eine so starke Verengung der Luftwege hervorrufen, dass sie nach Luft ringen müssen. Unter diesem Aspekt erscheint es dann gar nicht so abwegig, von suggestiv verabreichten Plazebos, ähnlich wie von antiallergischen Mitteln, eine symptomatische Besserung allergischer Überreaktionen zu erhoffen, immer vorausgesetzt, dass die Patienten selbst an die Wirksamkeit der Therapie glauben. Und tatsächlich erwiesen sich Plazebos bei der symptomatischen Behandlung von allergischen Erkrankungen wie Asthma, Nesselfieber (Urtikaria) und Heuschnupfen als hilfreich. Zwar verminderte ein Wirkstoff namens Lorantadin in einer Plazebo-kontrollierten Studie die „Symptom-Scores" von Heuschnupfen etwas stärker (nämlich um knapp 50%) als das Plazebo, welches die Symptome „nur" zu 40% besserte (Schäfer 1991, 1997). Aber vielleicht ließe sich ja der Erfolg bei wiederholter Plazebogabe noch steigern, wenn das Plazebo erst einmal gemeinsam mit dem pharmakologisch wirksamen Verum verabreicht werden würde, um durch Konditionierung (auf das Plazebo) die allergische Reaktion zu unterdrücken. Im Prinzip können nämlich auch Plazeboeffekte konditioniert werden, wie Suchmann und Ader (1992) herausgefunden haben.

Stress und Immunsystem

Ungünstige Umweltbedingungen und andere belastende psychosoziale Faktoren erhöhen die Morbidität und Mortalität von Infektionskrankheiten (s. Madden u. Felten 1995), und offenbar sind annähernd die Hälfte der krankheitsbedingten Fehlzeiten am Arbeitsplatz – in Deutschland durchschnittlich mehr als zwei Wochen im Jahr – durch Stress verursacht, insbesondere durch Leistungsdruck und ein hektisches Arbeitsklima. Auch in der Arbeitswelt gilt, dass vor allem der unbewältigte Stress krank macht. Firmen, bei denen die Angestellten ihre Arbeit selbst einteilen und so den Arbeitsstress kontrollieren konnten, klagen über deutlich weniger Absenzen bei ihren Mitarbeitern (2).

Zu den häufigsten Infektionen gehört Schnupfen (Rhinitis). Etwa ein Drittel der Erkrankten sind von so genannten Rhinoviren (Erkältungsviren) befallen, ein weiteres Drittel von Influenza- und Parainfluenzaviren. Da aber die Therapie mit den bisher handelsüblichen Mitteln meist nur symptomatisch sein kann, ist der Heilprozess ganz auf die körpereigenen Abwehrkräfte gestellt. Entscheidend wirksam ist dabei vor allem das lokale Immunsystem in der Schleimhaut der Nase, welches Antikörper, etwa sekretorisches Immunglobulin A, ins Nasensekret abgibt. Bekanntlich ist jedoch die Anfälligkeit für Erkältungskrankheiten von Mensch zu Mensch sehr unterschiedlich. Seit langem wird deshalb von Forschern der Frage nachgegangen, inwiefern das lokale Immunsystem der oberen Luftwege nicht nur durch die „Konstitution", sondern auch durch Stress und andere Formen psychischer Belastung beeinflusst werden kann. Diesbezüglich wegweisend waren die bereits zu Beginn dieses Kapitels erwähnten Experimente von Cohen und Mitarbeitern (1991), die über vierhundert freiwillig teilnehmende gesunde Versuchspersonen untersuchten, die sich weder in ihren Lebensgewohnheiten noch in ihren Persönlichkeitsmerkmalen voneinander unterschieden. Um eine Grippe-Infektion zu imitieren, wurden nun diesen Probanden verschiedene Typen von Rhinoviren in die Nase appliziert und ihr Gesundheitszustand in der darauf folgenden Woche ärztlich überwacht. Ob diese Personen nun erkrankten oder nicht, hing von ihrer Stress-Situation ab: Probanden, bei denen eine hohe psychische Belastung (Stress) festgestellt wurde, hatten ein bis zu fünfmal höheres Erkrankungsrisiko als stressfreie Probanden.

Der bemerkenswerte Zusammenhang zwischen Stressbelastung und Immunschwäche ist inzwischen auch überzeugend durch die klinischen Studien von Kiecolt-Glaser und Mitarbeitern (1996) herausgearbeitet worden, nachdem sie herausgefunden hatten, dass chronischer Stress, den Pflegepersonen von dementen Alzheimerkranken erleiden müssen, die Immunabwehr gegen Grippe empfindlich schwächt. Sie entdeckten nämlich, dass jene Pfleger und Pflegerinnen, die mit Grippe-Vakzinen geimpft worden waren, viel weniger Antikörper gegen die (abgetöteten) Influenzaviren des Impfstoffes bilden konnten als die Probanden in der Kontrollgruppe. Außerdem waren bei ihnen die Blutwerte von zwei für die Immunabwehr wichtigen Botenstoffen, nämlich Interleukin-2 und Interleukin-1 beta (3), eindeutig niedriger. Selbst die Heilung von Hautwunden war bei den Pflegenden verzögert (s. Kiecolt-Glaser et al. 1995). Aber nicht nur sehr lang andauernder, chronischer Stress, sondern auch temporäre Belastungen, ein Examen beispielsweise, beeinträchtigen das Immunsystem: So dauerte bei Studenten der Zahnmedizin die Abheilung einer Wunde in der Mundschleimhaut aufgrund einer bevorstehenden Prüfung drei Tage länger als gewöhnlich (vgl. Marucha et al. 1998), und bei Medizinstudenten waren sowohl die T-Lymphozyten als auch die so genannten natürlichen Killerzellen (4) am Tage des Examens beträchtlich vermindert. Ihre natürliche Immunabwehr war somit geschwächt (s. Kiecolt-Glaser et al. 1986). Killerzellen sind nämlich eine Abart der weißen Blutkörperchen, die von Viren befallene Zellen angreifen, sie durch Toxine töten und damit eine natürliche (d.h. nicht erworbene) Sofortabwehr eines Infekts ermöglichen.

Während – wie besprochen – chronischer Stress die Immunabwehr schwächt, hat ein akuter Stress oft den umgekehrten Effekt. So wirkt ein momentaner mentaler Stress, schnelles Kopfrechnen z.B., aktivierend auf das Immunsystem ein (s. Benschop et al. 1994). Akuten Stress, verbunden mit Angst, erleben auch Fallschirmspringer bei ihrem ersten Sprung im Tandem. In einer solchen Situation sind die Anzahl und die Aktivität der im Blutstrom kreisenden natürlichen Killerzellen (NK-Zellen) sogar ganz drastisch erhöht (vgl. Benschop et al. 1996) – ein Effekt, der durch den Sympathikus vermittelt wird und mit dem erhöhten Adrenalinspiegel im Blut korreliert. Wird nun die Adrenalin- und Sympathikuswirkung durch „sympathikolytische“ Pharmaka (so genannte Betablocker) gehemmt, so bleibt der Anstieg der NK-Zellzahl aus. Nach einem durch den Stress ausgelösten Adrenalinstoß fällt der Hormonspiegel in wenigen Minuten wieder ab, und nach etwa vier Stunden hat sich auch die Zellzahl der NK-Zellen wieder normalisiert. Insgesamt zeigen diese Ergebnisse eindrücklich, wie schnell und effektiv unser Gehirn in einer alarmierenden Situation über den Sympathikus auf das Immunsystem einzuwirken vermag. Sympathikusfasern innervieren nicht nur glatte Muskeln und Drüsen, sondern auch das lymphatische System, insbesondere die Lymphknoten, aber auch die Milz (Madden u. Felten 1995), und nachgewiesenermaßen können die Übeträgerstoffe des Sympathikus, Noradrenalin und gewisse Neuropeptide wie z.B. Beta-Dynorphin, das Immunsystem beeinflussen. Wahrscheinlich ist an diesen immunmodulierenden Reaktionen außer dem vegetativen Nervensystem auch das limbische System, vor allem die Amygdala, aber auch der Hypothalamus beteiligt; denn im Tierversuch vermochten Läsionen in der Amygdala das Immunsystem zu stimulieren, welches wiederum durch Eingriffe im Hypothalamus gehemmt wurde (vgl. Jerry 1996).

Der Hypothalamus und andere Gehirnteile des Zentralnervensystems beeinflussen das Immunsystem über den Sympathikus, aber auch auf der Achse Hypothalamus-Hypophysenvorderlappen-Nebennierenrinde bzw. durch Kortikoliberin (CRH), Adrenokortikotropin (ACTH) und Kortisol bzw. Kortikotropin (s. Demetrikopoulos et al. 1996). Dies ist durch sinnreiche Experimente mit Ratten belegt. Bei Stress ist bekanntlich die Absonderung von CRH und anderer Stresshormone stark erhöht (s. Kap. 4). CRH, das in eine Gehirnkammer injiziert wird, hemmt die Immunabwehr (s. Irwin et al. 1992), und Ratten, die nach Applikation von elektrischen Schlägen gestresst waren, konnten nach Injektion von artfremden Eiweißkörpern deutlich weniger Antikörper bilden als die zur Kontrolle dienenden nicht gestressten Tiere (Laudenslager et al. 1988). Wurde aber den Ratten vor Versuchsbeginn die Hypophyse herausgenommen, so blieb auch die durch den chronischen Stress bedingte Hemmung des Immunsystems aus, insbesondere die Verminderung der NK-Zellen und der Lymphozyten (s. Keller et al. 1988). Dies war übrigens auch der Fall, wenn anstelle der Hypophyse die Nebennieren entfernt worden waren oder die Wirkung von Kortikosteron bzw. Kortisol auf das Immunsystem durch antagonistisch wirkende Pharmaka blockiert wurde. Diese Hormone schwächen das Immunsystem, indem sie die Produktion von immunstimulierenden Botenstoffen (Interleukinen) der weißen Blutkörperchen hemmen (vgl. Abb. 5.1, S. 106).

Noch auf anderem Weg kann das Gehirn auf das Immunsystem einwirken. Offensichtlich produziert nämlich das Zentralnervensystem der mit elektrischen Schocks gestressten Ratten nicht nur vermehrt CRH, sondern auch so genannte Opioide, d.h. wie Opiate wirkende Peptide, welche nicht nur den Schmerz hemmen, sondern auch die Anzahl der NK-Zellen und Lymphozyten im Blut verringern. Da Morphium diesen Effekt imitiert und Morphium-Antagonisten ihn blockieren, postulierten Shavit und Mitarbeiter (1986) eine immunsuppressive physiologische Wirkung der endogenen Opioide. Die immunsuppressive Wirkung via endogene Opiate oder über die Hypophysen-Nebennierenrinden-Achse kommt vor allem dann zum Tragen, wenn die Versuchstiere dem Stress hilflos ausgeliefert sind. Können sie ihn kontrollieren oder gar vermeiden, so unterbleibt die Hemmung des Immunsystems, wie Maier und Mitarbeiter schon vor Jahren zeigen konnten (vgl. Laudenslager et al. 1983).

Immunschwäche bei Depression und Krebs – Psychoonkologie

Genau wie bei Versuchstieren hängt auch beim Menschen die Stressreaktion des Immunsystems ganz davon ab, ob der Stress kontrolliert werden kann oder nicht. Unkontrollierbarer, unbewältigter Stress ruft ein Gefühl der Hoffnungslosigkeit und Hilflosigkeit hervor, und zwar der erlernten Hilflosigkeit im Sinne von Seligman (1979). Die damit oft verbundene Empfindung der Depression löst psychosomatische Symptome aus, charakterisiert durch einen Anstieg der CRH-, ACTH- und Kortisolwerte. Auf diese Weise wird die Immunabwehr empfindlich geschwächt, und dies insbesondere bei Zigarettenrauchern, wie Jung und Irwin (1999) in einer vergleichenden epidemiologischen klinischen Studie an 245 depressiven und nicht-depressiven Amerikanern feststellten. Laut Irwin (1999) sind Aktivität und Anzahl der natürlichen Killerzellen bei Depressionen verringert. Immunschwäche kann also psychosomatisch, aber auch durch die Lebensweise mit bedingt sein. Unter diesem Aspekt scheint die Fähigkeit eines empathischen Arztes entscheidend zu sein, dem unter Stress leidenden, psychosomatisch kranken Patienten Hoffnung zu geben und die Zuversicht zu vermitteln, den Stress bewältigen zu können.

Schon seit langem wird die vermehrte Ausschüttung des Hormons Kortisol für die durch Stress und/oder Depression ausgelöste Hemmung des Immunsystems verantwortlich gemacht. Kortisol bindet sich an Kortisolrezeptoren der weißen Blutkörperchen, insbesondere der Lymphozyten. Dadurch werden in diesen Zellen Reaktionen angestoßen, welche die Produktion von Botenstoffen des Immunsystems, der so genannten Interleukine, hemmen (vgl. Irwin 1996). Vor allem Interleukin-1 und Interleukin-2 steigern die Proliferation der Lymphozyten, aber auch die Bildung von Antikörpern und die Aktivität der natürlichen Killerzellen, welche entartete Krebszellen und von Viren befallene Zellen erkennen und abtöten. Besonders stark werden die natürlichen Killerzellen des Immunsystems durch Interleukin-12 aktiviert, welches sogar das Wachstum von Tumoren zu hemmen vermag: So hat man Mäusen, denen zuvor Tumore in die Haut implantiert worden waren, das Gen für die Produktion von Interleukin-12 mit einer „Genpistole“ unter die Haut gespritzt und auf diese Weise in körpereigene Zellen integriert. Daraufhin verschwanden die Tumore in kürzester Zeit (s. Rakhmilevich et al. 1996).

Die Versuche mit Interleukin-12 lassen vermuten, dass sich über die Schiene Hypothalamus-Hypophyse-Nebennierenrinde-Interleukinsystem – d.h. durch das Gehirn bzw. die Psyche – auch bösartige Geschwülste beeinflussen lassen, wofür die klinische Erfahrung bereits zahlreiche Hinweise bereithält. Oft zitiert wird in diesem Zusammenhang die 1989 veröffentlichte Studie von D. Spiegel und seinen Mitarbeitern, die 86 Frauen untersuchten, die an einem metastasierenden Brustkrebs erkrankt waren. 50 Patientinnen erhielten ein Jahr lang eine durch Selbsthypnosen und Autosuggestionen ergänzte gruppentherapeutische Behandlung. Nachdem die Diagnose „Krebs“ gestellt war, lebten sie im Durchschnitt noch 36 Monate und damit etwa 18 Monate länger als die Patientinnen der Kontrollgruppe (Spiegel et al. 1989). Selbst im Falle von Melanomen, einem sehr bösartigen Hautkrebs, konnte die Mortalität durch gruppentherapeutische Behandlungsverfahren gesenkt werden (Fawzy et al. 1993). Allerdings sind die Mechanismen dieser psychogenen Wirkungen noch nicht hinreichend verstanden. Möglicherweise verbessert – wie Miranda Olff (1999) hervorhebt – die psychotherapeutische Behandlung von Krebspatienten die Immunabwehr, indem sie die Anzahl der NK-Zellen erhöht. Die Stärkung des Immunsystems von Krebskranken ist erstrebenswert, denn offensichtlich droht bei ihnen das Immunsystem zu entgleisen. Beispielsweise wird die Wirkung von Antikörpern gegen die Krebszellen durch Anti-Antikörper wieder zunichte gemacht, und psychosoziale Faktoren, insbesondere Stress, aber auch Depressionen, können die Immunabwehr gegen Krebszellen negativ beeinflussen. Depressionen und Gefühle der Hoffnungslosigkeit sind bei Frauen mit Brustkrebs mit einer höheren Mortalität und häufigeren Rückfällen verbunden, wie eine Studie gezeigt hat (Watson et al. 1999). Nachdem die Diagnose „Krebs" gestellt war, verstarb nämlich innerhalb von fünf Jahren die Hälfte der untersuchten depressiven Kranken, jedoch nur ein Viertel der Frauen, deren Krebserkrankung ohne Depression einherging. Sind Menschen mit ganz bestimmten „Cancer-prone"-Persönlichkeitsmerkmalen mehr als andere gefährdet, wie Jerry (1996) behauptet – also die so genannten C-Typ-Charaktere, d.h. Menschen, die ihre Emotionen nicht zeigen können und ihren Kummer verdrängen, gewissermaßen in sich „hineinfressen", wie der Voksmund sagt? Nach heutiger Auffassung ist dies nicht der Fall. Aber die Eröffnung der Diagnose „Krebs" durch den Arzt schockiert allemal und wirkt auf die Betroffenen alarmierend, stößt sie manchmal in einen Zustand der Hoffnungslosigkeit, Hilflosigkeit und Depression. Das erzeugt Angst, wie Rolf Verres in seiner Monografie „Krebs und Angst" betont (Verres 1986), und damit schließt sich ein Teufelskreis. Denn Depression und Angst-Stress, der nicht bewältigt wird, schwächen wiederum das Immunsystem, wie wir gesehen haben. Gerade unter diesem Aspekt dürfte eine unterstützende Gruppentherapie angezeigt sein, weil sie hilft, Angst abzubauen und Glaube und Hoffnung auf Heilung zu vermitteln. Über ein Drittel der von Verres befragten Krebspatienten hielt die in Selbsthilfegruppen, aber auch durch Ärzte und Angehörige erfahrene seelische Hilfe für sehr wesentlich für den weiteren Verlauf der Krankheit, und sie betonten die Bedeutung des Genesungswillens.

Eine kognitive Verhaltenstherapie kann ebenfalls hilfreich sein (s. Greer et al. 1992). Denn das Immunsystem und die Gesundheit eines Patienten können durch dessen Vorstellungen, Denkweise und Glauben beeinflusst werden, wie Jerry (1996) hervorhebt, oder, um mit Verres zu sprechen, durch seine „subjektive Theorie der Erkrankung" (Verres 1986). Es ist also nicht gleichgültig, was für Gedanken sich der Kranke um sein Leiden macht, ob er glaubt, wieder gesund zu werden, oder resigniert, weil er – oft infolge unzureichender Informationen über die wirklichen Heilungschancen – die Krankheit fälschlicherweise für unheilbar hält. Wie viele Patientinnen wissen z.B., dass ihre rechtzeitig erkannte Erkrankung an Brustkrebs mit allergrößter Wahrscheinlichkeit geheilt werden kann? Zu diesem Thema existieren Anekdoten und klinische Erfahrungen: Einem an Krebs erkrankten Mann erging es über Monate noch ganz leidlich. Dann aber erfuhr er zufällig die Diagnose und verstarb noch am selben Tag, wie mir eine Angehörige berichtete. Als junger Arzt stellte der Psychosomatik-Forscher Thure von Uexküll in der klinischen Vorlesung einen Patienten mit einer an sich harmlosen Milzschwellung vor, aber statt von Milzvergrößerung zu sprechen, benutzte er den medizinischen Fachjargon „Milztumor" – ohne zu bedenken, dass das Wort „Tumor" auch für „Krebs" verwendet wird. Der Patient aber habe das Wort in diesem Sinne (miss)verstanden, als Todesurteil aufgefasst und sei noch während der Untersuchung mit einem Kreislaufkollaps bewusstlos zusammengebrochen, wie von Uexküll schreibt (1986). Angst wird auch durch vom Virus HIV (Human immunodeficiency virus) hervorgerufene und schließlich tödlich endende Erkrankung AIDS erzeugt (5). Wen wundert es also, dass Betroffene nach Eröffnung der Diagnose „HIV-positiv" oftmals in einen depressiven Zustand verfallen. Wie Antoni und Mitarbeiter (1991) herausgefunden haben, sind bei den Betroffenen die für die Immunabwehr charakteristischen Blutwerte (Zellzahl der NK-Zellen und Lymphozyten) schon eine Woche nach der Diagnose weniger gut und sogar deutlich schlechter als bei HIV-Infizierten, die bereits vor der Diagnose an einer kognitiven Verhaltenstherapie teilnahmen, um Angst und Stress besser bewältigen zu können. Deren NK-Zellzahl nimmt durch die Therapie sogar zu.

Überreaktionen des Immunsystems bei Autoimmunerkrankungen und Allergien

Der Hypothalamus zügelt das Immunsystem über das Endokrinium. Manche Depressionen sind, wie gesagt, mit einer Überaktivität der Hypothalamus-Hypophysen-Nebennierenrinden-Achse verknüpft. Aber nicht bei jeder Art von Depression ist das so (s. Gold u. Chrousos 1999), und deshalb ist wohl auch nicht bei allen Depressionen eine Hemmung des Immunsystems durch erhöhte Kortisolwerte zu erwarten, ganz im Gegenteil: Bei gewissen (atypischen) Depressionen können Autoimmunerkrankungen auftauchen, bei denen die Immunabwehr aufgrund einer fehlgeleiteten Regulation überreagiert und sogar eigenes Körpergewebe attackiert. Man denke an chronischen Gelenkrheumatismus (rheumatoide Arthritis) und chronische Dickdarmgeschwüre (Colitis ulcerosa), also Autoimmunerkrankungen, die von hermeneutisch orientierten Psychologen und Psychoanalytikern zu den sieben klassischen Psychosomatosen („the holy seven") gezählt wurden (6). Wie auch Jerry (1996) bestätigt, können sowohl Depressionen als auch unterdrückter Ärger und chronischer Stress diese schmerzhaften Entzündungsprozesse der Darmschleimhaut und der Gelenke verschlimmern. Wie kann man sich diese Beeinflussung vorstellen?

Bei atypischen Formen der Depression, aber auch bei Stress nach psychischen Traumen (Posttraumatischer Stress) wird nach Meinung von Maes und Mitarbeitern (1995; 1999) infolge eines erhöhten Sympathikotonus reichlich Interleukin-1 beta (und IL-6) gebildet, und dadurch werde die Immunabwehr so stark angekurbelt, dass sie sich nicht nur gegen Fremdkörper richten kann, sondern auch gegen körpereigene Substanzen. Wahrscheinlich erhöhen sich aber auch die Blutwerte von Interleukin-12, das in besonderem Maße die Proliferation von „bewaffneten" T-Lymphozyten stimuliert. Jedenfalls vermuten Wilder und Elenkov, gerade die verstärkte Bildung von Interleukin-12 durch Makrophagen (eine Abart der Leukozyten) könne das Aufflackern, ja die Verschlimmerung einer chronischen Polyarthritis bewirken, und Ursache einer solchen Immunstimulation sei vermutlich ein Mangel an Kortisol (vgl. Wilder u. Elenkov 1999). Schon lange nämlich hatte sich Wilder gewundert, warum die Symptome einer rheumatoiden Arthritis (Polyarthritis) ausgerechnet während einer Schwangerschaft wie „weggewischt" sein können, und er fragte sich, ob wohl das Hormon Kortisol Schuld daran haben könnte (vgl. Elenkov et al. 1997). Denn bekanntlich steigt der Blutspiegel von Kortisol in der Spätschwangerschaft an, und ebenso ist erwiesen, dass dieses Nebennierenhormon die Produktion gewisser Interleukine (IL-1, IL-2 und IL-12) hemmt (s. Elenkov et al. 1996). Infolgedessen wird insbesondere die zelluläre Immunabwehr geschwächt und damit auch die Autoimmunabwehr zurückgedrängt (vgl. Abb. 5.1, S. 106). Zugegebenermaßen beweist die von Wilder und Elenkov (1999) festgestellte inverse Korrelation von Kortisolspiegel und Arthritis-Symptomen noch nicht einen kausalen Zusammenhang. Ein solcher wird aber inzwischen durch die im Folgenden beschriebenen Tierversuche von Esther Sternberg und ihren Mitarbeitern nahe gelegt (s. Sternberg et al. 1992).

Sternberg und Mitarbeiter verwendeten Ratten vom Stamm „Lewis", die sich durch eine genetische Besonderheit auszeichnen: Sie sind besonders anfällig für Polyarthritis, wie sie z.B. durch abgetötete Streptokokken hervorgerufen werden kann. Die Forscher injizierten nun Antigene (die Zellwände von Streptokokken) in eine Ratte aus diesem Stamm. Die Antigene stimulierten das Immunsystem und bewirkten dadurch die Gelenkentzündungen. Die Lewis-Ratten wiesen aber noch eine zweite Besonderheit auf. Unter dem Stress der Antigeneinwirkung produzierte ihr Hypothalamus nämlich viel weniger Kortikoliberin (CRH), und der Kortisol-Blutspiegel stieg dementsprechend viel schwächer an als bei Ratten vom Stamm „Fisher". Letztere waren vor der (durch das Antigen induzierten) Polyarthritis geschützt, und zwar wohl deshalb – so die Vermutung –, weil sie bei entsprechender Stimulation durch das Antigen besonders viel CRH und Kortisol bildeten (s. Aksentijevich et al. 1992). Gestützt wurde die Hypothese durch die Experimente von Misiewicz und Mitarbeitern (1997). Diese Forscher supplementierten nämlich durch eine Organtransplantation den Hypothalamus einer Arthritis-anfälligen Lewis-Ratte mit dem (embryonalen) Hypothalamusgewebe einer Ratte vom Fisher-Stamm, der gegen die Krankheit resistent war. Der Erfolg war schlagend: Nachdem sie das genetisch „gesunde" Gewebe dieses Hirnteils erhalten hatte, war die Lewis-Ratte vor übersteigerten Immunreaktionen nach Applikation von Antigen gefeit, und sie produzierte nach entsprechender Stimulation (mit Fragmenten von Bakterienwänden bzw. Plasmalipopolysacchariden) auch mehr CRH und Kortisol als je zuvor. (Zur Kontrolle wurde der Lewis-Ratte embryonales Lewis-Hypophysengewebe implantiert, wodurch die Immunabwehr nur unmerklich verändert wurde.) Indem nun das in die Lewis-Ratte implantierte Gehirngewebe mehr CRH produzierte als ihr eigenes Gehirn, ermöglichte es offensichtlich eine verstärkte Reaktion der Hypothalamus-Hypophysen-Nebennierenrinden-Achse und zähmte so die Immunabwehr. Einmal mehr zeigten diese Versuche, wie sehr die Immunabwehr vom Gehirn und seinen Teilen beeinflusst werden kann.

Wie Elisabeth Pennisi (1997) betont, könnte eine geschwächte und hyporeaktive Hypothalamus-Hypophysen-Nebennierenrinden-Achse einer der wesentlichen Gründe übersteigerter Immunreaktionen sein, und zwar nicht nur im Fall von Autoimmunkrankheiten, sondern auch bei allergischen Erkrankungen wie z.B. Bronchialasthma oder Neurodermitis (Atopisches Ekzem). Angelika Buske-Kirschbaum und Mitarbeiter (1997) untersuchten Kinder, die unter Neurodermitis litten. Die Haut juckt dann, sie ist chronisch entzündet, wie ausgetrocknet, aber manchmal auch ekzematös gerötet. Das Immunsystem ist überreizt und produziert – ganz typisch für Allergien – zu viele Antikörper vom Typ Immunglobulin E, vermutlich infolge einer Überproduktion von Interleukin-4 durch Lymphozyten. Wurden die Kinder aufgefordert, eine Geschichte zu erzählen oder schnell im Kopf zu rechnen, so stiegen infolge dieses mentalen Stresses die im Speichel gemessenen Kortisolwerte an. Aber zwischen den kranken und gesunden

Kindern gab es einen dramatischen Unterschied: Der Kortisolanstieg, ein Maß für die Aktivität der Hypophysen-Nebennierenrinden-Achse, war bei den Allergikern viel geringer. Offenbar war in diesem Fall, wie auch bei chronischem Gelenkrheumatismus, ein Mangel an Kortisol maßgeblich am Krankheitsgeschehen beteiligt, weshalb traditionell dieses entzündungshemmende Hormon oder das synthetische Analogon Kortison zur Behandlung eingesetzt wurde.

Das Erscheinungsbild von Autoimmunkrankheiten oder allergischen Erkrankungen wird zwar sehr wesentlich durch die Aktivität der Hypothalamus-Hypophysen-Nebennierenrinden-Achse und mithin vom Kortisolspiegel im Blut bestimmt, aber beileibe nicht ausschließlich. Wie schon die Bezeichnung Neurodermitis andeutet, ist wohl auch das Nervensystem an dem Krankheitsgeschehen beteiligt. So kann Neurodermitis durch subjektive Stressfaktoren beeinflusst werden, und von peripheren Nervenendigungen in die Haut freigesetzte Neuropeptide können an der Entstehung von Juckreiz und (neurogenen) Entzündungen beteiligt sein. Nach den Untersuchungen von Webster und Mitarbeitern (1997) wird beispielsweise das Neuropeptid CRH (Kortikoliberin) insbesondere bei Stress auch von postganglionären Sympathikusneuronen abgegeben und in entzündetes oder allergisch reagierendes Gewebe abgesondert. Es bewirkt die Freisetzung von Histamin, einer gefäßerweiternden Substanz, aus den Mastzellen. Die Folge sind Juckreiz, Hautrötungen und lokale Ödeme – Symptome, die durch den CRH-Antagonisten Antalarmin verhindert werden (s. Elenkov et al. 1999). So wird verständlich, warum ein akuter Stress oftmals eine momentane Verschlimmerung allergischer Erkrankungen auslösen kann.

Im Falle einer schmerzhaften chronischen Polyarthritis bewirken auch andere Neuropeptide, etwa Substanz-P (7), die von peripheren Endigungen schmerzleitender Nervenfasern ins erkrankte Gewebe freigesetzt werden, entzündungsfördernde Reaktionen der Blutgefäße. Sie erhöhen die Wirkung lokaler Entzündungsmediatoren (z.B. IL-1) und beeinflussen so den Entzündungsverlauf. Diese Reaktionen sind oftmals eine Antwort auf den Entzündungsschmerz. Sie tragen als neurogene Komponenten zu Entzündungsreaktionen bei, die sich in den Gelenken abspielen. So kommt es im entzündeten Gewebe zu überschießenden Immunreaktionen, was auch als neuroimmune Konditionierung bezeichnet wird (vgl. Weihe et al. 1996). Die schmerzhafte Immunreaktion reizt wiederum die schmerzleitenden Nervenfasern, die nun erneut entzündungsfördernde Peptide (8) freisetzen – ein sich selbst unterhaltender Prozess chronischer Entzündung, der zum Teufelskreis wird. Direkte Hinweise für die Rolle des Nervensystems bei der chronischen Polyarthritis ergeben sich aus der klinischen Erfahrung, die zeigt, dass Entzündungssymptome wie Schwellung, Überwärmung, Hautrötung und Schmerz gerade an solchen Gelenken verschwinden, die infolge eines Schlaganfalls oder einer Nervenverletzung ihre funktionell aktive Innervation verloren haben (s. Weihe et al. 1996).

Exkurs: Die Wirkung eines Stresshormons auf das Immunsystem

Die in vorausgehenden Abschnitten wiederholt angesprochenen Wirkungen des Nebennierenrindenhormons Kortisol auf das Immunsystem sollen nachfolgend etwas detaillierter und im Zusammenhang erläutert werden (vgl. dazu auch Schedlowski u. Tewes 1996). Kortisol greift in die Abwehrreaktionen des menschlichen Organismus nach Verletzungen und Infektionen durch Bakterien oder Viren auf ganz verschiedene Weise ein. So hemmt es z.B. bereits die ersten entzündlichen Reaktionen nach einer infizierenden Hautverletzung, nämlich die Erweiterung der Blutgefäße und die damit verbundene Rötung der Haut sowie die entzündliche Schwellung. Auch die nachfolgenden Reaktionen der Immunabwehr werden durch Kortisol in mannigfaltiger Weise beeinflusst.

Die gegen eingedrungene Fremdkörper gerichtete Abwehr durchläuft bekanntlich verschiedene Stadien. Zunächst reagiert die unspezifische (angeborene) Abwehr durch Fresszellen (Phagozyten), die u.a. von den neutrophilen weißen Blutkörperchen (Granulozyten) abstammen. Diese Phagozyten werden chemotaktisch von den eingedrungenen Bakterien angelockt; wenn sie absterben, entsteht Eiter. Kortisol erhöht zwar die Menge der aus dem Knochenmark freigesetzten Neutrophilen und damit im Blut die Anzahl der Granulozyten (Granulozytose), hemmt aber deren phagozytäre und chemotaktische Aktivität. Auf eine unspezifische Sofortabwehr von Viren und Krebszellen hat sich ein anderer Typ weißer Blutkörperchen spezialisiert, nämlich die (oben bereits mehrfach erwähnten) natürlichen Killerzellen (NK-Zellen), die zur Klasse der Lymphozyten gehören und deshalb auch als „Null-Lymphozyten“ bezeichnet werden. Die NK-Zellen werden durch so genannte Interferone, aber auch durch Interleukin-12 aktiviert und perforieren dann (mittels Giftstoffen) die Zellwände der von Viren befallenen Zellen. Dadurch werden die Zellen samt den Viren abgetötet. Kortisol hemmt diesen Vorgang (vgl. Elenkov et al. 1996). Die anderen Subtypen von Lymphozyten (T- bzw. B-Zellen) werden in der Thymusdrüse bzw. im Knochenmark (Bone marrow) geprägt. Die Zellzahl der Lymphozyten, insbesondere die der T-Lymphozyten im Blut, wird durch Kortisol reduziert (Lymphozytenabnahme = Lymphopenie).

Lymphozyten sind nicht an der Sofortabwehr beteiligt, sondern vermitteln erst mit einer gewissen Verspätung die „zellgebundene“ und „humorale“ Immunabwehr, wenn das Immunsystem „gelernt“ hat, die fremden Eiweißkörper (Antigene) zu erkennen und dagegen Antikörper zu bilden, eine besondere Art von Proteinen (Immunglobulinen), die sich an Antigene nach dem Schlüssel-Schloss-Prinzip binden und sie so neutralisieren. Diese „adaptierte“ Immunabwehr ist also nicht angeboren, sondern nach dem Erstkontakt mit Antigenen erworben. Der Organismus ist nun gegen das betreffende Antigen „geimpft“, sodass ein erneuter Kontakt mit dem Antigen rascher zu einer Immunreaktion führt. Der durch Kortisol beeinflusste Adaptationsprozess ist nachfolgend stark vereinfacht dargestellt.

Aus den im Knochenmark oder im Thymus geprägten Vorläuferzellen der Lymphozyten wird in der so genannten Prägungsphase zunächst ein Repertoire von Millionen verschieden geprägter B- oder T-Lymphozyten gebildet, die jeweils gegen eines von theoretisch unendlich vielen möglichen Antigenen gerichtet sind. Jeder Lymphozyt erhält durch die Prägung – bildlich gesprochen – den Schlüssel zu einem anderen Antigenschloss. Dadurch werden die geprägten Lymphozyten befähigt, später im Leben genau dieses („ihr“) Antigen zu erkennen, wenn sie ihm zufällig bei ihrer Passage durch den Blutkreislauf oder durch die Lymphgefäße der Lymphknoten begegnen. Entdecken sie „ihr“ Antigen, so vermehrt sich gerade dieser Lymphozytentyp (durch klonale Selektion und Proliferation), worauf spezifische Lymphozyten in einer großen Anzahl entstehen, die wiederum nur gegen das entsprechende, in den Körper eingedrungene Antigen gerichtet sind, dagegen Antikörper bilden und schließlich das Antigen im Verlauf einer Antigen-Antikörper-Reaktion eliminieren. Dieser Prozess der Antigenerkennung und Lymphozyten-Proliferation wird durch Botenstoffe der Immunzellen, die Interleukine, wie folgt reguliert.

Sobald ein fremder Eiweißkörper (ein Antigen) in den Organismus eindringt, wird er von einer so genannten dendritischen Zelle oder einer relativ großen Fresszelle, einem

Makrophagen, abgefangen. Diese Zelle präsentiert dann das Antigen bzw. ein Bruchstück davon (ein Peptid) einer geeigneten „naiven" T-Zelle, d.h. einem Lymphozyten, der im Thymus gebildet wird und darauf spezialisiert wurde, das ihm zufällig präsentierte Antigen, und nur dieses, zu erkennen. Die vom Makrophagen erfolgreich kontaktierte T-Zelle verwandelt sich dann in eine aggressive, „bewaffnete" T-Zelle; sie erkennt und attackiert nun auch andere von Bakterien (z.B. Tuberkulosebazillen) oder Viren befallene Körperzellen, die das entsprechende Antigen tragen. Diesen Vorgang bezeichnet man als spezifische zelluläre Immunabwehr. Sowie aber ein Makrophage (bzw. eine dendritische Zelle) einer T-Zelle ein Antigen erfolgreich präsentiert, entfaltet er noch eine weitere Wirkung: Er produziert Interleukin-1 (IL-1), einen Botenstoff, der eine zweite Art von T-Zellen, die so genannten Helferzellen stimuliert. Diese bilden daraufhin einen zweiten Botenstoff, das Interleukin-2 (IL-2), ein Protein, das nunmehr als Wachstumsfaktor der spezifischen, den betreffenden Antikörper erkennenden T-Zellen fungiert. Letztere teilen sich daraufhin fortlaufend; sie proliferieren (klonale Proliferation), sodass eine große Anzahl von bewaffneten T-Zellen mit Killerfunktion gebildet wird. Aber auch die anderen T-Lymphozyten, die so genannten Helferzellen (von denen zwei Typen bekannt sind), proliferieren infolge der Stimulation durch IL-2. Helferzellen vom Typ 1 fördern die Entzündungserscheinungen (proinflammatorische Wirkung), indem sie erneut Makrophagen und deren IL-1-Produktion stimulieren; Helferzellen vom Typ 2 interagieren und kollaborieren mit B-Typ-Lymphozyten, die nun ebenfalls proliferieren, zu Plasmazellen werden und Antikörper gegen das fragliche Antigen bilden. Die erst Tage nach dem Infekt gebildeten antigenspezifischen Antikörper werden im Laufe der humoralen Immunabwehr in großer Menge ans Blut abgegeben. Es gibt auch noch einen weiteren Typ von T-Zellen, die Suppressorzellen. Ihre Funktion ist es, die Proliferation von B-Zellen zu hemmen und überschießende Immunreaktionen zu verhindern (s. Abb. 5.1). Man ersieht aus dem in der Abbildung 5.1 vereinfacht wiedergegebenen Schema, dass Kortisol sowohl die Bildung von Interleukin-1 als auch die Produktion von Interleukin-2 hemmt. Damit werden nicht nur die Entzündungserscheinungen und die Proliferation von bewaffneten T-Lymphozyten gehemmt, sondern auch die der Helferzellen und damit die Vermehrung der B-Lymphozyten sowie die Bildung spezifischer Antikörper, also die humorale Immunabwehr. (Letztere kann jedoch unter Umständen durch Kortisol auch gesteigert werden, und zwar immer dann, wenn die durch Interleukin-2 induzierte Bildung von Suppressor-T-Zellen durch Kortisol gehemmt wird.) In den vergangenen Jahren wurden mehr als 20 weitere Interleukine und andere Wachstumsfaktoren (Zytokine) von Immunzellen entdeckt. Unter den Interleukinen hat IL-2 jedoch eine herausragende Stellung bei der Regulation des Immunsystems. Dies wird u.a. auch durch die Erfahrung belegt, dass mit spezifischen IL-2-Hemmern, wie z.B. Zyklosporin A, eine hochwirksame Immunsuppression bewirkt werden kann.

Eine optimale Zügelung der Immunvorgänge ist notwendig, um zu vermeiden, dass das Immunsystem kontinuierlich gegen ein körpereigenes Antigen (Protein) Autoantikörper bildet. Normalerweise werden die unreifen, im Thymus geprägten T-Zellen, die zufällig gegen körpereigene Eiweißkörper gerichtet sind, nach der Erkennung „ihres" Antigens frühzeitig im Thymus eliminiert (so genannte klonale Deletion). Infolgedessen tolerieren der menschliche und tierische Organismus in der Regel körpereigene Proteine, wohingegen fremdes Protein oder fremdes Gewebe angegriffen wird. Die Unterscheidung von „fremd" und „eigen" lernt das Immunsystem etwa zur Zeit der Geburt. Versagt aber der Unterscheidungsmechanismus, so entstehen

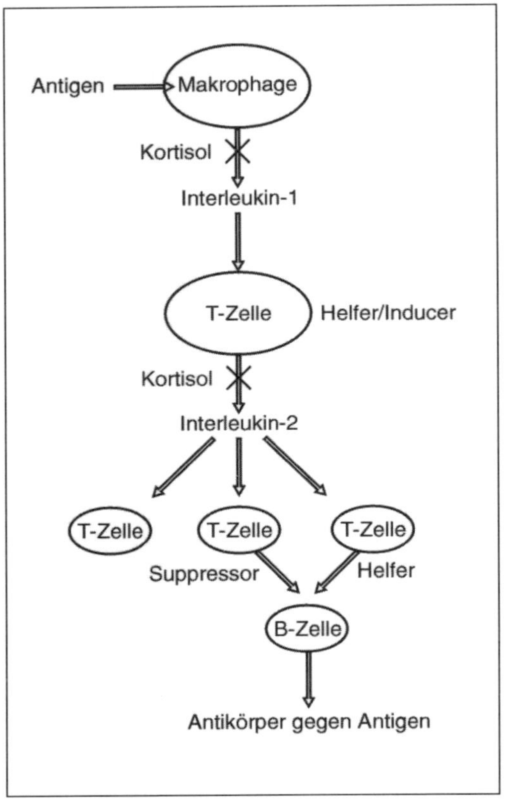

Abb. 5.1 Schema der Wirkung eines Stresshormons auf die zellvermittelte Immunität. Kortisol vermindert die antigenstimulierte Produktion von Interleukin-1 durch die Makrophagen. Dies hemmt die initiale Rekrutierung „bewaffneter" T-Lymphozyten. Kortisol hemmt auch die Bildung von Interleukin-2 durch die T-Lymphozyten und damit die weitere Proliferation von „bewaffneten" T-Lymphozyten (Killerzellen), aber auch von Helfer- und Suppressorlymphozyten, welche die Proliferation und Aktivität der Antikörper produzierenden B-Lymphozyten (Plasmazellen) regulieren (nach Genuth 1988).

neben normalen auch „falsch gepolte" Lymphozyten und infolgedessen Autoimmunerkrankungen. Schuld daran haben oftmals Fehlregulationen des Immunsystems, etwa eine ungenügende Anzahl von Suppressorzellen oder eine Aktivierungsstörung der B-Zellen und der Antikörperbildung, die z.T. vielleicht hormonal bedingt sind. Wie oben bereits erwähnt (s. Wilder u. Elenkov 1999), könnte beispielsweise im Falle einer Polyarthritis eine Überproduktion von Interleukin-12 durch gewisse Immunzellen (die Makrophagen) vorliegen, die durch einen Mangel an Gonaden- und Nebennierenrindenhormonen (Kortisol, Kortikosteron) ausgelöst wird. Umgekehrt meinen Wilder und Elenkov, dass ein Übermaß an Östrogenen auch zum Auslöser für das Aufflackern eines systemischen Erythematodes werden kann. Die Beziehung zwischen Hormonen und Immunsystem ist aber offenbar reziprok. Denn die Immunzellen wirken – wie wir unten noch näher erläutern werden – mit ihren Interleukinen (insbesondere IL-1 und IL-6) wiederum auf die Hypothalamus-Hypophysen-Nebennierenrinden-Achse zurück und fördern damit die Produktion von CRH, ACTH und Kortisol. Aufgrund der immunsuppressiven Wirkung von Kortisol wird infolgedessen das Immunsystem rückgekoppelt gehemmt. Durch eine solche, über das Gehirn vermittelte „negative Feedback-Regulation" kann im Normalfall eine überschießende Immunreaktion gezügelt werden.

Wie das Immunsystem auf das Gehirn wirkt

Der berühmte Stressforscher Hans Selye zählte Infektionskrankheiten zu den bedeutendsten Stressoren überhaupt. Wird der Organismus mit Bakterien überschwemmt, so entsteht eine Blutvergiftung (Sepsis). Durch die Giftstoffe der Bakterien (so genannte Endotoxine) wird die Hypophysen-Nebennierenrinden-Achse enorm aktiviert, und der Plasmaspiegel des Stresshormons Kortisol erhöht sich entsprechend. Dies ist eine Anpassungserscheinung im menschlichen Organismus, ganz im Sinne des „Adaptationssyndroms" nach Selye, der zweiten Phase der Stressreaktion (Selye 1950). Denn die hohen Hormonspiegel schützen den menschlichen Körper vor manchen unliebsamen Folgen der Infektion, vor einem Abfall des Blutzuckerspiegels beispielsweise sowie vor Kreislaufschwäche bis hin zum Kreislaufkollaps, aber auch vor Immunreaktionen, die über das Ziel hinausschießen. Auch an Versuchskaninchen konnte sowohl das Immunsystem als auch die Bildung von Kortisol durch Injektion von Viren oder Bakterientoxinen aktiviert werden. Die Chance der Versuchstiere, die experimentell herbeigeführte Blutvergiftung heil zu überstehen, hing nun aber gänzlich von der Funktionsfähigkeit der Nebennieren ab. Wurde diese Hormondrüse operativ entfernt, so erhöhte sich die Mortalität enorm.

Ein deutlicher Anstieg des Blutspiegels von Kortisol wurde bei Mäusen nach einer Infektion mit dem „Newcastle-disease-Virus" (NDV) beobachtet. Auch in diesem Fall wurde die Stimulierung der Kortisolausschüttung über die Hypothalamus-Hypophysen-Nebennierenrinden-Achse gesteuert, und zwar offensichtlich mittels Interleukin-1, wie der Immunphysiologe Hugo Besedovsky und seine Mitarbeiter herausfanden (Besedovsky et al. 1986). Die Gießener Physiologen isolierten aus dem Blut weiße Blutkörperchen und gaben sie in ein Reagenzglas, dem sie eine Suspension von NDV-Viren hinzufügten. Daraufhin produzierten die Leukozyten einen Faktor, der anscheinend die Fähigkeit hatte, den Kortisolspiegel im Blut zu erhöhen. Wurden nämlich die Leukozyten zentrifugiert und das überstehende, klare Blutserum einer gesunden Maus injiziert, so stieg deren Kortisolblutspiegel an, so als sei sie mit NDV-Viren infiziert worden. Offenbar war die fragliche Substanz identisch mit Interleukin-1, dem bereits oben erwähnten Faktor der Immunzellen. Denn zum einen wurde die stimulierende Wirkung des durch die Zentrifugation erhaltenen flüssigen Überstandes nach der Zugabe von Interleukin-1-Antikörpern neutralisiert, zum anderen konnte die Wirkung auf den Hormonspiegel durch Injektion von gereinigtem (gentechnisch hergestelltem) Interleukin-1 imitiert werden (Besedovsky et al. 1986). Interleukin-1 aktiviert jedoch nicht nur das Stress-System, die Hypothalamus-Hypophysen-Nebennierenrinden-Achse; es produziert auch Fieber und ein „Malaise", also das Gefühl, krank zu sein (vgl. Kluger et al. 1995). „Gen-Knock-out"-Mäuse, denen das für die Bildung von Interleukin-1 (und Interleukin-6) erforderliche Gen fehlte, bekamen nach der Infektion mit bakteriellen Antigenen (z.B. LPS = Lipopolysaccharide) kein Fieber (Kozak et al. 1998). Und Fieber kann unterdrückt werden, wenn die körpereigene Herstellung von Interleukin-1 durch Kortisol gehemmt wird.

Fieber entwickelt sich bereits innerhalb von Minuten nach der Injektion gewisser inflammatorischer (entzündungsfördernder) Substanzen, beispielsweise LPS. Können Botenstoffe des Immunsystems wie IL-1 in so kurzer Zeit überhaupt in ausreichender Menge die Schranke zwischen Blutbahn und Gehirn überwinden? Die Antwort ergab sich aus dem experimentellen Nachweis, dass die Botschaft aus dem Immunsystem das Gehirn über Nerven erreicht, und nicht etwa auf dem Blutweg, wie zunächst angenommen wurde. Wie gesagt, ruft bei Mäusen die Injektion des bakteriellen Antigens LPS in den Bauch Fieber hervor. Wurde den Mäusen jedoch zuvor der Vagusnerv herausgeschnitten, so blieb diese Reaktion aus (Maier et al. 1998). Bekanntlich leitet der Vagusnerv nicht nur Signale von seinem Ursprungsort, dem Hirnstamm, zu seinen Zielorganen im Brust- und Bauchraum, sondern auch – mittels afferenter Fasern – in der umgekehrten Richtung. Er informiert so das Zentralnervensystem über die Situation in der Peripherie und offensichtlich auch über den Zustand des Immunsystems. Letzteres fungiert also gleichsam als Sinnesorgan, gewissermaßen als unser „sechster Sinn“, der bakterielle und virale Infektionen wahrnimmt und unser Gehirn bzw. die Psyche über den Ernst einer infektiösen Erkrankung informiert. So fühlen wir uns nach einer schweren Infektion fiebrig, verlieren den Appetit, werden wehleidig, müde und lustlos. Kurzum, wir fühlen uns krank. Das Immunsystem hat unser Verhalten geändert.

Offenbar reagieren aber die peripheren Endigungen des Vagusnervs nicht selbst auf das von den Immunzellen produzierte Interleukin-1. Vielmehr wird das Immunsignal der Makrophagen von anderen Nervenzellen in so genannten Paraganglien aufgefangen, die dann ihrerseits die Nervenendigungen des Vagus erregen (Goehler et al. 1999). Der Vagus wiederum rapportiert einem im Hirnstamm gelegenen Kerngebiet (9) und dieses dem Hypothalamus und dem limbischen System. Die Folge ist ein Anstieg von Interleukin-1 im Gehirn, wo es von Neuronen hergestellt wird (Nguyen et al. 1998). Mit einiger Verspätung können jedoch Interleukin-1 und andere Zytokine (IL-6 und TNF-α) das Gehirn auch noch auf dem Blutweg erreichen und so die initiale, über Nerven vermittelte Botschaft des Immunsystems verstärken: Sie ändern unser Verhalten und „machen uns krank“.

Wie sehr selbst grippale Infekte über das Immunsystem und dessen Botenstoffe das seelische Befinden treffen können, hat der Arzt Bernhard Naunyn (10) am eigenen Leibe so erfahren:

„Im Winter 1889 auf 90 kam auch nach langer Zeit die greuliche Influenza wieder einmal über Europa (...). Ich verlor mein Selbstvertrauen und den Lebensmut. Meine Empfindlichkeit den leichtesten Schwierigkeiten gegenüber wurde unerträglich, zur Qual für mich und meine gute Frau (...). Anfälle von Weinen und Halluzinationen – alles grau in grau“.

Nicht nur Immunreaktionen, sondern auch psychischer Stress kann die das Fieber induzierende Herstellung von Interleukin-1 im Gehirn anregen, wie Nguyen und Mitarbeiter (1998) zeigten. Insbesondere bilden Neurone des Hippocampus, einem Teil des „emotionalen“ (limbischen) Systems, Interleukin-1, wenn sie wiederholt stimuliert und dadurch in ihrer Aktivität potenziert werden (Schneider et al. 1998). Werden Mäuse in eine ganz neue Umgebung gebracht, so werden sie dadurch so „gestresst“, dass im Gehirn die Werte von Interleukin-1 und Interleukin-6 ansteigen, woraufhin Fieber entsteht. Die gestressten Mäuse verhalten sich dann wie kranke Tiere, sie verlieren den Appetit und den Drang, ihre Umgebung zu explorieren (vgl. Pennisi 1997).

Offenbar können ein Krankheitsgefühl und ein entsprechendes Verhaltensmuster sowohl durch Immunreaktionen als auch durch Stress und andere psychologische Faktoren ausgelöst werden.

Gewiss werden nun unter diesem Aspekt auch die schon ganz zu Beginn dieses Kapitels erwähnten emotional ausgelösten Fieberanfälle besser verständlich, die Thomas Mann in seinem Roman „Der Zauberberg“ beschrieb.

Nach dem oben Gesagten scheinen psychosoziale Faktoren wie eine Stress-Situation letztlich die gleichen von Interleukinen abhängigen Zielstrukturen im Hypothalamus und im limbischen System zu beeinflussen wie das Immunsystem, wenn es durch Infektionen erschüttert wird. Insofern scheint es auch nicht verwunderlich, dass Infektionskrankheiten und seelische Belastungen im Prinzip ähnliche psychische Störungen produzieren können, etwa Antriebslosigkeit und Depressionen. So könne z.B. Malaria fast jede psychische Krankheit provozieren oder imitieren, sagen Katja Becker und ihre Mitarbeiter (1998) – aber sie verweisen auch auf die manchmal überraschend positiven psychischen Auswirkungen einer Infektion:

„Auch zur Wirkung auf Psychosen hat Freud Stellung genommen. Es sei ebenso instruktiv zu sehen, daß – entgegen jeder Theorie und Erwartung – eine Neurose, die allen therapeutischen Anstrengungen widerstanden hat, verschwinden könne, wenn eine Person (...) eine bedrohliche organische Erkrankung bekommt (...). Blanquer und Veyrat (1995) beschrieben darüber hinaus eigene Patienten, deren psychiatrische Symptome verschwanden, als sie eine bakterielle Lungenentzündung bekamen (...). Ihre allgemeine Schlußfolgerung ist die, daß beim individuellen Patienten Psychopathologie und Pathophysiologie im Gleichgewicht stehen, und zwar in einem reziproken Verhältnis zueinander.“

Auch Viktor von Weizsäcker war davon beeindruckt, dass die Neurose eines seiner Patienten in dem Moment geheilt wurde, als dieser im Laufe der Psychotherapie eine chronische Halsentzündung bekam, eine „Behandlungsangina“, wie von Weizsäcker (1951) es nannte. Becker und Mitarbeiter (1998) fragen deshalb, „ob die hermeneutisch orientierte Psychotherapie ähnliche zellbiologische Prozesse und interzelluläre Zielstrukturen beeinflusst wie somatische Erschütterungen“.

Die reziproke Beziehung zwischen Gehirn und Immunsystem

Zwischen Psyche und Immunsystem besteht eine wechselseitige, d.h. sowohl psychosomatische als auch somatopsychische Beziehung. Wie wir gesehen haben, beeinflusst nämlich unser Immunsystem Gehirn und Verhalten, und umgekehrt gilt dies auch (s. Abb. 5.2). Immunsystem und Nervensystem sind beim Menschen im Sinne des Psychoneuroimmunologie-Paradigmas untrennbar miteinander verbunden. Nach Jerry (1996) kann die Funktionsweise des Immunsystems in gewisser Weise sogar mit der des Nervensystems verglichen werden: Beide sind lernfähig, beide haben ein Erinnerungsvermögen, und beide, Neurone wie Immunzellen, verfügen über ein z.T. ähnliches Repertoire von Botenstoffen (z.B. IL-1) und deren Rezeptoren. Und wie bei einem Reflex reagiert das Immunsystem auf einen Reiz aus der Umwelt, in diesem Fall auf einen chemischen Reiz, das Antigen, und es antwortet mit einer spezifischen Reaktion, nämlich mit der Proliferation antigenspezifischer Immunzellen und der Produktion von Antikörpern (11).

Wie wir sahen, läuft die Reaktion des Immunsystems nicht unabhängig vom Nervensystem ab. Sie beeinflusst nämlich mittels spezifischer Botenstoffe (z.B. IL-1) das Gehirn, so wie das Gehirn umgekehrt auch das Immunsystem beeinflusst. Dieser Prozess ist einem Reflex in einem sehr großen Reflexbogen (so genannter „long loop reflex“) vergleichbar, bei dem Informationen aus der Körperperipherie zum Zentralnervensystem und von diesem wieder an die Peripherie zurückgeleitet werden. Im Falle des Immunsystems wirken die schon erwähnten Paraganglien des Vagusnervs als Sensoren. Sie reagieren auf den vom Immunsystem produzierten Botenstoff Interleukin-1 und registrieren damit die Stärke einer Infek-

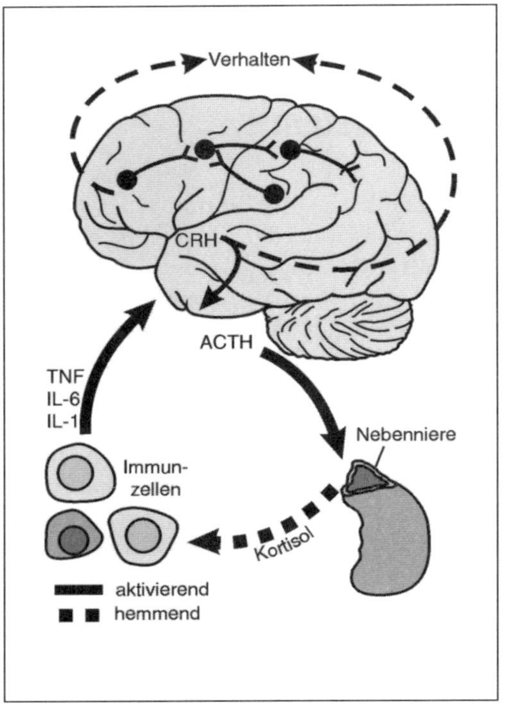

Abb. 5.2 Die reziproke Koppelung von Gehirn und Immunsystem. Botenstoffe des Immunsystems (IL-1, IL-6, TNF) wirken via Vagus auf das Gehirn ein, welches einerseits mit seinen neuronalen Netzwerken das Verhalten verändert, andererseits wiederum das Immunsystem beeinflusst, nämlich durch die Hormone der Hypothalamus-Hypophysen-Nebennierenrinden-Achse (12) (nach Pennisi 1997).

tion bzw. deren Immunreaktion. Diese Botschaft aus dem Immunsystem wird dann dem Gehirn über den Vagusnerv zugetragen, der gewissermaßen den „afferenten Schenkel" des Reflexbogens repräsentiert. Die zentralen Neurone im Hypothalamus und Hippocampus beantworten die Information aus dem Immunsystem über die „efferenten Schenkel" des Reflexbogens, nämlich zum einen über den Sympathikus und Vagus (vgl. Borovikova et al. 2000), zum anderen über die Hypothalamus-Hypophysen-Nebennierenrinden-Achse, indem sie z.B. die Kortisolproduktion in den Nebennieren ankurbeln. Weil Kortisol das Immunsystem hemmt, schließt sich damit der Reflexbogen zum Kreis, genauer gesagt, zu einem Regelkreis (vgl. Abb. 5.2). Durch diese negative Rückkoppelung kann das Ausmaß der Stärke einer Immunreaktion auf einer ganz bestimmten Höhe stabilisiert werden. Und wie bereits am Anfang dieses Kapitels beschrieben, kann ein solcher „long loop reflex" des Immunsystems sogar konditioniert, d.h. in einen bedingten Reflex umgewandelt werden. Das bedeutet aber auch, dass die Stärke von Immunreaktionen durch Lernprozesse, also durch die Erfahrung beeinflusst werden kann. Dieser Aspekt erscheint nicht belanglos bei lang andauernden oder immer wiederkehrenden Erkrankungen, die das Immunsystem erschüttern. Man denke nur an chronische Tuberkulose und rheumatoide Polyarthritis, aber auch an allergisches Bronchialasthma, eine – nach neueren Vorstellungen – entzündliche Erkrankung der Schleimhäute in den Bronchien. Einige allergische Reaktionen können, wie wir gesehen haben, sogar durch konditionierte Reize ausgelöst werden. Umgekehrt können allergische Reaktionsweisen auch wieder verlernt werden. So berichtet der Gedächtnisforscher Hans Markowitsch (1998) von einem Patienten, der nach dem – psychogen induzierten – Verlust seines Gedächtnisses ganz überraschend auch sein Asthma und seine Allergien verlor. Im Übrigen hängt bei der Genesung aber viel davon ab, welche Bedeutung wir den Erfahrungen beimessen. Deshalb könne, so Jerry (1996), eine Änderung solcher Glaubensstrukturen (durch kognitive Therapien beispielsweise) die Immunreaktionen und die körpereigenen Abwehrkräfte beeinflussen. Vorstellungen, die einen Einfluss von Glaube und Hoffnung auf die Gesundheit des Körpers beinhalten, erschienen in der Vergangenheit naturwissenschaftlich orientierten „Schulmedizinern" oftmals „irrational" und suspekt, da sie scheinbar nicht mit biologischen Mechanismen und Konzepten vereinbar sind. Aufgrund der Erkenntnisse der neueren psychoneuroimmunologischen Forschung hat sich das geändert. So ist in den letzten Jahren immer deutlicher geworden, wie sehr Gehirn und Psyche auf die Gesundheit des übrigen Körpers einwirken können. Gewiss lässt sich nach dem Gesagten auch verstehen, wieso Stress einem Menschen in gesundheitlicher Beziehung weniger anhaben kann, wenn er glaubt, die Stress-Situation bewältigen bzw. kontrollieren zu können.

Fazit

Unser Immunsystem reagiert auf körperfremde Eiweißkörper, so genannte Antigene, indem es antigenspezifische Immunzellen und Antikörper bildet. Immunreaktionen laufen jedoch nicht völlig unabhängig von Psyche und Gehirn ab. Vielmehr kann unser Gehirn die Abwehrkräfte zum einen via Sympathikus, zum anderen über Hormone beeinflussen, über Kortisol beispielsweise, aber auch über andere Botenstoffe der Hypothalamus-Hypophysen-Nebennierenrinden-Achse. Das Nebennierenhormon hemmt das Immunsystem bei Stress, aber auch bei schweren Depressionen. Dadurch erhöht sich die Anfälligkeit für virale und bakterielle Infektionen; selbst die Prognose einer Krebserkrankung kann sich verschlechtern. Umgekehrt kann eine Schwächung der Hypophysen-Nebennierenrinden-Achse das Immunsystem gewissermaßen enthemmen, sodass es zu stark reagiert und somit über das Ziel hinausschießt: Bereits bestehende Allergien können sich verschlimmern und Autoimmunerkrankungen erneut aufflackern, wenn überreagierende Immunzellen körpereigenes Gewebe angreifen. Offensichtlich wirken Immunsystem und Hormone aufeinander. Darüber hinaus bilden gewisse Immunzellen ihrerseits hormonartige Botenstoffe, die Interleukine. Sie beeinflussen nicht nur das Immunsystem, sondern auch das Gehirn, sofern sie in die Blutbahn gelangen, und sie erregen zudem die zum Gehirn führenden Zweige des Vagusnervs. Auf diese Weise rufen sie Fieber hervor, ändern das Verhalten und sind dafür verantwortlich, dass sich infizierte Kranke „schlecht fühlen", den Appetit verlieren und manchmal sogar depressiv werden. Offensichtlich existieren also psychosomatische und somatopsychische Wechselbeziehungen zwischen Immunsystem und Gehirn. Mensch und Tier können sogar lernen, die Reaktionen ihres eigenen Immunsystems zu verändern. Wegweisend für diese Erkenntnis waren Tierexperimente, in denen Immunreaktionen wie Pawlow-Reflexe „konditioniert" wurden. Diese schon in den 70er Jahren durchgeführten Studien begründeten die Psychoneuroimmunologie, ein Fachgebiet, auf dem heute Immunologen, Neurobiologen und Psychologen interdisziplinär zusammenarbeiten und das wohl deutlicher als andere Errungenschaften der Medizin zeigt, wie sehr das Gehirn die Gesundheit unseres übrigen Körpers beeinflusst.

6

Psychosomatik, Psychotherapie und Gedächtnis

Vor über hundert Jahren prägte Sigmund Freud (1856–1939) den Begriff „das Unbewusste“ und revolutionierte damit das Selbstverständnis der Menschen – zumindest in den psychologisch gebildeten Schichten Europas und Amerikas. Der Architekt der Psychoanalyse war auf das Tiefste davon beeindruckt, dass jemand, der in Hypnose mit einem bestimmten Auftrag bedacht worden war, diesen einige Tage später ohne Wissen des Hypnosebefehls auch tatsächlich ausführte und seine Handlung sogar noch mit einer – erfundenen – Begründung zu rechtfertigen wusste. „Es musste also jener Auftrag an den Bewusstlosen in einer ‚latenten Form‘ in der Seele lebendig geblieben sein (...), also war da ein Gedanke gleichzeitig wirksam und unbewusst“. Mit diesen Worten resümierte 50 Jahre später der Züricher Psychologe Ernst Aeppli die Gedankengänge Freuds und erläuterte, dass sich offenbar bei der Hypnose „psychische Energie in den ohne Willen eingeprägten Auftrag investierte“ (1). Aus heutiger Sicht überzeugt jedoch eine ganz andere Schlussfolgerung viel mehr: Der Befehl des Hypnotiseurs hatte sich – dem Hypnotisierten unbewusst – offensichtlich im Gedächtnis verankert, indem er plastische neuronale Netzwerke der Gedächtnisstrukturen etwas veränderte; denn nichts anderes geschieht ja, wie wir wissen, beim Abspeichern von Gedächtnisinhalten.

Die kreative Leistung Freuds bestand nun aber nicht nur in der besagten Einsicht in das Wesen der Hypnose, sondern auch und vor allem darin, dass er seine Erkenntnisse mit denen der Hysterieforschung seines Kollegen Josef Breuer zu vereinen wusste (2). Könnte es sein, überlegte Freud, dass beim Krankheitsbild der Hysterie nicht, wie bis dahin vermutet, „schlechte Vererbung“ oder „degenerative Prozesse“, sondern psychische Gründe die Krankheitsverursacher sind, nämlich unverarbeitete seelische Verletzungen (Traumen) und Konflikte, die ins Unbewusste verdrängt werden und dort – ähnlich wie die in der Hypnose erhaltenen Befehle – in latenter Form weiter wirken, um sich dann aber zur gegebenen Zeit bemerkbar zu machen? Dies geschähe z.B. in Form psychogener Lähmungen und anderer „hysterischer“ Symptome, die man heute in der Psychosomatischen Medizin als somatoforme Störungen bezeichnet. Was läge nun näher als die Vermutung, dass die im Unbewussten latent vorhandenen und psychosomatisch wirksamen Konflikte und Erfahrungen – genauso wie die unter Hypnose erhaltenen Anweisungen – ohne Wissen des Kranken als „Engramme“ ins Gedächtnis eingeschrieben, d.h. erlernt sind? Lernprozesse sind aber, wie gesagt, immer mit plastischen Veränderungen in neuralen Netzwerken des Zentralnervensystems verknüpft, weshalb der neuronalen Plastizität und dem Gedächtnis so hervorragende Bedeutungen für die Psychosomatik zukommen. Tatsächlich postulierte schon 1896 der französische Philosoph und Nobelpreisträger Henri Bergson (1859–1941), ein Zeitgenosse von Freud, in seinem Werk „Matière et Mémoire“ (3), das Gedächtnis sei eine Schnittstelle von Geist und

Materie – und deshalb, so möchte man hinzufügen, wohl auch das für die Psychosomatik so wichtige Interface zwischen Psyche und Soma.

Evident ist die Relevanz von Lernprozessen für die Psychosomatik auch aufgrund der Einsichten Alexander Mitscherlichs, der die Rolle von Lebenskrisen und frühkindlicher Erlebniskatastrophen betonte, die sich ins Gedächtnis eingraben (4). Plastische Veränderungen im Nervensystem entstehen aber wohl nicht nur nach Kindheitstraumen im Zusammenhang mit der Entwicklung psychosomatischer Erkrankungen, sondern wahrscheinlich bei allen krank machenden psychosozialen Prozessen – man denke nur an die „erlernte Hilflosigkeit" bei manchen depressiven Zuständen, an gewisse Angststörungen, an chronische Schmerzen oder an das so genannte Posttraumatische Stress-Syndrom (5). Es ist also, um den amerikanischen Nobelpreisträger Eric Kandel zu zitieren, nicht länger sinnvoll, zwischen organischen Hirnerkrankungen mit veränderter Hirnstruktur und so genannten funktionellen Krankheiten wie Neurosen oder Psychosomatosen zu unterscheiden. Denn bei ihnen allen erwarten wir – durch Lernprozesse hervorgerufene – strukturelle Veränderungen im Gehirn, sei es im Vernetzungsgrad neuronaler Netzwerke, sei es im Ausmaß von Proteinphosphorylierungen oder einer veränderten Genexpression neuronaler Proteine (6). Wenn Neurosen und Psychosomatosen durch Verhaltenstherapie bzw. psychotherapeutische Gespräche gebessert werden, darf man wohl davon ausgehen, dass die neuronalen Netzwerke sich ebenfalls wieder normalisieren, dass es also abermals zu molekularen und zellulären Veränderungen in den Neuronen kommt. Neurobiologie und Neuropsychologie bzw. Psychotherapeutische Medizin finden, so Kandel, auf molekularem und zellulärem Niveau zusammen – gerade dann, wenn es um „erlernte" psychosomatische Erkrankungen geht.

Lerntheorien und Stressmodelle psychosomatischer Prozesse

Eine kuriose Geschichte: Ein junger Mann ging eines Tages von zu Hause fort, um beim Bäcker Brötchen zu kaufen, kam jedoch nicht zurück, sondern irrte stattdessen verwirrt in der Stadt umher, bis ihn die Polizei aufgriff. Urplötzlich hatte er sein biografisches (episodisches) Gedächtnis verloren, und er wusste nicht einmal mehr, wer er war. „Für ihn begann gleichsam ein neues Leben – sogar sein Asthma und seine Allergie hatte er verloren", berichtet der Bielefelder Psychophysiologe Hans Markowitsch, der seinen an psychogenem (hysterischem) Gedächtnisverlust leidenden Patienten gründlich untersuchte (7). Ist das Schicksal des Patienten nicht ganz erstaunlich? Bedeutet seine „Genesung" von einer – vermutlich psychosomatisch mit bedingten – allergischen Erkrankung etwa, dass dieselbe im Gedächtnis verankert war? Bevor wir diese Möglichkeit als völlig absurd beiseite schieben, sollten wir uns daran erinnern, dass sich ja tatsächlich (wie in Kap. 5 dargelegt) allergische und andere Immunreaktionen „konditionieren" bzw. erlernen lassen – nicht anders als der bekannte bedingte Reflex der Speichel- und Magensaftsekretion, den Iwan Petrowitsch Pawlow seinen Hunden andressierte. Damit stellt sich die folgende nahe liegende Frage: Spielen solche Reflexe vielleicht auch beim Stressgeschehen eine Rolle? Statt – wie beim Pawlow-Hund – auf ein Klingelzeichen hin, könnte die Konditionierung der Absonderung von Magensäure auch auf andere Signale, z.B. Lärm oder Ärger, erfolgen und so an der Entstehung stressbedingter peptischer Ulzera beteiligt sein, ungeachtet dessen, dass hier auch somatische Faktoren wie die Infektion mit *Helicobacter pylori* im Spiel sein dürften.

Doch nicht nur Lärm oder Ärger, auch große Furcht löst Stressreaktionen aus. Wie oben erwähnt (s. Kap. 4), kann Angst – bei Versuchstieren – konditioniert werden. Dies zeigten die Experimente von Joseph LeDoux und Mitarbeitern (8). Sie sperrten Ratten in so genannte Lernboxen (LeDoux 1998). Daraufhin versetzten sie den Nagetieren einen leicht schmerzhaften elektrischen Reiz durch ein Metallgitter auf dem Boden des Käfigs und kündigten ihnen dies jeweils kurz vorher durch ein Licht- oder Tonsignal an. Die Ratten verschreckten, erstarrten, und ihr Blutdruck stieg; eine unwillkürliche Angstreaktion. Nach einigen Wiederholungen reagierten die Versuchstiere allein schon auf den Licht- oder Schallreiz reflektorisch mit Angst und Panik. Die Tiere waren nun konditioniert bzw. darauf dressiert, das warnende Signal mit dem elektrischen Schmerzreiz zu assoziieren, dem sie so hilflos ausgeliefert waren. Erstaunlicherweise assoziierten manche Ratten jedoch nicht nur das Lichtsignal mit Gefahr, sondern sogar den Käfig, in dem Gefahr drohte. Infolgedessen wurden sie schon allein dadurch in Angst und Panik versetzt, dass sie der Versuchsleiter in den Käfig sperrte.

„Ein gebranntes Kind fürchtet das Feuer", wie der Volksmund sagt. Auch Erwachsene kennen erlernte Angst, manchmal genau so wie die dressierten Ratten, die in Panik gerieten, wenn sie in den gefürchteten Käfig mussten. Wer z.B. nach einem Stromausfall stundenlang in einem steckengebliebenen Fahrstuhl hilflos ausharren musste, der ängstigt sich danach vielleicht noch jahrelang davor, je wieder in einem Aufzug zu fahren, und möglicherweise wird er sich sogar überhaupt vor engen Räumen fürchten. Nicht wenige Menschen leiden unter einer solchen Klaustrophobie, aber auch unter Platzangst und anderen Angstkrankheiten (Phobien) – Examensangst, Flugangst, Herzphobien oder „Lampenfieber", um nur einige der erlernten Ängste zu nennen, die Blutdruckanstieg, Herzklopfen und Atemnot auslösen. Und wer kennt nicht die Furcht vor Schlangen und Spinnen oder die vor Schuld und Bestrafung?

Auf die Rolle des Mandelkerns (Amygdala) bei der Konditionierung von Angst und Angstkrankheiten haben wir bereits verwiesen (s. Kap. 4). Jedoch dürfte – unter Beteiligung der Hirnrinde – auch die „operante Konditionierung" eine Rolle spielen, wenn Phobien und andere Neurosen „somatisiert" werden und sich in einer Organstörung manifestieren, etwa in chronischen Rückenschmerzen oder, wie so häufig, in funktionellen Herz- und Magenbeschwerden (9). Denn diese psychosomatischen Erkrankungen bringen den Betroffenen neben allem Leid manchmal auch noch einen so genannten sekundären Krankheitsgewinn. Die Flucht in die psychosomatische Organerkrankung wundert nicht, angesichts der Tatsache, dass sie gewissermaßen „belohnt" wird, weil Erkrankungen des Menschen oft erst dann beachtet und ernst genommen werden, wenn sie sich körperlich manifestieren, was dann mit menschlicher Zuwendung und Hilfeleistung beantwortet wird. Und noch etwas: Im Gegensatz zu (vermeintlich stigmatisierenden) Neurosen werden stressbedingte somatoforme Erkrankungen von der Gesellschaft in der Regel eher respektiert.

Stress wird sehr häufig als Ursache psychosomatischer Erkrankungen angesehen, er ist geradezu ein Paradigma für psychosomatisches Geschehen. Wenn wir das Wort „Stress" hören, so denken wir z.B. an ungünstige Umweltbedingungen wie Lärm oder Mobbing am Arbeitsplatz, aber auch an mentalen Stress, Schmerz und Furcht. All diese Stressoren können – wie schon besprochen – somatische Leiden wie hohen Blutdruck und Arrythmien des Herzens hervorrufen, aber auch eine Schwächung des Immunsystems, also Stressreaktionen, die über das autonome Nervensystem oder die Hypothalamus-Hypophysen-Nebennierenrinden-Achse vermittelt werden. Zwischen der Stärke des (physikalischen) Stressors und der Stressreaktion besteht meist eine quantitative Beziehung, so z.B. zwischen dem Ausmaß des Lärms (Schalldruckpegel) und der subjektiv verspürten Lärmbelästigung. Wer also unfreiwillig in der Nähe eines Flughafens tagein, tagaus den Fluglärm ertragen muss, der leidet selbstverständlich stärker unter Lärmstress als der Bewohner eines ruhigen Bauerndorfes. Freilich ist die Beziehung zwischen Stress und Stressreaktion nicht immer eindeutig. Wer sich in die Disko begibt, der akzeptiert freiwillig einen Lärm, der manchmal fast die Schmerzgrenze erreicht. Alles hängt nämlich davon ab, ob man dem Lärm – es kann auch ein anderer Stressor sein – hilflos ausgeliefert ist oder ob man die Stress-Situation unter Kontrolle hat, ihr sogar ausweichen kann. Das ist auch bei Versuchstieren nicht anders, die in einem Käfig durch vermeidbare (leicht schmerzhafte) elektrische Schläge gestresst werden.

Wenn in den oben erwähnten Experimenten mit Ratten nur die eine Hälfte des Käfigbodens elektrische Schocks austeilte, so lernten die Versuchstiere schnell, den schmerzhaften Schock zu vermeiden, indem sie nach dem Gefahrensignal rechtzeitig in die ungefährliche Hälfte des Käfigs flüchteten. Die Tiere konnten an der Art des Warnsignals – Summton oder Lichtblitz – erkennen, welche der beiden Käfighälften gerade elektrifiziert war, und so gelang es ihnen, aus der jeweiligen Gefahrenzone zu weichen, bevor sie einen elektrischen Schlag erhielten. Das war, wenn auch „nervenaufreibend“, eine Stress-Situation, die von den Versuchstieren kontrolliert und bewältigt werden konnte, weil sie durch „operante“ bzw. „instrumentelle“ Konditionierung gelernt hatten, das richtige Signal mit der jeweils elektrisch geladenen Hälfte des Käfigs zu assoziieren. Da sie dem Stress nicht hilflos ausgeliefert waren, bekamen sie keine Magengeschwüre. Allerdings gelang diese Art von Stressbewältigung nicht allen Ratten. Tieren, die schon vor dem Experiment über eine längere Zeit einem frustrierenden, unkontrollierbaren Stress ausgesetzt wurden, gelang es nicht, die oben beschriebene Stress-Situation zu meistern. Denn sie konnten oder „mochten“ nicht lernen, die Gefahrensignale zu erkennen und darauf adäquat zu reagieren. Sie verhielten sich deshalb völlig hilflos und erlitten den Stress apathisch. Infolgedessen bekamen all diese Tiere schließlich peptische „Stress-Ulzera“. Diese Ratten hatten zuvor erfahren, dass jede Anstrengung umsonst ist, also ihre Hilflosigkeit gewissermaßen durch den vorausgegangenen unkontrollierbaren Stress erworben – eine „erlernte Hilflosigkeit“, um mit Seligman (1979) zu sprechen (10).

Martin Seligman hatte schon in den 70er Jahren überzeugend argumentiert, dass die experimentelle „erlernte Hilflosigkeit“ von Versuchstieren viel Gemeinsames mit einer relativ häufigen Erkrankung des Menschen hat, einer schweren Depression (11). Hier wie dort sind die charakteristischen Symptome ähnlich: Antriebslosigkeit, Lustlosigkeit (Anhedonie) und kognitive Defizite sowie erhöhte Blutspiegel der Stresshormone Kortisol bzw. Kortikosteron. Dürfen wir also mit Seligman folgern, dass auch die klinische Depression ihrem Wesen nach nichts anderes ist als erlernte Hilflosigkeit? Manche Menschen werden nach dem Stress eines Schicksalsschlages („Life stress“) depressiv, andere wiederum werden es, wenn sie dauerhaft von Stress geplagt sind, den sie nicht bewältigen können, sei es nun beruflicher Stress oder Schmerz und Krankheit (12). Wer Angehörige kennt, die an einer belastenden chronischen Erkrankung wie etwa der Alzheimer-Krankheit leiden, weiß, wovon die Rede ist: Die Pflegeperson wird depressiv, wie „ausgebrannt“, und resigniert schließlich völlig; aber nicht anders geht es dem unheilbar kranken Patienten selbst, der alle Hoffnung auf Hilfe aufgegeben hat.

Wie ein Mensch auf Stress reagiert oder wie gut er ihn bewältigt, hängt also ganz entscheidend von seinen früher gemachten Stress-Erfahrungen ab, also z.B. davon, ob er einer belastenden Situation gewachsen war oder nicht. Wenn etwa – um noch ein weiteres Beispiel anzuführen – Fallschirmspringer bei ihrem ersten Sprung erlebt haben, dass sie ihren Angststress kontrollieren und die Technik meistern können, so werden spätere Absprünge zu einem geringeren Anstieg der Stresshormone im Blut führen als beim ersten Mal. Wer hingegen einmal einer bedrohlichen Situation hilflos ausgeliefert war, der reagiert ganz anders, z.B. Menschen, die in Geiselhaft geraten und dabei völlig in der Hand ihrer Entführer waren. Manche von ihnen leiden noch jahrelang an einer so genannten Posttraumatischen Belastungsstörung, einem Stress-Syndrom, das bereits in Kapitel 4 beschrieben wurde. Zur Erinnerung: Lebensbedrohliche Ereignisse wie Geiselhaft, Vergewaltigung oder schwere Unfälle und Naturkatastrophen graben sich tief ins emotionale Gedächtnis ein. In den Tagen und Wochen nach dem Trauma überschwemmt die Erinnerung – auch in „schlaflosen" Nächten – immer wieder das Bewusstsein der Betroffenen, oft auch in Form von „Flashbacks", die meist durch äußere Reize ausgelöst werden, die in irgendeiner Weise an das Trauma erinnern. Traumatisierte Menschen sind besonders stressempfindlich und schreckhaft. Sie erschrecken oft aus dem geringsten Anlass und sind manchmal so reizbar, dass schon ein einziges „falsches Wort" psychosomatische Reaktionen auslöst, etwa Herzklopfen oder Schweißausbrüche. Ob es den Betroffenen schließlich gelingt, das belastende Erlebnis zu verarbeiten und zu genesen, das hängt nach Auffassung der Oxforder Psychologin Anke Ehlers sehr davon ab, wie sie sich während der traumatisierenden Erfahrung verhalten hatten. Beispielsweise haben, so Ehlers, vergewaltigte Frauen eine höhere Chance, wieder zu gesunden, wenn sie ihre Autonomie bewahrten und sich zur Wehr setzten oder wenigstens überlegten, welche Taktik sie dem Täter gegenüber anwenden sollten (13).

Besonders gefährdet, an einer Posttraumatischen Störung zu erkranken, sind daher Frauen, die in ihrer Kindheit sexuell missbraucht wurden, gar nicht so selten von Bekannten oder Bezugspersonen. Werden sie in der psychologischen Untersuchung wieder mit ihren traumatischen Kindheitserlebnissen konfrontiert, so „kommt alles wieder hoch", und dabei werden (wie PET-Studien zeigten) ganz spezifisch gewisse Bezirke des Stirnhirns und des zingulären Kortex erregt, was bei nicht-traumatisierten Frauen nicht der Fall ist. Dies lässt laut Bremner und Mitarbeitern (1999) auf eine Dysfunktion von Teilen des Stirnhirns und des limbischen Systems schließen – eine Spätfolge der traumatischen Kindheitserfahrungen. Die Traumatisierten werden oftmals auch psychosomatisch krank. Der Heidelberger Psychosomatik-Forscher Gerd Rudolf erinnert daran, dass nicht wenige der missbrauchten Mädchen im späteren Leben chronisch an wehenartigen Unterleibsschmerzen leiden, möglicherweise auch aufgrund einer hormonellen Fehlregulation der Stressachse Hypothalamus-Hypophyse-Nebennierenrinde (14). Chronische Schmerzen wiederum bewirken Veränderungen in Neuronen des Rückenmarks und Gehirns – ein Beispiel für neuronale Plastizizät.

Wie schon in Kapitel 1 ausgeführt, ist die Qualität der frühen Bindung zwischen Mutter und Kind von entscheidender Bedeutung im Leben des Kindes. Schon das kaum zweijährige unsicher gebundene Kind reagiert auf jede Abwesenheit der Mutter mit einer Aktivierung der „Stressachse", wie die erhöhte Kortisolausscheidung im Speichel erkennen lässt, betont Rudolf (15). Wie hilflos und gestresst muss sich da erst ein Baby fühlen, das seine Mutter oder eine andere wichtige Bezugsperson verliert. Gelingt es ihm nicht, dieses Erlebnis zu verarbeiten, dann prägt sich seine Hilflosigkeit für immer ins emotionale Gedächtnis, und so werden auch im Erwachsenenalter

Trennungs- und Verlusterlebnisse immer wieder heftige Stressreaktionen verursachen, die von Gefühlen der Hilflosigkeit und Depression begleitet sind. Das Stress-Verhalten ist nun so „eingeschliffen" (habituiert), dass selbst eine ganz alltägliche Belastung großen „Stress" verursachen kann, ja sogar psychosomatische oder affektive Erkrankungen. Solche Auswirkungen früher Traumen und Stresserlebnisse sind umso erstaunlicher, als ja keine bewussten und in Worte fassbaren Erinnerungen daran vorhanden sind; denn beim Kleinkind ist ein gezielt dem Bewusstsein zugängliches (explizites) Gedächtnissystem noch nicht aufgebaut (vgl. Post 1992).

Stressoren bzw. Traumen aus der frühen Kindheit setzen sich in den neuronalen Netzwerken des emotionalen (impliziten) Gedächtnisses fest, und dies mit der Konsequenz, dass die früh Traumatisierten im späteren Leben ganz besonders stressempfindlich und anfällig für psychosomatische Erkrankungen werden.

Aus diesem Grund lässt sich „die psychophysiologische Sichtweise (Lerntheorien und Stressmodelle) mit der psychodynamisch-biographischen Perspektive verknüpfen", um mit Rudolf zu sprechen (16).

Frühkindliche Erfahrungen und psychosomatische Erkrankungen

Wie gesagt, ist die wichtigste – vermutlich (auch) im emotionalen assoziativen Gedächtnis gespeicherte – Erfahrung eines Kleinkindes die Beziehung zur Mutter oder einer anderen Bezugsperson. Die Bindung zum „primary care giver" hat nach den Vorstellungen der Tiefenpsychologie sogar einen ganz enormen und gegebenenfalls auch krank machenden Einfluss auf die spätere Entwicklung (s. Kap. 1). Lassen sich diese psychoanalytischen Konzepte mit naturwissenschaftlichen Erkenntnissen vereinen? Gibt es experimentelle Hinweise für eine pathogene Wirkung widriger frühkindlicher Erfahrungen auf die psychische und physische Gesundheit? Vertreter der Psychoanalyse – wie etwa Alexander Mitscherlich – berufen sich gerne auf die tierexperimentellen Untersuchungen des amerikanischen Psychologen Harry Harlow, der in den 50er und 60er Jahren das Verhalten neugeborener Rhesus-Affen untersuchte (17). Harlow wollte wissen, was genau ein neugeborenes Äffchen an seine Mutter bindet. Ein Affenbaby wurde unmittelbar nach der Geburt von seiner Mutter getrennt und sollte nun zwischen zwei künstlichen Ersatzmüttern wählen: Die eine Puppe hatte einen Kopf aus Holz, der einem aus Metalldraht gebildeten Torso aufgesetzt war; als Attrappe der Brust diente eine Milchflasche mit Schnuller, aus der das Affenkind bei Hunger saugen konnte. Die andere Ersatzmutter hatte keine Milch, unterschied sich aber von der ersten vor allem darin, dass das Drahtgestell des Torsos mit einem „Fell" aus weichem Frottee überzogen war. Das war entscheidend. Überraschenderweise bevorzugte das Tierkind die Stoff-Mutter selbst dann, wenn diese keine Milch gab. Es „liebte" sie – vielleicht ein bisschen so wie ein kleines Kind seinen Teddybär – und klammerte sich an sie, wenn es in Angst versetzt wurde. Fast wie eine echte Mutter gab also das Surrogat durch den „Körperkontakt" dem Affenkind ein Gefühl der Geborgenheit und nahm ihm so die Angst. Auch Affen „leben eben nicht von Milch allein", meinte Harlow. Immer wenn er die Stoff-Mutter wegnahm und durch die milchspendende Metall-Mutter ersetzte, legte sich das Äffchen bei Gefahr verzweifelt auf den Boden, schrie und erstarrte vor Angst. Genauso gestresst reagierten aber auch mutterlose Affen, denen man ihre Stoff-Mutter erst sechs Monate nach der Geburt gab. Zu diesem Zeitpunkt akzeptierten sie das Surrogat nämlich nicht mehr als „Mutter", da sie während der kritischen ersten Lebensmonate nicht durch den „Körperkontakt" auf die Ersatzmutter geprägt wurden. Diese Tiere verhielten sich auch im späteren Leben gestört. Harlows Experimente blieben nicht unangefochten, konnten jedoch im Wesentlichen bestätigt werden (18). Bei der psychologischen Untersuchung mutterloser und sozial depriviert aufgewachsener Rhesusaffen fielen immer wieder die stereotypen Bewegungen auf, aber auch eine überdurchschnittliche Ängstlichkeit und Reizbarkeit, vor allem in Stress-Situationen (vgl. Levine et al. 1993). Eine solchermaßen erhöhte Stressempfindlichkeit hatte vermutlich auch biochemische Ursachen. Bei erwachsenen Affen, die in ihrer Kindheit großem psychosozialen Stress ausgesetzt wurden, entdeckten nämlich Coplan und Mitarbeiter (1996) in der Hirnflüssigkeit (Liquor) das Stresshormon Kortikoliberin (CRH) im Übermaß. Das im Hypothalamus gebildete Neurohormon stimuliert (wie in Kap. 4 besprochen) in der Hypophyse die Produktion weiterer Stresshormone; aber es ist auch ein Botenstoff, der – von Neuronen der Amygdala abgesondert (über eine Wirkung auf den Hirnstamm) – vegetative und motorische Angst- und Panikreaktionen auslöst, etwa, wenn man vor Angst erstarrt. Zudem lässt sich ein deutlicher Zusammenhang zwischen schwer depressivem Verhalten und erhöhtem CRH-Spiegel in der Gehirnflüssigkeit (Liquor) ausmachen.

Außer CRH dürften auch andere chemische Überträgerstoffe des Gehirns bei den Spätschäden psychosozial deprivierter, verwaister Affenkinder eine Rolle spielen. So fanden Martin und Mitarbeiter (1991) bei ihren immun-histochemischen Untersuchungen von Gehirnschnitten die „chemische Architektur" der Basalganglien des Großhirns völlig verändert vor. Sie entdeckten z.B. einen drastisch verminderten Gehalt eines für die Biosynthese von Noradrenalin und Dopamin wichtigen Enzyms – der Tyrosinhydroxylase. Wer würde da noch daran zweifeln wollen, dass traumatische Erfahrungen in der frühen Kindheit von Primaten zu Veränderungen in der Chemie des Gehirns und – damit vermutlich im Zusammenhang – zu Verhaltensstörungen führen könnten? Während der frühen Entwicklungsphase sind offenbar die neuronalen Schaltkreise des Gehirns so plastisch, dass synaptische Verbindungen und damit auch zukünftige Verhaltensweisen durch psychosoziale Faktoren – auch durch die Mutter-Kind-Beziehung – besonders nachhaltig beeinflusst werden, folgern Ladd und Mitarbeiter (2000) (19).

Haben also die am „Tiermodell" gewonnenen Erkenntnisse eine Relevanz für das Verständnis psychosomatischer Erkrankungen? Wie schon im ersten Kapitel ausgeführt, blieben Waisenkinder, die in Heimen ohne die mütterlich-liebevolle Pflege durch eine geeignete Bezugsperson aufwuchsen, in ihrer körperlichen und geistigen Entwicklung stark zurück (20). Ein ausgeprägter Zwergwuchs wurde allerdings nur bei Heimkindern beobachtet, die überhaupt keine Zuwendung bekommen hatten. Vermutlich lag dem verlangsamten Wachstum eine seelisch bedingte Verminderung der Produktion von Wachstumshormonen durch die Hypophyse zugrunde. Ein krasses Beispiel eines aufgrund seines „psychosozialen Zwergwuchses" hospitalisierten Kindes schildert der Psychoendokrinologe und Stressforscher Robert Sapolsky (21). Beim Eintritt in die Klinik seien die Blutwerte des hypophysären Wachstumshormons enorm niedrig gewesen, hätten sich jedoch unter dem Einfluss liebevoller Betreuung binnen eines Monats verdoppelt, um dann wieder auf den ursprünglichen niedrigen Wert zu sinken, als die beliebte mütterliche Pflegerin in Urlaub ging. Als sie zurückkam, schnellten die Blutwerte abermals in die Höhe und die Wachstumsrate verdreifachte sich, und dies, obwohl der kleine Patient konstant die gleiche Tagesration an Nah-

rung zu sich nahm. Er konnte nach wenigen Wochen geheilt entlassen werden.
Die Geschichte dieser Genesung illustriert, wie wichtig die Zuwendung der Mutter oder einer Pflegeperson auch für die körperliche Entwicklung des Kleinkindes ist. Entscheidend dabei dürften – buchstäblich – „Streicheleinheiten“ sein. Frühgeborene, die dreimal am Tag für je eine Viertelstunde gestreichelt und massiert wurden, wuchsen um 50% schneller als solche, die nicht berührt wurden, und sie gediehen überhaupt in jeder Beziehung besser. Berührung ist offensichtlich für das Gedeihen essenziell; dies ist sogar bei neugeborenen Versuchstieren der Fall, wie Kuhn und Shanberg (1998) gezeigt haben. Fehlen nämlich die Berührungsreize, so werden wichtige Enzyme des Stoffwechsels nicht in ausreichender Menge gebildet, sodass der Organismus nur ungenügend auf die stimulierende Wirkung von Wachstumshormonen anspricht (22).
Durch Körperkontakt – durch Berührung – wird das Kind eines Primaten auf die Mutter geprägt: Dies hatten ja schon Harlows Versuche in aller Deutlichkeit gezeigt. Auch der neugeborene Mensch erfährt durch den Hautkontakt mit der Mutter – auf nonverbale Weise – zum ersten Mal Mutterliebe und Gefühle der Geborgenheit. Die Zeit unmittelbar nach der Geburt ist dabei für die Art der Mutter-Kind-Beziehung von größter Bedeutung. In dieser sensitiven Phase (Maternal sensitive period) wird die Bindung zwischen Mutter und Kind vor allem durch Berührungsreize bestimmt – zunächst durch vorsichtiges Berühren der Gliedmaßen mit den Fingerspitzen, danach durch Streicheln des ganzen Körpers mit der Handfläche. Die frühen Sinneseindrücke und Gefühle des Kindes werden für den zukünftigen Abruf im Gedächtnis mit anderen immer wiederkehrenden Erfahrungen (Episoden) assoziiert – z.B. mit Brust, Muttermilch, Sättigung, mütterlicher Stimme und Zuwendung. Auf diese Weise entsteht ein Bezugspunkt im Langzeitgedächtnis, ein so genannter Knoten, der aber erst viel später – nach dem Spracherwerb – mit dem Begriff „Mama“ oder „Mutter“ in Verbindung gesetzt und im semantischen Gedächtnis gespeichert wird (23). Bis es so weit ist, wird der Knoten, der die vielfältigen frühkindlichen Erlebnisse verknüpft, als Komplex unbewusster Einzelerfahrungen – als „Mutterkomplex“ (in der Terminologie C. G. Jungs) – im emotionalen Gedächtnis gespeichert, das nicht direkt dem Bewusstsein zugänglich ist. Während ein „positiver Mutterkomplex“ eine Art Urvertrauen vermittelt, wird ein „negativer Mutterkomplex“ all die schmerzenden frühkindlichen Erfahrungen und Emotionen im Gedächtnis verknüpfen, die infolge einer abweisenden oder gar ablehnenden Mutter entstehen. Alles, was uns berührt – seelisch oder körperlich – und auch nur entfernt an Gedächtnisinhalte rührt, die mit anderen im selben Knoten verknüpft sind, kann den ganzen Komplex von emotionalen Erinnerungen reaktivieren, die im Knoten („Komplex“) gespeichert sind (der Komplex wird „konstelliert“). Und wie wir gesehen haben, ist dies auch bei missbrauchten Kindern der Fall oder bei Erwachsenen, die an einer Posttraumatischen Störung leiden. Um es nochmals zu betonen: Alles, was wir seit unserer Geburt in uns aufnehmen, was uns prägt, frühkindliche Erlebnisse der Geborgenheit ebenso wie frühkindliche Traumen, verändert unsere neuralen Netzwerke (24).

Ein Gedächtnis für Emotionen

Frühkindliche seelische Verletzungen (Traumen) hinterlassen also latente emotionale Erinnerungsspuren in den neuronalen Netzwerken des Gehirns; aber da diese lange vor dem Erwerb der Sprache gelegt werden, kann sich der Mensch später nicht bewusst – in artikulierten Gedanken – erinnern (25). „Wir haben die Gefühle und Emotionen, aber nicht die Worte für die Erinnerung, die sie formten", schreibt Daniel Goleman (1996). Dennoch lösen solche nicht unmittelbar dem Bewusstsein zugänglichen emotionalen Erinnerungen im späteren Leben manchmal eine scheinbar unverständliche Panikattacke oder ganz spezifische Angstzustände (Phobien) aus, meinen die Emotionsforscher W. J. Jacobs und Lynn Nadel (1999). In diesem Zusammenhang sei daran erinnert, dass ganz ähnliche, tief im emotionalen Gedächtnis verwurzelte vegetative Angst-Störungen auch die Folge lebensbedrohlicher Ereignisse sein können. So bekommen Unfallopfer oft noch Wochen oder Monate nach einem schweren Verkehrsunfall Panik – eine „Gänsehaut" oder Herzklopfen –, wenn sie sich, etwa beim Quietschen von Autoreifen, plötzlich wieder an das traumatische Geschehen erinnern. Bezeichnenderweise leiden bis zu 50% der Patienten mit Posttraumatischen Belastungsstörungen an Panikattacken. Ihre elementare Furcht ist offenbar seit dem erschreckenden Erlebnis latent im emotionalen Gedächtnis gespeichert, und sie braucht nur reaktiviert zu werden, um erneut eine Angst- und Schreckreaktion des ganzen Körpers hervorzurufen. Wie Kandel (2000a) betont, entstehen all diese Angstkrankheiten bzw. Phobien letztlich dadurch, dass traumatische Erfahrungen – durch Lernprozesse – die Genexpression bestimmter neuronaler Proteine und damit die Struktur neuraler Netzwerke des Gehirns krank machend verändern. Neurobiologisch orientierte Psychologen und Psychiater sind deshalb überzeugt, dass die experimentelle Erforschung der Prozesse des emotionalen Lernens einen entscheidenden Fortschritt im naturwissenschaftlichen Verständnis der Angststörungen erbringen wird.

Sitz des emotionalen Gedächtnisses

Erste experimentelle Hinweise auf die Rolle des Mandelkerns beim Erlernen von Angstreaktionen, der Angstkonditionierung, wurden schon in den späten 70er Jahren erhalten (26). Wenn Kaninchen sich fürchten oder erschrecken, so bleibt ihnen beinahe das Herz stehen. Dem amerikanischen Psychologen Bruce Kapp und seinen Mitarbeitern (1979) gelang es, diesen Effekt auf den Herzrhythmus zu konditionieren: Jedes Mal, wenn die Tiere einen Summton hörten, erhielten sie einen elektrischen Schock, der sie erschreckte. Mit der Zeit aber erschreckten die Tiere allein schon beim Klang des Tones, und ihr Puls verlangsamte sich drastisch, weil sie (unbewusst) einen elektrischen Schlag antizipierten. Diese erlernte Reaktion blieb jedoch aus, wenn Kapp und seine Mitarbeiter Teile des Mandelkerns durch einen chirurgischen Eingriff verletzten (27).

Analoge konditionierte Angstreaktionen sind auch beim Menschen möglich – offenbar ebenfalls unter Beteiligung der Amygdala, wie Untersuchungen mithilfe bildgebender Verfahren (PET-Scan und fMRI) zeigten (vgl. Büchel u. Dolan 2000). Bei Menschen, die an einer Posttraumatischen Störung leiden, wird beim „Hochkommen" der traumatischen Erlebnisse vor allem die linke Amygdala aktiviert (28). Dies ist aber auch bei Gesunden der Fall, wenn sie sich fürchten, ja selbst beim bloßen Anblick angstverzerrter Gesichter oder beim Hören von Angstschreien (29). Furcht ist also ansteckend. Somit wird vorstellbar, wie sich in einer Menschenmenge im Katastrophenfall Angst und Panik von Mensch zu Mensch ausbreiten können – explosionsartig und ganz „automatisch".

Bekanntlich kann Angst durch gewisse Psychopharmaka, die Diazepine, beseitigt werden, und es ist auch bekannt, dass in der Amygdala Rezeptoren für diese Wirkstoffe reichlich vorhanden sind. Diese reagieren allerdings nicht nur mit Diazepinen, sondern auch mit dem körpereigenen Neurotransmitter Gamma-Aminobuttersäure (GABA). Deshalb können beim Versuchstier Angstzustände sowohl durch Injektion von Benzodiazepinen (z.B. Valium®) als auch von GABA in die Amygdala gehemmt und, umgekehrt, durch Injektion von GABA-Antagonisten verstärkt werden. Wie aus diesen Versuchen zu schließen ist, spielt der Mandelkern bei Angst und deren Auswirkungen auf das Vegetativum offensichtlich eine zentrale Rolle (30).

Sind aber bei elementarer Furcht außer der Amygdala auch noch andere Teile des Großhirns beteiligt? Bei Angstreaktionen von Versuchstieren, die auf einen Summton konditioniert werden, dürfte man wohl erwarten, dass nicht nur die Amygdala, sondern auch der so genannte auditorische Kortex, d.h. die im Temporallappen gelegene Hörrinde, ins Spiel kommt, weil dort die aus dem Innenohr kommenden Signale verarbeitet werden. Indessen zeigten die Experimente der Forschergruppe um Joseph LeDoux, dass die angstauslösende Information durch den akustischen Reiz – auch unter Umgehung des Cortex cerebri – offenbar auf schnellstem Wege und ohne Umschweife in weniger als einer zehntel Sekunde via Zwischenhirn direkt die Amygdala erreicht (vgl. LeDoux 1994; 1998). Denn selbst bei experimenteller Beschädigung der Hörrinde konnten Ratten immer noch lernen, einen (konditionierten) akustischen Reiz mit dem (unkonditionierten) elektrischen Reiz zu assoziieren: Auf diese Weise dressierte Ratten erstarrten noch wochenlang jedes Mal vor Angst, wenn sie einen Summton hörten. Erwartungsgemäß war dies jedoch nicht mehr der Fall, wenn Wilensky und seine Mitarbeiter noch vor Beginn der Lernversuche in den basalen und lateralen Kernen der Amygdala ein angstlösendes Pharmakon (einen GABA-Agonisten) injizierten, welches die Wirkung des Neurotransmitters GABA imitierte und auf diese Weise die Aktivität der Amygdala hemmte (s. Wilensky et al. 2000). Die Amygdala ist also vor allem auch für den Erwerb emotionaler Gedächtnisinhalte essenziell, sie verleiht all unseren Erfahrungen die emotionale „Färbung“ (s. Canli et al. 2000).

Die subkortikale Expressverbindung vom Zwischenhirn zur Amygdala, wie sie LeDoux postuliert, hat sich vermutlich im Verlauf der Evolution der Säugetiere im Überlebenskampf entwickelt. Denn sie dürfte für unsere Vorfahren in der freien Wildbahn lebensrettend gewesen sein, wenn ein unvertrautes Geräusch, der Angstlaut eines anderen Tieres oder der Anblick des Fressfeindes Gefahr signalisierte und reflexartig eine Angst- und Fluchtreaktion auslöste. Auch der heutige Mensch trägt dieses evolutionäre Erbe noch in sich und reagiert daher mit einem reflexartigen, subkortikal ausgelösten Verhalten, wenn er auf einem Waldspaziergang beim unvermuteten Gebell eines Hundes zusammenzuckt, beim plötzlichen Anblick einer im Laub raschelnden Schlange erstarrt oder nachts im Bett bei einem Geräusch im Haus erschrickt und Herzklopfen bekommt, noch bevor er die Angst fühlt und Verdacht schöpft. In solchen Fällen wird die Angstreaktion eines Menschen ganz unbewusst ausgelöst, auch wenn er nachträglich meint, er erschrecke und habe Herzklopfen, *weil* er Angst habe (31).

Obwohl subkortikale Bahnen zur Amygdala bei der elementaren Angstreaktion eine entscheidende Rolle spielen, bedeutet dies nicht, dass die Hirnrinde bei komplexen erlernten emotionalen Reaktionen ohne Bedeutung ist. So wurden bei konditionierten Angstreaktionen des Menschen die Mitwirkung der Hirnrinde des Gyrus cinguli, des Temporallappens und des Hippocampus mithilfe bildgebender Verfahren nachgewiesen, und solche Angstreaktionen können sogar recht komplex sein (32). Es ist z.B. bekannt, dass Ängste nicht selten von den Begleitumständen, d.h. vom Kontext, insbesondere auch von der räumlichen Situation der Umgebung abhängig sind: Ängstliche Kinder fürchten sich vor dem dunklen Keller, und noch mancher Erwachsene ängstigt sich vor engen Räumen. Auch für solche Ängste bzw. Phobien gibt es experimentelle Tiermodelle. Man erinnere sich nur an die konditionierten Ratten in den Experimenten von LeDoux, die schon erschraken, wenn man sie in die Lernbox brachte (LeDoux 1998). Die Schreckreaktion verschwand, wenn bei den Versuchstieren durch einen chirurgischen Eingriff Teile des Schläfenlappens, genauer gesagt, des Hippocampus, zerstört wurden (während die elementare Schreckreaktion auf den konditionierten akustischen Reiz erhalten blieb). Dieser experimentelle Befund ist nicht ganz unerwartet. Denn der Hippocampus ist mit der Amygdala durch Nervenbahnen verbunden, er enthält ein Ortsgedächtnis und liefert somit Informationen über die örtliche Umgebung. Im Hippocampus der Ratte wurden sogar bestimmte Neurone entdeckt, so genannte „place cells", die immer nur dann elektrisch aktiv waren, wenn sich das Versuchstier in einer ganz bestimmten Ecke seines Käfigs befand.

Emotionen im Gedächtnis speichern

Zum assoziativen Lernen und Abspeichern sind die so genannten NMDA-Rezeptoren notwendig – molekulare Empfänger der Neurone für den erregenden Neurotransmitter Glutamat. So erstaunt es nicht, dass eine Aktivierung dieser Rezeptoren die Lernprozesse nicht nur im emotionalen Gedächtnis für Angst fördert (33), sondern auch im so genannten „Suchtgedächtnis" – für Nikotin beispielsweise. Im Prinzip können schon wenige Züge aus einer einzigen Zigarette eine dauerhafte Gedächtnisspur im Gehirn hinterlassen, die durch eine – indirekt über Nikotin vermittelte – verstärkte Aktivierung von NMDA-Rezeptoren in Schaltkreisen des Mittelhirns hervorgerufen wird, sagen die Neurobiologen Hubert Mansvelder und Daniel McGehee (34).

Frisch erworbene Gedächtnisinhalte können konsolidiert, d.h. im Langzeitgedächtnis dauerhaft abgespeichert werden, wenn sich synaptische Verbindungen zwischen Neuronen verfestigen und stabilisieren. Dieser Prozess erfordert eine veränderte Genexpression und die Synthese – die Expression – neuer Eiweißmoleküle bzw. auch die Bildung neuer, stärkerer synaptischer Strukturen. Ein Antibiotikum namens Anisomycin, welches die Genexpression und damit die Proteinbiosynthese blockiert, hemmt deshalb die Konsolidierung von Gedächtnisinhalten, und dies selbst bei den einfachsten Formen des assoziativen Lernens. Um dies nachzuweisen, konditionierten die Forscher Schafe und LeDoux (2000) die „Freezing" genannte Angstreaktion von Ratten auf einen Summton. Unmittelbar danach infundierten sie Anisomycin in den basalen und lateralen Kern der Amygdala. Daraufhin war das Langzeitgedächtnis blockiert, nicht jedoch das Kurzzeitgedächtnis für erworbene „Angst": Unmittelbar nach der Infusion brachte der warnende Summton die Ratten noch zum Erstarren, wohingegen dies 24 Stunden später nicht mehr der Fall war. Erfolgte hingegen die Infusion des Antibiotikums erst sechs Stunden nach der Konditionierung, so blieb das Langzeitgedächtnis unangetastet, sodass der Summton am folgenden Tag und selbst noch nach zwei Wochen noch immer eine Angstreaktion hervorrief. Offensichtlich war die Gedächtnisspur im Rattenhirn bereits nach sechs Stunden konsolidiert und deshalb resistent gegen das Antibiotikum.

Extinktion: Das emotionale Gedächtnis löschen

Menschen und Tiere können eine erlernte „Angstreaktion" auch wieder vergessen. Das emotionale Gedächtnis lässt sich also löschen; man nennt dies „Extinktion" (35). Experimentell kann die bereits konsolidierte Gedächtnisspur in der Amygdala auf einfache Weise wieder destabilisiert werden, nämlich – ganz überraschend – durch Wieder-Erinnern: Nader und Mitarbeiter (2000) trainierten Ratten auf die übliche Weise durch Paarung elektrischer und akustischer Reize und testeten ihr Gedächtnis zum ersten Mal einen Tag später, also zu einem Zeitpunkt, in welchem die Gedächtnisspur längst konsolidiert sein sollte. Wie erwartet, erstarrten nun die Versuchstiere beim ersten Test allein schon beim Klang des Tones (der sie wieder an den elektrischen Schock „erinnerte"). Obwohl das Gedächtnis vermeintlich bereits konsolidiert war, spritzten die Forscher dennoch das die Konsolidierung hemmende Antibiotikum Anisomycin in die Amygdala und testeten daraufhin ihre Versuchstiere nach weiteren 24 Stunden ein zweites Mal. Sie staunten: Als sei das Gedächtnis nach dem ersten Gedächtnistest, also zum Zeitpunkt der Injektion von Anisomycin, noch nicht (oder nicht mehr) konsolidiert gewesen, hatten jetzt alle Ratten ihre Angstreaktion weitgehend verlernt. Im Gegensatz zu den unbehandelten Tieren der Kontrollgruppe erstarrten sie nämlich beim zweiten Test nur wenig oder überhaupt nicht, als sie den Summton hörten. Wurde das Antibiotikum hingegen nicht unmittelbar, sondern erst sechs Stunden nach dem ersten Gedächtnistest gespritzt, so erwies sich das Gedächtnis beim zweiten Test als intakt. Aus all diesen Experimenten folgerten die Emotionsforscher, dass eine bereits konsolidierte Gedächtnisspur durch den Gedächtnistest an sich – d.h. durch den Vorgang des Erinnerns – für kurze Zeit wieder labil bzw. plastisch wird und deshalb pharmakologisch (z.B. durch Anisomycin) „gelöscht" werden kann. Erst wenn sich – einige Stunden nach dem Gedächtnisabruf – die plastischen neuronalen Gedächtnisstrukturen durch den konsolidierenden Prozess der Proteinbiosynthese erneut verfestigt haben, halten sie besagter Intervention stand.

Können Gedächtnisinhalte, die Angstreaktionen hervorrufen, nicht nur durch pharmakologische Interventionen, sondern auch durch physiologische Mechanismen gelöscht werden? So fragten sich LeDoux und Mitarbeiter und führten deshalb an Versuchstieren das folgende Modell-Experiment durch: Zunächst konditionierten sie wiederum Ratten darauf, auf einen Summton hin mit einer Angstreaktion zu reagieren, aber sobald die Tiere konditioniert waren, wiederholten sie den konditionierten akustischen Reiz immer wieder und über längere Zeit, und zwar *ohne* den stressenden unkonditionierten Reiz. Daraufhin „verlernten" die Ratten ihre „pathologische Angstreaktion", ihre Reaktion auf den an sich neutralen akustischen Reiz. Sie lernten um und wurden gegen „Angst" desensibilisiert. Schon nach kurzer Zeit erstarrten sie also nicht mehr beim warnenden Summton (s. LeDoux 1994; 1998). Vermutlich wurden, wie oben ausgeführt, die neuronalen synaptischen Verbindungen (über welche akustische mit elektrischen Reizen assoziiert wurden) durch die wiederholte akustische Erinnerung so plastisch, dass sie durch die „Dekonditionierung" (Extinktion) leicht gelöst werden konnten. Bedeutet dies nun, dass ein Wieder-Erinnern ohne den Stress des traumatischen Reizes ermöglicht, eine erlernte Angst zu verlernen, umzulernen also? Im Tierversuch ist dies der Fall, und hierbei ist offenbar die Mitwirkung des präfrontalen Kortex erforderlich, der den Mandelkern überwacht. Der Effekt eines „neutralen Reizes" (wie etwa ein Summton) auf die Angstreaktion des Versuchstieres ließ sich nämlich nur schwer oder überhaupt nicht mehr löschen, wenn sein präfrontaler Kortex experimentell lädiert war, und dies war auch dann der Fall, wenn die Einwirkung des Frontalhirns auf die Amygdala durch pharmakologische Blockierung ihrer NMDA-Rezeptoren experimentell unterbunden wurde (36). Extinktion ist offenbar ein aktiver Vorgang, ein „Umlernen" aufgrund einer Intervention durch eine (der Amygdala) hierarchisch übergeordnete Hirnstruktur (37).

Wie oben erklärt, können bereits konsolidierte Gedächtnisspuren im emotionalen „Gedächtnis für Angst" durch alleinige Applika-

tion des an sich harmlosen konditionierten Schallreizes bzw. durch den Vorgang der Erinnerung erneut plastisch werden, und sie lassen sich in diesem Zustand durch den Prozess der Extinktion löschen, wenn das Versuchstier umlernt. Es verliert dabei z.B. seine „Schallphobie", wenn es „begreift", dass auf einen ursprünglich angstauslösenden Summton hin nicht notwendigerweise ein stresserzeugender elektrischer Schlag folgt.
Nun stellt sich die Frage: Sind solche Tierexperimente auch für die Psychosomatische Medizin relevant? Bestimmt „möchte man wissen, ob (psychosomatisch) krankmachende oder belastende Inhalte des emotionalen Gedächtnisses (auch beim Menschen) wieder gelöscht werden können", betont LeDoux (38). Und der israelische Neurobiologe Yadin Dudai geht in seinen spekulativen Gedankengängen sogar noch einen Schritt weiter, wenn er es offen lässt, ob besagte tierexperimentelle Erkenntnisse es ermöglichen, die Wirkungsweise einer Psychoanalyse vielleicht auch aus der neurobiologischen Perspektive zu begreifen (Dudai 2000). Wenn nämlich während eines psychotherapeutischen Gesprächs tief im emotionalen Gedächtnis eingegrabene traumatische Erlebnisse der frühen Kindheit „hochkommen" – und zwar dermaßen stark, dass sie sogar vegetative Angstreaktionen hervorrufen –, so werden vielleicht gerade dadurch die beteiligten konsolidierten neuronalen Gedächtnisspuren wieder plastisch. Die Gedächtnisinhalte könnten dann vom Patienten (mithilfe seines Frontalhirns) unter der Anleitung des Therapeuten kognitiv oder emotional „überarbeitet" werden. Vermutlich dürfte es dabei zu einer „emotionalen Umstrukturierung" kommen, wobei krank machende assoziative neuronale Verknüpfungen im Nervensystem selektiv gelöst, also gewissermaßen „umgeschmolzen" würden – so die etwas gewagte Hypothese.
Aber nicht nur frühkindliche Traumen, auch Posttraumatische Störungen können durch affektives Wieder-Erleben-Lassen therapiert werden. Eine wirksame Behandlung dieses Syndroms besteht – laut Ehlers und Clark (2000) – nämlich gerade darin, dass die Traumatisierten die Erinnerungen an das tief im emotionalen Gedächtnis eingegrabene Geschehen während eines psychotherapeutischen Gesprächs in einer angstfreien und entspannten Atmosphäre wieder ins Bewusstsein holen (39). Und in ganz analoger Weise „verlernen" manche Menschen ihre Phobien (Platzangst, Höhenangst, Flugangst, Hundeangst und dergleichen) durch Abgewöhnen (Desensibilisierung) bzw. durch Extinktion, wenn die angstauslösende Situation in der Imagination im Gespräch mit dem Therapeuten wieder und wieder durchgespielt wird, und zwar entspannt, stressfrei und ohne jede äußere Angstreaktion.

Exkurs über die molekularen Mechanismen des assoziativen Lernens

Wohl allen Prozessen des assoziativen und nicht-assoziativen Lernens liegt eine mehr oder weniger dauerhaft verbesserte (oder verminderte) chemische Übertragung in bestimmten Synapsen neuraler Netzwerke zugrunde, und selbst bei den künstlichen lernfähigen neuronalen Netzwerken erfolgt Lernen über eine Veränderung der „Gewichtung" in den Verknüpfungen der „Silikonneurone". Welche Beweise gibt es für eine derartige synaptische Plastizität beim emotionalen Lernen?

Der Mechanismus der Angstkonditionierung

In den oben erwähnten Konditionierungsversuchen von LeDoux und seinen Mitarbeitern (LeDoux 1994; 1998) lernten die Versuchstiere, Signalton und elektrischen Schock – also konditionierten und unkonditionierten Reiz – in Verbindung zu bringen, d.h. zu assoziie-

ren (s. Abb. 6.1). Infolgedessen reagierte die Amygdala nach der Konditionierung nicht nur auf einen etwas schmerzhaften elektrischen Schock, sondern auch auf einen akustischen Reiz mit einer Angstreaktion („freezing response"). Offenbar wurde also durch die Dressur ein Informationsweg zwischen Gehörsinn und lateraler Amygdala gebahnt (Rogan et al. 1997) – aber wie geschah dies?
Das Konzept ist anhand der Abbildung 6.1 erläutert, die schematisch zwei im Zwischenhirn (Thalamus) gelegene Neuronen (A und B) darstellt, welche auf ein anderes Neuron (C) in der Amygdala „konvergieren". Somit kann Neuron C im Prinzip eine Erregung von Neuron A und B (durch den konditionierten bzw. unkonditionierten Reiz) in Verbindung bringen. Vor der Konditionierung ist allerdings die synaptische Verbindung (S1) zwischen Neuron A und Neuron C nur ganz schwach. Sie wird erst durch die Konditionierung verstärkt, d.h. durch die wiederholte Paarung der Erregung von Neuron A und B. Dies zeigten die amerikanischen Forscher McKernan und Shinnick-Gallagher (1997) an hauchdünnen Schnittpräparaten einer Amygdala, die sie in eine Nährlösung legten und in vitro mittels Mikroelektroden reizten.
Nicht überraschend erregte dabei die elektrische Reizung eines präsynaptischen Thalamusneurons (A in Abb. 6.1) ein postsynaptisches Neuron in der lateralen Amygdala (C in Abb. 6.1) bei konditionierten Tieren sehr viel stärker als bei unkonditionierten: Der postsynaptische Erregungsstrom – in der Fachsprache „EPSC" (excitatory post synaptic current) genannt – war nämlich enorm vergrößert, ein Zeichen dafür, dass die Signaltransmission zwischen den Neuronen jetzt funktionierte. Nur ein synaptischer Strom, der groß genug ist, kann Aktionspotenziale auslösen, die entlang von Nervenfasern weitergeleitet werden, um dann gegebenenfalls eine physiologische Reaktion auszulösen, eine Angstreaktion beispielsweise.
Die im vorausgehenden Abschnitt beschriebenen Experimente demonstrieren eindrück-

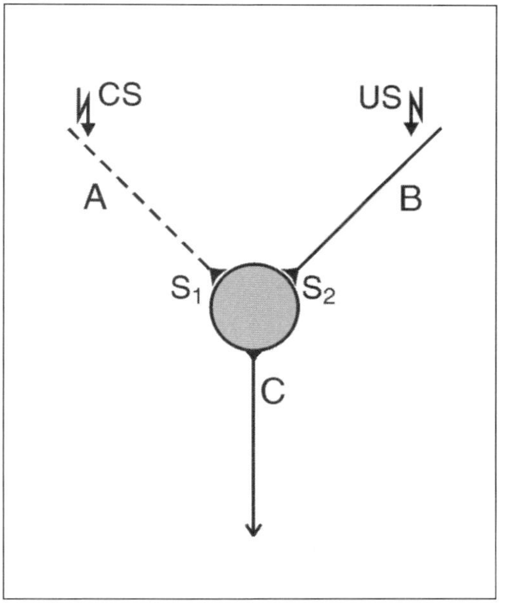

Abb. 6.1 Mechanismus der Furcht-Konditionierung. Ein Neuron (C) im Mandelkern (laterale Amygdala) assoziiert den unkonditionierten Reiz US (elektrischer Schmerzreiz bzw. Stimulation des Axons von Neuron B) und den konditionierten Reiz CS (Schallreiz bzw. Stimulation des Axons von Neuron A). Durch die gleichzeitige Stimulierung von A und B wird die Synapse S_1 gestärkt und somit die Verbindung (punktierte Linie) vom Hörorgan über das Zwischenhirn zur Amygdala gebahnt (vgl. Rogan et al. 1997, McKernan u. Shinnick-Gallagher 1997 sowie Malenka u. Nicoll 1997).

lich die Plastizität von Synapsen beim emotionalen Lernen. Die synaptischen Veränderungen gleichen solchen, wie sie in der Amygdala experimentell auch durch eine so genannte Langzeitpotenzierung (long term potentiation, LTP) der Synapse hervorgerufen werden können. Dabei wird das präsynaptische Neuron der Amygdala (A in Abb. 6.1) während einer gewissen Zeit mit hoher Frequenz, d.h. tetanisch, elektrisch gereizt, wodurch die Verbindung vom Gehör über den Thalamus zur Amygdala ebenfalls dauerhaft verstärkt wird – genau wie nach einer Konditionierung auf einen Signalton (vgl. Rogan u. LeDoux 1995 sowie Rogan et al. 1997). Ist also der Mechanismus des assoziativen Lernens der gleiche wie der einer Langzeitpotenzierung? Sowohl Rogan und Mitarbeiter (1997) als auch McKernan und Shinnick-Gallagher (1997) vermuten dies.

Der molekulare Mechanismus der LTP

Der molekulare Mechanismus der Langzeitpotenzierung (LTP) ist – sehr vereinfachend – bereits in Kapitel 2 im Zusammenhang mit dem „Schmerzgedächtnis“ dargestellt worden (s. S. 44). Zur Erinnerung: Ursächlich für die Verstärkung der synaptischen Übertragung bei der LTP ist offenbar eine Erhöhung der Ca^{2+}-Konzentration im postsynaptischen Neuron, genauer gesagt, in den Dornfortsätzen (engl.: „spines“) seiner Dendriten, die von den Endigungen („Boutons“) der präsynaptischen Nervenzelle kontaktiert werden. Dornfortsätze sind winzige „Compartments“, in die bei einer Erregung Ca^{2+}-Ionen durch spezielle Ionenkanäle der Zellmembran aus dem Extrazellulärraum hineinströmen können. Bei diesen Kanälen handelt es sich um die so genannten NMDA-Rezeptoren. Diese sind im Ruhezustand allerdings durch Magnesiumionen „verstopft“ und werden erst dann für Kalziumionen durchlässig, wenn gleichzeitig zwei Bedingungen erfüllt sind: Zum einen muss der Rezeptor durch den Transmitter Glutamat aktiviert sein, zum anderen muss der Magnesium-Pfropf aus dem Kanal „herausgetrieben“ werden. Letzteres erfordert die elektrische Depolarisation der Zellmembran durch die Aktivität eines anderen Ionenkanals, eines so genannten AMPA-Rezeptors, welcher ebenfalls mit dem Transmitter Glutamat reagiert und dabei „depolarisierende“ Na^{+}-Ionen in die Zelle hineinströmen lässt. Beide Glutamatrezeptoren werden bei einer Langzeitpotenzierung besonders stark aktiviert, weil der Botenstoff Glutamat bei der tetanischen Reizung des präsynaptischen Neurons im Übermaß in den synaptischen Spalt abgegeben wird. Das Phänomen LTP beweist, dass eine plastische Synapse durch eine intensive Erregung des präsynaptischen Neurons „aktivitätsabhängig“ langfristig verstärkt werden kann; mit anderen Worten: Der intensive Gebrauch festigt die Synapse.

Nach dem oben Gesagten dürfte das Zusammenspiel der beiden Glutamatrezeptoren nicht nur essenziell für die Entstehung einer LTP sein. Es könnte auch eine wichtige Voraussetzung für assoziatives Lernen bilden, wenn wir nämlich voraussetzen, dass der eine Rezeptor auf die Erregung durch den konditionierten Reiz (CS) und der andere auf den unkonditionierten Reiz (US) anspricht, dass aber nur die gleichzeitige Aktivierung beider Rezeptoren durch US und CS einen Kalziumeinstrom in das Neuron auslöst. Noch weiß man aber nicht genau, auf welche Weise Kalziumionen im postsynaptischen Neuron die Signaltransmission in der Synapse dauerhaft verstärken und damit eine Gedächtnisspur legen.

Einiges spricht dafür, dass nach der Langzeitpotenzierung bzw. nach einer Konditionierung das Aktionspotenzial des präsynaptischen Neurons viel mehr Neurotransmitter – es handelt sich um die Aminosäure Glutamat – ausschüttet als zuvor, sodass die synaptische Übertragung zum postsynaptischen Neuron verstärkt ist (40). Die Kalziumionen der postsynaptischen Zelle aktivieren nämlich vermutlich die Bildung eines gasförmigen, rückwirkenden (retrograden) Botenstoffes namens NO (Stickoxid), welches aus dem Dornfortsatz des postsynaptischen Neurons retrograd zur synaptischen Endigung des präsynaptischen Neurons diffundiert und dort – indirekt – für lange Zeit eine vermehrte Transmitterausschüttung veranlasst (41). Andererseits wird auch erwogen, dass die auf den Transmitter Glutamat ansprechenden Rezeptoren der postsynaptischen Neurone nach der Potenzierung empfindlicher auf Glutamat reagieren, weil sie den Transmitter mit höherer Affinität binden. Die Ursache für eine solche Änderung der Glutamatsensitivität liegt vermutlich darin, dass die entsprechenden Glutamatrezeptoren und gewisse andere neuronale Proteine nach einer Langzeitpotenzierung in größerem Ausmaß phosphoryliert sind (vgl. Abb. 2.4) – und zwar durch ein phosphatübertragendes Enzym, eine Proteinkinase, die durch intrazelluläre Kalziumionen und das kalziumbindende Schalter-Protein Calmodulin aktiviert wird, die Kalzium-Calmodulin-Kinase 2.

Die Rolle von Enzymen beim assoziativen Lernen

Dass Kalzium und das Enzym Kalzium-Calmodulin-Kinase 2 nicht nur für die Langzeitpotenzierung, sondern auch für das assoziative emotionale Lernen wichtig sind, konnten Mayford und Mitarbeiter (1996) durch Untersuchungen an transgenen Mäusen zeigen. Bei den verwendeten transgenen Tieren wurde zusätzlich zum kalziumregulierten Enzym eine kalziumunabhängige, konstitutiv aktive Kinase exprimiert, bei der die 286. Aminosäure der Peptidkette in Aspartat mutiert wurde. Es gelang den Untersuchern, das ins Genom eingeschleuste Transgen für diese modifizierte Kalzium-Calmodulin-Kinase mit einem Tetrazyklin-sensitiven „Schalter" zu versehen und ganz spezifisch in der lateralen Amygdala zu exprimieren (42). Durch Verabreichung des Antibiotikums Tetrazyklin konnten sie somit das eingeschleuste Gen wieder inaktivieren und dadurch die Expression bzw. die Synthese der „störenden" kalziumunabhängigen Proteinkinase verhindern. Mayford und Mitarbeiter versuchten nun, in den transgenen Mäusen eine Angstreaktion, eine so genannte „freezing response" zu konditionieren, indem sie einen Signalton mit einem elektrischen Schmerzreiz paarten. Die Angstkonditionierung auf den Signalton war bei den transgenen Tieren im Gegensatz zu normalen Mäusen jedoch erst dann möglich, als das Transgen durch Verabreichung von Tetrazyklin wieder ausgeschaltet wurde. Durch diese Versuche bewiesen die Forscher, dass beim emotionalen Lernen (Konditionieren) durch die Amygdala offenbar bestimmte neuronale Proteine durch Kinasen kalziumabhängig phosphoryliert werden müssen. Zu diesen Eiweißkörpern gehört auch das Enzym Adenylatzyklase, welches die Herstellung eines intrazellulären Botenstoffes namens zyklisches Adenosinmonophosphat (cAMP) katalysiert, der seinerseits eine ganz zentrale Rolle bei der neuronalen Plastizität spielt (s. Kap. 3, S. 64 f.). Der Botenstoff aktiviert ein phosphatübertragendes Enzym, die cAMP-abhängige Proteinkinase A und damit eine cAMP-abhängige Proteinphosphorylierung.

Die Aktivität der Adenylatzyklase wird nicht nur durch Ca^{2+}, sondern – im Tierexperiment – auch durch Injektion des pflanzlichen Pharmakons Forskolin in den Mandelkern enorm erhöht. Dadurch steigt die intrazelluläre Konzentration von cAMP in den Neuronen, und die plastischen Synapsen der Amygdala (z.B. S_1 in Abb. 6.1) werden gebahnt, und zwar ebenso sehr wie bei der Langzeitpotenzierung und der Angstkonditionierung (43). Andererseits ist eine lang andauernde Angstkonditionierung unmöglich, wenn die cAMP-abhängige Proteinkinase durch spezifische Inhibitoren gehemmt wird (44). Offensichtlich ist also die cAMP-abhängige Phosphorylierung bestimmter neuronaler Proteine für das emotionale Lernen genauso erforderlich wie für das assoziative Lernen einfachster Lebewesen, z.B. bei der Meeresschnecke *Aplysia* (vgl. Kandel 1991). Einen ganz besonderen Stellenwert hat dabei ein Transkriptionsfaktor namens CREB, ein Protein, das von der Proteinkinase A cAMP-abhängig phosphoryliert wird und dann im Zellkern an die Schalterregionen bestimmter Gene andockt. Dadurch kommt es zu einer verstärkten Genexpression und zu einer Synthese der von den betreffenden Genen kodierten Proteine, die für den Erwerb eines Langzeitgedächtnisses erforderlich sind – etwa im Hippocampus beim Erlernen von kontextabhängiger Angst (vgl. Tully 1998). Dass eine Hemmung der Genexpression und Proteinbiosynthese (durch das Antibiotikum Anisomycin) auch die Bildung einer dauerhaften Gedächtnisspur im Mandelkern verhindert, sahen wir bereits (s. S. 122).

Nach dem oben Gesagten sollte man erwarten, dass all diejenigen Hormone und Neurotransmitter, die den intrazellulären cAMP-Spiegel von Neuronen ansteigen lassen, die Bildung eines Langzeitgedächtnisses fördern. So könnte ein Adrenalinstoß in einer aufregenden und gefährlichen Stress-Situation vermutlich mit dazu beitragen, dass uns ein Schreck nicht nur in die Glieder fährt, sondern auch unverbrüchlich im emotionalen Gedächtnis haften bleibt (vgl. Cahill et al. 1994). Adrenalin reagiert nämlich mit den so genannten β-Rezeptoren der Neuronen, welche die Adenylatzyklase aktivieren und damit den cAMP-Spiegel erhöhen. Umgekehrt können gewisse herzwirksame Pharmaka, welche β-Rezeptoren blockieren (so genannte „Betablocker"), zu Gedächtnisstörungen führen und im Tierexperiment sogar die Konsolidierung des Langzeitgedächtnisses verhindern (vgl. Cahill et al. 2000).

Extinktion

Unser emotionales Gedächtnis ist gewöhnlich erstaunlich stabil. So mag sich vielleicht manch einer noch lebhaft an einen elektrischen Schock erinnern, der ihn in der frühen Kindheit beim unvorsichtigen Spielen an der Steckdose traf. Andererseits kann das bereits konsolidierte „Langzeitgedächtnis für Angst" im Tierversuch unter aktiver Beteiligung des Frontalhirns auch wieder gelöscht werden, wie wir gesehen haben. Werden also die durch Konditionierung verstärkten synaptischen Übertragungsmechanismen wieder abgeschwächt und geknüpfte synaptische Verbindungen gelockert oder gar gelöst, wenn es zur Extinktion des Gedächtnisses, zum Verlernen und Umlernen kommt?

Vielleicht erklärt das Modell der so genannten Langzeitdepression (long term depression, LTD), die z.B. an Kleinhirnneuronen beobachtet werden kann, wie eine „Entflechtung" in neuralen Netzwerken im Prinzip denkbar wäre, wie also synaptische Verbindungen zwischen zwei Neuronen durch (Um-)Lernvorgänge nicht nur verstärkt, sondern auch geschwächt werden können: Gewisse Kleinhirnneurone (so genannte Purkinje-Zellen) werden, genau wie Großhirnneurone, beim Lernvorgang durch den Neurotransmitter Glutamat erregt; und auch in diesem Fall bewirkt die Erregung einen Anstieg der intrazellulären Ca^{2+}-Konzentration im postsynaptischen Neuron. Die Ca^{2+}-Ionen bewirken dabei allerdings nicht eine Steigerung (wie bei der LTP), sondern eine Minderung der Affinität der Glutamatrezeptoren für den Transmitter (45). Infolgedessen spricht jetzt das postsynaptische Neuron schlechter oder überhaupt nicht mehr auf den Botenstoff Glutamat an, der von den Endigungen (den terminalen „Boutons") der präsynaptischen Neurone in den synaptischen Spalt abgegeben wird – die synaptische Verbindung ist also weniger „gewichtet" oder gar unterbrochen. Dieser Mechanismus liegt

vermutlich auch der lang andauernden Hemmung nozizeptiver Rückenmarkneurone durch die so genannte Elektroakupunktur zugrunde (vgl. Sandkühler 2000).
Durch den Mechanismus der Langzeitdepression (LTD) kann im Prinzip der entgegengesetzte Vorgang, nämlich die Langzeitpotenzierung (LTP) wieder rückgängig gemacht werden, die wohl allen Lernvorgängen zugrunde liegt, vor allem dem assoziativen Lernen in der Amygdala (s. S. 126). Wie wir gesehen haben, wird beim assoziativen, emotionalen Lernen, genau wie bei anderen Formen des Lernens, in der Regel eine plastische Synapse auf Dauer effizienter, wenn das präsynaptische und das postsynaptische Neuron gleichzeitig aktiv sind. Das ist immer dann der Fall, wenn (wie in Abb. 6.1 dargestellt) ein präsynaptisches Neuron A – durch Freisetzung des Neurotransmitters Glutamat – ein postsynaptisches Neuron erregt, das (wie beispielsweise bei der Konditionierung eines bedingten Reflexes) bereits durch ein anderes Neuron (B) erregt bzw. depolarisiert ist. Ursache dieser Besonderheit ist der NMDA-Rezeptor der postsynaptischen Zellmembran, ein Kalziumkanal, der sich für Kalziumionen öffnet, sobald er durch eine Depolarisation der Zellmembran deblockiert und *gleichzeitig* durch den Neurotransmitter aktiviert wird. Damit kann der Rezeptor zum Koinzidenz-Detektor werden, der entdeckt, ob ein konditionierter und ein unkonditionierter Reiz (der Neurone A und B) gepaart sind oder nicht. Da nur gepaarte Reize die klassische Konditionierung ermöglichen, sind NMDA-Rezeptoren für assoziatives Lernen und somit auch für emotionales Lernen unabdingbar (46): Zwar scheinen bei manchen Lernprozessen auch L-Typ-Kalziumkanäle eine Rolle zu spielen (vgl. Zakharenko et al. 2001). Doch sind es letztlich die durch NMDA-Kanäle fließenden Kalziumionen, die den Anstoß zum Remodelling plastischer Synapsen geben (das bei Extinktion durch Proteinphosphatase-1 annuliert wird; vgl. Genoux et al. 2002).

Sprache, Gedanken und neurale Netzwerke

Wie ich an anderer Stelle ausführte, sind Eric Kandel zufolge synaptische Verschaltungen auch durch Gespräche zu verändern, falls sich der Angesprochene das Gespräch merkt und ganz besonders, möchte man hinzufügen, wenn er es sich „zu Herzen nimmt".

Spricht ein Mensch mit einem anderen, bewirkt er in dessen Gehirn Veränderungen in der Verknüpfung synaptischer Netzwerke, strukturelle Veränderungen also.

Vielleicht wird auf diesem Wege im Verlauf einer Psychotherapie das Gehirn tatsächlich umstrukturiert. Michael Balint (47) hat darauf hingewiesen, wie sehr das Gespräch in der Sprechstunde eines Arztes (und nicht zuletzt die Mitteilung seiner Diagnose) den Gesundungsprozess beeinflussen kann.
Alles, was wir in unserer Kindheit und später durch das gesprochene Wort aufnehmen, was uns prägt, was wir lernen, mithin die gesamte Kulturwelt – die Welt III im Sinne Poppers – wird unsere synaptischen Vernetzungen langfristig verändern. Deshalb stellen sich wohl die synaptischen Feinstrukturen neuronaler Netzwerke bei uns heutigen zivilisierten Menschen anders dar als bei den Menschen der Steinzeitkulturen, obschon sich die Genome wahrscheinlich kaum voneinander unterscheiden. Bildlich gesprochen, ist durch das gesprochene (und geschriebene) Wort nicht nur die Software, sondern auch die Hardware, also die „Verdrahtung" der Schaltkreise im „Biocomputer Hirn" bei Menschen verschiedener Kulturen unterschiedlich. Nach den Vorstellungen von Steven Pinker (1995) wird daher eine Kultur nur durch Sprache entstehen und lebensfähig sein. Durch das gesprochene Wort näm-

lich und durch verbales „ansteckendes" Lernen verbreiten sich Kulturen und werden von Generation zu Generation tradiert. Die menschlichen Gehirne einer Population „infizieren" sich durch das Medium Sprache gewissermaßen gegenseitig mit Geist und beeinflussen und koordinieren dadurch ihre mentalen Strukturen. Die völlige Nivellierung gelingt jedoch nicht, auch nicht durch Indoktrination oder „Gehirnwäsche".

Kurzum, eine Kultur spiegelt sich in der Sprache; sie ist durch Sprache geprägt und grenzt sich durch Sprachbarrieren vom Fremden ab (48).

Die zum Sprachverständnis erforderlichen neuronalen Schaltkreise werden im ersten Lebensjahr durch Lernprozesse gebildet (49). Der Gebrauch einer Sprache strukturiert und modifiziert – laut Pinker (1995) – neuronale „grammatische" und „phonetische" Netzwerke (50), und Hinweise deuten auf unterschiedliche Verschaltungen neuronaler Netzwerke bei verschiedenen Kulturen. So verlieren japanische Babys im Laufe des ersten Lebensjahres – möglicherweise durch Dishabituation – die angeborene Fähigkeit, zwischen R- und L-Lauten zu differenzieren (51). Ein sprachlos, ohne zwischenmenschliche Kontakte aufgewachsenes Kind wie das Mädchen Genie oder Kaspar Hauser wird seine neuronalen Netzwerke nicht richtig ausbilden, weil die Prägung durch die menschliche Sprache fehlt, die für die persönliche Entwicklung so wesentlich ist. Auch der blinden und taubstummen Helen Keller gelang es erst, ihren selbstbewussten Geist, ihr eigenes Ich zu entwickeln, nachdem sie gelernt hatte, Begriffe und Mentalismen zu bilden und mit ihren Mitmenschen zu kommunizieren. Anne Sullivan berichtet, wie ihre Schülerin im Alter von sieben Jahren das Wunder der Sprache entdeckte (52):

„Ich ließ Helen ihre Hand unter den Wasserstrahl halten, während ich (...) ihr w-a-t-e-r in die freie Hand buchstabierte. Das Wort, das so unmittelbar auf die Empfindung des kalten, über ihre Haut strömenden Wassers folgte, schien sie stutzig zu machen. (...) Ihr Gesicht leuchtete auf, sie buchstabierte das Wort ‚water' mehrere Male. (...) (Sie hatte) das Seil gefunden, das sie aus ihrem tiefen, stummen, finsteren Schacht (der Sprachlosigkeit und Isolierung) herauf in das Licht der menschlichen Gemeinschaft ziehen würde".

Helen Keller hatte bei diesem Aha-Erlebnis zum ersten Mal in ihrem Leben die Erfahrung ihrer Sinne mit einem Begriff, einem Wortsymbol assoziiert und diese Verknüpfung, als „Knoten" sprachlich kodiert, im semantischen Gedächtnis gespeichert – aber dann auch mit anderen Knoten zu verbinden gelernt. Wie Recht hatte der Züricher Pharmakologe Hans Fischer, der immer wieder betonte, die wichtigste Voraussetzung des Geistwerdens sei das Wunder der Sprache – wer sich nicht artikulieren könne, dem bleibe auch sein Inneres unverständlich. Nur die Sprache ermöglicht bewusste Selbstwahrnehmung und Denken (53).

Nicht nur Gespräche mit anderen führen zu mittel- und langfristigen Veränderungen von Synapsen in neuralen Netzwerken des Angesprochenen (hierin besteht, wie gesagt, wahrscheinlich ein Wirkungsmechanismus der Psychotherapie) – wir können natürlich auch zu uns selbst sprechen und auf uns selbst einwirken, wie die Autosuggestionstechniken von Emile Coué oder Laura Huxley zeigen. Wir sprechen in Gedanken zu uns, hören auf das, was wir selbst sagen, und handeln entsprechend – etwa, wenn wir uns in einer Stress-Situation immer wieder sagen: „Schritt für Schritt kannst du die Situation in den Griff kriegen" (54). Durch Autosuggestion ließen sich vielleicht nicht nur klassische, durch Lernprozesse mit bedingte psychosomatische Erkrankungen beeinflussen, sondern möglicherweise auch unsere Immunabwehr und vielleicht sogar die Resistenz gegen Krebs. Jedenfalls können suggestive therapeutische Verfahren wie die Hypnose nachweislich vegetative Körperfunktionen verän-

dern, so auch die Absonderung von Magensaft (55).
Ich möchte meine Spekulation noch einen Schritt weiter vorantreiben. Es gibt verschiedene Arten des Denkens, wie visuelles anschauliches Denken und verbales Denken (56). Wenn wir verbal denken, benutzen wir Mentalismen und Begriffe, nicht selten so, als sprächen wir im Stillen zu uns selbst – „silent speech" nennen dies die Psychologen –, und wir können uns solche Gedanken auch merken. Ich postuliere deshalb, dass analog zum Sprechen auch durch verbales Denken unsere synaptischen Verbindungen und die Genexpression synaptischer Proteine mittelfristig beeinflusst werden (57), insbesondere dann, wenn immerzu die gleichen Gedanken wiederkehren und sich dem Bewusstsein aufdrängen. Daraus würde folgen, dass wir durch unseren Geist, aber auch durch Glauben die komplexen materiellen Strukturen unseres Gehirns, die neuronalen „Ensembles", zu verändern imstande wären.
Ähnliche Gedanken äußerte John Eccles:
„Wenn wir an etwas denken und dabei sagen, ich muß mich daran erinnern, so wirken wir auf das Hirn, so daß die neuronalen Regelkreise gebaut werden können, durch die ein Wieder-Abrufen in einem späteren Stadium gewährleistet wird."
Und Popper brachte es auf den Punkt: Das Ich präge das Gehirn (58).
Die neuronalen Vernetzungen werden durch positive Überzeugungen und positives Denken zweifelsohne anders verändert als durch negatives Gedankenkreisen, das für Depressionen und Zwangsneurosen typisch ist. Depressives Gedankenkreisen, das mit Gefühlen der Angst vor der Zukunft, vor Verarmung, vor Erkrankung etc. verbunden ist, könnte auf diese Weise – ähnlich wie angstvoller Stress oder konditionierte Angst – auf dem Weg einer Erhöhung der CRH-Produktion psychische Störungen auslösen, während positives Denken und das „Prinzip Hoffnung" Stressreaktionen und Schmerz mindern, und zwar ebenfalls durch Veränderung neuronaler Netzwerke (59). So hängt es nicht zuletzt von unserer mentalen Einstellung ab, wie stark wir einen Schmerz empfinden (60).
Allein schon das ständige Denken an traurige Erlebnisse (Grübeln) induziert Traurigkeit, die mit einer erhöhten Aktivität in den neuronalen Schaltkreisen im linken präfrontalen Kortex und im Gyrus cinguli einhergeht und sich vermutlich durch Veränderung dieser plastischen Strukturen ins Gedächtnis gräbt (61). Aber umgekehrt werden die gleichen neuronalen Netzwerke auch durch Störungen im Stoffwechsel gewisser Neurotransmitter, etwa von Serotonin oder Noradrenalin, so verändert, dass wiederum Gefühlsleben und Denken gestört sind (62). Es entstehen dabei depressive Verstimmungen, bei denen sich die genannten Ängste oder gar Wahnvorstellungen im Sinne eines hypochondrischen Verarmungswahns bilden (63).
Offensichtlich gibt es eine reziproke psychophysische Wechselbeziehung: Unser sprachlich kodiertes (verbales) Denken und unser Glauben verändern durch Lernprozesse neuronale Netzwerke, etwa im Präfrontalkortex, und diese wiederum beeinflussen unser Denken und Fühlen (64). Wechselwirkungen dieser Art sind geradezu ein Paradigma dafür, wie geistige Prozesse das Soma verändern und vice versa, also für psychosomatisches und somatopsychisches Geschehen. Es leuchtet deshalb ein, dass fehlangepasste bzw. „fehlgeschaltete" neurale Netzwerke sowohl durch Psychopharmaka (wie z.B. Fluoxetin, das unter den Handelsnamen Prozac® und Fluctin® bekannt ist und in den Serotoninstoffwechsel eingreift) als auch durch Lernprozesse bzw. durch Worte und Gedanken verändert werden können. Ein überzeugendes Indiz für die Richtigkeit dieser These ist die erfolgreiche Behandlung von unter Ängsten und Zwangsvorstellungen leidenden Zwangsneurotikern mit Fluoxetin *oder* einer Psychotherapie. Beide Behandlungsmethoden bewirkten im Verlauf einiger Monate sowohl eine überzeugen-

de Besserung der Symptome als auch, wie PET-Untersuchungen zeigten (65), eine deutliche Verminderung der (abnormal erhöhten) neuronalen Aktivität des Nucleus caudatus im Kerngebiet der Basalganglien. Pharmaka und Lernprozesse können offenbar in gleicher Weise neuronale Netzwerke verändern. Dies gilt ja im Prinzip, wie wir gesehen haben, selbst für die einfachsten lernfähigen Synapsen bei der Meeresschnecke *Aplysia* und in der Amygdala von Säugetieren (66).

Ist also die Struktur neuronaler Netzwerke des Gehirns durch (erlernte) Worte und Gedanken nachhaltig beeinflussbar, so wäre das Gedächtnis – um wiederum Bergson (67) zu zitieren – gewissermaßen die „Schnittstelle von Geist und Materie", das Interface von Psyche und Soma. Eine Information, ein Gedanke, eine Idee würden, sobald wir sie im Gedächtnis speichern, in ein strukturell in neuronalen Netzwerken materiell kodiertes Engramm verwandelt oder transkribiert – gleichsam „verkörpert" (engl.: „embodied") – und bei der Erinnerung wiederum zur Idee, zum Gedanken. Die Bedeutung und die Information, die im Wort, im Gedanken oder in der Idee stecken, blieben bei dieser psychophysischen Umwandlung und Rückverwandlung prinzipiell identisch (68). In jedem Fall sind Denken und neuronale Netzwerke untrennbar miteinander verbunden. Und: Auch unser eigener Geist, unsere Identität – das durch verbales Denken und Reflexion erlebte „Ich" („cogito, ergo sum", wie Descartes schrieb) – dürfte in den neuronalen Schaltkreisen des Gedächtnisses strukturell verankert sein und morgens beim Aufwachen durch Erinnern reaktiviert werden (69). Mit dem Verlust des Gedächtnisses verliert daher ein Mensch seine Identität, er ist nicht mehr er selbst. Ein solches Schicksal ereilt im Endstadium der Alzheimer-Krankheit fast jeden.

Imagination – die Kraft der Vorstellung

Nicht nur die Kraft des Wortes und der Gedanken, auch nicht verbalisierte Erinnerungen und Imaginationen sind von enormer Bedeutung für das psychosomatische Geschehen. Denn Imaginationen können – so C. G. Jung – sowohl krank als auch gesund machen. Hypochonder gab es zu allen Zeiten; wer kennt nicht den „malade imaginaire", den „eingebildeten Kranken" in Molières Komödie?

Die Phantasie und das visuelle Gedächtnis sind von Mensch zu Mensch recht unterschiedlich entwickelt. So wird der eine beispielsweise eine bestimmte Person seines Bekanntenkreises in seiner Vorstellung deutlich und lebhaft vor sich sehen, während bei einem anderen die Erinnerung an einen Menschen so blass und verschwommen ist, dass er das vor seinem „geistigen Auge" entstehende Bild kaum erkennen kann. Gekonntes „Visualisieren" – etwa die intensive Vorstellung einer am Horizont langsam im Meer versinkenden, rot glühenden Abendsonne – mag das Gemüt beruhigen und bei Stress entspannend wirken, aber andererseits können Imaginationen auch aufregen und ängstigen. Man denke etwa an kleine Kinder, die sich vor dem „schwarzen Mann" oder vor Gespenstern fürchten und dann nachts im Dunkeln in ihrer Phantasie vermeintlich furchterregende schemenhafte Gestalten vor sich sehen und sogar davon träumen (70).

Wenn wir uns aus der Erinnerung heraus ein geistiges Bild schaffen, uns etwa an ein bekanntes Gemälde oder an ein vertrautes Antlitz erinnern, so werden, wie PET-Studien belegen, die gleichen Strukturen des visuellen Systems aktiv, die auch beim bloßen Betrachten des betreffenden Bildes oder beim Anblick des Gesichts aktiviert werden: Vorgänge, die bei der einfachen Wahrnehmung eines Objekts in seiner Umgebung sozusagen automatisch ablaufen, erregen zunächst Teile des Zwischenhirns und dann das primäre visuelle Sehzentrum im Hinterhaupt, von wo dann die visuelle Information – „Bottom up" – zur weiteren Verarbeitung an die hierarchisch höheren Zentren im Scheitel- und Schläfenlappen weitergereicht wird. Bei der bloßen Vorstellung oder Rekonstruktion eines Bildes aus der Erinnerung wird hingegen die im Gedächtnis gespeicherte Information von den höheren visuellen Zentren – „Top down" – zu den hierarchisch tiefer gelegenen visuellen Arealen des Gehirns zurückgeleitet (71). Die Verbindungen zwischen den verschiedenen hierarchischen Ebenen des visuellen Systems sind also reziprok. Diese Gesetzmäßigkeiten einer „Bottom up"- und „Top down"-Verarbeitung gelten sicher auch für Emotionen, Imaginationen und Fiktionen: So wird sowohl durch ein angstvolles Erlebnis als auch durch die Erinnerung an angst- oder furchteinflößende Vorstellungen und Fiktionen dieselbe zerebrale Struktur aktiviert, nämlich die Amygdala, und in beiden Fällen wird das sympathische Nervensystem aktiviert – eine Alarmreaktion dies. Allein schon die lebhafte Vorstellung einer schwierigen Situation in einer Prüfung kann deshalb bei ängstlichen Studenten Herzklopfen verursachen, jedenfalls dann, wenn sie unter Examensangst leiden. Ganz besonders anfällig für imaginierte, „eingebildete" Ängste sind jedoch kleine Kinder mit lebhafter Phantasie, die dann nicht selten auch unter Albträumen leiden. Stellen wir uns einmal ein furchtsames kleines Mädchen vor, das eines Tages von einem wütenden Hund angegriffen wird. Danach ist es vielleicht noch stundenlang innerlich ganz aufgewühlt und verängstigt, und nachts, schon bald nach dem Einschlafen, erwacht es plötzlich mit einem Schreckensschrei aus dem Tiefschlaf, richtet sich mit angstvollem Gesichtsausdruck und weit aufgerissenen Pupillen im Bett auf und starrt ins Leere, kalter Schweiß rinnt über die Stirn, und das Herz rast; es hat offensichtlich entsetzliche Angst, ist aber nicht ansprechbar und kann deshalb auch nicht getröstet werden. So dramatisch sind die Symptome bei einem Pavor nocturnus des Kleinkindes; bei bloßen Albträumen, unter denen auch viele Erwachsene leiden, sind sie gewöhnlich etwas weniger gravierend (72).

Schlimme Angstzustände (Phobien), aber auch andere und z.T. eingebildete Ängste verursachen meist innere Anspannung und damit psychischen Stress sowie manchmal Zwangshandlungen, den Waschzwang bei Bakterienangst beispielsweise. In der Therapie sollte der Patient daher erst einmal lernen, sich zu entspannen, etwa durch Autogenes Training: Dem Nervösen, dessen Schulter- und Armmuskulatur infolge von Angst und Stress angespannt ist, gelingt dabei die muskuläre und mentale Entspannung durch Autosuggestion, indem er sich etwa bequem in einen Armsessel setzt, die Arme auf die Lehne stützt, tief und langsam atmet und sich dabei ganz intensiv vorstellt (oder auch vom Therapeuten suggerieren lässt), seine Arme würden immer schwerer und die Hände ganz warm. Im entspannten Zustand lernt dann der Patient nach einigem Training, sich unter Anleitung des Therapeuten („guided imagination") die ihn quälende angstauslösende Situation oder Handlung vor seinem inneren „geistigen Auge" vorzustellen und abzuspielen, ohne dabei in große Angst und Panik zu geraten. Auf diesem Weg kann er sich schließlich auch seine (erlernte) Furcht ganz abgewöhnen – und zwar durch den bereits erwähnten Prozess der Angstdesensibilisierung bzw. Angstextinktion (s. S. 123).

Nicht nur bei Phobien, sondern auch bei der Angst der Depressiven ist die Amygdala verstärkt aktiviert, sodass vergangene Erlebnisse generell eine negative emotionale Bedeutung erhalten, während umgekehrt die positiven Erlebnisse aus dem Bewusstsein ausgeblendet werden. Man wird deshalb Menschen, die wegen Depressionen oder Phobien in Behandlung sind, auch lehren, positive Erlebnisse in ihrem Leben mit größerer Aufmerksamkeit wahrzunehmen (73). Durch positive Gedanken, Worte und Vorstellungen aber können – wie bereits besprochen – neuronale Netzwerke verändert und damit „Top down"-Mechanismen in Gang gesetzt werden, welche die Effekte von krank machenden negativen Vorstellungen und Fiktionen kompensieren. Wie wir heute wissen, gibt es sogar direkte deszendierende Bahnen vom Neokortex (Präfrontal- und Inselkortex) zum Hypothalamus bzw. zu den „sympathischen Zentren" der Medulla oblongata, ja sogar zu präganglionären Sympathikusneuronen im Rückenmark (74). Damit sind die Wege vorgezeichnet, auf denen neuronale Aktivitäten des Cortex cerebri auf das Soma einwirken könnten, etwa bei Autogenem Training und anderen autosuggestiven Therapien.

Dem indischen Yogi Swami Rama gelang es dank autosuggestiver Techniken, über das vegetative Nervensystem allein durch die Kraft seiner Imagination die Herzfrequenz und Hautdurchblutung zu erhöhen oder zu senken, und diese Fähigkeit konnten auch andere erlernen. Über das vegetative Nervensystem kann jedoch nicht nur die Herzfrequenz, sondern auch die Immunabwehr beeinflusst werden, wie wir in Kapitel 5 gesehen haben. Insbesondere betrifft dies die Anzahl der im Blut patrouillierenden aktivierten so genannten NK-Zellen, die bekanntlich metastasierende Krebszellen attackieren können. Gesetzt den Fall, dass es gelänge, durch Autosuggestion über sympathische und parasympathische Nervenfasern tatsächlich das Immunsystem zu beeinflussen, so erscheint auch ein anderer und im Übrigen schon oft ausgesprochener, kontrovers diskutierter Gedanke gar nicht mehr so abwegig: Wäre der Mensch – um mit Carl Simonton zu sprechen – grundsätzlich in der Lage, mittels autosuggestiver Techniken („Visualisieren") seine Abwehrzellen zu stimulieren, um damit die Selbstheilungskräfte und sogar die körpereigene (biologische) Krebsabwehr zu stärken? Oder ist diese Idee Humbug? Im Zeitalter der „Evidence-based Medicine" ließe sich diese Frage experimentell prüfen und beantworten (75).

Die Kraft der (geleiteten) Imagination kam in der Medizin zu allen Zeiten und immer wieder zum Einsatz – zum Nutzen, aber manchmal auch zum Schaden der Menschen. Ein gutes Beispiel sind Plazebos, also Scheinmedikamente („Zuckerpillen"), die keine pharmakologisch aktiven Bestandteile enthalten (76). Werden diese Zaubermittel bei Schmerzen vom Arzt mit der Bemerkung verabreicht, sie wirkten Wunder, so erfahren über 50% der Patienten eine mehr oder weniger starke Schmerzlinderung, und diejenigen, die vom Plazebo profitieren, zeichnen sich Laura Huxley (1963) zufolge durch zwei Eigenschaften aus: Zum einen durch „eine lebendige Imagination, die sich leiten lässt (in eine Richtung, die durch den Arzt mit den Worten vorgegeben ist: ‚Diese Pille macht, dass es Ihnen besser geht')". Zum anderen durch „eine organische (psychophysische) Verknüpfung zwischen den imaginativen und physiologischen Prozessen". Wie diese Verbindung nun genau funktioniert, sei noch immer mysteriös, schreibt Huxley (77).

Die von Huxley angesprochenen mysteriösen Verbindungen zwischen physiologischen Prozessen und der Glaubenskraft der Vorstellung sind in diesem, aber auch in allen anderen Kapiteln zur Sprache gekommen, als es um das Verständnis der Physiologie psychosomatischer Vorgänge ging, und wir haben anhand vieler Beispiele erkannt, wie das Gehirn die Gesundheit des übrigen Körpers zu beeinflussen vermag, und umgekehrt (78). Gelangen wir damit zu einer „Entmystifizierung" und rationalen Erklärung psychosomatischer Phänomene und zu einem naturwissenschaftlichen Verständnis von Wechselwirkungen zwischen Soma und Psyche? Für eine Psychosomatik, die sich (auch) auf den Boden der Naturwissenschaft stellt, könnten die neuen Erkenntnisse auf dem Gebiet der Erforschung der neuronalen Plastizität und des Gedächtnisses wegweisend sein.

Fazit

Psychosomatische Störungen der Gesundheit werden häufig durch Stress ausgelöst. Wie stark aber jemand auf Stressoren reagiert und wie gut er den Stress bewältigt, das hängt nicht allein vom Grad der Belastung ab, sondern selbstverständlich auch von der psychischen Belastbarkeit und letztlich von früheren Lebenserfahrungen. Deshalb haben psychosomatische Erkrankungen ihre Ursache nicht selten in seelischen Verletzungen, insbesondere frühkindlichen Traumen, die sich gleichsam ins Gedächtnis eingraben; sie sind also gewissermaßen erlernt. Grundsätzlich liegt allen Erfahrungen, allen Lernprozessen eine Veränderung plastischer synaptischer Verbindungen im Nervensystem zugrunde (neuronale Plastizität), wobei jedoch die Gedächtnisinhalte meist nicht in einzelnen Neuronen, sondern als „Engramm“ in hyperkomplexen neuralen Netzwerken durch eine Vielzahl von Neuronen kodiert und gespeichert sind. Alles, was der Mensch lernt, alles, was er seit seiner Geburt in sich aufnimmt, was ihn prägt – frühkindliche Erlebnisse der Geborgenheit ebenso wie frühkindliche Traumen –, wird deshalb neuronale Netzwerke seines Gehirns verändern, gegebenenfalls auch krank machend verändern. Bei solcher Prägung der Synapsen spielt natürlich auch die zwischenmenschliche Kommunikation durch die Sprache eine wichtige Rolle. Eric Kandel zufolge verändern zwei Menschen, die miteinander kommunizieren (und sich das Gespräch merken), synaptische Verknüpfungen in den neuralen Netzwerken ihres jeweiligen Gehirns – auch in einer Psychotherapie. Andererseits dürfte auch die Kommunikation des Menschen mit sich selbst für die Veränderung von Synapsen von Bedeutung sein, z.B. beim Denken, das ja seinerseits den Erwerb von Begriffen voraussetzt. Wenn wir denken, so denken wir meist in Begriffen bzw. Mentalismen, es ist, als ob wir mit uns selbst kommunizierten, und wir können uns unsere Gedanken auch merken. Deshalb postuliere ich, dass wir durch geistige Tätigkeit – Denken bzw. intrapersonale Kommunikation – ebenfalls die Synapsen neuraler Netzwerke unseres Gehirns modifizieren. So wird vorstellbar, dass der menschliche Geist durch das gesprochene Wort sowie durch Gedanken und die Glaubens- und Vorstellungskraft auf die Materie dieser Netzwerke strukturierend einwirken kann. Das ist die Idee, auf die es mir ankommt.

7

Neuronale Plastizität und „sprechende Medizin"

„Macbeth" ist wohl Shakespeares grausamste und düsterste Tragödie. Im fünften Aufzug erscheint Lady Macbeth – nachts – mit der Kerze in der Hand und ganz von Sinnen. Ihr Arzt erblickt sie und fragt die Kammerfrau:

Arzt: Was macht sie nun?
Schaut, wie sie sich die Hände reibt.
Kammerfrau: Das ist ihre gewöhnliche Gebärde, daß sie tut, als wüsche sie sich die Hände; ich habe wohl gesehen, daß sie es eine Viertelstunde hintereinander tat. (1)

Menschen, die meinen, immer wieder ihre Hände waschen zu müssen, bis sie wund werden, leiden unter einem „Waschzwang", meist auch unter Obsessionen, sich ständig aufdrängenden und beunruhigenden Gedanken und Befürchtungen – einer Zwangsstörung (Obsessive Compulsory Disorder, OCD). Zwangsneurotiker ängstigen sich, dass Schlimmes geschehen könnte, falls sie nicht ihrem Zwangsdenken nachgeben. Sie waschen sich dann beispielsweise ständig die Hände oder vermeiden es (wie Oliver Sacks berichtet), beim Überqueren der Straße auf die Ritzen zwischen den Pflastersteinen zu treten (2). Zwanghafte automatisierte und ritualisierte Verhaltensmechanismen dieser Art lassen sich willentlich oft überhaupt nicht kontrollieren und sind manchmal auch nur schwer zu therapieren. Ihnen liegt, neurobiologisch betrachtet, eine Störung in den Basalganglien zugrunde – vor allem im Schwanzkern (Nucleus caudatus), dessen Glukosestoffwechsel, Durchblutung und neuronale Aktivität drastisch erhöht sind (3). Die Hyperaktivität lässt sich jedoch durch eine erfolgreiche Pharmakotherapie, aber auch durch die „sprechende Medizin" (Psychotherapie bzw. Verhaltenstherapie) wieder reduzieren. Dies erhellt – mehr als viele Worte – das Titelbild dieses Buches (4). Es zeigt PET-Scans des Gehirns psychisch erkrankter Patienten vor und nach einer Psychotherapie oder einer Pharmakotherapie (mit selektiven „Serotonin-Reuptake-Inhibitoren", vgl. Kandel 2000b). Wie oben (Kap. 6, S. 131f) schon angesprochen, machen beide Therapien, sofern sie wirksam sind, die Veränderungen im Nucleus caudatus rückgängig, die aufgrund einer Zwangsneurose entstanden sind (5). Auf den PET-Bildern des Gehirns lässt sich das an den Farben erkennen: „Warme" Farben bedeuten hohe Aktivität, „kalte" Farben kodieren hingegen für niedrige neuronale und metabolische Aktivität.

Die Botschaft der PET-Bilder auf dem Cover des Buches ist augenfällig: Psychotherapie wirkt auch auf biologische Weise, genauso wie die Pharmakotherapie – sie verändert das Gehirn! Damit wird ein Dogma umgestoßen. Noch bis vor wenigen Jahren galt nämlich die Meinung, Psychotherapie könne das Gehirn nicht auf physiologische Weise beeinflussen oder gar umstrukturieren, zumal die hochkomplexen neuronalen Verbindungen schon in der frühen Kindheit ein für allemal festgelegt seien (6). Inzwischen ist jedoch erkannt worden, dass das Gehirn bis ins hohe Alter plastisch ist: Die neuronalen Netzwerke werden ständig umgebaut, um sie neuen Erfordernissen anzupassen. Und selbst im Alter können im Gehirn immer noch neue Nervenzellen aus so genannten zerebralen Vorläuferzellen oder sogar aus Stammzellen gebildet werden (7). Die „Hardware" des „Biocomputers Hirn" wird also, bildlich gesprochen, immer wieder neu verdrahtet, und offenbar kann dies auch im Verlauf einer Pharmako- oder Psychotherapie geschehen (8).

Depressionen, Schmerz und „Selbstheilungspotenzial" des Gehirns

Neuroplastizität – die Fähigkeit des Gehirns, sich selbst zu verändern – ist für unsere geistige Gesundheit essenziell. Immer wieder bilden sich in gewissen Hirnregionen neue Nervenzellen, die abgestorbene Neuronen ersetzen, so auch im Hippocampus und seinen angrenzenden Hirnwindungen (9). Wenn jedoch dieser Selbstheilungsprozess, die so genannte Neurogenese, gehemmt ist, wie z.B. bei unbewältigtem, chronischem Stress, so schrumpft der betroffene Hirnteil; er wird atrophisch. Dies ist auch bei einem schweren affektiven Leiden, der „Major Depression", der Fall, die (wie in Kap. 4 dargelegt) auch die Folge von anhaltendem und unbewältigtem Stress sein kann (vgl. Manji et al. 2001). Wie Bremner und Mitarbeiter (2000) mithilfe der Kernspintomographie (MRT) nachweisen konnten, kann der Hippocampus bei depressiven Personen sogar bis zu 20% seines Volumens einbüßen – genauso wie bei lang anhaltendem, unbewältigtem Stress (s. Abb. 7.1 sowie Sheline et al. 1996 und Sapolsky 1996). Eine solche strukturelle Veränderung ist denn auch, nicht unerwartet, mit einer Einschränkung kognitiver Fähigkeiten verknüpft; denn die Hippocampusregion ist ja an vielen Gedächtnis-

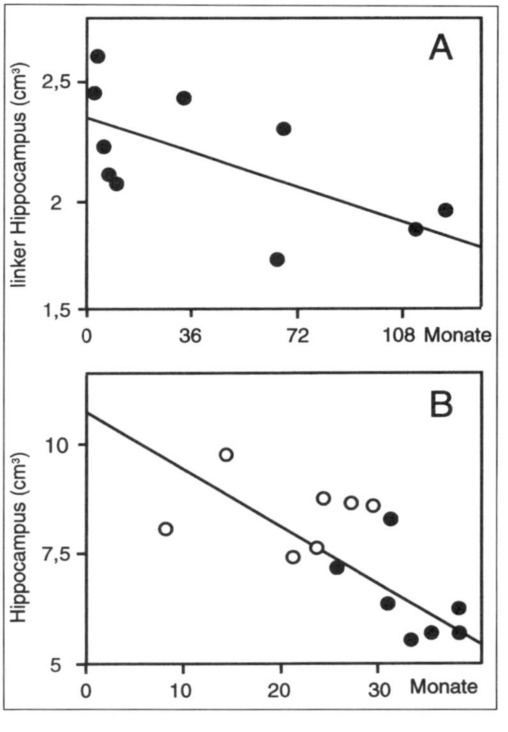

Abb. 7.1 Stresserfahrungen und Depressionen verändern das Gehirn. Das obere Schaubild (A) zeigt die Beziehung zwischen Hippocampusgröße (mit MRT gemessenes Volumen des linken Hippocampus in Millilitern bzw. Kubikzentimetern) und der Dauer einer schweren Depression (Major Depression) bei zehn psychisch erkrankten Patienten (nach Sheline et al. 1996). Im unteren Bild (B) ist der Zusammenhang zwischen Hippocampusvolumen und der Dauer einer Stressbelastung (8–38 Monate Kriegsdienst) bei Vietnamveteranen dargestellt (Gurvits et al. 1996). Sieben der 14 Veteranen, die mehr als zwei Jahre Kriegsdienst geleistet hatten, litten an Posttraumatischen Belastungsstörungen (Posttraumatic Stress Disorder, PTSD). Bei den an PTSD erkrankten Kriegsdienstleistenden (schwarze Symbole) war das Volumen des linken Hippocampus signifikant (um 8%) geringer als bei Gesunden (offene Kreise), und bei posttraumatisch belasteten Frauen, die in der Kindheit sexuell missbraucht worden waren, betrug die Atrophie ihres linken Hippocampus sogar 12% (nach Sapolsky 1996).

leistungen maßgeblich beteiligt (10). Aber nicht nur im Hippocampus, sondern auch in anderen Hirnteilen nimmt die Hirnrinde bei Depressiven an Masse ab, beispielsweise in den (unter dem „Balken") medial gelegenen präfrontalen Rindenbezirken der Großhirnhemisphären (11). Jedenfalls ist aus der Sicht des Neurobiologen eine schwere Depression (Major Depression) vor allem Ausdruck einer strukturellen Veränderung des Gehirns aufgrund einer unzureichenden Neurogenese bzw. einer ungenügenden neuronalen Plastizität (vgl. Jacobs et al. 2000; Manji et al. 2000; s. Abb. 7-1).

Freilich lässt sich die versiegende Neurogenese auch wieder ankurbeln, und zwar ausgerechnet durch diejenigen Psychopharmaka, die schon seit langem zur Therapie von Depressionen eingesetzt werden, nämlich durch SSRI (Selektive Serotonin-Wiederaufnahme-Hemmer) und Lithiumsalze (12). Göttinger Forscher entdeckten, dass wochenlang anhaltender psychosozialer Stress die Proliferation neuronaler Vorläuferzellen in der Hippocampusregion eines Primaten (*Tupaia belangeri*) um über 30% vermindert, aber dieser negative Effekt auf die neuronale Plastizität des Gehirns konnte durch die Behandlung der Tiere mit einem antidepressiv wirkenden Psychopharmakon verhindert oder gar rückgängig gemacht werden. Infolgedessen regenerierte die – stressbedingt – reduzierte Hirnmasse des Hippocampus (s. Czeh et al. 2001). Dass eine antidepressive Therapie (mit Lithium) die Struktur der Hirnrinde auch beim Menschen verändert, ist inzwischen erwiesen (13). Wirkt also die Behandlung einer Depression mit Psychopharmaka vielleicht dadurch, dass sie die „Selbstheilungskräfte" des Gehirns aktiviert? Schon lange sind die Forscher der Frage nachgegangen, warum im Falle einer schweren Depression die Neurogenese gehemmt und der Hippocampus atrophisch wird. Schuld daran ist ganz offensichtlich das Stresshormon Kortisol, dessen Blutspiegel bei Depressionen drastisch ansteigt. Kortisol hemmt nämlich per se die Neurogenese. Außerdem schädigt es gewisse Neuronen im Hippocampus, und wenn sich die Blutwerte von Kortisol auf Dauer stark erhöhen (wie z.B. auch bei der Cushing-Erkrankung), so schrumpft dieser Hirnteil, aber er regeneriert wieder, sobald sich die Kortisolwerte normalisieren (14). Ursächlich für die Überproduktion von Kortisol bei schweren Depressionen ist vermutlich eine Fehlregulation der „Stressachse" (Hypothalamus-Hypophysen-Nebennierenrinden-Achse), sodass zu viel Kortikoliberin (CRH) gebildet wird (15). Freilich findet sich eine verstärkte Genexpression von CRH nicht nur bei Menschen mit „stressbedingten" Depressionen, sondern auch bei depressiven Erwachsenen, die als Kinder traumatisiert wurden, beispielsweise durch sexuellen Missbrauch. Und auch bei ihnen sind Hippocampus (16) und Stressanfälligkeit (17) verändert.

Allerdings sind bei Depressiven nicht allein die Strukturen des Hippocampus, sondern auch der Energiestoffwechsel und die Durchblutung in anderen Teilen des Großhirns verändert, so beispielsweise im vorderen Rindenfeld des Frontallappens. Dort sind Glukosestoffwechsel und Durchblutung erhöht, lassen sich jedoch durch eine Behandlung mit Psychopharmaka oder durch eine erfolgreiche Psychotherapie auf Normalwerte reduzieren (s. Brody et al. 2001), und dies ist sogar an Veränderungen der Hirnströme zu erkennen (Leuchter et al. 2002). Freilich besserten sich die Symptome der Depression bei manchen Patienten auch nach Behandlung mit Plazebos. Aber: In diesem Fall signalisierten die durch quantitative Elektroenzephalographie erfassten Hirnströme keine Reduktion der Durchblutung im vorderen Rindenfeld des Frontallappens (wie bei der Pharmakotherapie), sondern überraschenderweise eine Erhöhung (18). Dieser Befund besagt natürlich auch, dass ein Scheinmedikament oder, besser gesagt, die

Imagination und der Glaube des Patienten an die Wirkung des Medikaments nicht nur eine symptomatische Besserung, sondern auch eine biologische Veränderung im Gehirn auslösen können.

Dass Vorstellungen und Imaginationen sowohl das subjektive Befinden als auch physiologische Vorgänge des Gehirns beeinflussen können, erwies sich besonders deutlich bei Schmerzpatienten. Geleitete Imagination, Autosuggestion oder Hypnose – gesprochene Worte – können nämlich nicht nur die „körperlichen" Schmerzen hemmen, sondern sogar den Stoffwechsel und die Durchblutung sowie die neuronale Aktivität der zingulären Hirnrinde drosseln, in welcher der Schmerz ins Bewusstsein gerufen wird (Rainville et al. 1997; 1999). Dies bedeutet natürlich zum einen, dass das emotionale Gefühl des Schmerzes auch davon abhängt, was wir glauben und denken, und zum anderen, dass der Stoffwechsel und die neuronale Aktivität unseres „Schmerzzentrums" nicht allein durch schmerzhafte Reize, sondern auch durch Worte und Gedanken beeinflusst werden können (19). Der Neurophysiologe Jürgen Sandkühler (20) geht in seinen Gedankengängen noch einen Schritt weiter: Wenn chronischer bzw. psychosomatischer Schmerz (wie in Kap. 2 erläutert) gewissermaßen „erlernt" ist und somit zu einer Umstrukturierung neuronaler Netzwerke in den „Schmerzzentren" des Zentralnervensystems führt, dann müsste, rein theoretisch, ein „Umlernen" (durch eine Verhaltenstherapie) die veränderten neuronalen Netzwerke der „Schmerzpfade" im Zentralnervensystem auch wiederum „normalisieren" können. In einer solchen Umstrukturierung wäre dann, so Sandkühler, vermutlich auch der neurobiologische Mechanismus einer psychotherapeutischen Bekämpfung des chronischen Schmerzes von Patienten zu suchen, denen mit herkömmlichen Methoden bisher nicht geholfen werden konnte (21).

Tatsächlich gelang es nun der Heidelberger Schmerzforscherin Herta Flor (22), schmerzbedingte Veränderungen kortikaler Strukturen – 1- bis 2-cm große Verschiebungen in den neuronalen „Karten" der somatosensorischen Hirnrinde! – nachzuweisen, und sie konnte diese Veränderungen durch verhaltenstherapeutische Maßnahmen rückgängig machen, worauf sich auch die Schmerzen der Patienten besserten. Paradebeispiel ist der so genannte Phantomschmerz, unter dem Hand- oder Armamputierte oft seelisch und körperlich schwer leiden müssen. Schmerzpatienten nahmen täglich 90 Minuten lang an einer insgesamt zwei Wochen dauernden Verhaltenstherapie teil. In einem speziellen Wahrnehmungstraining lernten sie, verschiedene Empfindungen besser voneinander zu unterscheiden, die durch (nicht schmerzhafte) elektrische Reizung des Amputationsstumpfes hervorgerufen wurden. Dadurch wurde das durch die Phantomschmerzen veränderte Areal im somatosensorischen Kortex (Gyrus postcentralis) restrukturiert, welches die Sinnesempfindungen in der Arm- und Hand-Region repräsentiert, und daraufhin reduzierte sich auch der Phantomschmerz, und zwar um über 60% (23). Es ist ganz offensichtlich: Verhaltenstherapie heilt, indem sie das Gehirn verändert! Können also Schmerzpatienten durch Beeinflussung ihres plastischen Gehirns ihre Schmerzen „vergessen", ihr Schmerzgedächtnis gewissermaßen löschen? Und: Wäre etwas Ähnliches – ein „heilsames" Vergessen – auch bei seelischen Schmerzen und Depressionen nach schlimmen traumatischen Erfahrungen möglich, die sich ins Gedächtnis gleichsam eingegraben haben? Das ist eine alte Frage. Denken wir noch einmal an Shakespeares „Macbeth" (24), wo Macbeth den Arzt fragt:

Kannst nichts ersinnen für ein krank Gemüt?
Tief wurzelnd Leid aus dem Gedächtnis reuten?
Die Qualen löschen, die ins Hirn geschrieben?
Und mit Vergessens süßem Gegengift
Die Brust entled'gen jener gift'gen Last,
Die schwer das Herz bedrückt?

Traumatische Erfahrungen, implizites Gedächtnis und das Unbewusste

Persönlich bin ich überzeugt, dass nicht nur bei chronischen Schmerzen und Depressionen, sondern auch bei anderen, durch traumatische Erfahrungen entstandenen psychosomatischen Erkrankungen plastische neuronale Netzwerke des Zentralnervensystems krankhaft oder krank machend vernetzt und damit im „Gedächtnis" verankert sind. Und daher sollten sich im Prinzip in all diesen Fällen, pointiert formuliert, die pathologisch veränderten neuronalen Netze durch „Vergessen" (Extinktion) oder Umlernen bzw. durch die „sprechende Medizin" wieder „normalisieren" und damit auch viele der krankhaften Symptome bessern lassen. Lässt sich also „tief wurzelnd Leid aus dem Gedächtnis reuten", wie Shakespeare sagt (25), sozusagen tilgen?

Wie oben (Kap. 6, S. 120) schon kurz angesprochen, sind leidvolle traumatische Erfahrungen – insbesondere im Fall von Posttraumatischen Belastungsstörungen – im impliziten, dem Bewusstsein nicht zugänglichen emotionalen Gedächtnis verankert, dem vor allem (erlernte) plastische Veränderungen in den neuronalen Netzwerken der Amygdala, aber auch anderer subkortikaler Strukturen zugrunde liegen (vgl. Kap. 6). Die nur z.T. auch im expliziten, dem Bewusstsein zugänglichen Gedächtnis gespeicherten Erinnerungen an das traumatische Geschehen sind hingegen meist unzusammenhängend und bruchstückhaft (26) – tief ins Gedächtnis eingegrabene Schreckensbilder, die als so genannte Flashbacks oder „Erinnerungsfetzen" immer wieder ungewollt und schmerzlich aus der Tiefe des Unbewussten ins Bewusstsein drängen und in der Regel von starken Emotionen begleitet sind. Deren Emotionalität und Lebendigkeit hängt nun aber nicht nur von den Vorgängen im emotionalen (impliziten) Gedächtnis ab, sondern auch von der Funktionsweise des so genannten Arbeitsgedächtnisses (27). Es handelt sich dabei um den von Patricia Goldman-Rakic im Stirnhirn entdeckten Kurzzeitspeicher, in welchem u.a. Informationen, Gedanken oder Imaginationen für einige Momente auf dem „inneren Bildschirm", der „Bühne des Bewusstseins", festgehalten werden, etwa, wenn wir einen Satz formulieren, etwas im Geiste visualisieren oder einfach nur eine sechsstellige Telefonnummer wählen. All diese Vorgänge erfordern vermutlich ein kontinuierliches „Feuern" von Neuronen in bestimmten Bezirken der präfrontalen Hirnrinde – kreisende und sich selbst perpetuierende Erregungsflüsse in „reverberierenden" neuronalen Schaltkreisen, die einen bestimmten Erregungszustand für Sekunden oder Minuten aufrechterhalten (28).

Könnte ein Therapeut die mit dem Bewusstwerden der traumatischen Gedächtnisinhalte auftretenden, sehr schmerzhaften und heftigen emotionalen Reaktionen der Angst mildern? Besonders hilfreich dürfte nach Shapiro (29) ein Verfahren namens EMDR (Eye Movement Desensitization Reprocessing) sein, welches anscheinend in die Funktionsweise des Arbeitsgedächtnisses eingreift und damit die erinnerten Schreckensbilder mehr oder weniger verblassen lässt (vgl. Andrade et al. 1997). Dank Shapiros Methode können nun Patienten ihre traumatische Erfahrung durcharbeiten – bewusst machen – und in ihrer Imagination der „traumatischen Szene noch einmal begegnen, ohne all das Leid von damals intensiv erleben zu müssen" und dabei in Angst und Panik zu geraten (Reddemann 2001, S. 111). Durch ein solches, von aversiven Gefühlen und Emotionen befreites Wiedererleben können psychisch krank machende Erinnerungen möglicherweise getilgt werden, wobei sich allerdings das „Traumagedächtnis" – wenn überhaupt – nur sehr schwer ganz löschen lässt (30). Wenigstens wird aber dadurch der Leidensdruck Posttraumatischer Belastungsstörungen verringert, die durch (erlernte) plastische Veränderungen in der Amygdala und in der Hirnrinde aufrechterhalten werden (vgl. Wessa u. Flor 2002). Kurzum: Die Traumatisierten werden etwas desensibilisiert. Eine völlige Desensibilisierung (Extinktion) ist im Tierversuch möglich, und dies ist bis ins molekulare und zellbiologische Detail experimentell analysiert, wie wir gesehen haben (31).

Nicht nur die Posttraumatischen Belastungsstörungen zugrunde liegenden (und nicht selten mit einer Depression verbundenen) Erfahrungen, sondern auch frühkindliche seelische Verletzungen werden im impliziten (prozeduralen), dem Bewusstsein nicht zugänglichen, Gedächtnis gespeichert und dabei in subkortikalen neuroplastischen Veränderungen „materiell" verankert (32). Denn vor dem vierten Lebensjahr und dem Spracherwerb ist ein explizites, im Kortex des Großhirns gelegenes und mit dem Ich-Bewusstsein verknüpftes episodisches Gedächtnis noch nicht aufgebaut (s. Kap. 6). Erst mit der Sprache verfügen Kinder über ein System, das ihnen ein geordnetes „Ablegen" ihrer eigenen Erlebnisse und deren Bedeutung in einer „zerebralen Datenbank" und ein späteres Wieder-Erinnern ermöglicht. Nur aus diesem Grunde und nicht etwa aufgrund einer Verdrängung ins Unbewusste (wie Freud meinte) können sich Erwachsene gewöhnlich nicht „bewusst" an seelische Verletzungen (Traumen) in ihren ersten Lebensjahren erinnern. Mit anderen Worten: Frühkindliche traumatische Erfahrungen sind in dem von Kandel (1999) so genannten „prozeduralen" oder „impliziten" Unbewussten (das mit dem prozeduralen Gedächtnis assoziiert ist) gespeichert und nicht etwa im (dynamischen) Unbewussten im Sinne Freuds. (*Das* Unbewusste bzw. das „dynamische" Unbewusste ist im Gegensatz zum „prozeduralen" Unbewussten im Prinzip auch dem Bewusstsein zugänglich, z.B. in einer Therapie. Es ist also gewissermaßen ein „vorbewusstes" Unbewusstes und bekanntlich – nach den Vorstellungen der klassischen Psychoanalyse – der Speicher aller für das Über-Ich unakzeptablen Wünsche, aber auch triebhafter Regungen und Konflikte, die nur durch einen mächtigen Verdrängungs-Mechanismus, eine exekutive Kontrolle des Ichs, daran gehindert werden, die Schwelle zum Bewusstsein zu überschreiten [33]).

Was ist nun die Bedeutung des (prozeduralen bzw. impliziten) Unbewussten für die Psychotraumatologie? Der amerikanische Nobelpreisträger Eric Kandel (1999) erinnert daran, dass (nach Freud) unbewusste mentale Vorgänge dem so genannten psychischen Determinismus zugrunde liegen, wonach die meisten, wenn nicht sogar alle psychischen Vorgänge die Folge eines vorausgehenden Vorganges sind und durch diesen somit determiniert werden. Und selbst Freudsche Versprecher sind kein Zufall; ihre Ursache liegt im Unbewussten, genauso wie die mancher neurotischer bzw. psychosomatischer Störungen des Verhaltens. Paradigmatisch für solche unbewussten Kausalbeziehungen sind die bedingten (konditionierten) Reflexe: Der pawlowsche Hund speichelt und die Furcht-konditionierte Ratte erstarrt vor Angst, *weil* die Glocke schlägt. Ebenso zittert ein an einer Hundephobie leidender Mensch vor Angst, *weil* ein Hund bellt. Der unter Posttraumatischen Belastungsstörungen leidende Kriegsveteran gerät bei einem Kanonendonner in Panik, *weil* er dadurch automatisch an sein Kriegstrauma erinnert wird. Wie wir schon gesehen haben (Kap. 6), sind die neurophysiologischen Grundlagen solcher Beziehungen von Ursache und Wirkung heute gut verstanden. Ihnen allen liegen Vorgänge im impliziten bzw. emotionalen Gedächtnis zugrunde, die einen prozeduralen (unbewussten) Lernprozess ermöglichen – ein Lernen durch Assoziation. Wie Kandel (1999) außerdem hervorhebt, lernt ein Lebewesen durch Konditionierung freilich nicht nur, dass ein konditionierter Reiz A einem unkonditionierten Reiz B vorausgeht, ihn also gewissermaßen verursacht, sondern auch dies: Dass nämlich Reiz A (z.B. ein Ton) das Eintreffen eines anderen Reizes (B) voraussagen kann – im Falle der oben (S. 114) beschriebenen Furchtkonditionierung also eine Gefahr signalisiert, nämlich den schmerzhaften elektrischen Reiz, vor dem es zu fliehen gilt. In LeDoux' Experimenten assoziiert das Versuchstier das akustische Signal mit Schmerz, „versteht" also (unbewusst), dass ein Ton Schmerz „bedeuten" kann. Und im Prinzip genauso assoziiert der traumatisierte Kriegsveteran (unbewusst) den Lärm eines Helikopters mit Lebensgefahr.

Konditionierte Reaktionen erfolgen, wie gesagt, ganz automatisch auch beim Menschen, etwa im Falle des konditionierten Lidschlagreflexes: Nach erfolgter Konditionierung zwinkert eine Versuchsperson nicht nur bei einer mechanischen Reizung der Kornea (durch einen Luftstoß) reflexhaft mit den Augen, sondern auch auf ein akustisches Signal hin – und dies wiederum völlig unbewusst. Allerdings kann dieser bedingte Reflex beim Menschen auch bewusst werden – dann nämlich, wenn er durch ein besonderes, „Trace conditioning" (34) genanntes, Verfahren erlernt wurde. Dabei verstreicht zwischen dem konditionierten Reiz (Signalton) und dem unkonditionierten natürlichen Reiz (Luftstoß) eine Zeitspanne von etwa einer Sekunde, während der das Gefahrensignal eine Spur (engl.: „trace") im Gedächtnis hinterlässt. In diesem flüchtigen Moment „ängstlichen Wartens" ist sich die Versuchsperson sehr wohl bewusst, dass auf den warnenden Signalton hin ein Luftstoß folgen wird (35). Offensichtlich liegt also besagte Gedächtnisspur nicht nur im impliziten, sondern *auch* im expliziten, deklarativen Gedächtnis – vielleicht im Temporallappen und in den oben erwähnten „reverberierenden" neuronalen Schaltkreisen des Arbeitsgedächtnisses im Frontalhirn, die einen bestimmten Erregungszustand für wenige Sekunden festhalten können (36). Die Erwartung (Antizipation) aversiver oder gar schmerzhafter Reize verursacht Stress und (antizipierte) Furcht, die so genannte Signal-Angst, die im Normalfall den Organismus vor einer kommenden Gefahr warnt, aber bei ängstlichen Individuen auch neurotisch sein kann – man denke nur an die übertriebene Bakterienangst bei Zwangsneurosen oder an die oben erwähnte pathologische Furcht, beim „Überqueren der Straße auf die Ritzen zwischen den Pflastersteinen zu treten" (37).

Versuchen wir nun, das Gesagte zusammenzufassen. Viele Angsterkrankungen (und dazu gehören auch Posttraumatische Belastungsstörungen) sind erlernt – erworben durch Konditionierung. Wie wir gesehen haben, bewirken Lernprozesse Veränderungen in den synaptischen Verbindungen neuronaler Netzwerke, letztlich also eine Umstrukturierung des Gehirns. Tief liegende Ängste aufgrund traumatischer Erfahrungen sind in den Netzwerken des impliziten bzw. prozeduralen oder emotionalen Gedächtnisses gespeichert, und deshalb sind sie den Betroffenen auch nicht bewusst (38). Mit anderen Worten: Die Ursachen liegen im (prozeduralen) Unbewussten – und dieses müsse sich auch bei einer Therapie verändern, soll sie heilsam sein, meint Kandel (1999); da sei das Unbewusste vielleicht sogar noch wichtiger als Freud ahnen konnte (39).

Traumatische Erfahrungen liegen oft psychischen und psychosomatischen Erkrankungen zugrunde, insbesondere Posttraumatischen Belastungsstörungen und anderen Angststörungen. Sie graben sich ins prozedurale (implizite) Gedächtnis ein, indem sie neuronale Netzwerke des Gehirns verändern. Psychotherapie (sprechende Medizin) wirkt, indem sie ihrerseits das Gehirn verändert!

Heilende Worte

Heilung durch Worte ist ein therapeutischer Ansatz, der sich schon bei Sokrates und Platon, aber auch in den Evangelien findet (40), und einer christlich-religiösen Auffassung gemäß ist das Gebet – die Fürbitte – vielleicht die wirkungsvollste Form des heilenden Gesprächs überhaupt. Worte können krank machen – kränken -, aber auch zur Genesung beitragen; und wir alle wissen, wie dankbar jeder Kranke es aufnimmt, wenn wir ihm gute Besserung wünschen. Gewiss ist deshalb das gut geführte und mit Empathie verbundene, trostspendende ärztliche Gespräch auch heute noch ein wesentliches Element der ärztlichen Kunst. Rudolf Schuppli zufolge ist „das Geheimnis echter ärztlicher Leistung (...) die Fähigkeit, Hoffnung zu geben", auch wenn das Vermögen der Medizin als Wissenschaft beschränkt ist (41). Verliert der Kranke erst einmal die Zuversicht und den Glauben an Genesung, so wird er hilflos und depressiv – bekanntermaßen mit verheerenden gesundheitlichen Folgen, nicht zuletzt auch für die körpereigenen Abwehrkräfte, die ja vom Zustand der Psyche abhängen. Gerade die Neuropsychoimmunologie hat in den letzten Jahren ganz neue Zusammenhänge zwischen dem menschlichen Geist und den Vorgängen im menschlichen Körper aufzeigen können, die uns vielleicht eine Idee davon geben, wie Worte auf die Gesundheit einwirken. Mit Recht glaubt daher Michael Balint, das wichtigste Heilmittel sei der Arzt selbst, die „Droge Arzt" sozusagen. „Nicht die Flasche Medizin oder die Tabletten" seien ausschlaggebend, schreibt Balint, „sondern die Art und Weise, wie der Arzt" sie verschreibe – „kurz, die ganze Atmosphäre, in welcher die Medizin verabreicht" werde (42). Dies war schon Sokrates bekannt, als er – laut Platon – Charmides sagte, das von ihm erbetene Heilmittel wirke nur dann, wenn es mit den richtigen Worten verabreicht werde (43). Angesichts des Überhandnehmens psychosomatischer Erkrankungen ist, so Balint, wohl mindestens ein Viertel, wenn nicht gar ein Drittel der Arbeit des praktischen Arztes reine Psychotherapie (44).

Unter diesem Aspekt erscheint vielleicht sogar die Wirkung ärztlich verordneter Scheinmedikamente (Plazebos) etwas verständlicher, die der medizinischen Wissenschaft bis dato immer noch ein Rätsel ist. Zurzeit wird an namhaften Forschungszentren der Vereinigten Staaten intensiv und ernsthaft über Plazebos geforscht, und dies nicht zuletzt, um dazu beizutragen, die breite Kluft zwischen einer orthodoxen, streng naturwissenschaftlich ausgerichteten und einer alternativen bzw. komplementären Medizin zu überbrücken (45). Das tut Not, denn sowohl diesseits als auch jenseits des Atlantiks wendet sich ein Großteil der Bevölkerung immer mehr den verschiedenen Heilverfahren der Komplementärmedizin zu, einer „Mind body medicine", wie es die Amerikaner nennen (46).

Heute vermag man sich also vorzustellen, wie Worte und Gedanken, Suggestion und Autosuggestion synaptische Strukturen verändern und damit diejenigen somatischen Erkrankungen beeinflussen, die durch Stress und seelische Verletzungen erworben und gewissermaßen erlernt wurden – nicht nur chronische, schmerzhafte Muskelverspannungen, sondern auch Herz-Kreislauf-Erkrankungen, funktionelle Veränderungen im Magen-Darm-Trakt, im Hormonhaushalt und all jene Phänomene, die in das Kapitel Neuropsychoimmunologie einzuordnen sind. Aufgrund dieser Konzepte erscheint die Kluft zwischen einer naturwissenschaftlich orientierten „Schulmedizin" und der Ganzheitsmedizin, wie sie die Psychosomatik vertritt, nicht mehr so gravierend. Vielleicht wird die Akzeptanz psychosomatischer Heilmethoden und selbst die der komplementären Heilkunde durch eine streng naturwissenschaftlich ausgerichtete Schulmedizin in dem Maße höher, wie neurobiologisch plausible Modellvorstellungen über psychophysische Wechselwirkungen erarbeitet werden.

Psychophysische Interaktionen sind jedoch nicht nur psychosomatischer, sondern auch somatopsychischer Natur, denn das Mentale und das Körperliche beeinflussen sich ja wechselseitig, wie wir alle wissen. So beruht etwa die heilende Wirkung einer körperbezogenen Psychotherapie – z.B. der Funktionellen Entspannung bzw. der Progressiven Muskelentspannung und der Atemtherapie – auf der Fähigkeit eines Menschen, auf Seele und Geist auch über den Körper einzuwirken (47). Wie wir gesehen haben, können zudem unsere mentalen Leistungen und Gefühle außerordentlich stark durch die „körpereigene Chemie" beeinflusst werden – durch Hormone und Neurotransmitter, aber auch durch die Botenstoffe des Immunsystems. Und wie dramatisch gerade die Auswirkungen von Infektionskrankheiten auf die Psyche sein können, zeigen – am Beispiel der Malaria – die Biochemiker Katja Becker, Andreas und Heiner Schirmer (48).

Ohne Frage spielen bei der Entstehung psychischer Störungen biologische Faktoren – vor allem auch pathologisch veränderte Gene – eine gewichtige Rolle. Doch sollten in der Medizin, insbesondere in der Psychosomatischen Medizin, gewiss nicht nur die biologische, sondern darüber hinaus die personale, interpersonelle und soziokulturelle Ebene beachtet werden (49). Allerdings wirken diese „geistigen", nicht-biologischen Ebenen, die in der personalen, ganzheitlichen Medizin der Heidelberger Schule von Ludolf von Krehl, Viktor von Weizsäcker und Alexander Mitscherlich so wichtig sind, letztlich auch biologisch – und „psycho-somatisch" –, indem sie nämlich die Genexpression neuronaler Proteine und damit die synaptischen Vernetzungen neuronaler Netzwerke unseres Zentralnervensystems beeinflussen (50). So wirken Geist und Körper aufeinander ein.

Wenn dieses Buch einen Eindruck von den komplexen Wechselwirkungen zwischen Psyche und Soma geben konnte, hätte ich mein Ziel erreicht.

Anmerkungen

Kapitel 1

1. Siehe den Bericht von Th. Lüthi über die Forschungsarbeit von D. de Quervain et al. (2000) in der Neuen Zürcher Zeitung (Beilage Forschung und Technik vom 29. März 2000: „Blackout" – wenn das Gedächtnis versagt. Stresshormon Cortisol stört Abrufen gespeicherter Information).
2. Eine zusammenfassende Darstellung neuester Forschungsergebnisse über die leib-seelischen Zusammenhänge (Mind-body medicine) findet sich in Band 122 von Prog. in Brain Res. (s. z.B. Mayer et al. 2000).
3. Vgl. von Uexkülls und Wesiacks (psychosomatische) Wissenschaftstheorie (von Uexküll u. Wesiack 1996).
4. Siehe Rudolf 2000, S. 2.
5. Das Marklager enthält die weiße Substanz des Gehirns, also die unzähligen markhaltigen (d.h. myelinisierten, also mit dem „Isoliermaterial" Myelin ummantelten) Nervenfasern, welche u.a. die in der grauen Substanz der Hirnrinde (Cortex cerebri) gelegenen Nervenzellen (Neuronen) mit anderen Hirnteilen verkabeln. Im Marklager eingebettet befinden sich so genannte Kerne (Nuclei), d.h. abgegrenzte Teile des Gehirns, die aus Ansammlungen von Zellkörpern (Perikaryen) zahlreicher Nervenzellen bestehen, wie z.B. der Mandelkern (Amygdala) und die Basalganglien.
6. Beide Hirnkammern (Ventrikel) kommunizieren mit dem mittig gelegenen, spaltförmigen dritten Ventrikel, der das Zwischenhirn in zwei Hälften teilt und links und rechts an dessen Thalamuskerne grenzt. Unten berührt er den Boden des Hypothalamus, der untersten Etage des Zwischenhirns, an welchem die Hirnanhangdrüse (Hypophyse) hängt. Ein enger, röhrenförmiger Kanal (Aquaeductus mesencephali) durch das Mittelhirn verbindet den dritten mit dem vierten Ventrikel im Rautenhirn (Brücke und Medulla), der wiederum mit dem Zentralkanal des Rückenmarks kommuniziert. Die Hirnflüssigkeit ist durch die so genannte Blut-Hirn-Schranke der Blutgefäße des Gehirns von der Blutbahn separiert.
7. Als neurale Netze bezeichnet man gewöhnlich Schaltkreise des Gehirns, als neuronale Netzwerke üblicherweise lernfähige Schaltkreise auf Silikonbasis, die den Schaltkreisen des Gehirns „nachempfunden" sind (vgl. Spitzer 1996).
8. Die Neurotransmitter Dopamin, Noradrenalin und Serotonin (5-HT, 5-Hydroxytryptamin) bezeichnet man auch als Neuromodulatoren, weil sie die Erregbarkeit zerebraler Neuronen modifizieren. Mit diesen Modulatoren werden bestimmte Neuronenpopulationen gleichsam en masse berieselt.
9. Seit langem wird angenommen, dass die klinische Depression (Major Depression) durch einen Mangel an zerebralem Noradrenalin und/oder Serotonin bedingt sein könnte (vgl. Kandel 2000b). Denn die Depression bessert sich nach Behandlung mit noradrenalinspezifischen bzw. serotoninselektiven „reuptake inhibitors" (SSRI), welche die Wiederaufnahme der von den Neuronen in den synaptischen Spalt ausgeschütteten Neurotransmitter hemmen und somit die effektive Transmitterkonzentration erhöhen. Andererseits dauert es meist längere Zeit, bis eine klinische Besserung eintritt, obwohl der biochemische Mechanismus der Serotonin-Wiederaufnahme-Hemmung sofort greifen sollte. Des Weiteren zeigt eine ganz neue Studie (Berman et al. 2002), dass eine experimentell herbeigeführte Monoamindepletion im Gehirn die Symptomscores einer ansonsten unbehandelten Depression nicht verschlimmert, dass also ein Mangel an den zerebralen Monoaminen Serotonin und Noradrenalin per se gar nicht die eigentliche Ursache einer schweren Depression sein kann. Somit könnten bei der Pathogenese einer Depression auch noch andere Transmittersysteme (z.B. Dopamin und CRH), aber auch intrazelluläre Botenstoffe, wie z.B. Inositoltrisphosphat, mit ins Spiel kommen (vgl. Manji et al. 2001).
10. Vgl. Black 1993, S. 31. Der genetische Defekt des Lesch-Nyhan-Syndroms wurde von Gibbs und Caskey 1987 beschrieben. Vgl. auch Caskey 1987.

11. Die Basalganglien liegen subkortikal im so genannten Marklager. Sie bestehen aus vier Kerngebieten, nämlich dem Nucleus caudatus (Schwanzkern) und dem Putamen sowie dem Globus pallidus (mit seinem äußeren und inneren Anteil) und dem unter den Thalamuskernen des Zwischenhirns gelegenen Nucleus subthalamicus. Die Basalganglien hemmen die motorischen Zentren der Großhirnrinde indirekt durch Beeinflussung der neuronalen Aktivität der Thalamuskerne des Zwischenhirns. Diese bewegungshindernde Wirkung der Basalganglien wird nun durch Dopamin freisetzende (dopaminerge) Nervenfasern aufgehoben, die ihren Zellkörper in der „Substantia nigra" haben, dem so genannten schwarzen Kern im Hirnstamm. Bei der Parkinson-Krankheit ist dieses Kerngebiet degeneriert. Deshalb wird der (durch den Thalamus vermittelte) Bewegungsantrieb im Kortex herabgesetzt. Bewegungsarmut (Akinese) und Versteifung der Muskulatur (Rigor) sind die Folgen. Bei genauerem Hinsehen erscheint die Regulation der Willkürmotorik durch die Basalganglien – über den so genannten indirekten Weg – allerdings viel komplexer. Denn die Kerne der Basalganglien sind Teil einer komplizierten Rückkoppelungsschleife, die ihren Ausgangspunkt im Cortex cerebri hat und diesen via Striatum (bestehend aus Nucleus caudatus und Putamen), Globus pallidus (pars externa), Nucleus subthalamicus, Globus pallidus (pars interna) und Thalamus wieder beeinflusst. (Bezüglich einer detaillierteren Beschreibung verweise ich auf DeLong 2000.)
12. Bei Parkinson-Patienten ist infolge des Dopaminmangels in den Basalganglien der unter dem Zwischenhirn gelegene Nucleus subthalamicus und damit auch der innere Teil des Nucleus pallidus überaktiv (weshalb die Willkürmotorik gehemmt wird). Zur Behandlung der Parkinson-Erkrankung durch die so genannte Hirntiefenstimulation (Deep brain stimulation) werden Elektroden meistens im Nucleus subthalamicus platziert, dessen neuronale Überaktivität durch den Stimulator elektrisch blockiert werden kann. Die Stimulationselektroden sind durch Kabel über ein dünnes Bohrloch in der Schädeldecke mit dem Impulsgenerator („Hirnschrittmacher") verbunden, der – genau wie ein Herzschrittmacher – unter die Haut genäht wird.
13. Bei der intrakraniellen Selbststimulation der Ratten werden gewisse Nervenfasern des Hirnstamms gereizt, die an Ihren Endigungen Dopamin freisetzen oder aber solche Neurone stimulieren. Diese (dopaminergen) Neurone haben ihren Ursprung im Mittelhirn (im so genannten Tectum) und projizieren mit ihren langen Axonen bis ins Zwischen- und Großhirn. Zu den mit Dopamin „berieselten" Zielgebieten gehören u.a. das Präfrontalhirn und das limbische System (Amygdala, Gyrus cinguli), vor allem aber der mit dem limbischen System eng assoziierte und in der Septumregion gelegene Nucleus accumbens. Dort wird unter der Einwirkung gewisser Drogen (Morphium, Kokain) ebenfalls vermehrt Dopamin freigesetzt.
14. Siehe Hardt und Kamiya 1978, die Panik-Angst durch Anwendung von Biofeedback therapierten.
15. In diesem Zusammenhang sei erwähnt, dass die Zellmembran eine selektive Durchlässigkeit für Kaliumionen (Kaliumleitfähigkeit) besitzt, die durch spezielle Porenmoleküle, die Kaliumkanäle, ermöglicht und reguliert wird. Dadurch dass diese Kanäle die positiv geladenen Kaliumteilchen (entlang einem K^+-Konzentrationsgradienten von intrazellulär nach extrazellulär) aus dem Zellinneren nach außen fließen lassen, die negativ geladenen Gegenionen jedoch zurückhalten, wird die Zelle außen positiv und innen negativ geladen. So entsteht eine elektrische Spannung, ein so genanntes Membranpotenzial, vergleichbar der Klemmspannung zwischen dem Plus- und Minuspol einer Batterie. Die elektrische Spannung an der Zellmembran kehrt sich jedoch um, wenn – während eines Aktionspotenzials – positiv geladene Natriumteilchen (entlang eines Na^+-Gradienten von extrazellulär nach intrazellulär) von außen in die Nervenzelle hineinfließen und einen Aktionsstrom generieren. Die Ionengradienten werden hauptsächlich durch eine molekulare Ionenpumpe der Zellmembran, die Na/K-Pumpe, geschaffen und aufrechterhalten.
16. Nach dem Gesetz von Dalton beträgt der Partialdruck eines Gases so viel Prozent des gesamten Gasdrucks, als es Volumenprozent von der Gesamtmenge aller Gase besitzt. Der Partialdruck von Sauerstoff beträgt also etwa ein Fünftel des jeweiligen Luftdrucks (auf Meereshöhe 760 mm Hg), ist jedoch in den Lungenalveolen und im Blut deutlich niedriger (normal ca. 100 mm Hg). Der Partialdruck von Kohlendioxid in den Lungenalveolen (und des arteriellen Blutes) beträgt normal ca. 40 mm Hg, und die im Blutplasma gelöste Kohlensäure ist diesem Druck proportional. Sinkt also der pCO_2 unter den Normwert, etwa wenn CO_2 vermehrt abgeatmet wird (wie bei der psychogenen Hyperventilation), so entsteht ein Mangel an Kohlensäure, eine Hypokapnie, und infolgedessen eine Alkalose.
17. Interview von Gerhard Roth für Bild der Wissenschaft (s. Roth 2000).
18. Siehe Kosslyn et al. 1997 sowie Mellet et al. 2000. Die Mechanismen der visuellen Vorstellung (Imagination)

sind zudem leicht verständlich bei Posner und Raichle 1996 beschrieben (S. 95–107).

19. Vgl. Lisman 1998.
20. Eine präzisere Beschreibung dieses Sachverhaltes sollte die besonderen anatomischen Gegebenheiten im visuellen System berücksichtigen: Ein Gegenstand im rechten Gesichtsfeld produziert nämlich im rechten Auge ein verkleinertes Netzhautbildchen auf der linken (nasalen) Hälfte der Retina, von wo dann die visuelle Information durch die inneren (nasalen) Fasern des Sehnervs über die Sehnervkreuzung (Chiasma opticum) in die linke Gehirnhälfte geleitet wird. Genau dorthin gelangt aber auch – diesmal über ungekreuzte Bahnen – die visuelle Information aus dem linken Auge, in welchem der im rechten Gesichtsfeld befindliche Gegenstand auf der äußeren (temporalen) Seite der Netzhaut abgebildet wird.
21. Siehe auch den Artikel „Chip mit Hirn" von C. Heuss in der Neuen Zürcher Zeitung (Forschungsbeilage) vom 5. Juli 2000.
22. Nur aufgrund der Tatsache, dass die allermeisten Verschaltungen im Nervensystem des Großhirns erst nach der Geburt angelegt werden, ist überhaupt zu verstehen, dass beispielsweise ein menschliches Gehirn, dem infolge eines Geburtstraumas ein Viertel seiner rechten Hemisphäre fehlt, ganz unauffällig zu funktionieren vermag (s. Baudoin 1996).
23. Siehe Spitzer 1996, S. 148.
24. Tatsächlich ist der Mechanismus viel komplizierter: Die im Text erwähnte Verbindung zum angeborenen Reflexbogen wird nämlich nicht etwa dadurch verstärkt, dass eine Synapse zwischen Neuronen des Schaltkreises effizienter wird. Vielmehr ist es so – was aber auf dasselbe herauskommt –, dass in diesem Fall eine störende bzw. hemmende synaptische Verbindung des Schaltkreises dauerhaft abgeschwächt wird (s. Menzel 1996, S. 506). Unsere didaktisch vereinfachende Darstellung orientiert sich an der Darstellung von W. Singer im „Lehrbuch der Physiologie" (Klinke u. Silbernagel [Hrsg.] 1996, S. 716 und Abb. 30.6).
    Der bedingte Kornealreflex kann auch wieder verlernt bzw. gelöscht werden (Extinktion), wenn über längere Zeit der Signalton (konditionierter Reiz) zwar erklingt, die Kornea des Kaninchens jedoch nicht mehr (gleichzeitig) vom Luftstoß (unkonditionierter Reiz) angeblasen wird. Dieses Verlernen bzw. Umlernen ist ein aktiver Vorgang: Die (tonische) Grundaktivität bestimmter, zum Kleinhirn projizierender Neurone des Hirnstamms (der so genannten Kletterfasern-Afferenzen) muss dabei offenbar durch andere Neurone mithilfe bestimmter inhibitorischer Neurotransmitter aktiv unterdrückt werden. Wird nämlich die Wirkung dieser Transmitter auf ihre Rezeptoren an den Kletterfasern-Afferenzen durch Injektion eines so genannten Rezeptorblockers verhindert, so können sich die Versuchskaninchen ihren bedingten Reflex nicht mehr abgewöhnen: Sie müssen weiterhin mit den Augen zwinkern, wann immer sie den (alarmierenden) Signalton hören (s. Medina et al. 2002).
25. Bei der Ausbildung so genannter verhaltensregulierender Netzwerke im Groß- oder Vorderhirn scheint nicht nur die mütterliche Zuwendung (Caldji et al. 1998), sondern auch der Neuromodulator Serotonin eine gewichtige Rolle zu spielen. So sind Mäuse, bei denen das Gen für die Herstellung des Serotonin$_{1A}$-Rezeptors mit gentechnischen Methoden während der ersten beiden postnatalen Wochen (vorübergehend) inaktiviert wurde, im späteren Leben überängstlich und besonders stressempfindlich (vgl. Gross et al. 2002; s.a. Kap. 4, S. 79 und Anm. 6). Offensichtlich hängt also – auch bei Mäusen und Ratten – eine gesunde Emotionalität sowohl vom Erbgut als auch von der mütterlichen Zuwendung ab – also von „nature and nurture" –, und sie ist in der Struktur des Gehirns und seiner neuronalen Netzwerke verankert.
26. Vgl. auch die Versuche von H. F. Harlow (1959) mit sozial deprivierten (mutterlosen) Affenbabys, diskutiert in: Mitscherlich 1963, S. 81–3.
27. Die Auswirkungen frühkindlicher Beziehungsstörungen zu Vater und Mutter („bad parenting") auf die körperliche und geistige Gesundheit ist von Psychoanalytikern in einer auch für Laien verständlichen Weise dargestellt worden (vgl. z.B. Kast 1994 und Mitscherlich 1963).
28. Die von A. T. Beck begründete kognitive Verhaltenstherapie basiert auf der Annahme, dass psychischen bzw. psychosomatischen Störungen oftmals falsche Glaubensstrukturen und Denkweisen („negatives Denken") zugrunde liegen. Deprimierte Patienten glauben z.B., sie seien überhaupt nicht fähig, ihr Ziel zu erreichen, und *deshalb* erreichen sie es auch nicht (vgl. Hollon 1998).
29. Zu den gebräuchlichsten Entspannungsverfahren zählen bekanntlich die Progressive Muskelrelaxation nach Jacobson und das Autogene Training nach I. H. Schulz (s. Rudolf 2000, S. 492–500), aber auch Yoga, Qi Gong und andere Atemtherapien.
30. V. von Weizsäcker, zitiert nach Bauer 1998, S. 30.
31. Siehe Selye 1984, S. 105 und 155.
32. Für eine (genetische?) Prädisposition für Panikanfälle sprechen PET-Scan-Untersuchungen von Reiman et al. (1989), die nachwiesen, dass Patienten mit Panikstö-

rungen auch *zwischen* den Anfällen eine erhöhte neuronale Aktivität bzw. Durchblutung des Gyrus parahippocampalis aufweisen. Während der Anfälle breitet sich die neuronale Aktivität angeblich auf die Pole der Temporallappen aus. Drevets et al. (1992) zeigten jedoch, dass die von Reiman und Mitarbeitern bei Panikanfällen mit PET scheinbar im Schläfenlappen nachgewiesene Erhöhung der Durchblutung in Wirklichkeit gar nicht im Temporallappen, sondern außerhalb des Schädels, nämlich in der bei (Angst angespannten) Schläfenmuskulatur registriert werden kann.

33. Siehe Bremner et al. (2000a). Die Autoren fanden mittels eines bildgebenden Verfahrens namens SPECT bei Panikpatienten während des Anfalls eine verminderte Rezeptor-Bindung eines mit radioaktivem Iod markierten Benzodiazepin-Derivats im linken Hippocampus und in gewissen Teilen des Frontalhirns. Dies spricht für eine verringerte Diazepin-Affinität oder eine verminderte Anzahl so genannter Benzodiazepin-Rezeptoren (die auch auf den angstlösenden Neurotransmitter GABA ansprechen).
34. L. v. Krehl, zitiert nach Schipperges 1994, S. 58.
35. Siehe Bauer 1998, S. 34.
36. Nach Ansicht von Ernst Pöppel (1998) kann Psychotherapie im Erwachsenenalter nicht wirken, weil dann die Schaltkreise des Gehirns (seiner Meinung nach) unverbrüchlich festgelegt seien. Diese Aussage steht jedoch im krassen Widerspruch zu den neuen Erkenntnissen über die neuronale Plastizität des Gehirns (vgl. z.B. Schiffelholz u. Aldenhoff 2001) und deren Bedeutung für die Psychosomatik (vgl. Huether et al. 1996 sowie Rüegg 1998) bzw. Psychotherapie. Wie Gehde und Emrich (1998) hervorheben, lösen Erfahrungen ebenso wie eine gelingende Therapie Kaskaden von Veränderungen aus, die – bis ins hohe Alter – synaptische Strukturen des ZNS, Neurotransmitter und Hormone betreffen. Vgl. dazu auch Kandel 1999 sowie zahlreiche weitere Literaturangaben zum Thema Psychoanalyse und Neurobiologie („Neuropsychoanalyse") im Internet (www.neuro-psa.com/complete_bib.htm)
37. Vgl. Rüegg 1993, S. 14 sowie Andreasen 2001.

Kapitel 2

1. Siehe Wadman 1997.
2. Elektromyographie (EMG), die Registrierung von Aktionsströmen bzw. Summenaktionspotenzialen der (quergestreiften) Muskulatur mithilfe von Nadelelektroden, die in die Muskeln eingestochen und zwischen den Muskelfasern (also extrazellulär) platziert werden. Je mehr Muskelfasern aktiv sind, desto größer sind Muskelkraft und Ausschläge des EMG.
3. Vielleicht ist dieses Verhalten sogar (unbewusst) angelernt bei chronischen Schmerzpatienten, die erfahren haben, dass – in den Worten von Knost et al. (1999) – eine verstärkte Anspannung der Muskulatur (manchmal) die Schmerzempfindung lindere.
4. Siehe Descartes' Abhandlung „Traité de l'homme (de homine)", die erst 1664, 14 Jahre nach dem Tode des Philosophen, in französischer Sprache publiziert wurde (vgl. Descartes 1969).
5. Der Frequenzfilter der Rückenmarkneurone beruht auf dem Prinzip der zeitlichen Summation elektrischer Potenziale. Die Frequenz der von den Nozizeptoren zum Rückenmark geleiteten Nervenimpulse ist umso höher, je stärker der Schmerzreiz ist. Ein einzelner Nervenimpuls der von den Nozizeptoren kommenden „schmerzleitenden" Fasern (so genannte C-Fasern und Aδ-Fasern) richtet an den Rückenmarkneuronen wenig aus: Er bewirkt nur eine kurz dauernde, minimale Änderung („Depolarisation") ihres Membranpotenzials, ein so genanntes erregendes postsynaptisches Potenzial (EPSP). Die EPSP, die – bei hoher Impulsfrequenz – durch sehr rasch aufeinander folgende Nervenimpulse in den (sehr langsam leitenden [1 m/Sek.], marklosen) C-Fasern oder in den (15-mal schneller leitenden, markhaltigen) Aδ-Fasern ausgelöst werden, können sich jedoch überlagern – man nennt dies „zeitliche Summation". Wenn die Überlagerung bzw. die an den Neuronen erzeugte Depolarisation einen bestimmten Wert (das so genannte Schwellenpotenzial) überschreitet, werden an den Neuronen Aktionspotenziale ausgelöst, die weitergeleitet werden. Ist das Intervall zwischen den Impulsen hingegen zu groß (weil die Impulsfrequenz zu niedrig ist), so können sich die Effekte zeitlich nicht überlagern, da der Einzeleffekt rasch abgeklingt. Wie an anderer Stelle gezeigt, kann aber der Frequenzfilter moduliert werden, und zwar so sehr, dass manchmal auch schon ganz schwach irritierende Reize Schmerz auslösen können. Im Extremfall genügt dazu ein einzelnes Aktionspotenzial einer C-Faser. Umgekehrt kann die Erregbarkeit der nozizeptiven Rückenmarkneurone durch IPSP – hyperpolarisierende inhibitorische postsynaptische Potenziale – gehemmt werden, die von „deszendierenden" Nervenfasern ausgelöst werden, welche, vom Gehirn kommend, die Rückenmarkneurone synaptisch kontaktieren.

6. Die von den nozizeptiven Neuronen des Rückenmarks zum Gehirn aufsteigenden nozizeptiven Bahnen („Schmerzbahnen“) kreuzen jeweils schon im entsprechenden Rückenmarksegment auf die Gegenseite und laufen dann im Tractus spinothalamicus (im Vorderseitenstrang des Rückenmarks) zum (medialen) Thalamus, von wo sie zum somatosensorischen Kortex (Gyrus postcentralis), aber auch zu subkortikalen Strukturen, insbesondere des limbischen Systems, gelangen. Andere Schmerzbahnen werden in Kerngebieten des Hirnstamms (z.B. Formatio reticularis) umgeschaltet, bevor sie die Thalamuskerne des Zwischenhirns erreichen. Die Aktivierung des Hirnstamms löst vegetative Symptome (z.B. der Atmung und des Kreislaufs) aus.
7. In diesem Fall werden nicht nur die α-Motoneurone erregt, sondern auch so genannte γ-Motoneurone (vgl. Krainick u. Schmidt 1991). γ-Motoneurone erregen α-Motoneurone indirekt über die „Gammaschleife“ wie folgt: Die γ-Motoneurone des Rückenmarks aktivieren die Muskelfasern in den Muskelspindeln innerhalb eines bestimmten Muskels. Dadurch kommt es zu einer mechanischen Reizung (Dehnung) mechanosensitiver Endigungen von Nervenfasern, die von den Spindeln wieder zum Rückenmark laufen und dort „reflektorisch“ die α-Motoneurone des betreffenden Muskels erregen. Der „Reflextonus“ des Muskels erhöht sich, im Extremfall bis zur Muskelverspannung (z.B. „Frozen shoulder“, Schulter-Nackensteife).
8. Positronenemmissionstomographie (PET) und fMRI sind in Kapitel 1, S. 11ff., beschrieben.
9. Die „Gate control theory“ von Melzack und Wall (1965) besagt, dass im Rückenmark gewissermaßen eine „Einlasskontrolle“ für Schmerzsignale existiert, sodass eine Überflutung des Zentralnervensystems mit nozizeptiven Informationen verhindert wird. Damit sollte auch die Rolle psychischer Prozesse bei der Schmerzverarbeitung erklärt werden. Durch Reizung anderer (markhaltiger) sensorischer Nerven kann im entsprechenden Rückenmarksegment die Erregung nozizeptiver Hinterhornneuronen auf Rückenmarkebene („segmental“) gehemmt werden, etwa durch transkutane elektrische Stimulation (TENS) der entsprechenden Körperregion. Bei Stimulation weiterer Körperregionen, z.B. durch Elektroakupunktur oder starke mechanische Reize (so genannte Gegenirritationen, die entstehen, wenn man bei einer Schmerzempfindung „auf die Knöchel beißt“, um den Schmerz zu lindern), kommt es ebenfalls zur Schmerzhemmung auf Rückenmarkebene (vgl. Sandkühler 2000).
10. Neurone, die opioide Peptide enthalten, findet man z.B. im Rückenmark (Hinterhornneurone), im verlängerten Rückenmark (Nucleus solitarius), im Mittelhirn (Periaquäduktales Grau), im Zwischenhirn (Thalamus und Hypothalamus), in den Basalganglien des Großhirns, aber auch in der Hirnrinde.
11. Gen-Knock-out (oder Gen-Ablation) ist ein molekulargenetisches Verfahren, um im Versuchstier ein bestimmtes Gen funktionell auszuschalten. Infolgedessen können die Zellen von der DNS dieses Gens keine „Blaupause“, also keine korrekte Boten-RNS (mRNA) erstellen und somit das durch die mRNA kodierte Protein (z.B. Preproenkephalin) nicht herstellen.
12. Der zitierte Tagebuchabschnitt des Missionars David Livingstone findet sich bei Basbaum und Jessel 2000 (S. 489) und wurde vom Autor frei aus dem Englischen übersetzt.
13. In der traditionellen chinesischen Medizin kennt man hunderte von Akupunkten, die auf so genannten Meridianen des menschlichen Körpers liegen und bestimmten Körperteilen zugeordnet sind (die bei elektrischer oder mechanischer Stimulation des Akupunktes schmerzfrei werden). Die Nadelstimulation von Akupunkten wird in China auch zur Anästhesie bei Operationen angewandt.
14. Mikroneurographie: Ableitung der Nervenimpulse (Aktionspotenziale und Aktionsströmchen) in Nervenfasern mittels extrazellulärer Elektroden, die in den Nerv gestochen werden. Die Methode erlaubt es, auch am Menschen die Aktivität der Nozizeptoren der Haut – bzw. „schmerzleitender“ Aδ- und C-Fasern – direkt zu messen und mit dem empfundenen Schmerz zu korrelieren oder aber diese Fasern elektrisch zu stimulieren, um definierte Schmerzreize zu setzen (vgl. Handwerker u. Kobal 1993).
15. Substanz-P ist ein Peptid. Das Molekül besteht aus einer langgestreckten Kette von Aminosäuren in der Reihenfolge: Arginin-Prolin-Lysin-Glycin-Glycin-Phenylalanin-Phenylalanin-Glycin-Leucin-Methionin. Man zählt es zu den Neuropeptiden, weil es von Neuronen (z.B. den „schmerzleitenden“ C-Fasern) abgegeben wird. Ein anderes von C-Fasern abgegebenes Neuropeptid ist CGRP (Calcitonin gene related peptide).
16. Im entzündeten Gewebe befindliche Fasern des sympathischen Nervensystems (s. Kap. 3) können durch ihre Aktivität ebenfalls die Entzündung und den Schmerz verstärken. Denn sie sondern im erregten Zustand manchmal entzündungsfördernde Substanzen ab, welche Ödeme verursachen, die Durchblutung stören und oftmals brennende Schmerzen verursachen. Meist werden diese „Kausalgie“ genannten Phänomene bei be-

reits schon bestehenden Schmerzzuständen reflektorisch ausgelöst, weil die C-Fasern via nozizeptive Neurone des Rückenmarks auch die im „Seitenhorn" des Rückenmarks gelegenen (präganglionären) sympathischen Neurone erregen können.

17. Siehe dazu auch Ramachandran (2001). Die dem Phantomschmerz zugrunde liegenden Veränderungen in der neuronalen Struktur des Gehirns betreffen vor allem den so genannten somatosensorischen Kortex im Gyrus postcentralis, auf welchem die Körperoberfläche – wie auf einer Landkarte – gleichsam als verkleinertes, jedoch maßstäblich verzerrtes Abbild des Menschen repräsentiert ist. So nehmen die Repräsentationen des Gesichts und der Finger wegen ihrer Wichtigkeit unverhältnismäßig viel Platz ein, und sie liegen auf der mentalen „Karte" auch direkt nebeneinander. Das kann mit einem bildgebenden Verfahren namens Magnetenzephalographie gezeigt werden, mit dessen Hilfe die bei Berührung von Gesicht oder Fingern erregten Stellen der Hirnrinde gleichsam sichtbar gemacht werden können. Vilaynur Ramachandran (1993) hatte nun untersucht, wie sich das (elektromagnetische) Abbild der kortikalen Repräsentation der Köperoberfläche bei einem Patienten veränderte, dessen rechter Arm unterhalb des Ellenbogens amputiert wurde. Erwartungsgemäß veränderten sich die Repräsentationen der linken Hand und der linken Gesichtshälfte (im Kortex der rechten Hemisphäre) nicht. Überraschenderweise war aber die Repräsentation der rechten Gesichtshälfte (in der Hirnrinde der linken Hemisphäre) vergrößert; die dem Gesicht zugeordneten neuronalen Aktivitäten der Hirnrinde hatten sich jetzt nämlich in die eigentlich für die (fehlende) rechte Hand reservierten Areale ausgebreitet (da sie ja für die Repräsentation der Hand nicht mehr gebraucht wurden). Offensichtlich waren also die Tast- und Berührungsrezeptoren des Gesichts bzw. die ihnen zugeordneten Nervenzellen Verbindungen mit anderen Neuronen der Hirnrinde eingegangen, die normalerweise die aus der Hand kommenden Sinnesinformationen verarbeiten, und das hatte natürlich Konsequenzen für die Wahrnehmung und Ortung von Sinnesempfindungen: Streifte Ramachandran mit einem Wattebüschel das Gesicht seiner hand- oder armamputierten Patienten, so fühlten diese nicht nur eine Berührung im Gesicht, sondern – vermeintlich – auch in der Hand, obwohl diese ja gar nicht mehr existierte oder eben nur als Phantom-Hand. Die Patienten fühlten also ihre nicht mehr vorhandene Hand – das schmerzende amputierte Glied! Wie Herta Flor und Mitarbeiter (2001) erläutern, korreliert das Ausmaß der neuroplastischen Veränderung in den Schaltkreisen des somatosensorischen Kortex – die Veränderung der „mentalen Karten" – mit der Stärke von Phantomschmerzen. Was liegt also näher als ein Versuch, diese strukturelle Veränderung wieder rückgängig zu machen, um damit chronische Phantomschmerzen zu reduzieren? Könnte man z.B. versuchen, das zusammengeschrumpfte Handareal im somatosensorischen Kortex durch Üben wieder zu vergrößern, um damit die Repräsentation der invadierenden Gesichtsregion auf der kortikalen Karte zurückzudrängen, so ähnlich wie Violin- oder Gitarrenspieler durch fleißiges Üben das für die Spielfinger zuständige somatosensorische kortikale Areal ihrer Finger vergrößern können? Flor und Mitarbeiter erzielten eine solche kortikale Reorganisation durch eine Art Verhaltenstraining, bei dem die Fähigkeit der so genannten sensorischen Diskrimination von Sinnesempfindungen im Amputationsstumpf trainiert wurde. Das Prozedere war allerdings kompliziert: Mit verschiedenen Elektroden wurden die im Amputationsstumpf verbliebenen Nervenfasern durch unterschiedliche Reizmuster gereizt, und die Patienten sollten lernen, die verschiedenen Reizarten zu unterscheiden. Durch wiederholtes Üben – „sensorisches Gehirnjogging" könnte man es wohl nennen – wurden tatsächlich die für die Hand zuständigen Gehirnneurone trainiert und dadurch das kortikale „Handareal" vergrößert, gleichzeitig aber auch die Schmerzen gelindert. Durch diesen Erfolg ist deutlich geworden, dass Phantomschmerzen eben nicht einfach nur eingebildete Hirngespinste sind, sondern eine solide morphologische Ursache haben, nämlich „falsche" synaptische Verknüpfungen in den neuronalen Netzwerken des somatosensorischen Kortex, aber wohl auch in dem im Gyrus praecentralis gelegenen primären motorischen Kortex (vgl. Lotze et al. 2001; Karl et al. 2001). Dass auch die neuroplastischen Veränderungen der Gehirnkarten im motorischen Kortex (weitgehend) reversibel sein können, haben Giraux und Mitarbeiter (2001) unlängst gezeigt. Sie transplantierten einem Handamputierten neue Hände, die der Amputierte – nachdem die Nerven regenerierten – auch wieder zu gebrauchen wusste. Da seine motorischen Handareale nun wieder arbeiten mussten, breiteten sie sich auch wieder auf ihre ursprüngliche Größe aus, was mit funktioneller Kernspintomographie (fMRI) bewiesen wurde.

18. Es handelt sich vor allem um so genannte „Early-response-Gene" oder Protoonkogene, die eine natürliche (gesunde) Vorläuferform von Onkogenen darstellen (also von krankhaft veränderten Genen, die im Prin-

zip Krebs erzeugen können). Protoonkogene kodieren für Eiweißkörper, die als so genannte Transkriptionsfaktoren fungieren, wie z.B. das c-fos- oder c-jun-Protein. Solche Faktoren können wiederum die Genexpression von anderen Proteinen stimulieren, die dann neuroplastische Veränderungen im Nervensystem auslösen.

19. NMDA-Rezeptoren (NMDA = N-Methyl-D-Aspartat) sind Glutamatrezeptoren, die als Kalziumkanäle fungieren können und sowohl vom Neurotransmitter Glutamat als auch – im Gegensatz zu AMPA-Rezeptoren – von der synthetischen Substanz NMDA aktiviert werden.
20. AMPA-Rezeptoren binden (wie NMDA-Rezeptoren) Glutamat, reagieren aber auch auf die Substanzen AMPA und Kainat, nicht jedoch auf NMDA. Sie werden bei Aktivierung (durch Glutamatbindung) natriumdurchlässig und lösen so eine Depolarisation der Zellmembran aus.
21. Siehe Terwindt et al. 1998. Bei einer (seltenen) autosomal dominant vererbten Form der Migräne wurden 19 verschiedene Mutationen eines Kalziumkanal-Gens entdeckt, die ein breites Spektrum von Krankheitssymptomen bedingen: Sie reichen von nur sporadischer Gangunsicherheit ohne Kopfschmerz bis hin zu schweren Migräne-Attacken mit wochenlanger Benommenheit und Halbseitenlähmung. Eine derartige Vielfalt von Krankheitsbildern ist wohl nur durch das Zusammenspiel mit anderen Genen zu erklären. Dabei entscheiden natürlich auch Entwicklungs- und Umweltfaktoren, wie sich der Gendefekt bei jedem einzelnen Menschen auswirkt. Das mutierte Gen für den Kalziumkanal allein macht also noch lange nicht die Migräne, sondern nur die Disposition dazu (vgl. Ducros et al. 2001).
22. Siehe Platons Dialog „Charmides" (Platon 1993).

Kapitel 3

1. Siehe Greenfield (1951), der mithilfe des EKG an einer gesunden Versuchsperson zunächst eine enorme Verlangsamung des Pulses und dann eine emotional bedingte Ohnmacht aufgrund eines temporären Herzstillstandes feststellte, als sie die Blutentnahme bei einer anderen Versuchsperson beobachten musste bzw. angehalten wurde, einige ml des entnommenen Blutes zu trinken (vgl. dazu auch S. 68 dieses Buches sowie Levick 1995 [S. 300] bezüglich der pathophysiologischen Mechanismen solch „vasovagaler Attacken"). In anderen Fällen bewirkte die emotionale Erregung laut Greenfield jedoch eine Aktivierung des Sympathikus, verbunden mit einer Erhöhung der Pulsfrequenz, der Armdurchblutung und des Blutdrucks.
2. Loewis Bericht über seine Entdeckung des Vagusstoffs aufgrund eines Traumes in der Osternacht des Jahres 1920 ist nachzulesen bei Iversen et al. 2000.
3. Spasmen (Verkrampfungen) der Herzkranzgefäße verursachen (wie in Goethes Lied *An Mignon* künstlerisch dargestellt, vgl. Nager 1993, S. 174) die so genannte vasospastische Angina (Prinzmetal-Angina) und die für Angina pectoris typischen, in die linke Schulter ausstrahlenden Schmerzen. Diese können aber auch bei körperlicher Überanstrengung oder Aufregungen entstehen, sofern die Herzkranzgefäße bereits arteriosklerotisch verengt sind.
4. Vgl. den Artikel „Don't panic" in der Zeitschrift „The Economist" vom 13. Mai 1995, S. 93.
5. Eine Depression kann eine chronische Herzerkrankung nicht nur verschlimmern, sondern – umgekehrt – auch deren Folge sein (vgl. Havranek et al. 1999), sodass aus psychischen und nicht nur aus physischen Gründen die Lebensqualität bei chronischer Herzinsuffizienz oft deutlich vermindert ist (Juenger et al. 2000).
6. Sympathikus ist von „Sympathie" abgeleitet, ein Begriff, der sich im alten medizinischen Schrifttum auf die Koordination der inneren Organe durch das Nervensystem bezog (vgl. Powley 1999).
7. Mikroneurographie: Siehe Anmerkung 14 zu Kapitel 2.
8. In einem psychophysiologischen Versuch im Physiologiepraktikum der Universität zu Köln reagierten sehr prüfungsängstliche Studenten in einer imaginierten Examenssituation mit einem deutlichen Anstieg von Herzfrequenz und (systolischem) Blutdruck, wogegen bei den weniger besorgten und zuversichtlicheren Versuchspersonen Blutdruck und Puls konstant blieben (Schaefer et al. 2001).
9. Die prämotorischen Sympathikusneurone der RVLM-Region im Hirnstamm werden ihrerseits wiederum vom Hypothalamus und von hierarchisch übergeordneten Hirnzentren beeinflusst. Dazu gehören der Mandelkernkomplex (vgl. Hilton 1975), aber auch die so genannte Inselrinde, eine zwischen den Furchen des Großhirns verborgene Hirnregion (s. Cechetto u. Chen 1990). Zudem extistieren direkte Verbindungen vom präfrontalen Kortex im Stirnlappen (vgl. Bacon u. Smith 1993) und vom Mittelhirn zu den Sympathikusneuronen in den Rückenmarksegmenten des Brust- und Lendenbereichs (s. Spyer 1994).
10. Sympathische Ganglien sind Anhäufungen der Zellkörper postganglionärer Neurone. Sie liegen meist ne-

ben der Wirbelsäule (paravertebral) im Grenzstrang des Sympathikus. Der Grenzstrang verbessert die Kommunikation im Sympathikus: Bevor eine präganglionäre Nervenfaser in ein Ganglion eintritt, verzweigt sie sich und breitet sich mit ihren Verästelungen auch entlang der Ganglienkette des Grenzstranges aus. Auf diese Weise kann sie auch noch in anderen Ganglien des Grenzstranges Kontakte zu postganglionären Neuronen knüpfen, ja sogar zu Neuronen in den so genannten prävertebralen sympathischen Ganglien, die sich nicht im Grenzstrang neben, sondern *vor* der Wirbelsäule befinden, vor allem im Becken- und Bauchraum.

11. Noradrenalin ist nicht der einzige Überträgerstoff des Sympathikus. Beispielsweise erfolgt die sympathische Aktivierung der Schweißdrüsen der Haut mittels Acetylcholin, also cholinerg. Die nach älterer Auffassung ebenfalls cholinerg vermittelte sympathische Wirkung auf die Blutadern der Armmuskulatur erfolgt jedoch offenbar nicht durch Acetylcholin, sondern durch Vermittlung des Gases Stickoxid (NO, vgl. Dietz et al. 1994). An den Nervenendigungen des Sympathikus können außerdem die Cotransmitter ATP, Neuropeptid Y (NPY) und VIP (vasointestinales Peptid) sowie das opioide Peptid Beta-Dynorphin freigesetzt werden.
12. Der Blutdruck ist gleich dem Produkt aus Herzzeitvolumen und Strömungswiderstand im Kreislaufsystem. Wenn sich die so genannten Widerstandsgefäße (die Arteriolen) erweitern, so nimmt der Strömungswiderstand im Kreislauf und damit – bei unverändertem Herzzeitvolumen – auch der Blutdruck ab.
13. Betablocker blockieren die molekularen Bindungsplätze von Adrenalin und Noradrenalin (Beta-1-adrenerge Rezeptoren) der Herzmuskulatur (Myokard) und des Herz-Schrittmachers im „Sinusknoten“ am rechten Vorhof. Die β-1-Rezeptoren des Herzens haben – anders als die β-2-Rezeptoren in der Muskulatur der Blutgefäße – eine ebenso große Affinität für Noradrenalin wie für Adrenalin.
14. β-adrenerge Rezeptoren aktivieren nach Reaktion mit Adrenalin in den Zellen der glatten Muskeln die Bildung eines intrazellulären Botenstoffs, nämlich des zyklischen Adenosinmonophosphats (cAMP), welches die kontraktilen Proteine der Blutgefäße zum Erschlaffen bringt, sodass die Gefäße weiter werden. Noradrenalin hingegen reagiert mit α-1-Rezeptoren, worauf in den glatten Muskelzellen die Synthese von Inositoltrisphosphat erhöht wird. Dieser intrazelluläre Botenstoff setzt aus intrazellulären Speicherplätzen der glatten Muskelzellen Kalzium frei, welches eine Kontraktion der glatten Gefäßmuskulatur und somit eine Gefäßverengung – vor allem in den Widerstandsgefäßen (Arteriolen) – bewirkt und infolgedessen eine Blutdruckerhöhung hervorruft.
15. Stark erhöht ist die Ansprechbarkeit der Gefäßmuskulatur auf Noradrenalin auch aufgrund einer (genetisch bedingten) „Kochsalzempfindlichkeit“ vieler Patienten mit Bluthochdruck, sodass bei der üblichen kochsalzreichen Kost unserer Gesellschaft ein chronischer Stress auf dem Weg einer Sympathikusaktivierung eine besonders starke Blutdruckerhöhung hervorruft. Möglicherweise liegt aber auch eine erhöhte Kalziumansprechbarkeit der kontraktilen Proteine der Gefäßmuskulatur vor (Uehata et al. 1997).
16. Die biologisch wirksame, blutdrucksteigernde Form des Angiotensins (Angiotensin II) wird aus der inaktiven Vorstufe Angiotensin I im Körper durch das „angiotensin converting enzyme“ (ACE) hergestellt. ACE-Hemmer sind deshalb wirksame Blutdrucksenker.
17. Die neurogene Hypertonie geht auch nach Meinung von Julius und Majahalme (2000) nicht mit einer Zunahme des Blutplasmavolumens einher. Ursächlich für den Druckanstieg sei vielmehr eine Zunahme des Sympathikotonus, verbunden mit einer Abnahme der Aktivität im parasympathischen Nervensystem, was eine Zunahme der Herzfrequenz, aber auch eine Verengung der Widerstandsgefäße (Arteriolen) zur Folge habe. Die Unausgewogenheit sympathischer und parasympathischer autonomer Aktivitäten (autonome Dysfunktion) sei ein deutlicher Hinweis darauf, dass die eigentliche Ursache des (neurogenen) Hochdrucks wohl in den Blutdruck regulierenden „Zentren“ des Gehirns liege, die wiederum von hierarchisch übergeordneten Strukturen beeinflusst würden (Julius u. Majahalme 2000, S. 65ff).
18. Der Vorgang ist tatsächlich komplizierter: Die Tyrosinhydroxylase wird durch einen Kofaktor, das Tetrahydrobiopterin, „automatisch“ gehemmt, wenn die zellulären Noradrenalinspeicher der Sympathikus-Nervenendigungen nahezu voll sind. Wird aber das Enzymmolekül bei verstärkter chronischer Sympathikus-Überaktivierung (z.B. im Stress) durch Anhängen einer Phosphatgruppe phosphoryliert, so erfolgt keine Enzymhemmung, weshalb dann noch mehr Noradrenalin synthetisiert und die Speicherplätze noch stärker gefüllt werden können. Dies verbessert natürlich die adrenerge Neurotransmission.
19. Eine persistierende Aktivierung der cAMP-abhängigen Proteinkinase soll nicht nur die Tyrosinhydroxylase (und andere Enzyme), sondern auch einen so genannten Transkriptionsfaktor phosphorylieren. Im phosphorylierten Zustand bindet sich dieser CREB genannte Protein-Faktor an ein Schaltelement, die „Enhancerregion“,

das so genannte „cAMP Response-Element" (CRE) des Tyrosinhydroxylase-Gens und aktiviert dadurch die Gen-Expression und Herstellung des für die Noradrenalinsynthese geschwindigkeitsbestimmenden Enzyms Tyrosinhydroxylase. Transkriptionsfaktoren binden sich an spezifische, nicht codierende Sequenzen der Gene (DNS), wodurch die Transkription, die Synthese der durch die DNS codierten Boten-RNS, aktiviert wird, also der „Blaupause" des Gens, welches die zelluläre Herstellung des Proteins anleitet (vgl. Schwartz u. Kandel 1991, S. 187–190).

20. Die kaudale Medulla ist der nach dem Steißbein bzw. (beim Tier) zum Schwanz (cauda) hin zuliegende Teil des verlängerten Rückenmarks, wohingegen die rostrale Medulla (beim Tier) zum vorderen Körperende (rostrum) hin gelegen ist. Die rostroventrolaterale Medulla (= RVLM) ist der rostral und seitlich-bauchwärts gelegene Teil der Medulla (vgl. Abb. 3.2).
21. Diese Hemmung erfolgt indirekt, durch zwischengeschaltete Interneurone, die den inhibierenden Neurotransmitter Gamma-Aminobuttersäure (GABA) absondern. GABA ist der wichtigste hemmende Neurotransmitter im Zentralnervensystem.
22. Bei gesunden Personen bewirkt mentaler Stress zwar ebenfalls eine Aktivierung des autonomen Nervensystems, doch diese Aktivierung geht mit einer verminderten Durchblutung und neuronalen Aktivierung der Hirnrinde (Präfrontalregion und medialer Temporallappen) einher, wie PET-Studien von Critchley und Mitarbeitern (2000b) zeigten.
23. Durch eine Überaktivierung des sympathischen Nervensystems besonders gefährdet sind Patienten, die unter einem chronischen Pumpversagen des Herzens (chronische Herzinsuffizienz, congestive heart failure) leiden (vgl. dazu auch Kap. 5, Anm. 11). Bei ihnen liegen die Noradrenalinwerte im Blut auch im Ruhezustand relativ hoch, vermutlich infolge einer erhöhten Aktivität des peripheren Sympathikus (nachgewiesen durch mikroneurographische Ableitungen im Nervus peronaeus, vgl. Leimbach et al. 1986), wogegen die Aktivität des Parasympathikus abgeschwächt ist. Diese so genannte autonome Dysfunktion zeigt sich auch in einer Verminderung der natürlichen Schwankungsbreite (Variabilität) der Pulsfrequenz, die ein zuverlässiges Indiz für eine äußerst ungünstige Prognose ist (Nolan et al. 1998). Eine Beeinflussung des autonomen Nervensystems – sei es durch pharmakologische oder psychologische Interventionen bzw. besseres Stress-Coping – könnte daher eine viel versprechende therapeutische Alternative zur Behandlung der chronischen Herzinsuffizienz darstellen.
24. Die vom Nucleus coeruleus und von anderen im vorderen Teil der „Brücke" (Pons) gelegenen noradrenergen Zellgruppen ins Großhirn aufsteigenden (aszendierenden) Nervenfasern erhöhen sowohl die Wachheit als auch die Wachsamkeit, die Vigilanz. Zusammen mit anderen, nicht- noradrenergen – aus der Retikulär-Formation des Hirnstamms (via Zwischenhirn) zum Cortex cerebri aszendierenden – Nervenbahnen bewirken sie einen tonischen Weckreiz, das so genannte „Arousal". Die nicht-noradrenergen Projektionsneuronen sind größtenteils cholinerg, d.h. sie berieseln die Neuronen ihrer Zielgebiete (z.B. im Thalamus) mit Acetylcholin. Arousal ist eine zwingende Voraussetzung des Wachzustands. Patienten, bei denen die von der Formatio reticularis und den noradrenergen Zellgruppen des Pons aszendierenden Nervenbahnen verletzt sind (z.B. infolge eines Schädeltraumas), verfallen in einen Zustand tiefer Bewusstlosigkeit, in ein Koma.
25. Chronisch gestresste Personen „schlafen schlecht". Der Grund liegt vermutlich in einem zu hohen Sympathikotonus aufgrund eines übererregten zerebralen noradrenergen Systems (s.a. Kap. 4, Anm. 8). Im erholsamen „gesunden Schlaf" dominiert hingegen der Parasympathikus.
26. Die Reduktion des Sympathikotonus beruht in diesem Fall auf einer Aktivierung der kaudalen ventrolateralen Medulla (CVLM), z.B. durch den Hypothalamus (s. Abb. 3.2), was dann zur Hemmung der RVLM-Region und folglich auch der präganglionären Sympathikusneurone führt (vgl. Seller et al. 1999).
27. Bei manchen Patienten, die unter Posttraumatischen Belastungsstörungen leiden, ist das zerebrale noradrenerge System so erregbar, dass dessen Provokation mit Yohimbin Panikanfälle und kardiovaskuläre Effekte (z.B. Herzrasen) auslöst. Bei anderen Traumatisierten sind allerdings nicht die noradrenergen, sondern serotonerge neuronale Netzwerke sensibilisiert. Diese Trauma-Patienten reagieren auf die Provokation mit Yohimbin nicht, dafür aber auf eine serotoninspezifische, die dann bei ihnen Angst und Panik bewirkt (Southwick et al. 1997). Dementsprechend können manche Panikstörungen auch mit Psychopharmaka (SSRI) therapiert werden, die das Serotoninsystem beeinflussen (vgl. Brody et al. 1998). Serotonin wird u.a. im limbischen System und im Kortex des Frontalhirns von Projektionsneuronen abgesondert, die ihren Ursprung in den mittig gelegenen Raphe-Kernen des Hirnstamms haben.
28. Psychokardiologie: Im Gegensatz zu der im angelsächsischen Raum weit verbreiteten kognitiven Verhaltenstherapie werden in Deutschland traditionell eher tiefen-

psychologische Verfahren bevorzugt (G. Rudolf, persönliche Mitteilung). Vgl. dazu auch die Leitlinien der „Statuskonferenz Psychocardiologie" (http://cardio.arago.de).

Kapitel 4

1. Die erwähnte Pressemeldung der Agentur Associated Press ist in Cannon 1945 aufgeführt, s. auch Cannon 1911.
2. Das Neuropeptid CRH wird nicht nur als Neurohormon im Nucleus paraventricularis des Hypothalamus freigesetzt, sondern – als Neurotransmitter bzw. Neuromodulator – auch in der Amygdala und im Hirnstamm. CRH bindet sich an zwei verschiedene Rezeptor-Subtypen. Übermäßige Aktivierung von CRH-1-Rezeptoren (nicht aber von CRH-2-Rezeptoren) löst beim Menschen Stress-Symptome aus, im Extremfall bis hin zu Angstzuständen und depressiven Störungen. Ein neu entwickelter CRH-Antagonist (R1221919) bindet sich spezifisch an CRH-1-Rezeptoren im Hypothalamus und in der Amygdala und verdrängt dabei das bereits an den Rezeptor gebundene CRH. Dadurch hemmt er (im Tierversuch) die stressinduzierte ACTH-Freisetzung und (bei angeboren furchtsamen Tieren) die Angst (Keck et al. 2001). Außerdem scheint R1221919 auch bestimmte Symptomscores depressiver Patienten zu bessern (Zobel et al. 2000). Im Gegensatz zu CRH-1-Rezeptoren vermitteln CRH-2-Rezeptoren anxiolytische (angstlösende) bzw. stressmindernde Effekte. So sind Gen-Knock-out-Mäuse, denen das Gen zur Herstellung von CRH-2-Rezeptoren fehlt, besonders ängstlich und stressempfindlich (Bale et al. 2000). Andererseits soll ein spezifisch CRH-2-Rezeptoren aktivierendes menschliches Neuropeptid namens „Stresscopin" gewissen Stresseffekten entgegenwirken können (s. Hsu u. Hsueh 2001).
3. Die „innere Uhr" im Hypothalamus gehorcht einem endogenen (zirkadianen) Rhythmus; sie liegt in einem paarigen, oberhalb der Sehnervkreuzung gelegenen Kerngebiet (Nucleus suprachiasmaticus, NSC), dessen Neuronen tagsüber kontinuierlich mit hoher Aktivität „feuern", nachts hingegen weniger aktiv sind. Geht diese Uhr vor oder nach, wie z.B. nach einem raschen Wechsel der Zeitzone (Jetlag), so wird sie durch einen lichtempfindlichen Zeitgeber in der Netzhaut (photosensitive Ganglienzellen der Retina, vgl. Berson et al. 2002) wieder „justiert" (über so genannte retino-hypothalamische Projektionen) und so mit der aktuellen 24-Stunden-Periodik von Tag und Nacht synchronisiert. Der NSC des Hypothalamus beeinflusst u.a. die Produktion von CRH und – via Sympathikus – auch diejenige des Hormons Melatonin. Dieser Abkömmling der Aminosäure Tryptophan wird vor allem nachts bzw. bei Dunkelheit gebildet, und zwar in der Zirbeldrüse (Pinealorgan), die über dem Zwischenhirn auf dem Dach des dritten Ventrikels gelegen ist. Die Funktion von Melatonin ist beim Menschen noch nicht genau definiert. Unter anderen wird ihm eine hypnogene Wirkung zugeschrieben. Beispielsweise verhilft bei einer Flugreise nach Fernost eine Melatoninpille zur Schlafenszeit (am Zielort) dem vom Jetlag geplagten Reisenden zu einer erholsamen Nachtruhe (vgl. Feldmeier 2001). Normalerweise beträgt die Dauer der nächtlichen Melatoninsekretion im Sommer und Winter etwa neun Stunden. Bei Personen, die in der lichtarmen Jahreszeit unter einer „saisonalen affektiven Störung" leiden, dauert die nächtliche Melatoninabsonderung im Winter jedoch beträchtlich länger als im Sommer (s. Wehr et al. 2001). Ein direkter (d.h. kausaler) Zusammenhang zwischen der Tageslänge, der Dauer der nächtlichen Melatoninsekretion und saisonal bedingten Verhaltensänderungen (wie er bei manchen Tierarten nachgewiesen wurde), wird damit allerdings nicht bewiesen.
4. In einer angst- bzw. stressauslösenden Situation wird nicht nur die Herstellung von Boten-Ribonukleinsäure (mRNA) und damit die Synthese (Expression) des Neuromodulators CRH in der Amygdala aktiviert, sondern auch die Vasopressin-Freisetzung in der (funktionell) zum limbischen System gehörenden Septumregion an der medialen Wand der beiden Großhirn-Hemisphären. Werden jedoch bei Versuchstieren (Ratten) die im Septum liegenden Rezeptoren für Vasopressin (AVP) mit einer molekularbiologischen Technik (so genanntes Anti-sense targeting) herunterreguliert, so sind die Tiere weniger ängstlich, dafür aber „dümmer". Nach Landgraf (2001) zeigen solche Experimente, dass sowohl CRH als auch Vasopressin bei der Regulation emotionaler und kognitiver Prozesse eine Rolle spielen. Die Neurosekretion von AVP ist – vermutlich aufgrund einer Mutation im Vasopressin-Gen – bei angeboren ängstlichen Ratten auch in einer stressfreien Situation beträchtlich höher als bei den weniger ängstlichen (s. Landgraf u. Wigger 2002).
5. Die für die Addison-Krankheit charakteristische bräunliche Hautverfärbung entsteht aufgrund einer vermehrten Freisetzung des Melanozyten stimulierenden Hormons (MSH) aus dem Hypophysenvorderlappen. MSH wird zusammen mit ACTH und Beta-Endorphin aus

dem Vorläuferprotein Proopiomelanocortin (POMC) proteolytisch abgespalten. Weil bei der Addison-Erkrankung zuwenig Kortisol gebildet wird, fehlt natürlich auch die kortisolbedingte Feedback-Hemmung der Proopiomelanokortin- bzw. MSH-Synthese.

6. Die genetisch bedingte Stressempfindlichkeit äußert sich auch als angeborene Überängstlichkeit. Mäuse, denen mit molekularbiologischen Methoden (so genannter Gen-Knock-out) das Gen zur Herstellung eines bestimmten Typs des Serotonin-Rezeptors im Vorderhirn unwirksam gemacht wurde, sind übertrieben ängstlich und verkriechen sich am liebsten in „sicheren" dunklen Ecken des Mäusekäfigs. Mäuse, bei denen das fragliche Gen während der ersten beiden Wochen nach der Geburt reaktiviert wurde, sind hingegen im späteren Leben nicht besonders ängstlich. Offenbar wird gerade in einer frühen (postnatalen) Lebensphase ein normal funktionierendes serotonerges neuronales Netzwerk im Vorderhirn zur Entwicklung einer emotional „normalen" Maus benötigt (s. Gross et al. 2002; vgl. a. Kap. 1, Anm. 25). Aber nicht nur eine Veränderung im Serotoninrezeptor-Gen, sondern auch Mutationen im Vasopressin-Gen könnten der Grund für angeborene Ängstlichkeit und Stressempfindlichkeit sein (s.a. Kap. 4, Anm. 4). So ist Landgraf und Wigger (2002) die Züchtung besonders stressempfindlicher und überängstlicher Ratten gelungen, die schon auf die Konfrontation mit einem ziemlich harmlosen emotionalen Stressor nicht nur mit einer starken Aktivierung der Hypothalamus-Hypophysen-Nebennierenrinden-Achse (HPA-Achse) reagieren, sondern auch vermehrt Vasopressin ins Gehirn absondern. Wurden jedoch diese Ratten mit einem Vasopressin-Rezeptorblocker (oder mit dem Serotonin-Wiederaufnahme-Hemmer Paroxetin) behandelt, so normalisierte sich die Aktivität der HPA-Achse. Die Ratten verhielten sich jetzt weniger ängstlich und konnten eine Stress-Situation besser bewältigen.
7. Vgl. Evans 1995.
8. Die Übererregbarkeit des zerebralen noradrenergen Systems des Gehirns bei Posttraumatischen Belastungsstörungen verstärkt nicht nur die Wachsamkeit (Vigilität), sondern auch den Sympathikotonus und ist möglicherweise einer der Gründe für Schlafstörungen nach schweren Traumen, aber auch bei chronischem Stress (vgl. Hobson 1999).
9. Siehe Kap. 2, S. 38 und die entsprechende Anm. 12.
10. Siehe Pressemitteilung in der Rhein-Neckar-Zeitung vom 9. Juni 1999. Ess-Sucht geht – vor allem bei jungen Frauen – nicht selten mit Schuldgefühlen und depressiven Verstimmungen einher. Die Angst vor der Gewichtszunahme führt dann zum Erbrechen, das zunächst selbst herbeigeführt wird, schließlich aber auch ganz automatisch nach jedem „Fressanfall" eintritt, sodass das Körpergewicht mehr oder weniger konstant bleibt. Man spricht von Bulimie.
11. Gewichtreduzierend sind Xenical®, das die Fettresorption im Darm hemmt, sowie Sibutramin, das den Noradrenalinspiegel bzw. Serotoninspiegel im Gehirn steigert und auf diese Weise das Hungergefühl mindert, oder Leptinpräparate, die noch in der Phase der klinischen Erprobung sind. Allerdings ist auch anzumerken, dass bei übergewichtigen Menschen in der Regel normale oder sogar hohe Mengen von Leptin im Blut kreisen. Da Nahrungsfette (pro Gewichtseinheit) ebenso satt machen wie Kohlenhydrate, jedoch mehr „Kalorien" enthalten, kann sehr fettreiche Nahrung leichter zu Übergewicht führen (vgl. Gibbs 1998).
12. Vermutlich steht der Hunger nach Kohlenhydraten in der lichtarmen Jahreszeit und bei Melancholie auch mit einem verringerten zerebralen Serotoningehalt in Zusammenhang, wie er ja für depressive Zustände typisch ist. Denn ein hoher Serotoninspiegel im Hypothalamus reduziert vor allem den Appetit auf Kohlenhydrate, während umgekehrt kohlenhydratreiche Nahrung den Serotoningehalt des Gehirns erhöht und so die Verstimmung (aber auch den Appetit) mindert (vgl. Leibowitz u. Alexander 1998).
13. Der osmotische Druck der Blutflüssigkeit ist proportional zu der darin (pro Volumeneinheit) gelösten Teilchenzahl (z.B. Natrium- und Chloridionen, Glukosemoleküle usw.).
14. Bei Schizophrenen kann dieser Regulationsmechanismus gestört sein. Sie leiden dann an „Polydipsie", am Zwang zu unmäßigem Trinken.
15. Ein erhöhter Blutspiegel von Angiotensin II soll ebenfalls Durst auslösen. Dies wird heute kontrovers diskutiert, da nach Injektion von Angiotensin in die Blutbahn nur kleine Versuchstiere, nicht jedoch Menschen durstig werden. Möglicherweise erhöht jedoch zerebrales Angiotensin II die zerebrale ADH-Freisetzung und wirkt somit auch antidiuretisch, etwa nach einem starken Blutverlust.
16. Das Schilddrüsenhormon verstärkt die Expression von Beta-adrenergen Rezeptoren im Herzen, wodurch die Ansprechbarkeit gegenüber Adrenalin und Noradrenalin erhöht wird.
17. Freilich kann eine Schilddrüsenüberfunktion auch im Zusammenhang mit einem Posttraumatischen Stress-Syndrom auftreten, wobei auch die Sympathikusaktivität erhöht ist (vgl. Newport u. Nemeroff 2000).

Kapitel 5

1. Das Zitat aus dem „Zauberberg“ lautet komplett: „Alle, die Besuch bekommen, haben Erhöhung (der Temperatur). Aber es ist doch eine Wohltat.“ (Mann 1952, S. 72) Auch C. G. Jung (1963) berichtet über Patienten mit psychisch bedingtem Fieber: „(...) ich habe einen Fall von hysterischem Fieber gesehen mit einer Temperatur von 39 Grad, das in wenigen Minuten durch die Beichte der psychologischen Ursache geheilt war.“
2. Notiz in der Neuen Zürcher Zeitung vom 13. Oktober 1999.
3. Die Interleukine IL-1 und IL-2 sind kleine Proteine, die von Immunzellen abgesondert werden und in der Regel eine wohl dosierte Immunabwehr ermöglichen. IL-1 stimuliert die Bildung von IL-2 durch Lymphozyten sowie die „Chemotaxis“ anderer weißer Blutkörperchen (neurophile Leukozyten, Makrophagen); außerdem bewirkt es Fieber. IL-2 ist ein Wachstumsfaktor für aktivierte Lymphozyten (vgl. Abb. 5.1). Die Interleukine IL-1 und IL-2 gehören mit über 20 weiteren Interleukinen und anderen Mediatorstoffen des Immunsystems (Interferone, Tumor-Nekrose-Faktoren = TNF) zu den so genannten Zytokinen. Außer den proinflammatorischen Interleukinen gibt es auch entzündungshemmende (wie z.B IL-10). Bei Störung des Gleichgewichts (der Homöostase) entzündungsfördernder und -hemmender Zytokine resultiert entweder Immunschwäche oder eine Überreaktion des Immunsystems.
4. Natürliche Killerzellen, NK-Zellen, sind unspezifische Abwehrzellen (so genannte Null-Lymphozyten), die Krebszellen und von Viren befallene Zellen angreifen.
5. AIDS steht für „acquired immunodeficiency syndrome“, eine letztlich tödliche Erkrankung, bei welcher das Immunsystem durch den Virus HIV (human immunodeficiency virus) geschwächt ist.
6. Als „the holy seven“ wurden in der klassischen (psychoanalytisch orientierten) Psychosomatik F. G. Alexanders (1891–1964) die „sieben psychosomatischen Erkrankungen im engeren Sinne“ bezeichnet: Ulcus duodeni, Colitis ulcerosa, essenzielle Hypertonie, rheumatoide Arthritis, Hyperthyreose, Neurodermitis und Asthma bronchiale (vgl. Raspe 1996). Diese Krankheitsbilder („Psychosomatosen“) wurden – im Sinne Alexanders – als Folgezustände „chronisch vegetativer Spannungszustände“ bzw. als „Reaktion des Körpers (Körpersprache!) auf konflikthaftes Erleben bei entsprechender organischer Disposition“ verstanden.
7. Substanz-P ist ein Neuropeptid, das auch von nozizeptiven Nervenfasern abgesondert wird (s. Kap. 2, S. 40).
8. Etwa nekrotisierende Zytokine, wie z.B. TNF-α, der „Tumor necrosis factor“. Antagonisten, die mit dem Faktor um dessen zelluläre Bindungsplätze ringen, werden deshalb neuerdings zur symptomatischen Behandlung der Polyarthritis eingesetzt.
9. Nucleus tractus solitarii: Kerngebiet im verlängerten Rückenmark, welches „vegetative“ Informationen aus der Körperperipherie über (afferente) Fasern des Vagusnerven erhält und diese an den Hypothalamus weitergibt (s. Abb. 3.2).
10. Zitiert nach Schipperges 1994, S. 39.
11. Als Reaktion auf die Einwirkung von Antigenen steigen auch die Blutwerte proinflammatorischer Zytokine (IL-1, IL-6, IL-18, TNF), aber nicht nur bei Infektionen, sondern auch bei anderen Erkrankungen, z.B. chronischer Herzinsuffizienz (CHI). Der Grund für diese Stimulation des Immunsystems liegt möglicherweise im Übertritt bakterieller Toxine (Antigene) aus dem Darm, dessen Schleimhautbarriere infolge des Kreislaufversagens geschädigt ist. Diskutiert wird aber auch eine „vegetative Dystonie“ (autonomic dysfunction), wie sie bei Herzkranken beobachtet werden kann. So vermuten z.B. Rauchhaus und Müller-Werdan (2001), dass „die autonome Dysfunktion bei CHI mit Überwiegen des Sympathikus und Abschwächung des Parasympathikus als Komponente der Inflammation (Entzündung des Myokards) bei CHI gelten muss“ (S. 78). Schließlich sei es erwiesen, dass der Sympathikusüberträgerstoff Noradrenalin in Herzmuskelzellen die Bildung des Entzündungsmediators TNF induziere, wohingegen die Stimulation des Parasympathikus bzw. dessen Überträgerstoff Acetylcholin die Freisetzung proinflammatorischer Zytokine abschwäche (vgl. a. Borovikova et al. 2000). Die Freisetzung solcher Entzündungsmediatoren und die durch sie ausgelösten Entzündungserscheinungen im Herzmuskel sind vermutlich an der Chronifizierung einer Herzinsuffizienz beteiligt (vgl. Rauchhaus u. Müller-Werdan 2001). Jedenfalls schwächen die – bei Sepsis („Blutvergiftung“) – im Übermaß freigesetzten proinflammatorischen Zytokine (wie z.B. TNF) das Herz, und sie lösen auch eine Herzmuskelerkrankung aus, die so genannte Septische Kardiomyopathie (Müller-Werdan u. Werdan 1999).
12. Die Wechselwirkung von Gehirn und Immunsystem ist komplex. So beeinflusst bei Entzündungen und Infektionen von Körpergewebe das Immunsystem das Gehirn nicht nur via Vagus (afferente Fasern, vgl. Goehler et al. 1999), sondern auch über die Blutbahn, allerdings

auf indirekte Weise (vgl. Bartfai 2001). Denn das von Immunzellen freigesetzte Interleukin-1β (IL-1β), welches mit dem Blutstrom bis in die feinsten Verästelungen des zerebralen Gefäßsystems gelangt, kann die Endothelschicht der Gefäßwand – die so genannte Blut-Hirn-Schranke – nicht durchdringen. Dennoch gelangt die Botschaft des Immunsystems ins Gehirn. Denn IL-1β wirkt auf die IL-1β-Rezeptoren des Endothels – mit dem Resultat, dass dieses vermehrt Prostaglandin-E_2 synthetisiert. Dieser entzündungsfördernde (proinflammatorische) Botenstoff diffundiert nun aber rasch ins Hirnparenchym und induziert dort – in der so genannten Mikroglia (Immunzellen des Gehirns) – die Synthese von zerebralem IL-1β, welches abermals (nunmehr im Gehirn) die Bildung von Prostaglandin stimuliert. Somit liegt ein Kreisprozess vor, der sich aufschaukelt und über längere Zeit selbst unterhält. Tatsächlich konnte im Tierversuch bei schweren Entzündungserscheinungen im Gehirn und im Liquor cerebrospinalis reichlich Interleukin-1β nachgewiesen werden (s. Samad et al. 2001). Zerebrales Interleukin 1β – ebenso wie Prostaglandin-E_2 – erzeugt ein Malaise: Fieber, Appetitlosigkeit und Abgeschlagenheit, aber auch eine erhöhte Schmerzempfindlichkeit und Wehleidigkeit. So erklären sich beispielsweise die Gliederschmerzen und andere Befindlichkeitsstörungen, die so charakteristisch für Infekte bzw. auch für gewisse rheumatische Erkrankungen (z.B. Arthritis) sind. Umgekehrt wirkt das Gehirn auf das Immunsystem zurück; und zwar nicht nur über die Hypothalamus-Hypophysen-Nebennierenrinden-Achse, sondern auch über den Sympathikus (vgl. Madden u. Felten 1995) und den Parasympathikus (Borovikova et al. 2000). So wirkt die Erregung des Vagus anti-inflammatorisch, indem es die Freisetzung von proinflammatorischen Zytokinen (TNF-α, IL-1β, IL-6, IL-18) hemmt, nicht aber die Sekretion des entzündungshemmenden IL-10 aus Immunzellen. Dies verhindert eine über das Ziel hinausschießende Abwehrreaktion bei Infekten oder Verletzungen.

Kapitel 6

1. Siehe Aeppli 1947, S. 138. Heute ist anerkannt, dass weitaus die Mehrzahl der neuralen Prozesse unseres Gehirns „unbewusst", d.h. außerhalb des Bereichs unserer Aufmerksamkeit ablaufen. Als im weiteren Sinne „bewusst" gelten allerdings nicht nur die Erlebnisse, die sich in Worten artikulieren lassen, sondern auch bildhafte Vorstellungen oder nicht verbal zu äußernde Gefühlsregungen (die sich objektiv, z.B. durch Messen des elektrischen Hautwiderstandes, feststellen lassen) (s. Tranel 2000). So gesehen, müsste man wohl auch den höheren Säugetieren (z.B. Affen, Hunden, Katzen, Delfinen) eine Art von „Bewusstsein" zusprechen.
2. Ebd., S. 139.
3. Siehe Bergson 1991, S. V. Die französische Originalausgabe „Matière et Mémoire" erschien 1896.
4. Eine auch dem Laien verständliche Einführung in die psychoanalytische Traumatheorie findet sich z.B. bei Mitscherlich 1963.
5. Diese Stress-Syndrome sind in Kapitel 4 besprochen.
6. Siehe Kandel 1991, S. 1028.
7. Markowitsch 1998, S. 110.
8. Die frühen Experimente von LeDoux sind in der Zeitschrift „Science" von Barinaga beschrieben worden (s. Barinaga 1992). Vgl. auch LeDoux 1998.
9. Funktionelle Abdominalbeschwerden sind in Kapitel 1, funktionelle Herzleiden in Kapitel 3 beschrieben.
10. Unsere Darstellung dieser Experimente fußt auf Sapolsky 1998, S. 252–7.
11. Zur erlernten Hilflosigkeit (learned helplessness) als Ursache der Depression, s. Seligman 1979.
12. Vgl. auch das Burn-out-Syndrom. Die durch Stress ausgelöste Depression wird chronifiziert, wenn die Depression neurale Netze verändert (Post 1992).
13. Die verhaltenstherapeutischen Methoden von Ehlers und Clark sind von G. Hagen in der FAZ vom 26.3.1997 resümiert worden: „Wenn der Schrecken im Gedächtnis haftet". Vgl. auch Ehlers u. Clark 2000.
14. Siehe Rudolf 2000, S. 287.
15. Ebd.
16. Ebd. Auch nach Bauer (2001, S. 92) sind ursächlich für psychosomatische Erkrankungen „vermutlich häufig seelische Verletzungen, die sich ins Gedächtnis eingraben und dabei die synaptischen Verbindungen neuronaler Netzwerke durch Umstrukturierung (neuronale Plastizität) längerfristig verändern." Und Axel Bauer folgert: „Damit liegt ein Modell für die Speicherung von Erfahrungsinhalten und für die Bereitschaft vor, entsprechend diesen Erfahrungen zu reagieren" (ebd.).
17. Siehe Harlow 1959. Die (aus ethischen Gründen nicht unangefochten gebliebenen) Tierexperimente von Harlow und Mitarbeitern sind von Alexander Mitscherlich (1963, S. 80–6) sowie von Sapolsky (1998, S. 97–100) resümiert und diskutiert worden.
18. Siehe Ladd et al. 2000.

19. Die Beeinflussung plastischer, verhaltenswirksamer synaptischer Verbindungen im Vorderhirn erfolgt nach Gross et al. (2002) offenbar über serotonerge neuronale Mechanismen (vgl. dazu auch Kap. 1, Anm. 25).
20. Spitz (1945) vergleicht eine Gruppe von Kindern, die – ohne mütterliche Betreuung – in einem Findelhaus aufwuchsen, mit Kindern eines Kinderheims, die von ihren (in einem benachbarten Gefängnis für Sträflinge einsitzenden) Müttern regelmäßig besucht und liebkost wurden.
21. Sapolsky (1998, S. 89–90) beruft sich auf Studien über den Einfluss psychosozialer Faktoren auf die Produktion von Wachstumshormonen und das Körperwachstum bei einem Kind mit Zwergwuchs. Die Bildung von Wachstumshormon (Growth hormone, GH) in der Hypophyse wird durch ein aktivierendes Neurohormon des Hypothalamus (GHR) angeregt und durch ein anderes Neurohormon namens Somatostatin (GHI) wiederum gehemmt. Wenn also ein Kind viel zu langsam wächst, wie im Falle eines psychosozialen Zwergwuchses, so kann das sowohl an einem Übermaß von GHI als auch an einem Mangel an GHR liegen. Das Wachstumshormon stimuliert das Körperwachstum indirekt, nämlich über die Freisetzung so genannter Somatomedine (engl.: Insulin-like growth factors) aus der Leber.
22. Rattenmütter, die ihre Jungen häufiger lecken, reduzieren die Stressempfindlichkeit. Denn durch das häufige Lecken wird die „Stressachse" (Hypothalamus-Hypophysen-Nebennierenrinden-Achse) weniger reagibel – auch noch im Erwachsenenalter (Liu 1997). Das Lecken reduziert offenbar die Ängstlichkeit und Stressempfindlichkeit dadurch, dass es die Anzahl der Benzodiazepin-Rezeptoren in der Amygdala erhöht und die Alpha-2-Rezeptoren im Nucleus coeruleus ansteigen lässt. Die Feedbackhemmung der Glukokortikoide auf die Produktion von CRH im Hypothalamus ist verstärkt (Caldji et al. 1998).
23. Zum Begriff des „Knotens" s. Wilson 1998, S. 150 und 183.
24. Siehe Kandel 2000a, S. 1275–7.
25. Vgl. Tulving und Schacter 1990 bezüglich „frühkindlicher Prägung" und nicht-semantischem Gedächtnis.
26. Angst (bzw. Furcht) ist nach Gahr (1996, S. 478) „eine emotionale Bewertung von Reizen, die dazu dient, Gefahr und Schmerzen zu vermeiden". Die Begriffe „Angst" und „Furcht" (engl.: „anxiety" und „fear") werden im üblichen Sprachgebrauch und auch in manchen Lehrbüchern häufig synonym verwendet, und auch in diesem Buch wurde bewusst vermieden, die im Schrifttum manchmal anzutreffende (und oft nicht leichte) Unterscheidung zwischen Furcht und Angst aufzugreifen. Genau genommen, soll Furcht eher eine durch aktuelle Gefahr ausgelöste, „gerichtete" Emotion, Angst jedoch einen unbestimmten Gefühlszustand bezeichnen. Er wird durch Rückmeldung von den durch Furcht hervorgerufenen Organreaktionen (z.B. Zittern, Herzklopfen, Atemnot, Adrenalinausschüttung) oft noch verstärkt. Furcht- oder Angstreaktionen sind meist erlernt; selbst die beim Menschen und bei höheren Primaten angeborene „instinktive" Aversion vor Schlangen wird erst durch die Erfahrung zur Schlangenphobie (vgl. Wilson 1998, S. 107–8)..
27. Vgl. Kapp et al. 1979 sowie die Darstellung seiner Versuche bei Barinaga (1992).
27. Liberzon et al. 1999
29. Morris et al. 1996
30. Siehe Gahr 1996 zu einer einführenden Darstellung des Stoffes.
31. Vgl. Barinaga 1992.
32. Vgl. LaBar et al. 1998.
33. Vgl. die Arbeiten der Arbeitsgruppe von Adamec et al. 1999 über die Wirkung einer Aktivierung und einer Blockade von NMDA-Rezeptoren der Amygdala auf das emotionale Lernen in einem „Tiermodell" für Posttraumatischen Stress.
34. Siehe Mansvelder u. McGehee 2000.
35. Im Unterschied zur „Extinktion" werden bei einer anderen Art von „Vergessen" – dem „Verdrängen" unliebsamer Gedächtnisinhalte – die in der „zerebralen Datenbank" gespeicherten Daten nicht gelöscht, sondern vielmehr deren *Abruf* unterdrückt bzw. gehemmt. Sie werden – um mit Freud zu sprechen – „aus dem Bewusstsein verbannt". Bekanntermaßen propagierte Freud, dass man schlimme Erinnerungen sozusagen wieder „vergessen" kann, indem man sie ins „Unbewusste" verdrängt. Der für die Theorie der Psychoanalyse so zentrale Begriff der „Verdrängung" ist indessen in der Vergangenheit vielfach kontrovers diskutiert worden und erst in allerjüngster Zeit überhaupt einer naturwissenschaftlich experimentellen Analyse zugänglich geworden. Schließlich gelang nun aber den amerikanischen Psychologen Anderson und Green (2001) der überzeugende experimentelle Nachweis, dass durch eine exekutive Kontrolle des Ichs der Abruf ungewollter Erinnerungen aus dem deklarativen Gedächtnis tatsächlich blockiert werden kann – und: Je öfter eine ungewollt sich aufdrängende Erinnerung aktiv unterdrückt wird, umso schwieriger sei es dann später, sich daran zu erinnern. In der experimentalpsychologischen Untersuchung von Anderson und Green an 32 Studenten ging

es zwar „nur" um die Unterdrückung von Erinnerungen an Wortpaare. Um „wie viel stärker müsste (aber) die Hemmung für solche (unliebsamen) Objekte sein, die für unsere Gedanken und Emotionen von zentraler Bedeutung sind", sagt Conway (2001).

36. Siehe Davis 1992 und LeDoux 1994 bzw. 1998.
37. La Bar und Mitarbeiter (1998) zeigten mittels fMRI, dass die Amygdala beim „Verlernen" von Angst aktiviert wird. Die Dekonditionierung des bedingten Angstreflexes – ein aktiver Prozess! – wird offenbar durch (endogene) Cannabis-ähnliche Mediatorstoffe vermittelt; denn sie ist nicht möglich, wenn die Rezeptoren für diese Mediatoren blockiert werden oder überhaupt nicht vorhanden sind (wie im Falle von „Gen-Knock-out"-Mäusen, die nicht in der Lage sind, die entsprechenden Rezeptoren zu exprimieren; s. Marsicano et al. 2002). Auch die Extinktion anderer bedingter Reflexe, wie z.B. des konditionierten Lidschlagreflexes, ist ein aktiver Prozess; sie kann nämlich – genau wie die Desensibilisierung der konditionierten Angst – ebenfalls pharmakologisch (durch bestimmte Rezeptorblocker) verhindert werden (s. Medina et al. 2002 sowie Kap. 1, Anm. 24).
38. Siehe LeDoux 1998, S. 101.
39. Vgl. Ehlers u. Clark 2000 sowie Anm. 13.
40. Vgl. Kandel 1991, S. 1019–22.
41. Siehe Menzel 1996, S. 507.
42. Es handelt sich um den von H. Bujard entwickelten Tetrazyklin-sensitiven „Genschalter" (vgl. Mansuy u. Bujard 2000).
43. Siehe Huang u. Kandel 1998 bezüglich der Auslösung einer LTP in der Amygdala durch den Adenylatzyklase-Aktivator Forskolin.
44. Siehe Schafe u. LeDoux 2000 sowie Huang u. Kandel 1998.
45. Sandkühler (2000) weist in seinem Reviewartikel darauf hin, dass eine Aktivierung Kalzium-abhängiger Proteinkinasen zu einer Phosphorylierung von NMDA(N-Methyl d-Aspartat)-Rezeptoren und damit zur LTP führt, die Kalzium-abhängige Aktivierung einer Proteinphosphatase hingegen zur Dephosphorylierung und zur Auslösung einer LTD. Durch Phosphorylierung (bei hoher Ca^{2+}-Konzentration) werden nämlich die Rezeptoren sensitiver und durch Dephosphorylierung (bei mittlerer Ca^{2+}-Konzentration) weniger sensitiv in Bezug auf eine Bindung des Neurotransmitters Glutamat.
46. Vgl. Adamec et al. 1999a und 1999b.
47. Siehe Balint 1957, S. 67.
48. Laut Markl (1997, S. 16) schafft eine Sprache aus individuellen Gedanken und Gefühlen einzelner Menschen eine gemeinsame Welt von Gedanken und Gefühlen, eine Kultur, die ein Gefühl der Zusammengehörigkeit (und Zugehörigkeit) vermittelt. Die der betreffenden Sprache nicht Mächtigen (z.B. die Barbaren der Griechen) sind durch Sprachbarrieren aus dieser Welt ausgeschlossen.
49. Saffran et al. 1996 sowie Dehaene-Lambertz und Dehaene (1994) erkannten an Säuglingen die Fähigkeit, Phoneme und Silben zu unterscheiden und wiederzuerkennen (durch „statistisches Lernen" aufgrund angeborener neuronaler Strukturen, die geradezu für den Spracherwerb „prädestiniert" sind vgl. Bates u. Elman 1996).
50. Vgl. auch Pinker 1995 zur Frage der (angeborenen) Fähigkeit zum Spracherwerb („Sprachinstinkt").
51. Vgl. Christophe u. Morton 1994.
52. Siehe Waite 1990, S. 55.
53. Fischer (1962, S. 16) in seiner Abhandlung über „Geist und Natur im Widerspruch und in der Übereinstimmung" (ursprünglich ein Vortrag an der Universität Zürich am 26. Januar 1961).
54. Im Originaltext von Huxley heißt es: „We talk to ourselves – we listen to what we say to ourselves – we act according to what we say" (Huxley 1963, S. 190). Die ständige Wiederholung von Worten, die wir uns immer wieder selber sagen (und einreden), hat nach Huxley einen enormen Einfluss auf unser Wohlergehen. Eine ähnliche Wirkung haben vermutlich „Litaneien" und die Praktiken des so genannten positiven Denkens. „These recipes work", schreibt Aldous Huxley in seinem Vorwort zum Buch Laura Huxleys.
55. Siehe Klein u. Spiegel 1989.
56. Vgl. Vandenberghe et al. 1996.
57. Siehe Rüegg 1995, S. 109–10.
58. Die angeführten Zitate von Popper und Eccles stehen im Dialog V ihres Werkes „Das Ich und sein Gehirn" (Popper u. Eccles 1990, S. 560-1).
59. Die Wirkung von CRH bei Depressionen ist in Kapitel 4 beschrieben. Vgl. dazu auch Gold u. Chrousos 1999.
60. Die Abhängigkeit der Schmerzempfindung von der mentalen Einstellung ist auch in Kapitel 2 sowie in den Arbeiten von Sandkühler (2000) und Read (2000, S. 437) angesprochen.
61. Siehe Posner u. Raichle 1996, S. 241–2.
62. Siehe die Arbeiten von Drevets et al. (1997; 2000), aus denen hervorgeht, dass die Sensitivität von Serotoninrezeptoren des Gehirns für den Neurotransmitter Serotonin bei Depression verringert ist: Das serotinerge System ist gedämpft. Vgl. auch Posner u. Raichle 1996, S. 239, sowie Gahr 1996. Die beobachteten Veränderungen in der Durchblutung (und neuronalen Aktivi-

tät) des Frontalhirns normalisieren sich bei erfolgreicher antidepressiver Therapie mit Psychopharmaka (SSRI), die in den Serotoninstoffwechsel eingreifen (Brody et al. 1999).

63. Siehe Gebsattel, zitiert bei von Ditfurth 1993, S. 277.
64. Siehe Rüegg 1995, S. 110, sowie Rüegg 1998, S. 105–6.
65. Siehe Baxter et al. 1992 sowie Brody et al. 1998. Nicht nur Zwangsneurosen, sondern auch Panikstörungen können sowohl durch Psychopharmaka (die das Serotoninsystem beeinflussen) als auch durch kognitive Verhaltenstherapien behandelt werden (vgl. Gorman et al. 2000).
66. Vgl. Huang und Kandel (1998), die durch Injektion des Adenylatzyklase stimulierenden Forskolin in die Amygdala einen ähnlichen Effekt erzielten wie durch Lernen und LTP, nämlich eine Erhöhung der Effizienz gewisser Synapsen, sowie Kandel 1991: Auch bei der Konditionierung des Rückziehreflexes von *Aplysia* spielt laut Kandel die Aktivierung der cAMP synthetisierenden Adenylatzyklase eine enorme Rolle, die an den präsynaptischen Nervenendigungen physiologisch durch den Transmitter Serotonin ausgelöst wird. Infolgedessen wird der Lerneffekt verhindert, wenn die Serotoninrezeptoren durch Serotonin-Antagonisten blockiert werden. Serotoninmimetika andererseits imitieren den Serotonineffekt und bewirken eine ähnliche Stärkung der synaptischen Übertragung wie die Konditionierung. Auch in der Meeresschnecke *Aplysia* kann also eine Verstärkung gewisser synaptischer Verbindungen nicht nur durch Lernen, sondern auch durch Pharmaka erzielt werden.
67. Siehe Anmerkung 3. In Bergsons Philosophie über die Beziehung von Geist und Materie spielt allerdings das Gedächtnis den Part des Geistes, da es, nach seinem damaligen Kenntnisstand, nicht materiell lokalisiert werden könne, also keine „res extensa“ sei.
68. Bereits im Ultrakurzzeitgedächtnis, das nach der Hypothese von Crick (1994) dem Bewusstsein zugrunde liegen soll, müsste gedankliche Information vermutlich (auch) strukturell kodiert sein: Wenn wir beispielsweise etwas betrachten, etwa die rot im Ozean versinkende Abendsonne – oder auch nur an sie denken (wie in einer buddhistischen Meditation, vgl. Anm. 70) –, so bildet sich anscheinend ein „Ensemble“ sehr vieler Neuronen, deren gemeinsame Aktivität das Betrachtete (oder das Gedachte) möglicherweise im Bewusstsein repräsentiert. Durch das gemeinsame (synchrone) Feuern des Neuronenkollektivs wird dieses nämlich (nach dem Hebbschen Prinzip) zusammengehalten und gleichsam zu einem strukturierten Ganzen, einem Ensemble, zusammengebunden. Die Koppelungsstärke der Synapsen zwischen den vernetzten Neuronen eines Ensembles soll dabei sekundenlang größer sein als die der umgebenden Neuronen. Hält aber die erhöhte synchrone Aktivität des Ensembles noch länger als etwa eine Sekunde an, so könnte die Information, die in dem Gedanken (an die Abendsonne) steckt, bereits in einem materiell kodierten Engramm (dem vernetzten Ensemble) im Ultrakurzzeitgedächtnis gespeichert sein, das, wie gesagt, mit dem Bewusstsein verknüpft sein soll. Könnte es nun aber sein, dass die gleiche komplexe „Gestalt“ des ultrakurzen Engramms auch beim Wiederabruf aus dem Langzeitgedächtnis reaktiviert wird, dass also – mit anderen Worten – das ursprüngliche Ensemble wieder rekrutiert wird – etwa wenn wir (um bei unserem Beispiel zu bleiben) den im Gedächtnis gespeicherten meditativen Gedanken an die untergehende Sonne erneut ins Bewusstsein zurückholen? Dabei würden dann wohl (wie auch auf S. 132f dargelegt) wieder dieselben neuronalen Strukturen des visuellen Systems aktiv, die zuvor schon beim Anblick der Abendsonne aktiviert wurden.
69. Dies gilt natürlich auch für das Aufwachen aus einer Narkose oder aus einem Koma.
70. Die Imagination der im Meer rot untergehenden Abendsonne ist eine uralte Meditationsübung der Yogi, wie sie in buddhistischen Texten gelehrt wird: „[Buddha sprach:] bereite Deine Gedanken vor für eine konzentrierte Meditation über die *Sonne* (...). Schaue auf sie hin, wenn sie im Begriff ist, unterzugehen, und wenn sie aussieht wie eine aufgehängte Trommel. Nachdem Du so die Sonne gesehen hast, behalte dieses Bild [in Deiner Vorstellung] klar und fixiert, gleichgültig ob Deine Augen offen sind oder geschlossen. Dies ist die Wahrnehmung der Sonne, und das ist die *erste Meditation*“ (zitiert nach C. G. Jung 1989, S. 181f).
71. Siehe Kosslyn et al. 1997 sowie Mellet et al. 2000. Vor allem beteiligt am „Visualisieren“ und „Imaginieren“ sind die „extrastriären“ höheren Zentren des visuellen Systems im Temporal- und Parietallappen. Zum Konzept der „Bottom up“- und „Top down“-Verarbeitung, siehe z.B. Posner u. Raichle 1996, S. 90.
72. Siehe Kelly 1991. Im Gegensatz zum „Pavor nocturnus“ werden Albträume erinnert. Die Betroffenen erwachen dabei aus dem so genannten REM-Schlaf und sind sofort ansprechbar. Bezüglich einer verständlichen Darstellung der verschiedenen Schlafstadien und ihrer Physiologie, s. z.B. Koella 1988.
73. Vgl. Posner u. Raichle 1996, S. 242.
74. Bacon und Smith (1993) erkannten eine direkte Verbindung vom Vasomotorenzentrum des Frontalhirns zu

den präganglionären Sympathikusneuronen im Rückenmark. Inselkortex bzw. Amygdala aktivieren den Sympathikus via Hypothalamus und Hirnstamm. Vgl. Cechetto u. Chen 1990 sowie Spyer 1994.

75. Simonton et al. (1982) zitieren retrospektive Studien und Einzelberichte über geheilte Fälle. Überzeugender wären kontrollierte prospektive Studien, wie sie z.B. zur Untersuchung eines möglichen Zusammenhangs zwischen Depression und Prognose bei Brustkrebs durchgeführt wurden (s. Kap. 5).

76. Die Plazebo-Problematik wird seit langem kontrovers diskutiert (vgl. z.B. Windeler 1998). So bestätigen zwar Hrobjartsson und Gotzsche (2001) in ihrer Meta-Analyse klinischer Studien einen Plazebo-Einfluss auf das Schmerzempfinden; aber sie wenden auch ein, wie schwierig es sei, allein aufgrund mündlicher Äußerungen von Patienten zwischen der subjektiv voreingenommenen Behauptung, „es ginge besser", und einer tatsächlichen Besserung der Befindlichkeit (d.h. einem wirklichen Plazebo-Effekt) zu unterscheiden – im Originaltext lesen wir: „It is difficult to distinguish between reporting bias and a true effect of placebo on subjective outcomes". Dieser Einwand, so die Autoren, gelte vor allem im Fall depressiver Störungen. Deshalb ist es ein großer Fortschritt der Plazebo-Forschung, dass es nun erstmals – bei depressiven Patienten – gelungen ist, den Plazebo-Effekt zu objektivieren (Leuchter et al. 2002): Die kalifornischen Forscher konnten mit quantitativen EEG-Methoden im präfrontalen Kortex eine Veränderung der Hirnströme bei denjenigen depressiven Patienten feststellen, deren Symptomscores sich aufgrund einer „effektiven Behandlung" mit Plazebo-Pillen besserten. Freilich sprach nur knapp die Hälfte der Patienten auf diese Behandlung an. Bei den übrigen blieben die Hirnströme unverändert, genauso wie bei den mit SSRI erfolglos medikamentös Behandelten. Bei den mit Medikamenten geheilten Depressiven veränderten sich die Hirnströme des Frontalhirns ebenfalls, jedoch in anderer Weise als bei den mit einem Scheinmedikament Behandelten. Somit ist es möglich, bei der Behandlung von Depressiven zwischen Plazebo- und Medikamentenwirkung objektiv zu unterscheiden. Dies ist relevant, weil angeblich 50–70% einer Heilwirkung der Antidepressiva einem „Plazebo-Effekt" zugeschrieben werden müssen (s. Leuchter et al. 2002). Jedenfalls lassen die Experimente der kalifornischen Forscher erkennen, dass Plazebos bzw. der Glaube an deren Heilwirkung eine andauernde und charakteristische biologische Veränderung des Gehirns hervorrufen können.

77. Siehe Huxley 1963, S. 233. Das Zitat lautet im Originaltext: „the group of people who benefits from placebo is endowed with these qualities: A vivid imagination. An imagination that can be directed (the direction being the doctor's words: ‚This pill will make you feel better') and – an organic connection between the imaginative process and the physiological processes. Exactly how this connection works is still a mystery".

78. Wie oben erwähnt (Kap. 5, S. 93), ist die Vorstellung, dass psychische Prozesse – insbesondere die Imagination – die körperliche Gesundheit beeinflussen, sehr alt – man denke z.B. an den Psychogeniebegriff der Romantischen Medizin (etwa bei Novalis, vgl. Fischer 1962, S. 248–9), aber auch an die „Makrobiotik" Hufelands. Christoph Wilhelm Hufeland (1824) schreibt im Vorwort zu Kants Abhandlung „Von der Macht des Gemüts durch den blossen Vorsatz seiner krankhaften Gefühle Meister zu sein": „Jedermann kennt die Kraft der Imagination. Niemand zweifelt daran, daß es eingebildete Krankheiten gibt, und daß eine Menge Menschen an nichts anders krank sind, als an der Krankheitseinbildung. Ist es nun aber nicht ebensogut möglich und unendlich besser, sich einzubilden, gesund zu sein? Und wird man nicht dadurch ebensogut seine Gesundheit stärken und erhalten können, als durch das Gegenteil die (sic!) Krankheit?" (U. Winkler, Bochum, persönliche Mitteilung). Immanuel Kant (1724–1804) hatte aufgrund seiner ständigen Herzbeklemmungen eine „natürliche Anlage zur Hypochondrie, welche in früheren Jahren bis an den Überdruß des Lebens grenzte", wie er sagte, und er fügte hinzu: „Die Beklemmung ist mir geblieben (...). Aber über ihren Einfluß auf meine Gedanken und Handlungen bin ich Meister geworden, durch Abkehrung der Aufmerksamkeit von diesem Gefühle, als ob es mich gar nichts anginge" (Kant 1998). Hatte also Kant die Kraft des „positiven Denkens" und das (150 Jahre später unter diesem Namen bekannt gewordene) Prinzip der kognitiven Verhaltenstherapie entdeckt und an sich selbst erprobt?

Kapitel 7

1. Siehe Shakespeare: Macbeth, 5. Aufzug, 1. Szene (übersetzt von A. W. v. Schlegel und L. Tieck). Nach psychoanalytischer Auffassung (Freud) sind es Gewissensängste, welche nach dem Königsmord Lady Macbeth quälen und sie dazu treiben, immer wieder ihre (blutbefleckten) Hände zu reiben – im vergeblichen Versuch,

sich damit von ihrer Schuld (symbolisch) reinzuwaschen.

2. Als Teenager litt der berühmte Neurologe Oliver Sacks unter Ängsten. Er hatte „Angst, auf die Ritzen zwischen den Pflastersteinen zu treten, und vor allem Angst vor Krankheit und Tod" (Sacks 2002, S. 272).
3. Wie PET-Studien zeigten, sind die neuronale Aktivität bzw. der Glukosestoffwechsel und die Durchblutung im „Kopf" (Caput) des Nucleus caudatus (einem Teil der Basalganglien) und den Gyri orbitales, also der orbitofrontalen, direkt über den Augenhöhlen (orbita) gelegenen Hirnrinde, bei Zwangsneurotikern erhöht – und dies ganz besonders stark bei einer angstauslösenden Provokation (etwa Hautkontakt mit angeblich kontaminierten Objekten bei krankhafter Bakterienangst und Waschzwang). Das zwanghafte Gedankenkreisen involviert vermutlich „reverberierende" Schaltkreise vom Nucleus caudatus zum präfrontalen Kortex (s. Rauch et al. 2001 sowie Drevets 1999).
4. Siehe Abbildungslegende zum Coverbild auf S. IV.
5. Wie oben bereits angesprochen (Kap. 6, S. 131f), vermag eine erfolgreiche Psychotherapie auch die bei Zwangsneurosen auftretenden (biochemischen) Veränderungen in den Basalganglien zu normalisieren. Baxter und Mitarbeiter (1992) bestimmten mittels PET die Aktivität des Glukosestoffwechsels (ein Korrelat der neuronalen Aktivität) in den Basalganglien vor und nach einer Behandlung mit dem selektiven Serotonin-Reuptake-Inhibitor Fluoxetin oder durch Verhaltenstherapie (wobei z.B. Patienten mit Waschzwang daran gewöhnt werden, angeblich kontaminierte Gegenstände ohne Angst zu berühren und danach ihre Hände nicht zu waschen). Bei allen Patienten, die auf die Therapie ansprachen, wurde der Glukosemetabolismus im „Kopf" des rechten Nucleus caudatus (einem Teil der Basalganglien) durch die Behandlung signifikant verringert und dadurch normalisiert. Bei „normalen" (gesunden) Probanden hingegen hatte die erwähnte Pharmako- bzw. Psychotherapie keine Wirkung auf den Glukosestoffwechsel bzw. auf die neuronale Aktivität der Basalganglien. Eindrücklich illustriert das Titelbild dieses Buches – PET-Scans mit Falschfarbendarstellung der Intensität des Glukosestoffwechsels – die prinzipiell ganz identischen Veränderungen von Gehirnstoffwechsel und -aktivität nach Pharmakotherapie (oben) oder Psychotherapie (unten). Man beachte dabei die Abnahme der für die Zwangsneurose typischen Hyperaktivität (jeweils linkes Bild, Pfeil) durch die Therapie (jeweils rechtes Bild; vgl. Kandel 2000b). Nota bene: Die pharmakotherapeutisch (mit SSRI) induzierten Veränderungen der neuronalen und metabolischen Aktivität im rechten Nucleus caudatus und im präfrontalen Kortex sind für Patienten mit Zwangsneurosen spezifisch (Saxena et al. 2002).
6. Vgl. Kap. 1, Anm. 36. Da Psychotherapie vermeintlich nicht auf biologische Weise wirken könne, wurden die Neurowissenschaften von praktizierenden Psychotherapeuten meist als therapeutisch irrelevant betrachtet. Noch bis vor kurzem galt auch das Dogma, dass das Gehirn höherer Tiere und des Menschen nach der Geburt keine neuen Nervenzellen bilden könne (es sei ja auch sinnlos, die neuronalen Datenspeicher des Gedächtnisses auszuwechseln).
7. Im Gyrus dendatus der Hippocampusregion von Säugetieren können noch im Erwachsenenalter neue Neurone aus „Vorläuferzellen" gebildet werden (Gage 2002) – und dies selbst aus Stammzellen (Song et al. 2002a). Van Praag und Mitarbeiter (2002) haben gezeigt, dass die neu generierten Nervenzellen voll funktionsfähig sind und sich auch bezüglich ihrer elektrophysiologischen Eigenschaften nicht von ausgereiften granulären Neuronen des Hippocampus unterscheiden.
8. Anders als bei einem (konventionellen) Computer lässt sich die biologische „Hardware" des Gehirns durch die „Software" umkonfigurieren. Folglich kann die Funktionsweise des Gehirns auch nicht der eines konventionellen Computers analog sein, sondern – wenn überhaupt – der eines „Computers", der nach dem Prinzip so genannter neuronaler Netzwerke (lernfähige Schaltkreise auf Silikonbasis, vgl. z.B. Spitzer 1996, S. 11, sowie Kap. 1, S. 19) funktioniert. Zur pharmakologischen Beeinflussung der Neuroplastizität, vgl. Anm. 12 und 13. Bezüglich der psychotherapeutischen Beeinflussung, s. Kap. 1 (Anm. 36) und Kap. 6 (S. 129–132) sowie Rüegg 1998 (S. 103–107). Axel Bauer (2001, S. 92) bringt es auf den Punkt: „Zugleich wird vorstellbar, wie – durch das psychotherapeutische Gespräch über konflikthafte Erfahrungen des Patienten – Worte und Gedanken die Strukturen neuronaler Netzwerke verändern können." Ähnlich denkt die bekannte amerikanische Psychiaterin Nancy Andreasen (2001): „Psychiatrists have begun to think about ways to exploit the fact of brain plasticity and to identify and promote nonpharmacologic interventions that may arrest the onset or prevent the progression of mental illnesses" (S. 330). Und: „Our brains are constantly rewiring themselves so that we literally ‚change our minds'. The techniques of behavior therapy and psychotherapy have relied on the principles of brain plasticity, generally without realizing it, for nearly one hundred years" (S. 331).

9. Im Hippocampus (der Maus) werden alle drei Monate alte Nervenzellen gegen neue ausgetauscht, die sich aus „Progenitorzellen“ entwickeln (vgl. Gold u. Gross 2002). Aber nicht nur im Hippocampus, sondern auch in der so genannten subventrikulären Zone (in der Wand der Hirnventrikel beider Hemisphären) können sich Vorläuferzellen bzw. auch neurale Stammzellen zu Nerven- und Stützzellen (Glia) entwickeln. Bestimmte Glia-Zellen, die so genannten Astrozyten, haben allerdings nicht nur Stützfunktionen, sondern auch das Potenzial, die Neurogenese zu regeln, indem sie die Stammzellen instruieren, sich in funktionsfähige Nervenzellen zu verwandeln (Song et al. 2002b). Da Astrozyten außerdem auch die Bildung neuer Synapsen und die synaptische Erregungsübertragung regulieren können, scheinen sie für die neuronale Plastizität des Zentralnervensystems von überragender Bedeutung zu sein. Die Neurogenese wird u.a. auch durch Hormone kontrolliert. Hemmend wirkt z.B. das Nebennierenrinden-Hormon Kortisol. (Nach Entfernung der Nerbennierenrinde nimmt die Produktionsrate von neuen „grauen Zellen“ massiv zu.) Bei manchen Singvögeln wird die zerebrale Neurogenese im Jahresrhythmus geregelt: Männliche Kanarienvögel hören im Herbst auf zu singen, da bestimmte (im so genannten „High Vocal-Center“ gelegene) Neurone absterben, die zum Singen erforderlich sind. Im Frühjahr jedoch bilden sich diese Neurone wieder neu, und die Vögel singen ein neues Lied. Bei Zebrafinken kann das Absterben der „Singneurone“ (durch induzierte Apoptose) sogar experimentell herbeigeführt werden; aber gerade dadurch wird die Neurogenese angekurbelt. Nach dem induzierten Zelltod nimmt die Rate der Neubildung von Hirnzellen enorm zu, und mit der Neubildung der Neuronen gewinnt der Zebrafink sogar die Fähigkeit zurück, wieder sein altes Lied zu singen, wie einem News-Artikel in „Science“ zu entnehmen ist (s. Vogel 2000). Und wie Manfred Spitzer betont, ist durch diese bahnbrechenden Experimente erstmals gezeigt worden, „dass die Neubildung von Neuronen und deren Einbau in funktionierende, verhaltensrelevante Strukturen *im Prinzip* möglich ist.“ (Spitzer 2001, S. 80)
10. Hippocampusatrophie (induziert durch Hyperkortisolismus) korreliert mit Gedächtnisstörungen und anderen kognitiven Defiziten (vgl. Starkman et al. 1992; 2001).
11. Wie kernspintomographische Untersuchungen zeigten, vermindert sich das Hirnvolumen im Bereich des linken subgenualen (d.h. unter dem Knie des Balkens gelegenen) präfrontalen Kortex bei einer klinischen Depression (Major Depression) um etwa 20% und im medialen orbitofrontalen Kortex sogar um über 30% (Botteron et al. 2002; Bremner et al. 2002). Bei manisch-depressiven (so genannten bipolaren) Störungen – bei denen sich manische Phasen mit Depressionen abwechseln – ist auch die Neuronendichte im Bereich des präfrontalen Kortex reduziert (Rajkowska et al. 2001).
12. Eine Zunahme des zerebralen Serotoninspiegels (induziert durch Verabreichung von SSRI) verstärkt die – infolge von Stress reduzierte – Neurogenese in der Hippocampusregion, und dies könne (hypothetisch) sehr wohl eine depressive Phase beenden, die durch Stress ausgelöst wird, meinen Jacobs et al. (2000). Dass im „Tiermodell“ eine Stimulation der Neurogenese (durch Injektion gewisser Wachstumsfaktoren [„brain derived neurotrophic factor“, BDNF, sowie Neurotrophin-3, NT-3] in den Hippocampus „depressiver“ Mäuse) die Symptomscores einer Depression reduzieren kann, ist erwiesen (Shirayama et al. 2002). Geselligkeit, abwechslungsreiche Umgebung, Bewegung und mentale Beschäftigung könnten aber – wie Wehner (2002) ausführt – die Neurogenese ebenfalls ankurbeln, und so, möchte man hinzufügen, sind es dann vielleicht gerade solche psychosozialen Faktoren, die auch eine „spontane“ Remission einer Depression auslösen können – durch Aktivierung des „Selbstheilungspotenzials“ bzw. der „Salutogenese“ des menschlichen Gehirns.
13. Vgl. Moore et al. 2000. Die Behandlung einer bipolaren depressiven Störung mit Lithium reduziert die intrazelluläre Konzentration von Inositolphosphaten und stimuliert dadurch das Wachstum von Nervenzellen (bzw. die Bildung von Wachstumskegeln, so genannten „growth cones“, s. Williams et al. 2002).
14. Vgl. die Ausführungen von Sapolsky (2000) bezüglich des Anstiegs der Kortisolwerte bei klinischer Depression und deren Auswirkungen auf den Hippocampus. Nicht nur bei Versuchstieren, sondern auch beim Menschen ist die durch Kortisol induzierte Atrophie des Hippocampus reversibel (Starkman et al. 1999): Bei Patienten, die unter der Cushing-Krankheit litten und deshalb zu viel Kortisol produzierten, wurde ein Teil der Nebennierenrinde herausoperiert. Dadurch normalisierten sich die Kortisolwerte, und der (partiell atrophierte) Hippocampus nahm an Volumen um fast 10% zu (womit er beinahe wieder seine ursprüngliche Größe erreichte).
15. Vgl. den Artikel von Plotsky et al. (1998) zur Rolle von CRH und Kortisol bzw. der Hypothalamus-Hypophysen-Nebennierenrinden-Achse bei der Entstehung einer schweren Depression.

16. Bei Erwachsenen, die als Kind sexuell missbraucht oder anderweitig traumatisiert wurden, sind – wie durch bildgebende Verfahren gezeigt wurde – Hippocampus und Teile des medialen präfrontalen Kortex strukturell und funktionell verändert (Bremner 2002).
17. Siehe Kaufman et al. 2000.
18. Siehe Leuchter et al. 2002 sowie Kap. 6, Anm. 76.
19. Vgl. die Ausführungen von S. Read (2000, S. 437).
20. Sandkühler (2000) vermutet eine Verstärkung der Effizienz synaptischer Verbindungen im Zentralnervensystem bei chronischem Schmerz durch den Prozess der so genannten Langzeitpotenzierung (LTP), wohingegen bei der Schmerzhemmung (psychogen oder durch Elektroakupunktur) eine Abschwächung der synaptischen Effizienz durch Langzeitdepression (LTD) eine Rolle spielen dürfte (vgl. dazu auch den Exkurs zu Kap. 6, S. 129).
21. Nach Sandkühler (2000) könnten dabei auch die in akuten Stress-Situationen aktiven (und aus dem Mittelhirn ins Rückenmark absteigenden) schmerzhemmenden Fasersysteme auf die nozizeptiven neuronalen Netzwerke im Rückenmark einwirken.
22. Siehe Flor et al. 2001 sowie Kap. 2, Anm. 17.
23. Siehe Flor 2002.
24. Shakespeare: Macbeth, 5. Aufzug, 3. Szene.
25. Siehe Anm. 24: Macbeth bittet den Arzt, seiner „durch Phantasiegebilde (psychisch) gestörten" Ehefrau zu helfen.
26. Vgl. dazu Kap. 4, S. 85f.
27. Vgl. Baddeley u. Andrade 2000.
28. Siehe Goldman-Rakic 1995 sowie Diamond und Goldman-Rakic (1989), welche einen mit dem Frontalhirn assoziierten „Arbeitsspeicher" entdeckten, der es schon etwa ein- bis zweijährigen Kindern (und Rhesusaffen) ermöglicht, den vom Schweizer Psychologen Jean Piaget entwickelten und so genannten Objekt-Permanenz-Test zu bestehen: In diesem Test muss sich ein Säugling für kurze Zeit merken, wo ein Gegenstand (z.B. ein Spielzeug) versteckt wird, und dann dort nach ihm suchen. Es muss dem Säugling also bewusst sein, dass (und wo) das zu suchende Objekt (als innere Repräsentation) weiter existiert (Objekt-Permanenz), auch wenn er es nicht mehr vor Augen hat (vgl. Resch 1999, S. 125). Das Objekt und sein Ort im Raum werden also offenbar als (bildliches) Symbol im Kurzzeitgedächtnis gespeichert. Crick (1994, S. 297) führt die neurophysiologischen Experimente von Goldman-Rakic und ihren Kollegen als Beleg dafür an, dass ein ständiges Feuern von Neuronen mit irgendeiner Form von Kurzzeitgedächtnis in Zusammenhang stehen könnte. Im Experiment über das Arbeitsgedächtnis von Rhesusaffen sind nämlich in der präfrontalen Hirnrinde bestimmte Neurone entdeckt worden, die immer dann feuerten, wenn das Tier seine Augen auf einen ganz bestimmten Punkt, den Zielreiz, richtete, der auf dem Computerbildschirm aufleuchtete, und sogar noch viele Sekunden weiter feuerten, nachdem der Punkt verschwunden bzw. nachdem der Zielreiz ausgeschaltet war. In diesem Fall waren die Affen imstande, ihre Augen erneut auf den (jetzt imaginären) Punkt auf dem Bildschirm zu richten; sie bestanden also den Objekt-Permanenz-Test – allerdings nur dann, wenn besagte Gedächtnisneurone in Abwesenheit des Objektes (nach Ausschalten des Zielreizes) auch tatsächlich weiter feuerten (was nicht immer der Fall war).
29. Siehe Shapiro 1995, aber auch Reddemann 2001 (S. 107), die u.a. EMDR, Imaginationstechniken sowie kognitive Verfahren (vgl. z.B. Dunmore et al. 2001 sowie Ehlers u. Clark 2000) zur Therapie Posttraumatischer Belastungsstörungen anwendet.
30. Siehe S. 124 sowie den News and Views-Artikel in „Nature" von Y. Duday (2000).
31. Siehe S. 123 und S. 128. Vgl. auch Barros et al. (2002) bezüglich der Modulation des Arbeitsgedächtnisses durch cholinerge (d.h. Acetylcholin-vermittelte) Mechanismen bei der Extinktion bedingter Reflexe in der basolateralen Amygdala. An der Angstkonditionierung (bzw. deren Konsolidierung) ist allerdings nicht nur die Amygdala (Blair et al. 2001), sondern auch das Kleinhirn beteiligt (Sacchetti et al. 2002). Auch im Kleinhirn können bedingte Reflexe gelöscht werden (s. Medina et al. 2002), genau wie in der Amygdala (s. Kap. 6, S. 123 sowie Anm. 38).
32. Siehe dazu auch die Ausführungen Eric Kandels (1999, S. 513). Aber nicht nur schwere Traumen und frühkindlicher Stress, sondern auch die Erfahrungen einer gravierenden Depression sind im impliziten Gedächtnis des Unbewussten eingegraben. Sie hinterlassen ihre Spuren, indem sie eine neuroplastische Veränderung der Amygdala auslösen. Deren Sensitivität für negative emotionale Reize wird nämlich (für immer?) erhöht, wie Siegle und Mitarbeiter (2002) mit ihren fMRI-Studien zeigten: Die Amygdala von sieben ehemals depressiven Personen antwortete auf emotional negativ belastete Wörter, wie z.B. Tod, Selbstmord oder Krebs, mit einer länger (25 Sekunden) andauernden Hyperaktivität, die sich auch durch Ablenkungsmanöver (neutrale emotionale Reize) nicht vorzeitig beenden ließ. Die Probanden konnten also gewissermaßen ihre negativen Gefühle nicht loswerden, die durch die deprimierenden Reizwörter ausgelöst worden waren. Zehn Kontrollpersonen (ohne Vorgeschichte einer schweren Depres-

sion) reagierten hingegen auf negative und positive emotionale Reize gleichermaßen mit einer jeweils nur ganz kurz (weniger als zehn Sekunden) dauernden Aktivierung des Mandelkerns.

33. Zum Problem der Verdrängung, vgl. auch die Ausführungen in Kap. 6, Anm. 35.
34. Siehe Clark u. Squire 1998.
35. Vgl. die Diskussion zur Frage des Bewusstwerdens des konditionierten Lidschlagreflexes bei Kandel 1999, S. 511f.
36. Siehe Anm. 28 sowie Francis Cricks Spekulation über Kurzzeitgedächtnis und Bewusstsein (Crick 1994, S. 296f). Seine Hypothese ist, dass „die Neuronen der Schicht 6 (des Neokortex, Anm. d. A.) an einem zentralen Aspekt des Bewußtseins eng beteiligt sind, und zwar an der Aufrechterhaltung von Schaltungen mit kreisender Erregung, die das Ultrakurzzeitgedächtnis verkörpern".
37. Kandel (1999, S. 512) diskutiert das Problem des psychischen Determinismus, insbesondere auch den Zusammenhang zwischen psychischer Kausalität und der Psychopathologie von Angsterkrankungen.
38. Das implizite Gedächtnis für Furcht und konditionierte Angstreflexe ist nicht nur im Mandelkern (dorsolaterale Amygdala), sondern auch im Kleinhirn lokalisiert (Sacchetti et al. 2002). Siehe auch Anm. 31.
39. Freud hat bekanntlich nicht nur das Phänomen der Verdrängung, sondern auch die Bedeutung des Unbewussten als Hort frühkindlicher Konflikte und Erfahrungen erkannt, die sich dann im späteren Leben als Depressionen, Neurosen und dergleichen manifestieren können. Er hoffte, dass seine psychologischen Ideen und Theorien einmal eine solide „organische" (materielle) Basis haben würden, sodass dann psychologische Begriffe und Beschreibungen durch physiologische oder chemische ersetzt werden könnten (vgl. Kandel 1999, S. 505). Tatsächlich ist dies heute in vielen Fällen möglich: Kandel weist darauf hin, dass das von Freud postulierte (implizite) Unbewusste dem „organisch" fassbaren impliziten Gedächtnis entspricht, das u.a. auch traumatische frühkindliche Erfahrungen und Konflikte speichert. Und wir wissen heute auch, dass es gerade diese Erfahrungen sind, die frühkindliche Stressreaktionen bewirken, welche später zu erhöhter Stressempfindlichkeit, Angststörungen oder Depressionen führen können (s. S. 118). Andererseits ist es wohl kaum möglich, für das (von C. G. Jung postulierte) „Kollektive Unbewusste" eine biologische Entsprechung zu finden – oder vielleicht doch? Gibt es beispielsweise eine angeborene Urangst vor Schlangen, ein nicht durch Erfahrung erworbenes, instinktives (implizites) Wissen aller Altweltprimaten (zu denen auch *Homo sapiens* gehört) über die potenzielle Gefährlichkeit von Kriechtieren? Wie Wilson (1998, S. 108) ausführt, sind junge „Schimpansen ungewöhnlich ängstlich beim Anblick von Schlangen, sogar wenn sie keinerlei Erfahrung mit ihnen haben".
40. Vgl. Platons Dialog „Charmides" (Platon 1993) sowie die im Neuen Testament erwähnten Wundertaten Jesu (s. z.B. Lk 4, 31–42; Mk 2, 1–12).
41. Siehe das in Weibel 1997 angeführte Zitat von R. Schuppli.
42. Balint (1957, S. 15) verweist auf die wichtige Rolle des Dialogs zwischen Arzt und Patient (vgl. dazu auch Koester 1996). Davon hängt übrigens auch ab, ob der Patient seine Arznei vorschriftsgemäß einnimmt. Indem nämlich der Arzt den Patienten durch gute Argumente von der Wirkungsweise des Medikaments überzeugt, verbessert er die Bereitwilligkeit (Compliance), das Medikament einzunehmen (Arnet et al. 1999). Schließlich sollten Patienten und Patientinnen partnerschaftlich in Entscheidungsprozesse mit einbezogen werden.
43. Vgl. Anm. 25.
44. Vgl. Balint 1957, S. 154 und 381.
45. Siehe die Notiz von Paul Smaglik in der Zeitschrift „Nature" (Smaglik 2000): „Placebos could improve medical outlooks." Das Fazit eines Symposiums am National Institute of Health (NIH) war, dass Einsichten über die Wirkung und Wirkungsweise von Plazebos das gegenseitige Verständnis von komplementärer und orthodoxer Medizin verbessern könnten.
46. Siehe Diehl u. Eisenberg 2000.
47. Zur Theorie und Methode der Funktionellen Entspannung und anderer körperbezogener Psychotherapieverfahren, s. von Uexküll et al. 1997.
48. Nach Becker et al. (1998) kann Malaria sowohl Psychosen erzeugen als auch bessern (vgl. z.B. die 1927 mit dem Nobelpreis ausgezeichnete Therapie der mit Wahnideen einhergehenden syphilitischen progressiven Paralyse durch eine Infektion mit Malariaparasiten).
49. Siehe Rudolf 1995.
50. Siehe Kandel 1991, S. 1028, sowie Kandel 1999. Kandel sah voraus, dass der Erfolg einer Psychotherapie, sofern er zu einer Umgestaltung der Hirnrinde führt, auch durch bildgebende Verfahren nachgewiesen werden kann (vgl. auch Anm. 8). Sehr pointiert äußern sich auch Gehde und Emrich (1998, S. 993): „Schließlich gibt es genügend Evidenz für die Annahme, dass der psychoanalytische Dialog zu Änderungen in den synaptischen Strukturen der beteiligten ‚Karten' führt, d.h. zu einer ‚neuen Verdrahtung' der in der Therapie gemachten Erfahrungen" (s.a. Andreasen 2001, S. 330f).

Literatur

Adamec RE, Burton P, Shallow T, Budgell J (1999a). NMDA receptors mediate lasting increases in anxiety-like behavior produced by the stress of predator exposure – implications for anxiety associated with posttraumatic stress disorder. Physiol Behav; 65: 723–37.

Adamec RE, Burton P, Shallow T, Budgell J (1999b). Unilateral block of NMDA receptors in the amygdala prevents predator stress-induced lasting increases in anxiety-like behavior and unconditioned startle – effective hemisphere depends on the behavior. Physiol Behav; 65: 739–51.

Ader R, Cohen N (1975). Behaviorally conditioned immunosuppression. Psychosom Med; 37: 333–40.

Ader R, Cohen N (1982). Behaviorally conditioned immunosuppression and murine systemic lupus erythematosus. Science; 215: 1534–6.

Adler RH (1996). Schmerz. In: Adler RH, Herrmann JM, Köhle K, Schonecke OE, Uexküll T v, Wesiack W (Hrsg). Psychosomatische Medizin. 5. Aufl. (Studienausgabe) München, Wien, Baltimore: Urban & Schwarzenberg; 262–76.

Aeppli E (1947). Psychologie des Bewussten und Unbewussten. Zürich: Werner Classen Verlag.

Akert K (1987). Rede des Rektors: Gedanken über die psychische Energie In: Jahresbericht der Universität Zürich 1986/87; 3–14.

Akil H, Campeau S, Cullinan WE, Lechan RM, Toni R, Watson SJ, Moore RY (1999). Neuroendocrine systems I: Overview – thyroid and adrenal axes. In: Zigmond MJ, Bloom FE, Landis SC, Roberts JL, Squire LR (eds). Fundamental Neuroscience. San Diego, London, Boston, New York, Sydney, Tokyo, Toronto: Academic Press; 1127–50.

Aksentijevich S, Whitfield HJ Jr, Young WS 3rd, Wilder RL, Chrousos GP, Gold PW, Sternberg EM (1992). Arthritis-susceptible Lewis rats fail to emerge from the stress hyporesponsive period. Brain Res Dev Brain Res; 65: 115–8.

Amat J, Matus-Amat P, Watkins LR, Maier SF (1998). Escapable and inescapable stress differentially alter extracellular levels of 5-HT in the basolateral amygdala of the rat. Brain Res; 812: 113–20.

Anderson MC, Green C (2001). Suppressing unwanted memories by executive control. Nature; 410: 366–9.

Andrade J, Kavanagh D, Baddeley A (1997). Eye-movements and visual imagery: a working memory approach to the treatment of post-traumatic stress disorder. Br J Clin Psychol; 36(2): 209–23.

Andreasen NC (2001). Brave new Brain: Conquering Mental Illness in the Era of the Genome. Oxford: Oxford University Press.

Antoni MH, Baggett L, Ironson G, La Perriere A, August S, Klimas N, Schneiderman N, Fletcher MA (1991). Cognitive-behavioral stress management intervention buffers distress responses and immunologic changes following notification of HIV-1 seropositivity. J Consult Clin Psychol; 59: 906–15.

Appel LJ, Moore TJ, Obarzanek E, Vollmer WM, Svetkey LP, Sacks FM, Bray GA, Vogt TM, Cutler JA, Windhauser MM, Lin PH, Karanja N (1997). A clinical trial of the effects of dietary patterns on blood pressure. DASH Collaborative Research Group. N Engl J Med; 336: 1117–24.

Arnet I, Schoenenberger RA, Spiegel R, Haefeli WE (1999). Überzeugung als Fundament der Compliance und Techniken zur Compliance-Optimierung. Schweiz Med Wochenschr; 129: 1477–86.

Ashton-Jones G, Foote SL, Bloom FE (1984). Anatomy and physiology of the locus coeruleus neurons: functional implications. In: Ziegler MG, Lake CR (eds). Norepinephrine. Frontiers of Clinical Neuroscience. Vol. 2. Baltimore: Williams and Wilkins; 92–116.

Bacon SJ, Smith AD (1993). A monosynaptic pathway from an identified vasomotor centre in the medial prefrontal cortex to an autonomic area in the thoracic spinal cord. Neuroscience; 54: 719–28.

Balint M (1957). Der Arzt, sein Patient und die Krankheit. Stuttgart: Ernst Klett Verlag.

Baddeley AD, Andrade J (2000). Working memory and the vividness of imagery. J Exp Psychol Gen; 129: 126–45.

Bale TL, Contarino A, Smith GW, Chan R, Gold LH, Sawchenko PE, Koob GF, Vale WW, Lee KF (2000). Mice deficient for corticotropin-releasing hormone receptor-2 display anxiety-like behaviour and are hypersensitive to stress. Nature Genetics; 24: 410–4.

Barros DM, Pereira P, Medina JH, Izquierdo I (2002). Modulation of working memory and of long- but not short-term memory by cholinergic mechanisms in the basolateral amygdala. Behav Pharmacol; 13: 163–7.

Barinaga M (1992). How scary things get that way. Science; 258: 887–8.

Bartfai T (2001). Telling the brain about pain. Nature; 410: 425–7.

Basbaum AI, Jessell TM (2000). The perception of pain. In: Kandel ER, Schwartz JH, Jessell TM (eds). Principles of Neural Science, 4th ed. New York: McGraw-Hill (Health Professions Division); 472–91.

Bates E, Elman J (1996). Learning rediscovered. Science; 274: 1849–50.

Baudoin D (1996). Curious dissociation between cerebral imaging and clinical findings. Lancet; 347: 965.

Bauer AW (1998). Naturwissenschaftliche und hermeneutische Methode in der wissenschaftlichen Medizin: Unvereinbarer Gegensatz oder fruchtbarer Dialog? In: Haux R, Bauer AW, Eich W, Herzog W, Rüegg JC, Windeler J (Hrsg). Wissenschaftlichkeit in der Medizin. Teil II: Physiologie und Psychosomatik. Versuche einer Annäherung. Frankfurt a. M.: VAS; 5–38.

Bauer AW (2001). Gesunder Leib und kranker Körper. Das sich wandelnde Bild vom Menschen in der Geschichte der Medizin und sein Beitrag zur Philosophie der Biowissenschaften. In: Maio G, Roelcke V (Hrsg). Medizin und Kultur. Ärztliches Denken und Handeln im Dialog zwischen Natur- und Geisteswissenschaften. Festschrift für Dietrich von Engelhardt. Stuttgart, New York: Schattauer; 77–95.

Baxter LR Jr, Schwartz JM, Bergman KS, Szuba MP, Guze BH, Mazziotta JC, Alazraki A, Selin CE, Ferng HK, Munford P, Phelps ME (1992). Caudate glucose metabolic rate changes with both drug and behavior therapy for obsessive-compulsive disorder. Arch Gen Psychiatry; 49: 681–9.

Becker K, Schirmer AB, Schirmer H (1998). Malaria und Psyche. In: Haux R, Bauer AW, Eich W, Herzog W, Rüegg JC, Windeler J (Hrsg). Wissenschaftlichkeit in der Medizin. Teil II: Physiologie und Psychosomatik. Versuche einer Annäherung. Frankfurt a. M.: VAS; 39–59.

Bennett EJ, Evans P, Scott AM, Badcock CA, Shuter B, Hoschl R, Tennant CC, Kellow JE (2000). Psychological and sex features of delayed gut transit in functional gastrointestinal disorders. Gut; 46: 83–7.

Benschop RJ, Nieuwenhuis EE, Tromp EA, Godaert GL, Ballieux RE, van Doornen LJ (1994). Effects of beta-adrenergic blockade on immunologic and cardiovascular changes induced by mental stress. Circulation; 89: 762–9.

Benschop RJ, Jacobs R, Sommer B, Schurmeyer TH, Raab JR, Schmidt RE, Schedlowski M (1996). Modulation of the immunologic response to acute stress in humans by beta-blockade or benzodiazepines. FASEB J; 10: 517–24.

Bergson H (1991). Materie und Gedächtnis. Eine Abhandlung über die Beziehung zwischen Körper und Geist. Hamburg: Felix Meiner Verlag.

Berman RM, Sanacora G, Anand A, Roach LM, Fasula MK, Finkelstein CO, Wachen RM, Oren DA, Heninger GR, Charney DS (2002). Monoamine depletion in unmedicated depressed subjects. Biol Psychiatry; 51: 469–73.

Berthele A, Schadrack J, Castro-Lopes JM, Conrad B, Zieglgänsberger W, Tölle TR (2000). Neuroplasticity in the spinal cord of monoarthritic rats: from metabolic changes to the detection of interleukin-6 using mRNA differential display. In: Sandkühler J, Bromm B, Gebhart GF (eds). Nervous System Plasticity and Chronic Pain. Progress in Brain Research; 129. Amsterdam: Elsevier Science B.V.; 191–203.

Berson DM, Dunn FA, Takao M (2002). Phototransduction by retinal ganglion cells that set the circadian clock. Science; 295: 1070–3.

Besedovsky H, del Rey A, Sorkin E, Dinarello CA (1986). Immunoregulatory feedback between interleukin-1 and glucocorticoid hormones. Science; 233: 652–4.

Birbaumer N (1984). Psychologische Analyse und Behandlung von Schmerzzuständen. In: Zimmermann M, Handwerker HO (Hrsg). Schmerz, Konzepte und ärztliches Handeln. Berlin, Heidelberg, New York: Springer; 124–51.

Birbaumer N, Schmidt RF (1990). Biologische Psychologie. Berlin, Heidelberg, New York: Springer.

Birch S, Jamison RN (1998). Controlled trial of Japanese acupuncture for chronic myofascial neck pain: assessment of specific and nonspecific effects of treatment. Clin J Pain; 14: 248–55.

Black IB (1993). Symbole, Synapsen und Systeme. Die molekulare Biologie des Geistes. Heidelberg, Berlin, Oxford: Spektrum Akademischer Verlag.

Black JE, Greenough WT (1991). Development approaches to the memory process. In: Martinez JL, Kesner RP (eds). Learning and Memory. San Diego: Academic Press; 61–92.

Blair HT, Schafe GE, Bauer EP, Rodrigues SM, LeDoux JE (2001). Synaptic plasticity in the lateral amygdala: a cellular hypothesis of fear conditioning. Learn Mem; 8: 229–42.

Blanquer A, Veyrat JG (1995). Le corps malade du psychotique. Balancement entre symptômes psychiatriques et maladies somatiques chez les patients psychotiques. Ann Méd Psychol; 153: 1–18.

Blumenthal JA, Jiang W, Babyak MA, Krantz DS, Frid DJ, Coleman RE, Waugh R, Hanson M, Appelbaum M, O'Connor C, Morris JJ (1997). Stress management and exercise training in cardiac patients with myocardial ischemia. Effects on prognosis and evaluation of mechanisms. Arch Intern Med; 157: 2213–23.

de Boer SF, de Beun R, Slangen JL, van der Gugten J (1990). Dynamics of plasma catecholamine and corticosterone concentrations during reinforced and extinguished operant behavior in rats. Physiol Behav; 47: 691–8.

Borovikova LV, Ivanova S, Zhang M, Yang H, Botchkina GI, Watkins LR, Wang H, Abumrad N, Eaton JW, Tracey KJ (2000). Vagus nerve stimulation attenuates the systemic inflammatory response to endotoxin. Nature; 405: 458–462

Botteron KN, Raichle ME, Drevets WC, Heath AC, Todd RD (2002). Volumetric reduction in left subgenual prefrontal cortex in early onset depression. Biol Psychiatry; 51: 342–4.

Brain SD (2000). New feelings about the role of sensory nerves in inflammation. Nature Medicine; 6: 134–5.

Bremner JD (2002). Neuroimaging of childhood trauma. Semin Clin Neuropsychiatry; 7: 104–12.

Bremner JD, Narayan M (1998). The effects of stress on memory and the hippocampus throughout the life cycle: implications for childhood development and aging. Dev Psychopathol; 10: 871–85.

Bremner JD, Randall P, Scott TM, Bronen RA, Seibyl JP, Southwick SM, Delaney RC, McCarthy G, Charney DS, Innis RB (1995). MRI-based measurement of hippocampal volume in patients with combat-related posttraumatic stress disorder. Am J Psychiatry; 152: 973–81.

Bremner JD, Krystal JH, Southwick SM, Charney DS (1996). Noradrenergic mechanisms in stress and anxiety. Synapse; 23: 28–51.

Bremner JD, Innis RB, Ng CK, Staib LH, Salomon RM, Bronen RA, Duncan J, Southwick SM, Krystal JH, Rich D, Zubal G, Dey H, Soufer R, Charney DS (1997a). Positron emission tomography measurement of cerebral metabolic correlates of yohimbine administration in combat-related posttraumatic stress disorder. Arch Gen Psychiatry; 54: 246–54.

Bremner JD, Licinio J, Darnell A, Krystal JH, Owens MJ, Southwick SM, Nemeroff CB, Charney DS (1997b). Elevated corticotropin-releasing factor concentrations in posttraumatic stress disorder. Am J Psychiatry; 154: 624–9.

Bremner JD, Narayan M, Staib LH, Southwick SM, McGlashan T, Charney DS (1999). Neural correlates of memories of childhood sexual abuse in women with and without posttraumatic stress disorder. Am J Psychiatry; 156: 1787–95.

Bremner JD, Innis RB, White T, Fujita M, Silbersweig D, Goddard AW, Staib L, Stern E, Cappiello A, Woods S, Baldwin R, Charney DS (2000a). SPECT [I-123] iomazenil measurement of the benzodiazepine receptor in panic disorder. Biol Psychiatry; 47: 96–106.

Bremner JD, Narayan M, Anderson ER, Staib LH, Miller HL, Charney DS (2000b). Hippocampal volume reduction in major depression. Am J Psychiatry; 157: 115–8.

Bremner JD, Vythilingam M, Vermetten E, Nazeer A, Adil J, Khan S, Staib LH, Charney DS (2002). Reduced volume of orbitofrontal cortex in major depression. Biol. Psychiatry; 51: 273–9.

Brody AL, Saxena S, Schwartz JM, Stoessel PW, Maidment K, Phelps ME, Baxter LR Jr (1998). FDG-PET predictors of response to behavioral therapy and pharmacotherapy in obsessive compulsive disorder. Psychiatry Res; 84: 1–6.

Brody AL, Saxena S, Silverman DH, Alborzian S, Fairbanks LA, Phelps ME, Huang SC, Wu HM, Maidment K, Baxter LR Jr (1999). Brain metabolic changes in major depressive disorder from pre- to post-treatment with paroxetine. Psychiatry Res; 91: 127–39.

Brody AL, Saxena S, Stoessel P, Gillies LA, Fairbanks LA, Alborzian S, Phelps ME, Huang SC, Wu HM, Ho ML, Ho MK, Au SC, Maidment K, Baxter LR Jr (2001). Regional brain metabolic changes in patients with major depression treated with either paroxetine or interpersonal therapy: preliminary findings. Arch Gen Psychiatry; 58: 631–40.

Brozoski TJ, Brown RM, Rosvold HE, Goldman PS (1979). Cognitive deficit caused by regional depletion of dopamine in prefrontal cortex of rhesus monkey. Science; 205: 929–32.

Brunner HG, Nelen M, Breakefield XO, Ropers HH, van Oost BA (1993). Abnormal behavior associated with a point mutation in the structural gene for monoamine oxidase A. Science; 262: 578–80.

Büchel C, Dolan RJ (2000). Classical fear conditioning in functional neuroimaging. Curr Opin Neurobiol; 10: 219–23.

Buske-Kirschbaum A, Jobst S, Psych D, Wustmans A, Kirschbaum C, Rauh W, Hellhammer D (1997). Attenuated free cortisol response to psychosocial stress in children with atopic dermatitis. Psychosom Med; 59: 419–26.

Cahill L, Prins B, Weber M, McGaugh JL (1994). Beta-adrenergic activation and memory for emotional events. Nature; 371: 702–4.

Cahill L, Pham CA, Setlow B (2000). Impaired memory consolidation in rats produced with beta-adrenergic blockade. Neurobiol Learn Mem; 74: 259–66.

Caldji C, Tannenbaum B, Sharma S, Francis D, Plotsky PM, Meaney MJ (1998). Maternal care during infancy regulates the development of neural systems mediating the expression of fearfulness in the rat. Proc Natl Acad Sci USA; 95: 5335–40.

Calhoun DA, Oparil S (1996). Primary hypertension and sympathetic nervous activity. In: Robertson D, Low PA, Polinsky RJ (eds). Primer on the Autonomic Nervous System. London: Academic Press Limited; 143–9.

Calhoun DA, Mutinga ML, Collins AS, Wyss JM, Oparil S (1993). Normotensive blacks have heightened sympathetic response to cold pressor test. Hypertension; 22: 801–5.

Campbell LV, Aushwell SM, Borkman M, Chisholm DJ (1992). White coat hyperglycemia: disparity between diabetes clinic and home blood glucose concentrations. Brit Med J; 305: 1194–6.

Canli T, Zhao Z, Brewer J, Gabriel JD, Cahill L (2000). Event related activation in the human amygdala associates with later memory for individual emotional experience. J Neurosci; 20: 99.

Cannon WB (1939). The Wisdom of the Body. 2nd ed. New York: Norton.

Cannon WB (1945). The Way of an Investigator. New York: Hafner Publishing Company Inc.

Cannon WB, Shol AT, Wright WS (1911). Emotional glycosuria. Am J Physiol; 29: 280–7.

Carstens E, Yokota T, Zimmermann M (1979). Inhibition of spinal neuronal responses to noxious skin heating by stimulation of mesencephalic periaqueductal gray in the cat. J Neurophysiol; 42: 558–68.

Casey KL (1999). Forebrain mechanisms of nociception and pain: analysis through imaging. Proc Natl Acad Sci USA; 96: 7668–74.

Caskey CT (1987). Disease diagnosis by recombinant DNA methods. Science; 236: 1223–9.

Cechetto DF, Chen SJ (1990). Subcortical sites mediating sympathetic responses from insular cortex in rats. Am J Physiol; 258: 245–55.

Charney DS (1998). Monoamine dysfunction and the pathophysiology and treatment of depression. J Clin Psychiatry; 59, Suppl 14: S11–4.

Cheng RS, Pomeranz B (1980). A combined treatment with D-amino acids and electroacupuncture produces a greater analgesia than either treatment alone; naloxone reverses these effects. Pain; 8: 231–6.

Christophe A, Morton J (1994). Comprehending baby-think. Nature; 370: 250–1.

Clark DM, Salkowskis PM, Hackmann A, Middleton H, Anastasiades P, Gelder M (1994). A comparison of cognitive therapy, applied relaxation and imipramine in the treatment of panic disorder. Br J Psychiatry; 164: 759–69.

Clark RE, Squire LR (1998). Classical conditioning and brain systems: the role of awareness. Science; 280: 77–81.

Cleland CL, Ritter SM, Hawkins AR, Broghammer AM, Gebhart GF (2000). Neonatal inflammation causes permanent dose-dependent changes in thermal pain sensitivity in rats. Proceedings World Congress on Pain. Seattle: IAPS Press.

Cohen S, Tyrrell DA, Smith AP (1991). Psychological stress and susceptibility to the common cold. N Engl J Med; 325: 606–12.

Conway MA (2001). Repression revisited. Nature; 410: 319–20.

Cooper MJ, Clarc DM, Fairburn CG (1993). An experimental study of the relationship between thoughts and eating behaviour in bulimia nervosa. Behav Res Ther; 31: 749–57.

Coplan JD, Andrews MW, Rosenblum LA, Owens MJ, Friedman S, Gorman JM, Nemeroff CB (1996). Persistent elevations of cerebrospinal fluid concentrations of corticotropin-releasing factor in adult nonhuman primates exposed to early-life stressors: implications for the pathophysiology of mood and anxiety disorders. Proc Nat Acad Sci USA; 93: 1619–23.

Crick F (1994). Was die Seele wirklich ist. Die naturwissenschaftliche Erforschung des Bewußtseins. München, Zürich: Artemis und Winkler.

Critchley HD, Elliott R, Mathias CJ, Dolan RJ (2000a). Neural activity relating to generation and representation of galvanic skin conductance responses: a functional magnetic imaging study. J Neurosci; 20: 3033–40.

Critchley HD, Corfield DR, Chandler MP, Mathias CJ, Dolan RJ (2000b). Cerebral correlates of autonomic cardiovascular arousal: a functional neuroimaging investigation in humans. J Physiol; 523, Pt 1: 259–70.

Curtis AL, Lechner SM, Pavcovich LA, Valentino RJ (1997). Activation of the Locus coeruleus noradrenergic system by intracoerulear microinfusion of corticotropin-releasing factor: effects on discharge rate, cortical norepinephrine levels, and cortical electroencephalographic activity. J Pharmacol Exp Ther; 281: 163–72.

Czeh B, Michaelis T, Watanabe T, Frahm J, de Biurrun G, van Kampen M, Bartolomucci A, Fuchs E (2001). Stress-induced changes in cerebral metabolites, hippocampal volume, and cell proliferation are prevented by antidepressant treatment with tianeptine. Proc Natl Acad Sci USA; 98: 12796–801.

Damasio A (1994). Descartes' Error. Emotion, reason, and the human brain. New York: Putnam.

Davis M (1992). The role of the amygdala in fear and anxiety. Ann Rev Neurosci; 15: 353–75.

Deak T, Nguyen KT, Ehrlich AL, Watkins LR, Spencer RL, Maier SF, Licinio J, Wong ML, Chrousos GP, Webster E, Gold PW (1999). The impact of the nonpeptide corticotropin-releasing hormone antagonist antalarmin on behavioral and endocrine responses to stress. Endocrinology; 140: 79–86.

Dehaene-Lambertz G, Dehaene S (1994). Speed and cerebral correlates of syllable discrimination in infants. Nature; 370: 292–5.

DeLong MR (2000). The basal ganglia. In: Kandel ER, Schwartz JH, Jessell TM (eds). Principles of Neural Science. New York: McGraw-Hill (Health Professions Division); 853–67.

Demetrikopoulos M, Keller S, Schleifer S (1996). Stresseffekte auf Immunfunktionen bei Nagetieren. In: Schedlowski M, Tewes U (Hrsg). Psychoneuroimmunologie. Heidelberg, Berlin, Oxford: Spektrum Akademischer Verlag; 335–55.

Denton D, Shade R, Zamarippa F, Egan G, Blair-West J, McKinley M, Lancaster J, Fox P (1999). Neuroimaging of genesis and satiation of thirst and an interoceptor-driven theory of origins of primary consciousness. Proc Natl Acad Sci USA; 96: 5304–9.

Descartes R (1969). Über den Menschen (1632). Nach der ersten französischen Ausgabe von 1664 übersetzt und mit einer historischen Einleitung und Anmerkungen versehen von Karl E. Rothschuh. Heidelberg: Verlag Lambert Schneider.

Descartes R (1984). Die Leidenschaften der Seele. Hamburg: Felix Meiner Verlag.

Devinsky O, Morrell MJ, Vogt BA (1995). Contribution of anterior cingulate cortex to behaviour. Brain; 118: 279–306.

Diamond A, Goldman-Rakic PS (1989). Comparison of human infants and rhesus monkeys on Piaget's AB task: evidence for dependence on dorsolateral prefrontal cortex. Exp Brain Res; 74: 24–40.

Diehl DL, Eisenberg D (2000). Complementary and alternative medicine (CAM): epidemiology and implications for research. In: Mayer EA, Saper CB (eds). The Biological Basis for Mind Body Interactions. Progress in Brain Research; 122. Amsterdam: Elsevier Science B.V.; 445–77.

Dietz NM, Rivera JM, Eggener SE, Fix RT, Warner DO, Joyner MJ (1994). Nitric oxide contributes to the rise in forearm bloodflow during mental stress in humans. J Physiol; 480: 361–8.

DiSebastiano P, Fink T, di Mola FF, Weihe E, Innocenti P, Friess H, Buchler MW (1999). Neuroimmune appendicitis. Lancet; 354: 461–6.

von Ditfurth H (1993). Innenansichten eines Artgenossen. Meine Bilanz. 3. Aufl. München: dtv.

Dolan RY, Fletcher P, Frith CD, Friston KJ, Frackowiak RS, Grasby PM (1995). Dopaminergic modulation of impaired cognitive activation in the anterior cingulate cortex in schizophrenia. Nature; 378: 180–2.

Drevets WC (1999). Obsessive-compulsive disorder. In: Zigmond MJ, Bloom FE, Landis SC, Roberts JL, Squire LR (eds). Fundamental Neuroscience. San Diego, London, Boston, New York, Sidney, Tokyo, Toronto: Academic Press; 963–4.

Drevets WC, Videen TO, McLeod AK, Haller JW, Raichle ME (1992). PET Images of blood flow during anxiety: Correction. Science; 256: 1696.

Drevets WC, Price JL, Simpson JR Jr, Todd RD, Reich T, Vannier M, Raichle ME (1997). Subgenual prefrontal cortex abnormalities in mood disorders. Nature; 386: 824–7.

Drevets WC, Frank E, Price JC, Kupfer DJ, Greer PJ, Mathias C (2000). Serotonin type-1A receptor imaging in depression. Nucl Med Biol; 27: 499–507.

Drossman DA (1998). Presidential address: gastrointestinal illness and the biopsychosocial model. Psychosom Med; 60: 258–67.

Ducros A, Denier C, Joutel A, Cecillon M, Lescoat C, Vahedi K, Darcel F, Vicaut E, Bousser MG, Tournier-Lasserve E (2001). The clinical spectrum of familial hemiplegic migraine associated with mutations in a neural calcium channel. N Engl J Med; 345: 17–24.

Dudai Y (2000). The shaky trace. Nature; 406: 686–7.

Duffy LS, Greeenberg DM, Younger J, Ferraro MG (1999). Iatrogenic acute estrogene deficiency and psychiatric syndromes in breast cancer patients. Psychosomatics; 40: 304–8.

Dunmore E, Clark DM, Ehlers A (2001). A prospective investigation of the role of cognitive factors in persistent posttraumatic stress disorder (PTSD) after physical or sexual assault. Behav Res Ther; 39: 1063–84.

Egle UT (1993). Psychosomatische Auffassungen von Schmerz. Historische Entwicklung, gegenwärtiger Stand und empirische Belege. Nervenarzt; 64: 289–302.

Ehlers A, Clark DM (2000). A cognitive model of post-traumatic stress disorder. Behav Res Ther; 38: 319–45.

Eich W (1999). Begründung von Leitlinien in der Psychosomatik: science-based, evidence-based, dialogue-based? In: Eich W, Windeler J, Bauer AW, Herzog W, Rüegg JC (Hrsg). Wissenschaftlichkeit in der Medizin. Teil III: Von der klinischen Erfahrung zur Evidence-Based Medicine. Frankfurt a. M.: VAS; 181–91.

Elenkov IJ, Papanicolaou DA, Wilder RL, Chrousos GP (1996). Modulatory effects of glucocorticoids and catecholamines on human interleukin-12 and interleukin-10 production: clinical implications. Proc Assoc Am Physicians; 108: 374–81.

Elenkov IJ, Hoffman J, Wilder RL (1997). Does differential neuroendocrine control of cytokine production govern the expression of autoimmune diseases in pregnancy and the postpartum period? Mol Med Today; 3: 379–83.

Elenkov IJ, Webster EL, Torpy DJ, Chrousos GP (1999). Stress, corticotropin-releasing hormone, glucocorticoids, and the immune/inflammatory response: acute and chronic effects. Ann NY Acad Sci; 876: 1–13.

Engel GL (1959). „Psychogenic" pain and the pain prone patient. Am J Med; 26: 899–918.

Engel GL (1970). Nervousness and fatigue. In: Macbride CM (ed.): Signs and Symptoms: Applied physiology and clinical interpretation. 5th ed. Princeton, NJ: Lippincott; 650–68.

Engel GL (1977). The need for a new medical model: a challenge for biomedicine. Science; 196: 129–36.

Esler M, Kaye D, Lambert G, Jennings G (1996). Congestive heart failure. In: Robertson D, Low PA, Polinsky RJ (eds). Primer on the Autonomic Nervous System. London: Academic Press Limited; 164–70.

Evans N (1995). Der Pferdeflüsterer. München: Goldmann.

Exton MS, Schult M, Donath S, Strubel T, Bode U, del Rey A, Westermann J, Schedlowski M (1999). Conditioned immunosuppression makes subtherapeutic cyclosporin effective via splenic innervation. Am J Physiol; 276: 1710–7.

Falck B, Hillarp NA, Thieme G, Thorp A (1962). Fluoresecence of catecholamines and related compounds condensed with formaldehyde. J Histochem Cytochem; 10: 348–54.

Fanconi G (1950). Die Pathologie der Pubertät und Adoleszenz. In: Fanconi G, Wallgren A (Hrsg). Lehrbuch der Pädiatrie. 2. Aufl. Basel: Benno Schwabe Verlag; 249–70.

Farah MJ, Wilson KD, Drain M, Tanaka JN (1998). What is „special" about face perception? Psychol Rev; 105: 482–98.

Fawzy FI, Fawzy NW, Hyun CS, Elashoff R, Guthrie D, Fahey JL, Morton DL (1993). Malignant melanoma. Effects of an early structured psychiatric intervention, coping, and affective state on recurrence and survival 6 years later. Arch Gen Psychiatry; 50: 681–9.

Feldmeier H (2001) Jetlag – mehr als nur Müdigkeit. Maßnahmen bei einer verstellten inneren Uhr. Neue Zürcher Zeitung (Forschung und Technik) vom 14. Nov. 2001, S. 53.

Finn PR, Zeitouni NC, Pihl RO (1990). Effects of alcohol on psycho-physiological hyperreactivity to nonaversive and aversive stimuli in men at high risk for alcoholism. J Abnorm Psychol; 99: 79–85.

Fischer H (1962). Arzt und Humanismus. Das humanistische Weltbild in Naturwissenschaft und Medizin. Zürich, Stuttgart: Artemis Verlag.

Fitzgerald M (1995). Developmental neurobiology of pain. In: Wall PD, Melzack R (eds). Textbook of Pain. Edinburgh, London: Curchill Livingstone; 235–51.

Fleming DG (1969). Humoral and metabolic factors in the regulation of food and water intake. Food intake studies in parabiotic rats. Ann NY Acad Sci; 157: 985–1002.

Flor H (2000). The functional organisation of the brain in chronic pain. In: Sandkühler J, Bromm B, Gebhart GF (eds). Nervous System Plasticity and Chronic Pain. Progress in Brain Research; 129. Amsterdam: Elsevier Science B.V.; 313–22.

Flor H (2002). Der Schmerz und sein Gedächtnis. Ruperto Carola, Forschungsmagazin der Univ. Heidelberg; 1: 18–22.

Flor H, Elbert T, Knecht S, Wienbruch C, Pantev C, Birbaumer N, Larbig W, Taub E (1995). Phantom-limb pain as a perceptual correlate of cortical reorganization fol-lowing arm amputation. Nature; 375: 482–4.

Flor H, Braun C, Elbert T, Birbaumer N (1997). Extensive reorganisation of primary somatosensory cortex in chronic back pain patients. Neurosci Lett; 224: 5–8.

Flor H, Denke C, Schaefer M, Gruesser S (2001). Effect of sensory discrimination training on cortical reorganisation and phantom limb pain. Lancet; 357: 1763–4.

Florence SL, Taub HB, Kaas JH (1998). Large-scale sprouting of cortical connections after peripheral injury in adult macaque monkeys. Science; 282: 1117–21.

Folkow BS (1982). Physiological aspects of primary hypertension. Physiol Rev; 62: 347–504.

Frasure-Smith N, Lesperance F, Talajic M (1993). Depression following myocardial infarction. Impact on 6-month survival. JAMA; 270: 1819–25.

Frasure-Smith N, Lesperance F, Juneau M, Talajic M, Bourassa MG (1999). Gender, depression, and one-year prognosis after myocardial infarction. Psychosom Med; 61: 26–37.

Gage FH (2002). Neurogenesis in the adult brain. J Neurosci; 22: 612–3.

Gahr M (1996). Neurale Grundlagen von Motivation und Emotion. In: Dudel J, Menzel R, Schmidt RF (Hrsg). Neurowissenschaft. Vom Molekül zur Kognition. Berlin, Heidelberg, New York: Springer; 463–84.

Galovski TE, Blanchard EB (1998). The treatment of irritable bowel syndrome with hypnotherapy. Appl Psychophysiol Biofeedback; 23: 219–32.

Gauci M, Husband AJ, Saxarra H, King MG (1994). Pavlovian conditioning of nasal tryptase release in human subjects with allergic rhinitis. Physiol Behav; 55: 823–5.

Gehde E, Emrich HM (1998). Kontext und Bedeutung: Psychobiologie der Subjektivität im Hinblick auf psychoanalytische Theoriebildungen. Psyche; 52: 963–1003.

Genoux D, Haditsch U, Knobloch M, Michalon A, Storm D, Mansuy IM (2002). Protein phosphatase 1 is a molecular constraint on learning and memory. Nature; 418: 970–5.

Genuth SM (1988). The endocrine system. In: Berne RM, Levy MN (eds). Physiology. 2nd ed. St. Louis, Washington, DC, Toronto: The C.V. Mosby Company; 819–1024.

George MS, Ketter TA, Gill DS, Haxby JV, Ungerleider LG, Herscovich P, Post RM (1993). Brain regions involved in recognizing facial emotion or identity: an oxygen-15 PET study. J Neuropsychiatry Clin Neurosci; 5: 384–94.

Gerber G, Youn DH, Hsu CH, Isaev D, Randic M (2000). Spinal dorsal horn synaptic plasticity: involvement of group I metabotropic glutamate receptors. In: Sandkühler J, Bromm B, Gebhart GF (eds). Nervous System Plasticity and Chronic Pain. Progress in Brain Research; 129. Amsterdam: Elsevier Science B.V.; 115–34.

Gerber WD, Schoenen J (1998). Behavioral correlates in migraine: the role of hypersensitivity and information-processing dysfunction. Cephalalgia; 18, Suppl 21: S5–11.

Giang DW, Goodman AD, Schiffer RB, Mattson DH, Petrie M, Cohen N, Ader R (1996). Conditioning of cyclophosphamide-induced leukopenia in humans. J Neuropsychiatry Clin Neurosci; 8: 194–201.

Gibbs RA, Caskey CT (1987). Identification and localization of mutations at the Lesh-Nyhan locus by ribonuclease A cleavage. Science; 236: 303–5.

Gibbs WW (1998). Übergewicht: ein Zivilisationsproblem? In: Güntürkin O (Hrsg). Biopsychologie. Heidelberg, Berlin: Spektrum Akademischer Verlag; 70–9.

Giraux P, Sirigu A, Schneider F, Dubernard JM (2001). Cortical reorganisation in motor cortex after graft of both hands. Nat Neurosci; 4: 691–2.

Gjedde A, Reith J, Wong DF (1996). In schizophrenia, some D2-like receptors are still elevated. Psychiatry Res; 67: 159–62.

Goddard AW, Charney DS (1997). Toward an integrated neurobiology of panic disorder. J Clin Psychiatry; 58, Suppl 2: S4–11.

Goehler LE, Gaykema RP, Nguyen KT, Lee JE, Tilders FJ, Maier SF, Watkins LR (1999). Interleukin-1 beta in immune cells of the abdominal vagus nerve: a link between the immune and nervous systems? J Neurosci; 19: 2799–806.

Gold PW, Chrousos GP (1999). The endocrinology of melancholic and atypical depression: relation to neurocircuitry and somatic consequences. Proc Assoc Am Physicians; 111: 22–34.

Gold PW, Goodwin FK, Chrousos GP (1988). Clinical and biochemical manifestations of depression. Relation to the neurobiology of stress. N Engl J Med; 319: 413–20.

Goldman-Rakic PS (1995). Cellular basis of working memory. Neuron; 14: 477–85.

Goleman D (1996). Emotionale Intelligenz. München, Wien: Carl Hanser Verlag.

Gomez F, Lahmame A, de Kloet ER, Armario A (1996). Hypothalamic-pituitary-adrenal response to chronic stress in five inbred rat strains: differential responses are mainly located at the adrenocortical level. Neuroendocrinology; 63: 327–37.

Gorman JM, Kent JM, Sullivan GM, Coplan JD (2000). Neuroanatomical hypothesis of panic disorder, revised. Am J Psychiatry; 157: 493–505.

Gould E, Gross CG (2002). Neurogenesis in adult mammals: some progress and problems. J Neurosci; 22: 619–23.

Grahn RE, Will MJ, Hammack SE, Maswood S, McQueen MB, Watkins LR, Maier SF (1999). Activation of serotonin-immunoreactive cells in the dorsal raphe nucleus in rats exposed to an uncontrollable stressor. Brain Res; 826: 35–43.

Greenfield ADM (1951). An emotional faint. The Lancet; 260 (I): 1302–3.

Greer S, Moorey S, Baruch JDR, Watson M, Robertson BM, Mason A, Rowden L, Law MG, Bliss JM (1992). Adjuvant psychological therapy for patients with cancer: a prospective randomised trial. BMJ; 304: 675–80.

Grochowicz PM, Schedlowski M, Husband AJ, King MG, Hibberd AD, Bowen KM (1991). Behavioral conditioning prolongs heart allograft survival in rats. Brain Behav Immun; 5: 349–56.

Gross C, Zhuang X, Stark K, Ramboz S, Oosting R, Kirby L, Santarelli L, Beck S, Hen R (2002). Serotonin1A receptor acts during development to establish normal anxiety-like behaviour in the adult. Nature; 416: 396–400.

Gurguis GN, Vitton BJ, Uhde TW (1997). Behavioral, sympathetic, and adrenocortical responses to yohimbine in panic disorder patients and normal controls. Psychiatry Res; 71: 27–39.

Gurvits TV, Shenton ME, Hokama H, Ohta H, Lasko NB, Gilbertson MW, Orr SP, Kikinis R, Jolesz FA, McCarley RW, Pitman RK (1996). Magnetic resonance imaging study of hippocampal volume in chronic, combat-related posttraumatic stress disorder. Biol Psychiatry; 40: 1091–9.

Guthrie E, Creed F, Dawson D, Thomenson B (1993). A randomised controlled trial of psychotherapy in patients with refractory irritable bowel syndrome. Br J Psychiatry; 163: 315–21.

Gwee KA, Leong YL, Graham C, McKendrick MW, Collins SM, Walters SJ, Underwood JE, Read NW (1999). The role of psychological and biological factors in postinfective gut dysfunction. Gut; 44: 400–6.

Hagen G (1997). Wenn der Schrecken im Gedächtnis haftet. Frankfurter Allgemeine Zeitung, 26.3.1997: N 4.

Hahn P (1990). Patienten mit Angstsymptomatik in der internistisch-psychosomatischen Sprechstunde. Med Welt; 41: 432–8.

Hahnloser RH, Sarpeshkar R. Mahowald MA, Douglas RJ, Seung HS (2000). Digital selection and analogue amplification coexist in a cortex inspired silicon circuit. Nature; 405: 947–51.

Hall JE, Zappe DH, Alonso-Galicia M, Granger JP, Brands MW, Kassab SE (1996). Mechanisms of obesity-induced hypertension. NIPS; 11: 255–61.

Handwerker HO, Kobal G (1993). Psychophysiology of experimentally induced pain. Physiol Rev; 73: 639–71.

Hanesch U (1996). Neuropeptides in dural fine sensory nerve endings – involvement in neurogenic inflammation? Prog Brain Res; 113: 299–317.

Hardt JK, Kamiya J (1978). Anxiety change through electroencephalographic alpha feedback seen only in high anxiety subjects. Science; 201: 79–81.

Harlow HF (1959). Love in infant monkey. Scient Am; 200: 68–74.

Hasenbring M (2000). Attentional control of pain and the process of chronification. In: Sandkühler J, Bromm B, Gebhart GF (eds). Nervous System Plasticity and Chronic Pain. Progress in Brain Research; 129. Amsterdam: Elsevier Science B.V.; 525–34.

Havranek EP, Ware MG, Lowes BD (1999). Prevalence of depression in congestive heart failure. Am J Cardiol; 84: 348–50, A9.

Hemingway H, Marmot M (1999). Psychosocial factors in the aetiology and prognosis of coronary heart disease: systematic review of prospective cohort studies. BMJ; 318: 1460–7.

Henry JP (1993). Biological basis of the stress response. NIPS; 8: 69–73.

Herrmann JM, Geigges W, Schonecke OW (1996a). Fibromyalgie. In: Adler RH, Herrmann JM, Köhle K, Schonecke OW, Uexküll T v, Wesiack W (Hrsg). Psychosomatische Medizin. 5. Aufl. (Studienausgabe) München, Wien, Baltimore: Urban & Schwarzenberg; 731–6.

Herrmann JM, Rassek M, Schäfer N, Schmidt TH, Uexküll T v, Wesiack W (1996b). Essentielle Hypertonie. In: Adler RH, Herrmann JM, Köhle K, Schonecke OW, Uexküll T v, Wesiack W (Hrsg). Psychosomatische Medizin. 5. Aufl. (Studienausgabe) München, Wien, Baltimore: Urban & Schwarzenberg; 743–68.

Hess WR (1948). Die funktionelle Organisation des vegetativen Nervensystems. Basel: Benno Schwabe Verlag.

Hess WR (1949). Das Zwischenhirn. Syndrome, Lokalisationen, Funktionen. Basel: Benno Schwabe Verlag.

Heuss C (2000). Chip mit Hirn. Neue Zürcher Zeitung (Forschungsbeilage), 5.7.2000; 72.

Hilton SM (1975). Ways of viewing the central nervous control of the circulation – old and new. Brain Res; 87: 213–9.

Hobson JA (1999). Sleep and Dreaming. In: Zigmond MJ, Bloom FE, Landis SC, Roberts JL, Squire LR (eds.) Fundamental Neuroscience. San Diego, London, Boston, New York, Sydney, Tokyo, Toronto: Academic Press; 1207–27.

Hollon SD (1998). What is cognitive behavioural therapy and how does it work? Curr Opin Neurobiol; 8: 289–92.

Holsboer F (1999). The rationale for corticotropin-releasing hormone receptor (CRH-R) antagonists to treat depression and anxiety. J Psychiatr Res; 33: 181–214.

Holst D v (1972). Renal failure as the cause of death in Tupaia belangeri exposed to persistant psychosocial stress. J Comp Physiol; 78: 236–73.

Hrobjartsson A, Gotzsche PC (2001). Is the placebo powerless? An analysis of clinical trials comparing placebo with no treatment. N Engl J Med; 344: 1594–602.

Hsu SY, Hsueh AJ (2001). Human stresscopin and stresscopin-related peptide are selective ligands for the type 2 corticotropin-releasing hormone receptor. Nature Medicine; 7: 605–11.

Huang YY, Kandel ER (1998). Postsynaptic induction and PKA-dependent expression of LTP in the lateral amygdala. Neuron; 21: 169–78.

Hubel DH, Wiesel TN (1962). Receptive fields, binocular interaction, and functional architecture in the cat's visual cortex. J Physiol; 160: 106–54.

Huether G, Doering S, Rüger U, Rüther E, Schüßler G (1996). Psychische Belastungen und neuronale Plastizität. Ein erweitertes Modell des Streß-Reaktions-Prozesses als Grundlage für das Verständnis zentralnervöser Anpassungsprozesse. Z psychosom Med; 42: 107–27.

Hufeland CW (1824). Vorwort des Herausgebers. In: Kant I (1824). Von der Macht des Gemüts, durch den blossen Vorsatz seiner krankhaften Gefühle Meister zu sein. Satz und Druck: Buchdrucker Fachklasse an den technischen Lehranstalten zu Offenbach a. M.; 3–5.

Hughes J, Smith TW, Kosterlitz HW, Fothergill LA, Morgan BA, Morris HR (1975). Identification of two related pentapeptides from the brain with potent opiate agonist activity. Nature; 258: 577–80.

Hunt SP, Pini A, Evan G (1987). Induction of c-fos-like protein in spinal cord neurons following sensory stimulation. Nature; 328: 632–4.

Huxley LA (1963). You Are not the Target. New York: Farrar, Straus & Co.

Irwin M (1996). Depression und Immunfunktionen. In: Schedlowski M, Tewes U (Hrsg). Psychoneuroimmunologie. Heidelberg, Berlin, Oxford: Spektrum Akademischer Verlag; 423–37.

Irwin M (1999). Immune correlates of depression. Adv Exp Med Biol; 461: 1–24.

Irwin M, Hauger R, Brown M (1992). Central corticotropin-releasing hormone activates the sympathetic nervous system and reduces immune function: increased responsivity of the aged rat. Endocrinology; 131: 1047–53.

Iversen S, Iversen L, Saper CB (2000). The autonomic nervous system and the hypothalamus. In: Kandel ER, Schwartz JH, Jessell TM (eds). Principles of Neural Science, 4th ed. New York: McGraw-Hill (Health Professions Division); 960–97.

Jacobs BL, Praag H, Gage FH (2000). Adult brain neurogenesis and psychiatry: a novel theory of depression. Mol Psychiatry; 5: 262–9.

Jacobs WJ, Nadel L (1999). The first panic attack: a neurobiological theory. Can J Exp Psychol; 53: 92–107.

Jansen ASP, Nguyen XV, Karpitskiy V, Mettenleiter TC, Loewy AD (1995). Central command neurons of the sympathetic nervous system: Basis of the fight-or-flight response. Science; 270: 644–6.

Jerry M (1996). Psychoneuroimmunologie. In: Greger R, Windhorst U (eds). Comprehensive Human Physiology. From cellular mechanisms to integration. Vol. 2. Berlin, Heidelberg, New York: Springer; 1731–45.

Juenger J, Schellberg D, Kraemer S, Haunstetter A, Zugck C, Herzog W, Haass M (2002). Health related quality of life in patients with congestive heart failure: comparison with other chronic diseases and relation to functional variables. Heart; 87: 235–41.

Julius S, Nesbitt S (1996). Sympathetic overactivity in hypertension. A moving target. Am J Hypertens; 9, Suppl: S113–20.

Julius S, Majahalme S (2000). The changing face of sympathetic overactivity in hypertension. Ann Med; 32: 365–70.

Jung CG (1963). Zur Psychologie westlicher und östlicher Religionen. In: GW 11. Nachdruck: Psychologie und Religion. Olten, Freiburg i. Br.: Walter-Verlag 1972. Lizenzausgabe für den Buchclub Exlibris, Zürich.

Jung CG (1989). Von Mensch und Gott. Ein Lesebuch. Ausgewählt von Franz Alt. Olten, Freiburg i. Br.: Walter-Verlag.

Jung W, Irwin M (1999). Reduction of natural killer cytotoxic activitiy in major depression: interaction between depression and cigarette smoking. Psychosom Med; 61: 263–70.

Kandel ER (1991). Cellular mechanisms of learning and the biological basis of individuality. In: Kandel ER, Schwartz JH, Jessell TM (eds). Principles of Neural Science. 3rd ed. New York, Amsterdam, London, Tokyo: Elsevier; 1009–31.

Kandel ER (1999). Biology and the future of psychoanalysis, a new intellectual framework for psychiatry revisited. Am J Psychiatry; 156: 505–24.

Kandel ER (2000a). Cellular mechanisms of learning and the biological basis of individuality. In: Kandel ER, Schwartz JH, Jessel TM (eds). Priniciples of Neural Science. 4th ed. New York: McGraw-Hill (Health Profession Division); 1247–77.

Kandel ER (2000b). Disorders of mood: depression, mania, and anxiety disorders. In: Kandel ER, Schwartz JH, Jessell TM (eds). Principles of Neural Science. 4th ed. New York: McGraw-Hill (Health Professions Division); 1209–26.

Kant I (1824). Von der Macht des Gemüts, durch den blossen Vorsatz seiner krankhaften Gefühle Meister zu sein. In: Werke in sechs Bänden. Bd. 6. Darmstadt: Wissenschaftliche Buchgesellschaft 1998; 371–93.

Kapp BS, Frysinger RC, Gallagher M, Haselton JR (1979). Amygdala central nucleus lesions: effect on heart rate conditioning in the rabbit. Physiol Behav; 23: 1109–17.

Karl A, Birbaumer N, Lutzenberger W, Cohen LG, Flor H (2001). Reorganization of motor and somatosensory cortex in upper extremity amputees with phantom limb pain; J Neurosci 21: 3609–18.

Kast V (1994). Vater-Töchter, Mutter-Söhne – Wege zur eigenen Identität aus Vater- und Mutterkomplexen. Stuttgart: Kreuz Verlag.

Kaufman J, Plotsky PM, Nemeroff CB, Charney DS (2000). Effects of early adverse experiences on brain structure and function: clinical implications. Biol Psychiatry; 48: 778–90.

Kawachi I, Sparrow D, Spiro A 3rd, Vokonas P, Weiss ST (1996). A prospective study of anger and coronary heart disease. The normative aging study. Circulation; 94: 2090–5.

Keck ME, Welt T, Wigger A, Renner U, Engelmann M, Holsboer F, Landgraf R (2001). The anxiolytic effect of the CRH(1) receptor antagonist R121919 depends on innate emotionality in rats. Eur J Neurosci; 13: 373–80.

Keel PJ, Bodoky C, Gerhard U, Müller W (1998). Comparison of integrated group therapy and group relaxation training for fibromyalgia. Clin J Pain; 14: 232–8.

Keller SE, Schleifer SJ, Liotta AS, Bond RN, Farhoody N, Stein M (1988). Stress-induced alterations of immunity in hypophysectomized rats. Proc Natl Acad Sc USA; 85: 9297–301.

Kelly DD (1991). Disorders of sleep and consciousness. In: Kandel ER, Schwartz JH, Jessell TM (eds). Principles of Neural Science. 3rd ed. New York, Amsterdam, London, Tokyo: Elsevier; 805–19.

Kiecolt-Glaser JK, Glaser R, Strain EC, Stout JC, Tarr KL, Holliday JE, Speicher CE (1986). Modulation of cellular immunity in medical students. J Behav Med; 9: 5–21.

Kiecolt-Glaser JK, Marucha PT, Malarkey WB, Mercado AM, Glaser R (1995). Slowing of wound healing by psychological stress. Lancet; 346: 1194–6.

Kiecolt-Glaser JK, Glaser R, Gravenstein S, Malarkey WB, Sheridan J (1996). Chronic stress alters the immune response to influenza virus vaccine in older adults. Proc Natl Acad Sci USA; 93: 3043–7.

Kischka U, Kammer T, Meier S, Weisbrod M, Thimm M, Spitzer M (1996). Dopaminergic modulation of semantic network activation. Neuropsychologia; 34: 1107–13.

Klein KB, Spiegel D (1989). Modulation of gastric acid secretion by hypnosis. Gastroenterology; 96: 1383–7.

Klinke R, Silbernagel S (Hrsg) (1996). Lehrbuch der Physiologie. 2. Aufl. Stuttgart, New York: Thieme.

Klosterhalfen W, Klosterhalfen S (1983). Pavlovian conditioning of immunosuppression modifies adjuvant arthritis in rats. Behav Neurosci; 97: 663–6.

Kluger MJ, Kozak W, Leon LR, Soszynski D, Conn CA (1995). Cytokines and fever. Neuroimmunomodulation; 2: 216–23.

Knost D, Flor H, Birbaumer N, Schugens MM (1999). Learned maintenance of pain: muscle tension reduces central nervous system processing of painful stimulation in chronic and subchronic pain patients. Psychophysiology; 36: 755–64.

Koella WP (1988). Die Physiologie des Schlafes. Eine Einführung. Stuttgart, New York: Gustav Fischer Verlag.

Koester R (1996). Das gute Gespräch: Gesunden und Wohlbefinden im Dialog. Göttingen, Zürich: Vandenhoeck & Ruprecht.

König M, Zimmer AM, Steiner H, Holmes PV, Crawley JN, Brownstein MJ, Zimmer A (1996). Pain responses, anxiety, and aggression in mice deficient in pre-proenkephalin. Nature; 303: 535–8.

Koob GF, Maldonado R, Stinus L (1992). Neural substrates of opiate withdrawal. Trends Neurosci; 15: 186–91.

Kornhuber HH, Deecke L (1965). Hirnpotentialänderungen bei Willkürbewegungen und passiven Bewegungen des Menschen: Bereitschaftspotential und reafferente Potentiale. Pflügers Arch ges Physiol; 284: 1–17.

Kosslyn SM, Thompson WL, Alpert NM (1997). Neural systems shared by visual imagery and visual perception: a positron emission tomography study. Neuroimage; 6: 320–34.

Kosterlitz HW, Hughes J (1977). Peptides with morphine-like action in the brain. Br J Psychiatry; 130: 298–304.

Kozak W, Kluger MJ, Soszynski D, Conn CA, Rudolph K, Leon LR, Zheng H (1998). IL-6 and IL-1 beta in fever. Studies using cytokine-deficient (knockout) mice. Ann NY Acad Sci; 856: 33–47.

Krainick U, Schmidt RF (1991). Nozizeption und Schmerz. In: Schmidt RF, Hierholzer K (Hrsg). Pathophysiologie des Menschen. Weinheim: VCH-Verlag; 29.1–29.23.

Krantz DS, Kop WJ, Santiago HT, Gottdiener JS (1996). Mental stress as a trigger of myocardial ischemia and infarction. Cardiol Clin; 14: 271–87.

Kuhn CM, Shanberg SM (1998). Responses to maternal separation: mechanisms and mediators. Int J Dev Neurosci; 16: 261–70.

Kupferberg G, Heckers S (2000). Schizophrenia and cognitive function. Curr Opin Neurobiol; 10: 205–9.

Kupfermann I (1991). Localization of higher cognitive and affective functions: the association cortices. In: Kandel ER, Schwartz JH, Jessell TM (eds). Principles of Neuroscience. 3rd ed. New York, Amsterdam, London, Tokyo: Elsevier; 821–38.

Kutas M, Hillyard SA (1980). Reading senseless sentences: brain potentials reflect semantic incongruity. Science; 207: 203–5.

LaBar KS, Gatenby JC, Gore JC, LeDoux JE, Phelps EA (1998). Human amygdala activation during conditioned fear acquisition and extinction: a mixed-trial fMRI study. Neuron; 20: 937–45.

Ladd CO, Rebecca L, Huot RL, Thrivikraman KV, Nemeroff CB, Meaney MJ, Plotsky PM (2000). Long-term behavioural and neurocrine adaptations to adverse early experience. In: Mayer EA, Saper CB (eds). The Biological Basis for Mind Body Interactions. Progress in Brain Research; 122. Amsterdam: Elsevier Science B.V.; 81–103.

Landgraf R (2001). Neuropeptides and anxiety-related behavior. Endocr J; 48: 517–33.

Landgraf R, Wigger A (2002). High vs low anxiety-related behavior rats: an animal model of extremes in trait anxiety. Behav Genetics; 32: 301–14.

Lang EV, Benotsch EG, Fick LJ, Lutgendorf S, Berbaum ML, Berbaum KS, Logan H, Spiegel D (2000). Adjunctive non-pharmacological analgesia for invasive medical procedures. A randomised trial. Lancet; 355: 1486–90.

Laudenslager ML, Ryan SM, Drugan RC, Hyson RL, Maier SF (1983). Coping and immunosuppression: inescapable but not escapable shock suppresses lymphocyte proliferation. Science; 221: 568–70.

Laudenslager ML, Fleshner M, Hofstadter P, Held PE, Simons L, Maier SF (1988). Suppression of specific antibody production by inescapable shock: stability under varying conditions. Brain Behav Immun; 2: 92–101.

Leah JD, Sandkühler J, Herdegen T, Murashov A, Zimmermann M (1992). Potentiated expression of FOS protein in the rat spinal cord following bilateral noxious cutaneous stimulation. Neuroscience; 48: 525–32.

LeDoux JE (1994). Emotion, memory, and the brain. Sci Am; 270 (6): 32–9.

LeDoux JE (1998). Das Gedächtnis für Angst. In: Güntürkün O (Hrsg). Biopsychologie. Heidelberg, Berlin, Oxford: Spektrum Akademischer Verlag; 96–103.

Leibowitz SF, Alexander JT (1998). Hypothalamic serotonin in control of eating behaviour, meal size, and body weight. Biol Psychiatry; 44: 851–64.

Leimbach WN Jr, Wallin BG, Victor RG, Aylward PE, Sundlof G, Mark AL (1986). Direct evidence from intraneural recordings for increased central sympathetic outflow in patients with heart failure. Circulation; 73: 913–9.

Lenz FA, Rios M, Zirh A, Chau D, Krauss G, Lesser RP (1998). Painful stimuli evoke potentials recorded over the human anterior cingulate gyrus. J Neurophysiol; 79: 2231–4.

Lenz FA, Lee JI, Garonzik IM, Rowland LH, Dougherty PM, Hua SE (2000). Plasticity of pain-related neuronal activity in the human thalamus. In: Sandkühler J, Bromm B, Gebhart GF (eds). Nervous System Plasticity and Chronic Pain. Progress in Brain Research; 129. Amsterdam: Elsevier Science B.V.; 259–73.

Lesch KP, Bengel D, Heils A, Sabol SZ, Greenberg BD, Petri S, Benjamin J, Müller CR, Hamer DH, Murphy DL (1996). Association of anxiety-related traits with a polymorphism in the serotonin transporter gene regulatory region. Science; 274: 1527–31.

Leuchter AF, Cook IA, Witte EA, Morgan M, Abrams M (2002). Changes in brain function of depressed subjects during treatment with placebo. Am J Psychiatry; 159: 122–9.

Levick JR (1995). An Introduction to Cardiovascular Physiology. 2nd ed. Oxford: Butterworth-Heinemann.

Levine S, Wiener SG, Coe CL (1993). Temporal and social factors influencing behavioral and hormonal responses to separation in mother and infant squirrel monkeys. Psychoneuroendocrinology; 18: 297–306.

Liberzon I, Taylor SF, Amdur R, Jung TD, Chamberlain KR, Minoshima S, Koeppe RA, Fig LM (1999). Brain activation in PTSD in response to trauma-related stimuli. Biol Psychiatry; 45: 817–26.

Libet B (1985). Unconscious cerebral initiative and the role of conscious will in voluntary action. Behav Brain Sci; 8: 529–66.

Linthorst AC, Flachskamm C, Hopkins SJ, Hoadley MF, Labeur MS, Holsboer F, Reul JM (1997). Long-term intracerebroventricular infusion of corticotropin-releasing hormone alters neuroendocrine, neurochemical, autonomic, behavioral, and cytokine responses to a systemic inflammatory challenge. J Neurosci; 17: 4448–60.

Linton SJ, Halldén K (1998). Can we screen for problematic back pain? A screening questionnaire for predicting outcome in acute and subacute back pain. Clin J Pain; 14: 209–15.

Lisman J (1998). What makes the brain's tickers tock. Nature; 394: 132–3.

Liu XG, Sandkühler J (1995). Long term potentiation of C-fibre-evoked potentials in the rat spinal dorsal horn is prevented by spinal N-Methyl-D-Aspartic Acid receptor blockade. Neurosci Lett; 191: 43–6.

Liu D, Diorio J, Tannenbaum B, Caldji C, Francis D, Freedman A, Sharma S, Pearson D, Plotsky PM, Meaney MJ (1997). Maternal care, hippocampal glucocorticoid receptors, and hypothalamic-pituitary-adrenal responses to stress. Science; 277: 1659–62.

Livingstone D (1857). Missionary Travels and Researches in South Africa. London: Murray.

Lotze M, Flor H, Grodd W, Larbig W, Birbaumer N (2001). Phantom movements and pain. An fMRI study in upper limb amputees. Brain; 124 (Pt 11): 2268–77.

Lüthi T (2000). „Blackout" – wenn das Gedächtnis versagt. Stresshormon Cortisol stört Abrufen gespeicherter Information. Neue Zürcher Zeitung (Forschung und Technik) vom 29. März 2000, S. 73.

Lundberg U, Frankenhäuser M (1978). Psychophysiological reactions to noise as modified by personal control over noise intensity. Biol Psychol; 6: 51–9.

Lundberg U, Frankenhäuser M (1980). Pituitary-adrenal and sympathetic-adrenal correlates of distress and effort. J Psychosom Res; 24: 125–30.

Madden KS, Felten DL (1995). Experimental basis for neural-immune interactions. Physiol Rev; 75: 77–106.

Madison DV, Nicoll RA (1986a). Actions of noradrenaline recorded intracellularly in rat hippocampal CA 1 pyramidal neurones in vitro. J Physiol; 372: 221–44.

Madison DV, Nicoll RA (l986b). Cyclic adenosine 3',5'-monophosphate mediates beta-receptor actions of noradrenaline in rat hippocampal pyramidal cells. J Physiol; 372: 245–59.

Maes M, Vandoolaeghe E, Ranjan R, Bosmans E, Bermans R, Desnyder R (1995). Increased serum interleukin-1-receptor-antagonist concentrations in major depression. J Affect Disord; 36: 29–36.

Maes M, Lin AH, Delmeire L, Van Gastel A, Kenis G, De Jongh R, Bosmans E (1999). Elevated serum interleukin-6 (IL-6) and IL-6 receptor concentrations in posttraumatic stress disorder following accidental man-made traumatic events. Biol Psychiatry; 45: 833–9.

Maier SF (1984). Learned helplessness and animal models of depression. Prog Neuropsychopharmacol Biol Psychiatry; 8: 435–46.

Maier SF, Sherman JE, Lewis JW, Terman GW, Liebeskind JC (1983). The opioid/nonopioid nature of stress-induced analgesia and learned helplessness. J Exp Psychol Anim Behav Proc; 9: 80–90.

Maier SF, Goehler LE, Fleshner M, Watkins LR (1998). The role of the vagus nerve in cytokine-to-brain communication. Ann NY Acad Sci; 840: 289–300.

Malenka RC, Nicoll RA (1997). Learning and memory. Never fear, LTP is here. Nature; 390: 552–3.

Malison RT, Price LH, Berman R, van Dyk CH, Pelton GH, Carpenter, L, Sanacora G, Owens MJ, Nemeroff CB, Rajeevan N, Baldwin RM, Seibyl JP, Innis RB, Charney DS (1998). Reduced brain serotonin transporter availability in major depression as measured by (123 I)-2 beta-carbometoxy-3 beta-(4-iodophenyl) tropane and single photon emission computed tomography. Biol Psychiatry; 44: 1090–8.

Mancia G, Grassi G, Parati G, Daffonchio A (1993). Evaluating sympathetic activity in human hypertension. J Hypertens; 11, Suppl 5: S13–9.

Manji HK, Moore GJ, Rajkowska G, Chen G (2000). Neuroplasticity and cellular resilience in mood disorders. Mol Psychiatry; 5: 578–93.

Manji HK, Drevets WC, Charney DS (2001). The cellular neurobiology of depression. Nature Medicine; 7: 541-547

Mansuy IM, Bujard H (2000). Tetracycline-regulated gene expression in the brain. Curr Opin Neurobiol; 10: 593–6.

Mann T (1952). Der Zauberberg, ein Roman. Bd. 1. Frankfurt a. M.: Fischer Taschenbuch.

Mansvelder HD, McGehee DS (2000). Long-term potentiation of excitatory inputs to brain reward areas by nicotine. Neuron; 27: 349–57.

Markl H (1997). Language and the evolution of the human mind. Eur Rev; 5: 1–21.

Markowitsch HJ (1998). Neuropsychologie des menschlichen Gedächtnisses. In: Güntürkün O (Hrsg). Biopsychologie. Heidelberg, Berlin, Oxford: Spektrum Akademischer Verlag; 104–13.

Marsicano G, Wotjak CT, Azad SC, Bisogno T, Rammes G, Cascio MG, Hermann H, Tang J, Hofmann C, Zieglgansberger W, Di Marzo V, Lutz B (2002). The endogenous cannabinoid system controls extinction of aversive memories. Nature; 418: 530–40.

Martin LJ, Spicer DM, Lewis MH, Gluck JP, Cork LC (1991). Social deprivation of infant rhesus monkeys alters the chemoarchitecture of the brain: I. Subcortical regions. J Neurosci; 11: 3344–58.

Marucha PT, Kiecolt-Glaser JK, Favagehi M (1998). Mucosal wound healing is impaired by examination stress. Psychosom Med; 60: 362–5.

Mayer EA, Naliboff B, Munakata J (2000). The evolving neurobiology of gut feelings. In: Mayer EA, Saper CB (eds). The Biological Basis for Mind Body Interactions. Progress in Brain Research; 122. Amsterdam: Elsevier Science B.V.; 195–206.

Mayford M, Bach ME, Huang YY, Wang L, Hawkins RD, Kandel ER (1996). Control of memory formation through regulated expression of a CaMKII transgene. Science; 274: 1678–83.

McEwen (1996). Hormones modulate environmental control of a changing brain. In: Greger R, Windhorst U (eds). Comprehensive Human Physiology. Berlin, Heidelberg, New York: Spinger; 473–93.

McKernan MG, Shinnick-Gallagher P (1997). Fear conditioning induces a lasting potentiation of synaptic currents in vitro. Nature; 390: 607–11.

Meaney MJ, Bhatnagar S, Larocque S, McCormick C, Shanks N, Sharma S, Smythe J, Viau V, Plotsky P (1993). Individual differences in the hypothalamic-pituitary-adrenal stress response and the hypothalamic CRF system. Ann NY Acad Sci; 697: 70–85.

Medina JF, Nores WL, Mauk MD (2002). Inhibition of climbing fibres is a signal for the extinction of conditioned eyelid responses. Nature; 416: 330–3.

Melchner L v, Pallas SL, Sur M (2000). Visual behaviour mediated by projections directed to the auditory pathway. Nature; 404: 871–6.

Mellet E, Tzourio-Mazoyer N, Bricogne S, Mazoyer B, Kosslyn SM, Denis M (2000). Functional anatomy of high-resolution visual mental imagery. J Cogn Neurosci; 12: 98–109.

Melzack R, Wall PD (1965). Pain mechanisms: a new theory. Science; 150: 971–9.

Mense S, Stahnke M (1983). Responses in muscle afferent fibres of slow conduction velocity to contractions and ischaemia in the cat. J Physiol; 342: 383–97.

Menzel R (1996). Neuronale Plastizität, Lernen und Gedächtnis. In: Dudel J, Menzel R, Schmidt RF (Hrsg). Neurowissenschaft. Vom Molekül zur Kognition. Berlin, Heidelberg, New York: Springer; 485–518.

Mercuri LG, Olson RE, Laskin DM (1979). The specificity of response to experimental stress in patients with myofascial pain dysfunction syndrome. J Dent Res; 58: 1866–71.

Messlinger K, Hanesch U, Kurosawa M, Pawlak M, Schmidt RF (1995). Calcitonin gene related peptide released from dural nerve fibers mediates increase of meningeal blood flow in the rat. Can J Physiol Pharmacol; 73: 1020–4.

Misiewicz B, Poltorak M, Raybourne RB, Gomez M, Listwak S, Sternberg EM (1997). Intracerebroventricular transplantation of embryonic neuronal tissue from inflammatory resistant into inflammatory susceptible rats suppresses specific components of inflammation. Exp Neurol; 146: 305–14.

Mitscherlich A (1963). Auf dem Weg zur vaterlosen Gesellschaft. Ideen zur Sozialpsychologie. München: Piper.

Mittleman MA, Maclure M, Sherwood JB, Mulry RP, Tofler GH, Jacobs SC, Friedman R, Benson H, Muller JE (1995). Triggering of acute myocardial infarction onset by episodes of anger. Determinants of myocardial infarction onset study investigators. Circulation; 92: 1720–5.

Montoya P, Ritter K, Huse E, Larbig W, Braun C, Topfner S, Lutzenberger W, Grodd W, Flor H, Birbaumer N (1998). The cortical somatotopic map and phantom phenomena in subjects with congenital limb atrophy and traumatic amputees with phantom limb pain. Eur J Neurosci; 10: 1095–102.

Moore GJ, Bebchuk JM, Wilds IB, Chen G, Manji HK (2000). Lithium-induced increase in human brain grey matter. Lancet; 356: 1241–2.

Morris JS, Frith CD, Perret DI, Rowland D, Young AW, Calder AJ, Dolan RJ (1996). A differential neural response in the human amygdala to fearful and happy facial expressions. Nature; 383: 812–5.

Moskowitz MA, Buzzi MG (1991). Neuroeffector functions of sensory fibres: implications for headache mechanisms and drug actions. J Neurol; 238, Suppl 1: S18–22.

Müller MJ, Netter P (1992). Unkontrollierbarkeit und Leistungsmotivation. Einflüsse auf Cortisol- und Testosteronkonzentrationsänderungen während einer mentalleistungsbezogenen und einer psychisch-aversiven Belastungssituation. Z Med Psychol; 1: 103–13.

Müller-Werdan U, Werdan K (1999). Septic cardiomyopathy. Curr Opin Critic Care; 415–20.

Nader K, Schafe GE, LeDoux JE (2000). Fear memories require protein synthesis in the amygdala for reconsolidation after retrieval. Nature; 406: 722–6.

Nager F (1993). Das Herz als Symbol. Basel: Éditiones Roche.

Nase G, Weishaupt J, Stern P, Singer W, Monyer H (1999). Genetic and epigenetic regulation of NMDA receptor expression in the rat visual cortex. Eur J Neurosci; 11: 4320–6.

Neto FL, Schadrack J, Ableitner A, Casto-Lopes JM, Bartenstein P, Zieglgansberger W, Tolle TR (1999). Supraspinal metabolic activity changes in the rat during adjuvant monoarthritis. Neuroscience; 94: 607–21.

Neugebauer V, Lücke T, Schaible HG (1993). N-Methyl-D-Aspartate (NMDA) and non-NMDA receptor antagonists block the hyperexcitability of dorsal horn neurons during development of acute arthritis in rat's knee joint. J Neurophysiol; 70: 1365–77.

Newport DJ, Nemeroff CB (2000). Neurobiology of posttraumatic stress disorder. Curr Opin Neurobiol; 10: 211–8.

Nguyen KT, Deak T, Owens SM, Kohno T, Fleshner M, Watkins LR, Maier SF (1998). Exposure to acute stress induces brain interleukin-1 beta protein in the rat. J Neurosci; 18: 2239–46.

Nieuwenhuys R, Voogd J, van Huijzen C (1988). The Human Central Nervous System: Synopsis and Atlas. 3rd rev. ed. Berlin, Heidelberg, New York: Springer.

Nisenbaum LK, Abercrombie ED (1992). Enhanced tyrosine hydroxylation in hippocampus of chronically stressed rats upon exposure to a novel stressor. J Neurochem; 58: 276–81.

Nisenbaum LK, Abercrombie ED (1993). Presynaptic alterations associated with enhancement of evoked release and synthesis of norepinephrine in hippocampus of chronically cold-stressed rats. Brain Res; 608: 280–7.

Nisenbaum LK, Zigmond MJ, Sved AF, Abercrombie ED (1991). Prior exposure to chronic stress results in enhanced synthesis and release of hippocampal norepinephrine in response to a novel stressor. J Neurosci; 11: 1478–84.

Nolan J, Batin PD, Andrews R, Lindsay SJ, Brooksby P, Mullen M, Baig W, Flapan AD, Cowley A, Prescott RJ, Neilson JM, Fox KA (1998). Prospective study of heart rate variability and mortality in chronic heart failure: results of the United Kingdom heart failure evaluation and assessment of risk trial (UK-heart). Circulation; 98: 1510–6.

Noll G, Wenzel RR, Binggeli C, Corti C, Luscher TF (1998). Role of sympathetic nervous system in hypertension and effects of cardiovascular drugs. Eur Heart J; 19, Suppl F: F32–8.

Olds J, Milner P (1954). Positive reinforcement produced by electrical stimulation of the septal area and other regions of the rat brain. J Comp Physiol Psychol; 47: 419–27.

Olff M (1999). Stress, depression, and immunity: the role of defense and coping styles. Psychiatry Res; 85: 7–15.

Olness K, Ader R (1992). Conditioning as an adjunct in the pharmacotherapy of lupus erythematosus. J Dev Behav Pediatr; 13: 124–5.

Olness K, Hall H, Rozniecki JJ, Schmidt W, Theoharides TC (1999). Mast cell activation in children with migraine before and after training in self-regulation. Headache; 39: 101–7.

Opie LH (1997). The Heart. Physiology, from Cell to Circulation, 3rd ed. Philadelphia: Lippincott-Raven.

Ornish D, Scherwitz LW, Billings JH, Gould KL, Merritt TA, Sparler S, Armstrong WT, Ports TA, Kirkeeide RL, Kogeboom C, Brand RJ (1998). Intensive lifestyle changes for reversal of coronary heart disease. JAMA; 280: 2001–7.

Osborn JL, Plato CF, Gordin E, He XR (1997). Long-term increases in renal sympathetic nerve activity and hypertension. Clin Exp Pharmacol Physiol; 24: 72–6.

Parkes CM, Benjamin B, Fitzgerald RG (1969). A broken heart: a statistical study of increased mortality among widowers. Br Med J; 1: 740–3.

Pauling L, Itano HA, Singer SJ, Wells IC (1949). Sickle cell anemia: a molecular disease. Science; 110: 543–8.

Pavcovich LA, Cancela LM, Volosin M, Molina VA, Ramirez OA (1990). Chronic stress-induced changes in locus coeruleus neuronal activity. Brain Res Bull; 24: 293–6.

Payne A, Blanchard EB (1995). A controlled comparison of cognitive therapy and self-help support groups in the treatment of irritable bowel syndrome. J Consult Clin Psychol; 63: 779–86.

Peets JM, Pomeranz B (1978). CXBK mice deficient in opiate receptors show poor electroacupuncture analgesia. Nature; 273: 675–6.

Pennisi E (1997). Tracing molecules that make the brain-body connection. Science; 275: 930–1.

Pert CB, Snowman AM, Snyder SH (1974). Localization of opiate receptor binding in synaptic membranes of the rat brain. Brain Res; 70: 184–8.

Pert CB, Dreher HE, Ruff MR (1998). The psychosomatic network: foundations of mind-body medicine. Altern Ther Health Med; 4: 30–41.

Pinker S (1995). The language instinct. How the mind creates language. New York: Harper Perennial (A division of Harper Collins Publishers).

Platon (1993). Sämtliche Dialoge. Bd. 3. Hamburg: Felix Meiner Verlag.

Plotsky PM, Owens MJ, Nemeroff CB (1998). Psychoneuroendocrinology of depression. Hypothalamic-pituitary-adrenal axis. Psychiatr Clin North Am; 21: 293–307.

Pöppel E (1995). Lust und Schmerz. Über den Ursprung der Welt im Gehirn. München: Goldmann.

Pöppel E (1998). Das Glück in der Kniekehle. Warum Psychotherapie nicht funktionieren kann. Neue Zürcher Zeitung, NZZ FOLIO; 11: 59–62.

Popper KR, Eccles JC (1990). Dialog V. In: Popper KR, Eccles JC. Das Ich und sein Gehirn. 9. Aufl. München: Piper; 558–73.

Posner MI, Raichle ME (1996). Bilder des Geistes: Hirnforscher auf den Spuren des Denkens. Heidelberg, Berlin, Oxford: Spektrum Akademischer Verlag.

Post RM (1992). Transduction of psychosocial stress into the neurobiology of recurrent affective disorder. Am J Psychiatry; 149: 999–1010.

Powley TL (1999). Central control of autonomic functions. The organization of the autonomic nervous system. In: Zigmond MJ, Bloom FE, Landis SC, Roberts JL, Squire LR (eds). Fundamental Neuroscience. San Diego, London, Boston, New York, Sydney, Tokyo, Toronto: Academic Press; 1028.

van Praag H, Schinder AF, Christie BR, Toni N, Palmer TD, Gage FH (2002). Functional neurogenesis in the adult hippocampus. Nature; 415: 1030–4.

de Quervain DJ, Roozendaal B, McGaugh JL (1998). Stress and glucocorticoids impair retrieval of long term spatial memory. Nature; 394: 787–90.

de Quervain DJ, Roozendaal B, Nitsch RM, McGaugh JL, Hock C (2000). Acute cortisone administration impairs retrieval of long-term declarative memory in humans. Nature Neurosci; 3: 313–4.

Rainville P, Duncan GH, Price DD, Carrier B, Bushnell MC (1997). Pain affect encoded in human anterior cingulate but not somatosensory cortex. Science; 277: 968–71.

Rainville P, Carrier B, Hofbauer RK, Bushnell MC, Duncan GH (1999). Dissociation of sensory and affective dimensions of pain using hypnotic modulation. Pain; 82: 159–71.

Raja SN, Campbell JN, Meyer RA (1984). Evidence for different mechanisms of primary and secondary hyperalgesia following heat injury to the glabrous skin. Brain; 107: 1179–88.

Rajkowska G, Halaris A, Selemon LD (2001). Reductions in neuronal and glial density characterize the dorsolateral prefrontal cortex in bipolar disorder. Biol Psychiatry; 49: 741–52.

Rakhmilevich AL, Turner J, Ford MJ, McCabe D, Sun WH, Sondel PM, Grota K, Yang N (1996). Gene gun-mediated skin transfection with interleukin-12 gene results in regression of established primary and metastatic murine tumors. Proc Natl Acad Sci; 93: 6291–6.

Ramachandran VS (1993). Behavioral and magnetoencephalographic correlates of plasticity in the adult human brain. Proc Natl Acad Sci USA; 90: 10413–20.

Ramachandran VS, Blakeslee S (2001). Die blinde Frau, die sehen kann. Rätselhafte Phänomene unseres Bewusstseins. Reinbek: Rowohlt; 57–83.

Randic M (1996). Plasticity of excitatory synaptic transmission in the spinal cord dorsal horn. Prog Brain Res; 113: 463–506.

Randic M, Jiang MC, Cerne R (1993). Long-term potentiation and long-term depression of primary afferent neurotransmission in the rat spinal cord. J Neurosci; 13: 5228–41.

Raspe HH (1996). Chronische Polyarthritis. In: Adler RH, Herrmann JM, Köhle K, Schonecke OW, Uexküll T v, Wesiack W (Hrsg). Psychosomatische Medizin. 5. Aufl. (Studienausgabe) München, Wien, Baltimore: Urban & Schwarzenberg; 867–80.

Rauch SL, Whalen PJ, Curran T, Shin LM, Coffey BJ, Savage CR, McInerney SC, Baer L, Jenike MA (2001). Probing striato-thalamic function in obsessive-compulsive disorder and Tourette syndrome using neuroimaging methods. Adv Neurol; 85: 207–24.

Rauchhaus M, Müller-Werdan U (2001). Zytokine bei Herzerkrankungen. Internist; 42: 75–84.

Read NW (2000). Bridging the gap between mind and body: do cultural and psychoanalytic concepts of visceral disease have an explanation in contemporary neuroscience? In: Mayer EA, Saper CB (eds). The Biological Basis for Mind Body Interactions. Progress in Brain Research; 122. Amsterdam: Elsevier Science B.V.; 425–43.

Reddemann L (2001). Imagination als heilsame Kraft. Zur Behandlung von Traumafolgen mit ressourcenorientierten Verfahren. 4. Aufl. Stuttgart: Pfeiffer bei Klett Cotta.

Reiman EM, Fusselman MJ, Fox PT, Raichle ME (1989). Neuroanatomical correlates of anticipatory anxiety. Science; 243: 1071–4.

Resch F (1999). Entwicklungspsychopathologie des Kindes- und Jugendalters. 2. Aufl. Weinheim: Beltz Psychologie Verlags Union.

Richter SD, Schurmeyer TH, Schedlowski M, Hadlicke A, Tewes U, Schmidt RE, Wagner TO (1996). Time kinetics of endocrine response to acute psychological stress. J Clin Endocrinol Metab; 81: 1956–60.

Rogan MT, LeDoux JE (1995). LTP is accompanied by commensurate enhancement of auditory-evoked responses in a fear conditioning circuit. Neuron; 15: 127–36.

Rogan MT, Staubli UV, LeDoux JE (1997). Fear conditioning induces associative long-term potentiation in the amygdala. Nature; 390: 604–7.

Rogers RC, Hermann GE (1987). Oxytocin, oxytocin antagonist, TRH, and hypothalamic paraventricular nucleus stimulation effects on gastric motility. Peptides; 8: 505–13.

Roland PE (1985). Cortical organization of voluntary behaviour in men. Hum Neurobiol; 4: 155–67.

Roth G (2000). Wovon Freud nur träumte. Bild der Wissenschaft 6/2000: 30–1.

Rozanski A, Bairey CN, Krantz DS, Friedman J, Resser KJ, Morell M, Hilton-Chalfen S, Hestrin L, Bietendorf J, Berman DS (1988). Mental stress and the induction of silent myocardial ischemia in patients with coronary artery disease. N Engl J Med; 318: 1005–12.

Rudolf G (1995). Der Beitrag der Psychosomatik zur Theorie und Praxis der Medizin. In: Bauer A (Hrsg). Theorie der Medizin. Dialoge zwischen Grundlagenfächern und Klinik. Heidelberg, Leipzig: Johann Ambrosius Barth Verlag; 112–25.

Rudolf G (1998). Neuronale Plastizität und Psychosomatik (2). In: Haux R, Bauer AW, Eich W, Herzog W, Rüegg JC, Windeler J (Hrsg). Wissenschaftlichkeit in der Medizin. Teil II: Physiologie und Psychosomatik. Versuche einer Annäherung. Frankfurt a. M.: VAS; 121–30.

Rudolf G (2000). Psychotherapeutische Medizin und Psychosomatik. 4. Aufl. Stuttgart, New York: Georg Thieme Verlag.

Rüegg JC (1993). Logik des Lebens: Neue Wege der Physiologie. Vom Molekül zur Integration. B.I.F. Futura; 8(4): 12–4.

Rüegg JC (1995). Molekularphysiologie und Medizin. In: Bauer A (Hrsg). Theorie der Medizin. Dialoge zwischen Grundlagenfächern und Klinik. Heidelberg, Leipzig: Johann Ambrosius Barth Verlag; 102–11.

Rüegg JC (1998). Neuronale Plastizität und Psychosomatik (1). In: Haux R, Bauer AW, Eich W, Herzog W, Rüegg JC, Windeler J (Hrsg). Wissenschaftlichkeit in der Medizin. Teil II: Physiologie und Psychosomatik. Versuche einer Annäherung. Frankfurt a. M.: VAS; 82–120.

Sacchetti B, Baldi E, Lorenzini CA, Bucherelli C (2002). Cerebellar role in fear-conditioning consolidation. Proc Natl Acad Sci USA; 99: 8406–11.

Sacks O (1989). Awakenings, Zeit des Erwachens. Weinheim: VCH-Verlagsgesellschaft mbH.

Sacks O (2002). Onkel Wolfram. Erinnerungen. Reinbek: Rowohlt.

Sadato N, Pascual-Leone A, Grafman J, Ibanez V, Deiber MP, Dold G, Hallett M (1996). Activation of the primary visual cortex by Braille reading in blind subjects. Nature; 380: 526–8.

Saffran JR, Aslin RN, Newport EL (1996). Statistical learning by 8-month old infants. Science; 274: 1926–8.

Samad TA, Moore KA, Sapirstein A, Billet S, Allchorne A, Poole S, Bonventre JV, Woolf CJ (2001). Interleukin-1b-mediated induction of Cox-2 in the CNS contributes to inflammatory pain hypersensitivity. Nature; 410: 471–5.

Sandkühler J (2000). Learning and memory in pain pathways. Pain; 88: 113–8.

Sandkühler J, Liu XG (1998). Induction of long term potentiation at spinal synapses by noxious stimulation or nerve injury. Eur J Neurosci; 10: 2476–80.

Sandkühler J, Benrath J, Brechtel C, Ruscheweyh R, Heinke B (2000). Synaptic mechanisms of hyperalgesia. In: Sandkühler J, Bromm B, Gebhart GF (eds). Nervous System Plasticity and Chronic Pain. Progress in Brain Research; 129. Amsterdam: Elsevier Science B.V.; 81–100.

Sapolsky RM (1985). Stress-induced suppression of testicular function in the wild baboon: role of glucocorticoids. Endocrinology; 116: 2273–8.

Sapolsky RM (1996). Why stress is bad for your brain. Science; 273: 749–50.

Sapolsky RM (1998). Why Zebras don't get Ulcers: An Updated Guide to Stress, Stress-Related Diseases, and Coping. New York: W. H. Freeman and Company.

Sapolsky RM (2000). Glucocorticoids and hippocampal atrophy in neuropsychiatric disorders. Arch Gen Psychiatry; 57: 925–35.

Sapolsky RM, Krey LC, McEwen BS (1983). Corticosterone receptors decline in a site-specific manner in the aged rat. Brain Res; 289: 235–40.

Sapolsky RM, Krey LC, McEwen BS (1984). Stress down-regulates corticosterone receptors in a site-specific manner in the brain. Endocrinology; 114: 287–92.

Sapolsky RM, Alberts SC, Altmann J (1997). Hypercortisolism associated with social isolation among wild baboons. Arch Gen Psychiatry; 54: 1137–43.

Saxena S, Brody AL, Ho ML, Alborzian S, Maidment KM, Zohrabi N, Ho MK, Huang SC, Wu HM, Baxter LR Jr (2002). Differential cerebral metabolic changes with paroxetine treatment of obsessive-compulsive disorder vs major depression. Arch Gen Psychiatry; 59: 250–61.

Schaefer H (1990). Das Prinzip Psychosomatik. Heidelberg: Verlag für Medizin Dr. Ewald Fischer.

Schaefer A, Scherer P, Kleinebeckel D, Pfitzer G, Köhle K (2001). Psychophysiologie der Prüfungsangst – eine interdisziplinäre Unterrichtseinheit im vorklinischen „Praktikum Physiologie". Med Ausbild; 18: 49–50.

Schäfer H (1991). Bedeutung der medizinischen Biometrie für die Therapie, Diagnostik und Prognostik allergischer Erkrankungen. Allergologie; 14: 345–51.

Schäfer H (1997). Anforderungen an eine patientenorientierte klinisch-therapeutische Forschung. Dtsch Med Wochenschr; 122: 1531–6.

Schafe GE, LeDoux JE (2000). Memory consolidation of auditory pavlovian fear conditioning requires protein synthesis and proteinkinase A in the Amygdala. J Neurosci; 20: 96.

Schedlowski M, Tewes U (Hrsg) (1996). Psychoneuroimmunologie. Heidelberg, Berlin, Oxford: Spektrum Akademischer Verlag.

Schedlowski M, Fluge T, Richter S, Tewes U, Schmidt RE, Wagner TO (1995). Beta-endorphin, but not substance-P, is increased by acute stress in humans. Psychoneuroendocrinology; 20: 103–10.

Schiffelholz T, Aldenhoff J (2001). Neuronale Plastizität – das Geheimnis der Gedächtnisbildung? Nervenheilkunde; 20: 189–93.

Schipperges H (1994). Gute Besserung. Ein Lesebuch über Gesundheit und Heilkunst. München: C. H. Beck.

Schneider H, Pitossi F, Balschun D, Wagner A, del Rey A, Besedovsky HO (1998). A neuromodulatory role of interleukin-1 beta in the hippocampus. Proc Natl Acad Sci USA; 95: 7778–83.

Schonecke OW, Herrmann JM (1996). Funktionelle Herz-Kreislaufstörungen. In: Adler RH, Herrmann JM, Köhle K, Schonecke OE, Uexküll T v, Wesiack W (Hrsg). Psychosomatische Medizin. 5. Aufl. (Studienausgabe) München, Wien, Baltimore: Urban & Schwarzenberg; 670–85.

Schwartz JH, Kandel ER (1991). Synaptic transmission mediated by second messengers. In: Kandel ER, Schwartz JH, Jessell TM (eds). Principles of Neuroscience, 3rd ed. New York, Amsterdam, London, Tokyo: Elsevier; 173–93.

Schwartz MW, Baskin DG, Bukowski TR, Kujper JL, Foster D, Lasser G, Prunkard DE, Porte D Jr, Woods SC, Seeley RJ, Weigle DS (1996). Specificity of leptin acting on elevated blood glucose levels and hypothalamic neuropeptide Y gene expression in ob/ob mice. Diabetes; 45: 531–5.

Seemann H (1999). Psychophysische Balance. In: Verres R, Schweitzer J, Jonasch K, Süßdorf B (Hrsg). Heidelberger Lesebuch Medizinische Psychologie. Göttingen: Vandenhoeck & Ruprecht; 113–8.

Seligman MEP (1979). Gelernte Hilflosigkeit. München, Wien, Baltimore: Urban & Schwarzenberg.

Seller H, Czachurski J, Zanzinger J (1999). Sympathoinhibitory effects of clonidine are transmitted by the caudal ventrolateral medulla in cats. J Cardiovasc Pharmacol; 33: 521–6.

Selye H (1950). The physiology and pathology of exposure to stress. Montreal, Canada: Acta, Inc. Medical Publishers.

Selye H (1984). Stress – Mein Leben. Erinnerungen eines Forschers. Frankfurt a. M.: Fischer Taschenbuch Verlag.

Sesso HD, Kawachi I, Vokonas PS, Sparrow D (1998). Depression and the risk of coronary heart disease in the Normative Aging Study. Am J Cardiol; 82: 851–6.

Shakespeare W (1943). Macbeth. In: Shakespeares dramatische Werke, übers. v. Schlegel AW v, Tieck L. Bd. 2. Basel: Birkhäuser.

Shapiro F (1995). Eye Movement Desensitization and Reprocessing. New York: Guilford.

Sharma J, Angelucci A, Sur M (2000). Induction of visual orientation modules in auditory cortex. Nature; 404: 841–7.

Shavit Y, Depaulis A, Martin FC, Terman GW, Pechnick RN, Zane CJ, Gale RP, Liebeskind JC (1986). Involvement of brain opiate receptors in the immune-suppressive effect of morphine. Proc Natl Acad Sci USA; 83: 7114–7.

Sheline YI, Wang PW, Gado MH, Csernansky JG, Vannier MW (1996). Hippocampal atrophy in recurrent major depression. Proc Natl Acad Sci USA; 93: 3908–13.

Shirayama Y, Chen AC, Nakagawa S, Russell DS, Duman RS (2002). Brain-derived neurotrophic factor produces antidepressant effects in behavioral models of depression. J Neurosci; 22: 3251–61.

Siegle GJ, Steinhauer SR, Thase ME, Stenger VA, Carter CS (2002). Can't shake that feeling: event-related fMRI assessment of sustained amygdala activity in response to emotional information in depressed individuals. Biol Psychiatry; 51: 693–707.

Shorter E (1997). Somatization and chronic pain in historic perspective. Clin Orthop; 336: 52–60.

Silbersweig DA, Stern E, Frith C, Cahill C, Holmes A, Grootoonk S, Seaward J, McKenna P, Chua SE, Schnorr L, Jones T, Frackowiak RSJ (1995). A functional neuroanatomy of hallucinations in schizophrenia. Nature; 378: 176–9.

Simonton OC, Simonton S, Creighton J (1982). Wieder gesund werden. Eine Anleitung zur Aktivierung der Selbstheilungskräfte für Krebspatienten und ihre Angehörigen. Reinbek bei Hamburg: Rowohlt Verlag.

Singer W (1996). Hirnentwicklung – neuronale Plastizität – Lernen. In: Klinke R, Silbernagel S (Hrsg). Lehrbuch der Physiologie. 2. Aufl. Stuttgart, New York: Thieme; 709–20.

Sinha R, Lovallo WR, Parsons OA (1992). Cardiovascular differentiation of emotions. Psychosom Med; 54: 422–35.

Skinner JE (1996). Cerebral autonomic regulation underlying cardiovascular disease. In: Robertson D, Low PA,

Polinsky RJ (eds). Primer on the Autonomic Nervous System. London: Academic Press Limited; 153–6.

Smaglik P (2000). Placebos could improve link between medical outlooks. Nature; 408: 394.

Solberg WK, Clark GT, Rugh JD (1975). Nocturnal electromyographic evaluation of bruxing patients undergoing short-term splint therapy. J Oral Rehabil; 2: 215–23.

Song HJ, Stevens CF, Gage FH (2002a). Neural stem cells from adult hippocampus develop essential properties of functional CNS neurons. Nat Neurosci; 5: 438–45.

Song HJ, Stevens CF, Gage FH (2002b). Astroglia induce neurogenesis from adult neural stem cells. Nature; 417: 39–44.

Soufer R, Bremner JD, Arrighi JA, Cohen I, Zaret BL, Burg MM, Goldman-Rakic P (1998). Cerebral cortical hyperactivation in response to mental stress in patients with coronary artery disease. Proc Natl Acad Sci USA; 95: 6454–9.

Southwick SM, Krystal JH, Bremner JD, Morgan CA 3rd, Nicolaou AL, Nagy LM, Johnson DR, Heninger GR, Charney DS (1997). Noradrenergic and serotonergic function in posttraumatic stress disorder. Arch Gen Psychiatry; 54: 749–58.

Spiegel D, Bloom JR, Kraemer HC, Gottheil E (1989). Effect of psychosocial treatment on survival of patients with metastatic breast cancer. Lancet; 2: 888–91.

Spitz RA (1945). Hospitalism: an inquiry into the genesis of psychiatric conditions in early childhood. Psychoanal Study Child; 1: 53–74.

Spitzer M (1996). Geist im Netz. Modelle für Lernen, Denken und Handeln. Heidelberg, Berlin, Oxford: Spektrum Akademischer Verlag.

Spitzer M (2001). Ketchup und das kollektive Unbewusste. Stuttgart, New York: Schattauer.

Spyer KM (1994). Central nervous mechanisms contributing to cardiovascular control. J Physiol; 474: 1–19.

Starkman MN, Gebarski SS, Berent S, Schteingart DE (1992). Hippocampal formation volume, memory dysfunction, and cortisol levels in patients with Cushing's syndrome. Biol Psychiatry; 32: 756–65.

Starkman MN, Giordani B, Gebarski SS, Berent S, Schork MA, Schteingart DE (1999). Decrease in cortisol reverses human hippocampal atrophy following treatment of Cushing's desease. Biol Psychiatry; 46: 1595–602.

Starkman MN, Giordani B, Berent S, Schork MA, Schteingart DE (2001). Elevated cortisol levels in Cushing's disease are associated with cognitive decrements. Psychosom Med; 63: 985–93.

Stent GS (1987). Programmatic phenomena, hermeneutics, and neurobiology. In: Yates FE (ed). Self-Organizing Systems. The emergence of order. New York. London: Plenum Press; 339–45.

Sternberg EM, Glowa JR, Smith MA, Calogero AE, Listwak SJ, Aksentijevich S, Chrousos GP, Wilder RL, Gold PW (1992). Corticotropin releasing hormone related behavioral and neuroendocrine responses to stress in Lewis and Fischer rats. Brain Res; 570: 54–60.

Stone PH, Krantz DS, McMahon RP, Goldberg AD, Becker LC, Chaitman BR, Taylor HA, Cohen JD, Freedland KE, Bertolet BD, Coughlan C, Pepine CJ, Kaufmann PG, Sheps DS (1999). Relationship among mental stress-induced ischemia and ischemia during daily life and during exercise: the Psychophysiologic Investigations of Myocardial Ischemia (PIMI) study. J Am Coll Cardiol; 33: 1476–84.

Suchman AL, Ader R (1992). Classic conditioning and placebo effects in crossover studies. Clin Pharmacol Ther; 52: 372–7.

Svensson P, Minoshima S, Beydoun A, Morrow TJ, Casey KL (1997). Cerebral processing of acute skin and muscle pain in humans. J Neurophysiol; 78: 450–60.

Taddio A, Katz J, Ilersich AL, Koren G (1997). Effect of neonatal circumcision on pain response during subsequent routine vaccination. Lancet; 349: 599–603.

Tataranni PA, Larson DE, Snitker S, Young JB, Flatt JP, Ravussin E (1996). Effects of glucocorticoids on energy metabolism and food intake in humans. Am J Physiol; 271: 317–25.

Terman GW, Shavit Y, Lewis JW, Cannon JT, Liebeskind JC (1984). Intrinsic mechanisms of pain inhibition: activation by stress. Science; 226: 1270–7.

Terwindt GM, Ophoff RA, Haan J, Sandkuijl LA, Frants RR, Ferrari MD (1998). Migraine, ataxia, and epilepsy: a challenging spectrum of genetically determined calcium channelopathies. Dutch Migraine Genetics Research Group. Eur J Hum Genet; 6: 297–307.

Tölle TR (1997). Chronischer Schmerz. In: Herdegen T, Tölle TR, Bähr M (Hrsg). Klinische Neurobiologie. Heidelberg, Berlin, Oxford: Spektrum Akademischer Verlag; 307–36.

Tranel D (2000). Non-conscious brain processing indexed by psycho-physiological measures. In: Mayer EA, Saper CB (eds). The Biological Basis for Mind Body Interactions. Progress in Brain Research; 122. Amsterdam: Elsevier Science B.V.; 317–32.

Travell JG, Simons DG (1983). Myofascial pain and dysfunction, the trigger point manual. Baltimore: Williams and Wilkins.

Trepel M (1995). Neuroanatomie: Struktur und Funktion. München, Wien, Baltimore: Urban & Schwarzenberg.

Tully T (1998). Towards a molecular biology of memory: the light's coming on. Nature neurosci; 1: 543–5.

Tulving E, Schacter DL (1990). Priming and human memory systems. Science; 247: 301–6.

Uehata M, Ishizaki T, Satoh H, Ono T, Kawahara T, Morishita T, Tamakawa H, Yamagami K, Inui J, Maekawa M, Narumiya S (1997). Calcium sensitization of smooth muscle mediated by a Rho-associated proteinkinase in hypertension. Nature; 389: 990–4.

Uexküll T v (1986). Geleitwort. In: Verres R. Krebs und Angst. Subjektive Theorien von Laien über Entstehung, Vorsorge, Früherkennng, Behandlung und die psychosozialen Folgen von Krebserkrankungen. Berlin, Heidelberg, New York: Springer; V–XIII.

Uexküll T v, Wesiack W (1996). Wissenschaftstheorie: ein bio-psycho-soziales Modell. In: Adler RH, Herrmann JM, Köhle K, Schonecke OM, Uexküll T v, Wesiack W (Hrsg). Psychosomatische Medizin. 5. Aufl. (Studienausgabe) München, Wien, Baltimore: Urban & Schwarzenberg; 13–52.

Uexküll T v, Fuchs M, Müller-Braunschweig H, Johnen R (Hrsg) (1997). Subjektive Anatomie: Theorie und Praxis körperbezogener Psychotherapie. 2. Aufl. Stuttgart, New York: Schattauer.

((Von Uexküll 1996 verschoben!!!))

Valentino RJ, Foote SL, Ashton-Jones G (1983). Corticotropin-releasing factor activates noradrenergic neurons of the locus coeruleus. Brain Res; 270: 363–7.

Vandenberghe R, Price C, Wise R, Josephs O, Frackowiak RSJ (1996). Functional anatomy of a common semantic system for words and pictures. Nature; 383: 254–6.

Verres R (1986). Krebs und Angst. Subjektive Theorien von Laien über Entstehung, Vorsorge, Früherkennung, Behandlung und die psychosozialen Folgen von Krebserkrankungen. Berlin, Heidelberg, New York: Springer.

Verrier RL, Dickerson LW (1991). Autonomic nervous system and coronary blood flow changes related to emotional activation and sleep. Circulation; 83, Suppl 4: S81–9.

Verrier RL, Mittleman MA (1996). Life-threatening cardiovascular consequences of anger in patients with coronary heart disease. Cardiol Clin; 14: 289–307.

Verrier RL, Mittleman MA (2000). The impact of emotions on the heart. In: Mayer EA, Saper CB (eds). The Biological Basis for Mind Body Interactions. Progress in Brain Research; 122. Amsterdam: Elsevier Science B.V.; 369–80.

Vissing SF, Hjortso EM (1996). Central motor command activates sympathetic outflow to the cutaneous circulation in humans. J Physiol; 492: 931–9.

Vogel G (2000). Neuroscience. Death triggers regrowth of zebra finch neurons. Science; 287: 1381.

Vythilingam M, Anderson ER, Goddard A, Woods SW, Staib LH, Charney DS, Bremner JD (2000). Temporal lobe volume in panic disorder – a quantitative magnetic resonance imaging study. Psychiatry Res; 99: 75–82.

Wadman M (1997). „Mind body" claims put NIH on defensive. Nature; 390: 108.

Waite HE (1990). Helen Keller, Anne Sullivan. Öffne mir das Tor zur Welt! München: dtv.

Watson M, Haviland JS, Greer S, Davidson J, Bliss JM (1999). Influence of psychological response on survival in breast cancer: a population-based cohort study. Lancet; 354: 1331–6.

Webster EL, Elenkov IJ, Chrousos GP (1997). The role of corticotropin-releasing hormone in neuroendocrine-immune interactions. Mol Psychiatry; 2: 368–72.

Weibel ER (1997). Forschungsbedarf der Medizin und ärztlichen Praxis. In: Neue Zürcher Zeitung, 4.1.1997: 14.

Wehner V, Segesser S (2002). Und es erneuert sich doch ... Wurde das Selbstheilungspotenzial des erwachsenen Gehirns unterschätzt? Neue Zürcher Zeitung (Forschung und Technik) vom 17.4.2002, S. 49.

Wehr TA, Duncan WC Jr, Sher L, Aeschbach D, Schwartz PJ, Turner EH, Postolache TT, Rosenthal NE (2001). A circadian signal of change of season in patients with seasonal affective disorder. Arch Gen Psychiatry; 58: 1108–14.

Weihe E, Bette M, Fink T, Schäfer MKH (1996). Molekularanatomische Grundlagen von Wechselbeziehungen zwischen Nervensystem und Immunsystem in Gesundheit und Krankheit. In: Schedlowski M, Tewes U (Hrsg). Psychoneuroimmunologie. Heidelberg, Berlin, Oxford: Spektrum Akademischer Verlag; 221–40.

Weiss JM (1970). Somatic effects of predictable and unpredictable shock. Pschosom Med; 32: 397–408.

Weizsäcker V v (1951). Der kranke Mensch. Eine Einführung in die medizinische Anthropologie. Stuttgart: K. F. Koehler Verlag.

Wessa M, Flor H (2002). Posttraumatische Belastungsstörungen und Traumagedächtnis. Z Psychosom Med Psychother; 48: 28–37.

Wilder RL, Elenkov IJ (1999). Hormonal regulation of tumor necrosis factor-alpha, interleukin-12, and interleukin-10 production by activated macrophages. A disease-modifying mechanism in rheumatoid arthritis and systemic lupus erythematosus? Ann NY Acad Sci; 876: 14–31.

Wilder-Smith OHG (2000). Pre-emptive analgesia and surgical pain. In: Sandkühler J, Bromm B, Gebhart GF (eds). Nervous System Plasticity and Chronic Pain. Progress in Brain Research; 129. Amsterdam: Elsevier Science B.V.: 505–24.

Wilensky AE, Schafe GE, LeDoux JE (2000). The amygdala modulates memory consolidation of fear-motivated inhibitory avoidance learning but not classical fear conditioning. J Neurosci; 20: 7059–66.

Williams RB, Barefoot JC, Califf RM, Haney TL, Saunders WB, Pryor DB, Hlatky MA, Siegler IC, Mark DB (1992). Prognostic importance of social and economic resources among medically treated patients with angiographically documented coronary artery disease. JAMA; 267: 520–4.

Williams RS, Cheng L, Mudge AW, Harwood AJ (2002). A common mechanism of action for three mood-stabilizing drugs. Nature; 417: 292–5.

Wilson EO (1998). Die Einheit des Wissens. Berlin: Siedler.

Windeler J (1998). Alles Einbildung? Bemerkungen zum Placebo-Effekt. In: Haux R, Bauer AW, Eich W, Herzog W, Rüegg JC, Windeler J (Hrsg). Wissenschaftlichkeit in der Medizin. Teil II: Physiologie und Psychosomatik. Versuche einer Annäherung. Frankfurt a. M.: VAS; 60–81.

Winnicott DW (1965). The Maturational Processes and the Facilitating Environment. London: Hogarth.

Wong DF, Harris JC, Naidu S, Yokoi, F, Marenso S, Dannals RF, Ravert HT, Yaster M, Evans A, Rousset O, Bryan RN, Gjedde A, Kuhar MJ, Breese GR (1996). Dopamine transporters are markedly reduced in Lesh Nyhan disease in vivo. Proc Natl Acad Sci USA; 93: 5539–43.

Woods SC (1995). Insulin and the brain: A mutual dependency. Prog Psychobiol Physiol Psychol; 16: 53–81.

Zakharenko SS, Zablow L, Siegelbaum SA (2001). Visualization of changes in presynaptic function during long-term synaptic plasticity. Nat Neurosc; 4: 711–7.

Zanchetti A, Mancia G (1991). Cardiovascular reflexes and hypertension. Hypertension; 18, Suppl 5: S13–21.

Zarevics P, Setler PE (1979). Simultaneous rate-independent and rate-dependent assessment of intracranial self-stimulation: evidence for the direct involvement of dopamine on brain reinforcement mechanisms. Brain Res; 169: 499–512.

Zigmond RE, Schwarzschild MA, Rittenhouse AR (1989). Acute regulation of tyrosine hydroxylase by nerve activity and by neurotransmitters via phosphorylation. Ann Rev Neurosci; 12: 415–61.

Zimmermann M (1995). Neue Konzepte der Schmerzbehandlung. In: Bauer A (Hrsg). Theorie der Medizin. Heidelberg, Leipzig: Johann Ambrosius Barth Verlag; 46–59.

Zipfel S, Lowe B, Reas DL, Deter HC, Herzog W (2000). Long-term prognosis in anorexia nervosa: lessons from a 21-year follow-up study. Lancet; 355: 721–2.

Zobel AW, Nickel T, Kunzel HE, Ackl N, Sonntag A, Ising M, Holsboer F (2000). Effects of the high-affinity corticotropin-releasing hormone receptor 1 antagonist R121919 in major depression: the first 20 patients treated. J Psychiatr Res; 34: 171–81.

Index

Psychiatrie/Psychotherapie/Neurologie

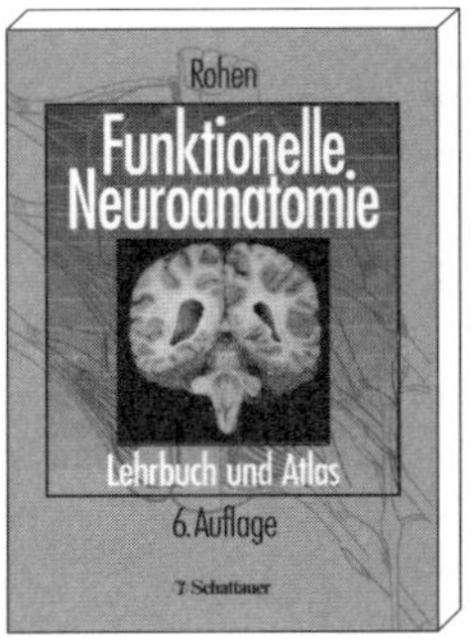

Rohen

Funktionelle Neuroanatomie

Lehrbuch und Atlas

Ein Organ studiert sich selbst

Der letzte Nobelpreis für Medizin des 2. Jahrtausends wurde an drei Neurowissenschaftler (Carlsson, Greengard, Kandel) verliehen. Damit wird ein Forschungszweig ausgezeichnet, der mit rasanten wissenschaftlichen Fortschritten unserem Gehirn immer tiefere Einblicke in seine eigene Struktur und Funktion ermöglicht hat. Wer den Anschluss an diese vielleicht wichtigste Entwicklung der modernen Medizin behalten will, muss sich mit den „Neurosciences" intensiv vertraut machen.

Die 6. Auflage berücksichtigt die zahlreichen neuen Forschungsergebnisse auf den rasch expandierenden Gebieten der Neuroanatomie, Neurobiologie und Neurophysiologie. Der Autor hat Text und Abbildungen daher gründlich überarbeitet. Konsequenterweise wurde die Didaktik des Buches mit neuen farbigen Akzenten an den neurophysiologischen Gegebenheiten orientiert, die es selber vermittelt. Die erweiterten Hinweise auf klinische Bezüge entsprechen den praktischen Bedürfnissen.

Für neurowissenschaftlich interessierte Ärztinnen und Ärzte in Klinik und Praxis ist diese Neuauflage ein willkommener Anlass, vorhandenes Wissen zu Bau und Funktion des Gehirns aufzufrischen und zu aktualisieren.

6., neu bearbeitete und erweiterte Auflage 2001.
320 Seiten, 187 Abbildungen in 271 Einzeldarstellungen, davon 189 mehrfarbig, 42 Tabellen, kart.
€ 34,95/CHF 55,90 · ISBN 3-7945-2128-5

Spitzer

Nervensachen

Perspektiven zu Geist, Gehirn und Gesellschaft

Wahrnehmen und Denken, Fühlen und Handeln, Werten und Wollen, Lieben und Hassen spielt sich in unserem zentralen Nervensystem ab. Solche „Nervensachen" erscheinen uns aber oft viel zu kompliziert und diffizil. „Wir werden das doch nie verstehen", denken da viele Zeitgenossen über das Gehirn – ihr Gehirn.

Dabei hat unser Wissen um unser wichtigstes Organ in den letzten Jahren sprunghaft zugenommen. In mehr als 60 Beiträgen geht es in diesen „Nervensachen" um Neurobiologie und das, was hieraus für jeden von uns, für unsere Mitmenschen und die Gesellschaft folgt. Das Wissen wird nicht systematisch präsentiert, sondern in kurzen, in sich abgeschlossenen Beiträgen: Geschichten, die fesseln und anregen. Dass auch solch kleine Häppchen dem Leser gelegentlich länger im Magen liegen, ist nicht unbeabsichtigt.

Das Buch richtet sich an jeden, der Spaß daran hat zu wissen, wie sein Gehirn funktioniert, und der sich zugleich darüber Gedanken macht, was dieses Wissen für uns Menschen bedeutet.

2003. 363 Seiten, 47 Abbildungen, geb.
€ 29,95/CHF 47,90 · ISBN 3-7945-2202-8

http://www.schattauer.de

Irrtum und Preisänderungen vorbehalten

Psychotherapie und Psychosomatische Medizin

Schiepek (Hrsg.)

Neurobiologie der Psychotherapie

Geleitworte von Hermann Haken und Klaus Grawe

- Was passiert im Gehirn, wenn Psychotherapie wirkt?
- Wie können Umstrukturierungsprozesse des komplexen Systems Gehirn erfasst und dargestellt werden?

Zunehmend richtet sich das wissenschaftliche Interesse auf die neurobiologischen Vorgänge, die menschlichen Lern- und Entwicklungsprozessen zugrunde liegen. Die Persönlichkeitsentwicklung, die Handlungsplanung oder die zwischenmenschliche Kommunikation – also wesentliche Bereiche der „Psyche" – rücken ins Blickfeld. Zugleich ermöglichen die modernen bildgebenden Verfahren, wie MRT, PET oder SPECT, neue Einblicke in das lebende Gehirn.

In der „Neurobiologie der Psychotherapie" werden die modernen Mess- und Forschungsmethoden, die neurobiologischen Grundlagen der Psychotherapie und die wesentlichen psychotherapeutischen bzw. psychiatrischen Krankheitsbilder von führenden Autoren aktuell und umfassend dargestellt.

Wesentliche Akzente des Buches liegen auf den Themen: neuronale Plastizität, die Auswirkungen von Emotionen und Stress, Psychoneuroimmunologie, Veränderung physiologischer Regulationsmuster sowie Identifikation kritischer Übergänge und Instabilitätsphasen in der Psychotherapie.

Dieser Band vermittelt zugleich umfassende Information und die Grundlagen für Innovation und Weiterentwicklung auf einem neuen und zukunftsträchtigen Forschungsfeld. Er liefert damit neue Ansatzpunkte zur Optimierung psychotherapeutischer Vorgehensweisen und fördert ein integratives und interdisziplinäres Verständnis von Psychotherapie, das der Komplexität biopsychosozialer Entwicklungsprozesse des selbstorganisierenden Systems Mensch gerecht wird.

2003. 512 Seiten, 100 Abbildungen, geb.
€ 99,–/CHF 154,– · ISBN 3-7945-2239-7

Ahrens/Schneider (Hrsg.)

Lehrbuch der Psychotherapie und Psychosomatischen Medizin

In diesem „Lehrbuch der Psychotherapie und Psychosomatischen Medizin" haben fachlich besonders ausgewiesene Autorinnen und Autoren aus unterschiedlichen therapeutischen Richtungen ihre Kompetenz eingebracht:

- Das Buch ist ein Standardwerk für die Weiterbildung zum Facharzt für Psychiatrie/Psychotherapie und für die Aus- und Weiterbildung zum ärztlichen und psychologischen Psychotherapeuten. Es bietet eine ausgezeichnete theoretische und praktische Grundlage für ein adäquates diagnostisches Verständnis und die anschließende Therapieplanung.
- Die differenzierte und umfassende Darstellung der Krankheitsbilder orientiert sich an psychodynamischen Konzepten und berücksichtigt die für die jeweilige Störung bedeutsamen empirischen Befunde. Die Integration wichtiger Ergebnisse der Psychotherapieforschung bildet die Basis, um die Fragen der differenziellen Indikationsstellung so weit als aktuell möglich zu beantworten.
- Ein ausführliches Sach- und Personenregister sowie ein Abkürzungsverzeichnis machen das Lehrbuch gleichzeitig zu einem umfassenden Nachschlagewerk.

Ein praxisorientiertes Buch aus einem Guss auf der sicheren Basis einer theoretisch wie empirisch gut fundierten psychotherapeutischen Behandlungspraxis.

2., aktualisierte und erweiterte Auflage 2002.
704 Seiten, 37 Abbildungen, 44 Tabellen, geb.
€ 109,–/CHF 169,– · ISBN 3-7945-2070-X

http://www.schattauer.de

Irrtum und Preisänderungen vorbehalten